U0141283

我是炸藥

尼采傳

I AM DYNAMITE! A LIFE OF NIETZSCHE

蘇・普莉朵 著
SUE PRIDEAUX
邱振訓 譯

CONTENTS

謝辭

在我完成這本書的這四年裡，受到了許多人的各種協助。我深深感謝曾與我見面的朋友，也感激未曾謀面的各位。感謝各位在世與已故的尼采學者對尼采著作的爬梳與翻譯，偶爾還能從後人的創意編輯中澄清尼采的原意，從遺稿中去偽存真。

感謝我在英國與美國的編輯，米奇・安潔爾（Mitzi Angel）與提姆・道根（Tim Duggan），是你們讓這列思想列車得以上路。謝謝奈傑爾・沃伯頓（Nigel Warburton）的慷慨無私，奮力鍛鑄出書中的哲學理解。

感謝在瑞士與德國的諸位：威瑪市安娜・阿瑪利亞夫人圖書館的艾德曼・馮・維拉莫維茨—默倫多夫（Erdmann von Wilamowitz-Moellendorff）、德意志經典基金會的唐雅・斐林（Tanja Fehling）、席爾斯—瑪麗亞尼采之家的彼得・安德烈・布拉克教授（Professor Peter André Block）與彼得・維沃克博士（Dr. Peter Villwock），還有翠碧仙理查・華格納博物館的卡緹亞・弗萊謝（Katya Fleischer）。

我要感謝英國的布萊恩版權經紀公司，米榭爾・托普漢（Michele Topham）與整個布萊恩版權經紀公司團隊，多謝你們。感謝費伯出版社，尤其是蘿拉・哈桑（Laura

Hassan）、艾咪·法蘭西斯（Emmie Francis）、唐納·佩恩（Donna Payne）、安妮·歐文（Anne Owen）、安娜·戴維森（Anna Davidson）、約翰·格林卓德（John Grindrod）與蘇菲·波塔斯（Sophie Portas）。多謝依麗娜·里斯（Eleanor Rees）的校訂與瑞秋·索恩（Rachel Thorne）的版權處理。謝謝哈利·凱斯勒（Harry Kessler）的親戚路易斯·杜費特（Louise Duffett）與倫敦荀多芬女子學院的古典學系。羅傑·洛麥斯（Roger Lomax），感謝你細心檢查十九世紀的複雜幣制。蘿拉·山德森（Laura Sanderson），謝謝你幽默風趣的尼采名言課。我深深感謝安德魯納伯格公司團隊，同樣也要向倫敦圖書館萬能的工作人員敬表謝忱。

除了提姆·道根之外，我還要感謝在美國的喬治·盧卡斯（George Lucas）、威廉·沃夫斯洛（William Wolfslau），更謝謝幫忙查證事實的希拉蕊·麥克雷倫（Hilary McClellen）。

我特別要感謝吉利安·瑪爾帕斯（Gillian Malpass）、克里斯多佛·辛克萊—史蒂文森（Christopher Sinclair-Stevenson）和已故的湯姆·羅森塔爾（Tom Rosenthal），是你們從一開始就給我無比的勇氣與支持。感謝安東尼·畢佛（Antony Beevor）、阿提密斯·庫柏（Artemis Cooper）、露西·休—哈雷（Lucy Hughes-Hallett）與莎拉·貝克威爾（Sarah Bakewell）的金玉良言。更感謝我家人的照料、批評與研究，尤其是包容在這家中的那一縷幽魂。

Chapter 1 樂音悠揚的夜晚

你靠大麻來逃避無法承受的壓力。嗯，那樣的話，我靠的是華格納。華格納是日耳曼一切事物的解毒劑。

——《瞧，這個人》，〈我為何如此聰明〉第六節

一八六八年十一月九日，廿四歲的尼采向他在萊比錫大學的好友和老同學爾文．洛德提起一齣喜劇。

「我這部喜劇，」他寫道：「各幕的標題如下：

一、結識社團（或該說認識副教授）的晚會。

二、逃出門的裁縫。

三、與神祕人的會面。

演員要有幾名老婦人。

星期四那晚，羅蒙特（Romundt）帶我去戲院，但我對戲曲已經愈來愈沒興趣了

……我們就像眾神判定奧運選手的桂冠資格一樣地品評這齣叫做《葛拉夫・埃塞克斯》（*Graf Essex*）的通俗劇。我自然免不了向拐我前來的羅蒙特頻頻抱怨……

這學期的第一堂『古典社會』課堂安排在隔天晚上，學校已經很客氣地問過我能不能來上。我還需要再多準備些學術武器，但是我馬上就整裝待發了，而且我一踏進薩斯培爾（Zaspel）大樓的教室，沒想到已經黑壓壓地擠了四十名聽眾……我自在地開講，只靠著一張紙片上面的筆記授課……我想，這份學術工作應該妥當了。我到家時，發現有張給我的紙條，上頭寫著幾個字：『如果你想和理查・華格納（Richard Wagner）見面，下午三點四十五分到咖啡劇院來。溫迪煦。』

這份驚喜讓我高興得暈頭轉向……我當然馬上衝出去找我們的好朋友溫迪煦，他後來又透露了更多消息。原來華格納匿名到了萊比錫。報社完全不知此事，而他的僕人更是受命三緘其口。不過，華格納的姊姊，也就是我們都認識，聰明過人的那位布洛克豪斯教授夫人[1]，為里修教授夫人引見了華格納。由於里修夫人在場，華格納便演奏了《名歌手》〔就是華格納幾個月前才首度登台搬演的著名歌劇《紐倫堡的名歌手》主題曲〕，那位貴婦告訴他，這首歌她很熟。〔雖然這樂譜才出版不久，但她已經聽過尼采演唱這首歌了。〕這下子倒是令華格納大感驚喜！他立即表示希望私下與我會面；所以我收到了這份週日晚上的邀約……

中間等待的那幾天，我的心情簡直像是小說裡才會出現的那樣：我說真的，一想到這特立獨行的人有多麼高不可攀，這場即將到來的會面就彷彿是童話故事即將成真一樣。一想到會有很多人應邀出席，我決定好好打扮一番，好在我的裁縫也答應盡力為我趕製週日的晚宴服。當天天氣不好，又是雨又是雪的。我真是不想出門，還好，羅謝[2]下午來找我談論伊利亞學派（希臘早期哲學學派之一，活動期間大約在西元前六世紀左右）與哲學中對上帝的看法。等到天色總算暗了下來，我的裁縫還沒來，羅謝卻差不多要走了。我送了他一程，順道親自去裁縫那裡。結果看到他的學徒拚了命地在縫製我的禮服；他們說再四十五分鐘就好了。我滿意地離開裁縫店，繞進了金禧餐廳（學生時常光顧的萊比錫餐館），看了本《喀哩哐啷》（當時的諷刺畫雜誌），還看到一篇說華格納到了瑞士的報導。就那麼剛好，我看到這報導的時候就是我要去見他的同一天哪。我也看到報導說他昨天才收到巴伐利亞國王（路德維希二世）的一封信，開頭稱：『致偉大的日耳曼作曲家理查·華格納』。

我回到家時，裁縫還沒來。我悠閒地讀一篇探究歐多西亞[3]詩作的論文，卻不時遭到遠處大響的鈴聲硬生生打斷。最後我總算確定是有人在大廳舊鐵門外等著；那扇大門鎖上了，所以那人是在房子前等著。我隔著花園對那人大喊，叫他繞到房子後頭進來。但是雨實在大到他聽不清楚。整個房子鬧成一團。最後，大門總算開了，一個瘦小的老頭拿著包裹進到了我房間來。這時已經六點三十分了，是該穿上服裝準備赴宴了，畢竟我住的地方挺遠。那老人拿來了我的衣服。我穿上了整套服裝；相當服貼合身。問題來了：他這時掏出了帳單。我客氣地接過來；他要我馬上就付清貨款。我吃了一驚，告訴他我不會拿錢給他這跑腿的，我會直接找裁縫付錢。但那人堅持要收錢。時間緊迫。我抓起那些衣服開始套到身上。他也抓著衣服，不讓我穿——我拉住一邊，他扯住另一邊。這時的場景是：我一邊穿著下襬沒紮好的襯衫，努力要穿上我的新褲子。

這是面子問題，是實實在在的威脅。該死的裁縫跟助手，我發誓我一定要討回公道。這時那人拿著我的衣服跑了出去。第二幕終。我穿著襯衫，悶悶不樂地坐在沙發上，打算不管理查會怎麼想，就穿上黑色天鵝絨套裝吧。

外頭雨勢滂沱。再過一刻就八點了。我們七點半就該在咖啡劇院見面了。我就這樣穿著一身黑衝出門，栽進夜裡的狂風暴雨，身上還沒晚宴外套。

我們進到了布洛克豪斯家中相當舒適的客廳；在場沒有其他外人，就只有華格納和我們兩個。主人向華格納引介我，我對他說了幾句聊表欽佩的話。他想知道我怎麼會那麼熟悉他的音樂，抱怨了他所有歌劇的演出情況，還拿那些用平板聲調指揮管弦樂團的指揮家取笑：『各位，這裡要激情一點。大家這裡要多點激情啊！』……

晚餐前後，華格納演奏了《名歌手》的所有精彩段落，還極其痛快地模仿了各段唱腔。他確實是充滿豐沛活力和熱情的人，說話飛快，才思敏捷，讓這樣的私人聚會成了再歡樂不過的盛事。在這期間，我還與他聊叔本華聊了許久；你可以了解我有多愛聽他是怎麼帶著無比的溫情來談叔本華，說他從叔本華那裡得到多少，又是怎麼說叔本華才是唯一懂得音樂本質的哲學家。」

叔本華的著作當時還罕為人知，更遭人棄如敝屣。各大學都還極不願將他視為一位哲學家，但是尼采卻因最近偶然讀到了《作為意志與表象的世界》而一頭栽進對叔本華的狂熱崇拜之中，這份機緣，或者照尼采自己更愛的說法[4]——這一連串命定的巧合——都是出自直覺本能的巧手安排，才促成了在布洛克豪斯家中與華格納的這場會面。

這一連串巧合的第一個環節是在與華格納見面的一個月前鑄就，尼采當時聽了華格納的《崔斯坦與伊索德》和《紐倫堡的名歌手》這兩齣最新歌劇的序曲。「我身上的每根寒毛、每條神經全都顫抖了起來，」他在聽完的當天如此寫道，而且準備去學鋼琴編曲。接下來，奧提麗・布洛克豪斯聽到了他的演奏，並將這消息告訴了她弟弟華格納。然後是第三個環節：華格納對叔本華這難懂的哲學家深深著迷，而叔本華的著作又是尼采三年前剛抵達萊比錫時，無依無靠又鬱鬱寡歡時的唯一慰藉。

「我〔尼采〕那時茫然無助，孤苦伶仃，沒有安身立命的準則，沒有希望，沒有一絲愉快的記憶……直到有天我在一家二手書店發現了這本書，好奇這本在講些什麼，便翻開了書頁。我不知道那時是什麼樣的惡魔在我耳邊呢喃著：『帶這本書回家吧。』我不像平常買書時那樣猶豫半天，立刻買下。一回到家，我馬上拿出新買的寶貝躺進沙發裡，任那活力充沛又陰鬱深沉的天才擺布……我在裡頭看見了一面碩大無朋的鏡子，映照出我觀看世界、生命和我自身本性的模樣……我在裡頭看到了病態與安康、流亡和庇藏、地獄及天堂。」[5]

但是在布洛克豪斯家裡那晚，他們沒有時間進一步暢談叔本華，因為照尼采的描述，華格納的話語猶如他的天才一樣，摶扶搖而直上九天，無所不在，卻又恍惚無跡。[6]

信中繼續寫道：

〔晚餐〕之後，〔華格納〕他讀了一段他正在撰寫的自傳片段，談他在萊比錫那段無憂無慮，時時刻刻充滿笑聲的學生生涯；他的文筆奇佳，確實是才華洋溢。最後，我們雙雙準備離開，他親切地與我握手，極為友善地邀我再次會面，再度暢談音樂與哲學；他也交代我要好好教他姊姊和家人熟悉他的作品，這已成了我戮力以赴的重責大任了。等我能更客觀一點、更能處之泰然的時候，也許我還可以再多告訴你一點今晚所發生的事。但是今天就這樣吧，珍重、平安。尼采

尼采離開布洛克豪斯教授座落大街一隅的豪宅後，便頂著各個街角吹來的狂風驟雪沿路走回雷興街廿二號的租屋處，尼采在那裡跟《德意志匯報》（*Deutsche Allgemeine Zeitung*）這份自由派報社的編輯卡爾・畢德曼教授（Professor Karl Biedermann）租了間雅房。他說他當時的心情實在是難以言喻的狂喜。他第一次聽聞華格納的作品是在他的學生時代。他寫道：「總的來說，要是沒有華格納的音樂，我那段青春歲月實在教人難以忍受。」[7]而華格納在他身上下的魔咒也始終不曾消失。華格納是在尼采著作中出場最多次的人物，無論是基督、蘇格拉底、歌德都比不上他。[8]尼采的第一本書就是向華格納致敬。生平十四本著作中，更有兩本以華格納為名。尼采在他最後一本書《瞧，這個人》（*Ecce Homo*）中

寫道，他在藝術的各個領域中不斷追尋「能像《崔斯坦與伊索德》那麼蕩人神魂，無比詭譎又甜美」[9]的作品，卻始終徒勞無功。

從小，尼采就立志要成為音樂家，但是在重視文學課業更甚於音樂的學校裡，他這麼一個天資聰穎的學生也不得不在十八歲左右放棄了這份理想。與華格納會面的這時候，尼采還不是個哲學家，只是一名萊比錫大學研究古典文字學，鑽研古典語文和語言學的大學生而已。

這名善良、有教養、嚴謹到近乎古板的年輕人雖然壯碩，但還稱不上肥胖。他在相片中穿的衣服像是借來的一樣；手肘和膝蓋都沒對上該在的位置，外套在釦子附近也繃得很緊。雖然外表矮小平凡，但是他炯炯有神的雙眼卻是格外出眾。有人說尼采的眼珠顏色是棕色的，有的人則說是灰中帶藍。這雙深度近視的眼睛望出去的世界是那麼朦朧模糊，可是一旦他凝神細看，那犀利的目光簡直像能洞悉一切般懾人心魄，直教人把謊話都哽在喉嚨裡，說不出口。

我們現在從照片、胸像與畫像中看到的尼采都是晚年那副用大山羊鬍遮住了嘴巴和下顎的模樣，但是從他萊比錫大學的同學所攝的相片中看來，在那個蓄鬍為尚的年代裡，尼采實在貌不驚人。我們可以看到他那時下頜圓潤，唇形飽滿，盧・莎樂美（Lou Salomé）後來也為我們證實了這一點，畢竟她可是少數吻過尼采的女性之一。而先前在知識分子間流行蓄長髮、打絲質軟領結來標榜浪漫主義的氣息，所以尼采要標榜他後浪漫主義的理性主義，就刻意與眾不同地露出前額，暗示著內中的驚人藝業，蓄鬍遮掩了他性感的嘴唇和堅毅的下巴。

尼采愈來愈不滿於當個文字學家。在與華格納會面十一天後的信件中，尼采說自己和其他文字學家「一整批在我們這時代蓄勢待發的文字學家，每天就只會說自己又生出了多少墨斑黑痣、臉頰鬆垮、視力茫茫，說自己抓出書蟲的樂趣，說自己對真正的問題、人生的迫切問題滿不在乎。」[10]令他愈發悲觀的，是他在自己斥為墨斑黑痣的表現好到他很快就會接獲巴塞爾大學古典文字學的教授講座一職，成為該校史上最年輕的教授，但是當華格納和他平起平坐，說自己想再進一步深交的那晚，尼采還沒獲得這份殊榮。這可是破天荒的榮耀。

人稱「大師」的華格納正當五十來歲，風靡歐洲。他的一舉一動都會上報，正如尼采在餐館裡看到《喀哩哐啷》的報導那樣。假如華格納去了英國，維多利亞女王與亞爾伯特親王也會親切地招呼他；要是到了巴黎，寶琳．梅特涅公主也會親自為他打理一切；巴伐利亞國王路德維希都稱華格納「我的至交好友」，甚至還打算為了表彰華格納的音樂成就而重建慕尼黑。

路德維希國王在這份夢想實現前就駕崩了（說不定是為了避免國家因他的重建計畫破產而遭人謀殺），但是我們還是能看到整個建造計畫：一條貫穿市中心的大道，一座橫跨伊薩爾河的石橋，教人想起《尼貝龍根的指環》（*Der Ring des Nibelungen*）中通往英靈殿的那道彩虹橋，最後抵達一座宛如將大競技場剖半，兩旁再加上一對翼廳的巨型歌劇院。對路德維希國王來說，華格納的音樂就是「我最美妙、崇高而且是唯一的慰藉」，尼采也同樣心有戚戚焉。

尼采從小就對音樂異常敏感。從他的幼年紀事來看，可以發現音樂對他比說話更重要：還是小娃兒的他樂於保持安靜，所以他父親卡爾・路德維希・尼采牧師[11]在處理教區事務和準備講道辭時，他可是唯一獲准待在書房內的人。這對父子應該可以溫言軟語地共度好幾天，但是小尼采才兩三歲大，免不了偶爾會鬧脾氣，揮手蹬腿地放聲尖叫。這時候無論是媽媽、玩具、食物、茶水都安撫不了他，非得等到父親打開鋼琴彈奏，他才肯安靜下來。

在這音樂國度裡，卡爾・路德維希・尼采牧師的鋼琴造詣可說出類拔萃；會有人不辭千里專程前來聽他演奏。老尼采是萊比錫南部勒肯教區的路德派牧師，鼎鼎大名的巴哈就是在這裡當了二十七年的音樂總監，直到過世為止。老尼采最為人知的就是他所演奏的巴哈。偶爾也會有人讚揚他隨興演出的卓越天賦，而小尼采也繼承了這份才能。

尼采一家的祖先是樸實的薩克遜人，世世代代在紐倫堡教堂鎮周遭地區以屠宰或耕作為生。卡爾・路德維希・尼采的父親弗里德里希・奧古斯都・尼采接受了聖秩聖事，成為牧師，提升了尼采一家的社會地位，娶了會吏長的女兒鄂德慕特・克勞澤後，地位就更加顯要了。一八一三年十月十日，正當民族會戰（又稱萊比錫會戰）的前幾天，十分傾慕拿破崙的鄂德慕特就在拿破崙敗戰的戰場附近，生下了尼采的父親。尼采超愛講這段故事。他認為拿破崙是最後一名偉大的無德者，是最後一位毫無良心的強權者，是超人與怪物的合體，而這其實相當微薄的關聯，在他心裡，就成了他出生前在身心上註定要為英雄著迷的理由。他這輩子始終未曾實現的夢想，就是一訪拿破崙的出生地科西嘉島。

卡爾也很自然而然地克紹箕裘，隨著父親的腳步步入教會。他就讀附近長久以來就以神學聞名的哈雷大學。他修習了神學、拉丁文、希臘文和法文，學了希臘史、希伯來史、古典文字學和解經學。他不是最頂尖的學生，卻也絕非愚笨之徒。人人都誇他認真努力，而且他還贏過辯才獎。二十一歲畢業後，他還到了萊比錫南方三十哩遠的阿爾滕堡擔任家庭教師。

卡爾是個保守派，也是保皇黨。這些堅定的特質讓他獲得了薩克斯—阿爾滕堡的統治者約瑟夫公爵青睞，派他負責自己三個女兒特蕾莎、伊莉莎白和亞麗珊卓的教育。卡爾這時才二十出頭，但是下定決心要好好做好工作，絕不可以牽扯上任何兒女私情。

當了七年家教後，卡爾另投勒肯教區的牧師一職，那是在萊比錫西南邊大約十五哩遠，沒有樹林的一片肥沃平原。一八四二年，他偕同寡母鄂德慕特搬進了牧師寓所。寓所就位在薩克森省最古老的教堂邊上，那座教堂可追溯至十二世紀前半，還兼作堡壘功用。在腓特烈大帝的命令下，教堂高聳的方塔又加高了一倍，當作由克拉茨騎士戍守的這片廣闊平原上的瞭望塔。教堂的聖物室裡還留有一具比人還高的騎士石棺。當陽光照射到石棺上鑲在雕像雙眼處的紅玻璃珠子，那晶亮閃爍的紅光往往嚇到還是個小娃兒的尼采。

某次前往波布勒教區時，二十九歲的卡爾愛上了當地牧師十七歲的女兒。法蘭琪絲卡．鄂勒雖然讀書不多，但單純虔信，不盼榮華富貴，只願相夫教子。

他們倆在一八四三年十月十日，卡爾三十歲那天結婚。卡爾帶著新娘子入住了勒肯的牧師寓所，原本掌管家務的鄂德慕特，現在可是六十四歲的倔強老嫗，老是戴著上個世代編著側邊假鬈髮的束帽。她十分溺愛兒子，緊抓著家中開支，更憑她的「敏銳聽力」管著整個房子，家裡永遠只能輕聲細語。

這家裡還有另外兩個人，是卡爾脾氣古怪又神經兮兮的繼姊，也就是尼采的姑姑奧古斯塔和羅莎莉。奧古斯塔姑姑是個管家婆，不讓新婚的法蘭琪絲卡下廚，免得愈幫愈忙。法蘭琪絲卡每次說要幫忙時，奧古斯塔就會回她：「你就讓我省點心吧！」羅莎莉姑姑則是知識分子型的，成天忙著慈善事業。兩位姑姑都飽受當時盛行的精神焦慮之苦，老是離藥櫥不到五步之遠，卻又總醫不好。這年齡老大的母女三人讓新嫁娘法蘭琪絲卡在家裡顯得毫無用處。還好，婚後沒幾個月，她就發現自己懷孕了。

弗里德里希·威爾罕·尼采生於一八四四年十月十五日，由父親在勒肯教堂施洗，並依當時統治普魯士的國王弗里德里希·威爾罕四世之名命名。兩年後，一八四六年七月十日，他們又生了個女娃兒特蕾莎·伊莉莎白·亞麗珊卓，照著卡爾先前當家教時的三名公主之名命名。後來大家都叫這女孩伊莉莎白。又過了兩年，二月裡又生下了一名男孩，照著阿爾滕堡公爵之名起名約瑟夫。

卡爾牧師既虔誠又愛國，但是他也免不了同樣受到困擾母親與姊姊的精神疾病之苦。他會自己關在書房裡好幾個小時不吃不喝，連句話也不說。更糟糕的是，他還會突然發病，有時候話講一半就整個人愣住，直直盯著半空中看。法蘭琪絲卡這時候會過去搖醒他，但是等他「醒過來」，他卻渾然不記得自己有過這麼一段意識空白。

法蘭琪絲卡問了家庭醫師古特亞爾，他說是「神經毛病」，要卡爾多休息就好，但是病情卻日趨加劇，最後不得不放下牧師一職。醫師診斷這種神祕發作的病症是「大腦軟化」，卡爾好幾個月都虛弱不堪，頭痛欲裂，嘔吐不止，視力更是急遽惡化到幾乎半盲。一八四八年秋天，年僅三十五歲，結婚甫五年的卡爾就只能臥床養病，自此斷了一切活動。

在婆婆鄂德慕特和兩位大姑的掌控下，法蘭琪絲卡的生活本就已經十分鬱悶，何況丈夫現在情況江河日下，更是苦不堪言。糾結的眉頭和隱晦的暗號在眾人彼此間無聲傳遞，但法蘭琪絲卡還是設法維護她的孩子不用感受到這沉重氛圍。弗里德里希和伊莉莎白回憶兒時的記述裡講的都是兄妹倆在有著高大的教堂塔樓、農田、果園和花園，彷彿無邊無際的遊樂場裡，享受到的輕鬆歡樂。田野裡有好些池塘，依依垂柳，孩子們可以在樹蔭下諦聽鳥鳴，看魚兒在閃爍的水面上下躍動。他們覺得在房子後頭的那片茵茵草地「宜人舒適」，但是卻不曾在那些古老岩塊間玩耍，因為房子這側屋簷下有著三道細長窗眼，全知的上帝彷彿會從那兒瞥見他們的舉動。

卡爾的病情日趨沉重；他無法再開口說話，最後連視力都惡化成全盲了。一八四九年七月三十日，卡爾過世，得年三十五歲。

「教區為他準備了個墓窖……噢，那低沉的鐘聲始終在我耳裡縈繞不去；我也永遠忘不掉『耶穌是我慰藉』那陰鬱聖歌的陣陣旋律。空蕩蕩的教堂裡，那些樂聲不停哭號。」十三歲的尼采在回憶兒時的篇章中如此寫道。[12]

「那日子裡，我曾經夢見聽到了教堂傳來樂聲，就是我在父親喪禮上聽到的那些音樂。我一察覺到那唱著什麼的時候，一座墳墓突然裂開，我父親裹著一身亞麻布，從墳裡爬了出來。他衝進了教堂，過沒多久，抱了個小孩出來。那座墳墓又打開來，等他跳進去後，墳土就將開口封上了。那沉沉的樂聲戛然而止，我就醒了。隔天，小約瑟夫突然病了，全身不斷痙攣，過沒幾小時就死了。我們哀慟逾恆。我的夢境果然成真了。他那小小的身軀，就葬在父親的懷裡。」[13]

牧師卡爾・尼采的死因受到了詳細調查。他是否死於精神失常，備受後世關注，因為尼采本人在一八八八年四十四歲離奇發瘋前，也患了與父親相同的症狀，此後一直精神失常到一九〇〇年。探討這問題的大量文獻不停問世，而最早的《論尼采的病》（*Über das Pathologische bei Nietzsche*）出版於一九〇二年，離尼采過世不過兩年。作者保羅・朱利烏斯・莫比斯醫師（Dr. Paul Julius Möbius）[14]是從一八七〇年開始就專精於遺傳性神經疾病的頂尖神經學家。莫比斯醫師不僅被佛洛伊德稱為心理治療之父其中一人，更重要的是，他還從卡爾・尼采牧師的驗屍報告中直指他罹患了「大腦軟化症」（Gehirnerweichung），這是十九世紀用來描述各種腦部退化病變的常用詞彙。

現在對他病情的解釋包括了全面性退化、腦瘤、腦部結核瘤，或甚至是外傷所導致的腦部血液流速過慢。不過，尼采死後並不曾像父親那樣進行驗屍，所以無論是莫比斯或之後的任何研究者都無法對這兩顆大腦做死後對比，但是莫比斯在廣蒐博考後發現，尼采一家的母系血統帶有精神疾病的傾向。尼采家有個舅舅自殺了，顯然是寧可一死也不願被關在瘋人院裡噤聲。至於父系這邊，祖母鄂德慕特也有好幾名手足被人說是「精神異常」。其中一人自殺，兩人罹患某種精神疾病，還有一人需要精神治療。[15]

在離開這些猜測推斷之前，我們還是必須看看尼采小弟的死亡一事。約瑟夫在死前不斷抽搐。我們雖沒有確切結論，但尼采一家無疑確實在精神或神經方面有罹病失常的強烈傾向。

卡爾・路德維希・尼采死時年僅三十五歲，法蘭琪絲卡當時才二十三歲，尼采四歲，伊莉莎白三歲。尼采全家這時必須遷出牧師寓所，讓給新來的牧師。祖母鄂德慕特決定搬回瑙姆堡，因為她有在那邊的極佳人脈，她哥哥就在那裡的大教堂擔任牧師。她在紐加瑟（Neugasse）一條房舍僻靜的整潔小街上租了一層公寓店面。鄂德慕特把主臥室留給自己，羅莎莉和奧古斯塔則安置在後頭房裡。

法蘭琪絲卡每年能得到九十塔勒銀幣的守寡撫慰金，再加上每個孩子每年八塔勒銀幣。儘管阿爾滕堡法院已經大幅增撥了撫慰金金額，但是這總額加起來還是不夠他們母子自立。她只能帶著孩子搬進屋子後頭那兩間最差的房間，教小尼采和伊莉莎白共居一室。

「住過鄉下那麼久，住到城裡實在太可怕了，」尼采寫道：「我們避開陰暗的巷弄，尋找開闊的空間，就像鳥兒想要逃出牢籠一樣……巨大的教堂和市場裡的大樓，還有市政府跟噴泉，那一群群的眾人始終令我感到不習慣……我很訝異這些人居然往往彼此並不相識……最困擾我的，則是那一條條大街小巷都鋪得平平整整的。」[16]

瑙姆堡的人口多達一萬五千人，對於一個從勒肯這小地方來的孩子來說，確實頗為嚇人。我們現在會覺得瑙姆堡像繪本中那樣浪漫，活生生是中世紀時禱書裡的插圖，灰白色的塔樓就簇集在蜿蜒的薩勒河畔，但是在尼采一家子搬過來時，薩勒河可不是扮家家酒裡的假想城壕，是貨真價實架滿了防禦工事的護城河。

在這家人搬到瑙姆堡定居的前兩年，一八四八到四九年連串的自由派革命撼動了整個歐洲，就像是尼采的君主派父親瀕死前經歷的那陣陣痙攣一樣。相對於此，理查．華格納則是全力擁護這個革命時代，他認為這將會為藝術、社會與宗教帶來全面重生。華格納還曾與俄羅斯的無政府主義者米克海爾．巴枯寧（Mikhail Bakunin）在一八四九年五月德勒斯登暴動的路障間並肩作戰。他也資助了叛軍的手榴彈。後來事跡敗露，他遭到驅逐出境，這就是為什麼尼采遇見他時，他定居在瑞士的緣由了。

德國在一八五〇年代還是日耳曼邦聯（一八一五至一八六六），這是在拿破崙戰敗後的維也納會議上重新劃分歐洲時所形成的各邦邦聯。整個邦聯涵蓋了大大小小王公伯侯轄下的三十九個日耳曼自治邦。這個邦聯既然劃分成諸多小心眼的弱小邦國，就意味著它沒有國家軍隊，沒有共同的稅收架構，沒有統一的經濟政策，也沒有真正的政治權威。目光短淺的諸侯彼此傾軋，看不出聯合統一的好處。更複雜的是日耳曼邦聯裡還住著波希米亞的捷克人、霍爾斯坦的丹麥人、提洛爾的義大利人。直到一八三七年之前，英國國王都還統治著漢諾威，丹麥國王還統治著霍爾斯坦，荷蘭國王還統治著盧森堡。一八一五年德意志邦聯剛成立時，奧地利是整個邦聯的主幹，但是隨著時代推移，奧地利首相梅特涅的勢力消退，而占地廣大、礦藏豐富的普魯士倒是在首相俾斯麥手下日漸繁榮，卻也愈來愈好戰。

瑙姆堡市地處薩克森省，屬於普魯士國王領土。尼采印象中那守備森嚴的城市形象不僅是來自於邦聯內部的摩擦，也是過去飽受法國威脅的跡證。整座城的五座城門入夜後都緊緊閉鎖。一般平民除非大聲敲門，再付點賄賂給守夜衛兵，不然就進不了城了。尼采和妹妹喜歡在附近的「美麗山林、河谷、大堂、城堡」間探索，但是他們也得按警鐘聲響回城（尼采後來在《查拉圖斯特拉如是說》裡寫道：「那鐘所經歷的，比人類還多——它早已數算過你們父祖先輩疼痛的心跳」[17]），否則就得嚐嚐糖果屋故事裡漢斯與葛蕾特被擋在城門外的恐怖滋味了。

瑙姆堡周遭環繞著圖林根黑森林，這片德國的古老森林裡埋藏著古代英雄的墳墓、火龍的巢穴、石板門、黝黑深淵，自古以來就象徵著日耳曼潛意識中的不理性與不受控制。華格納會說這正吻合奧丁逐步擁抱混沌的心靈旅程，最終將以眾神之死與廢止所有古老契約來毀滅舊有的秩序。尼采原本說那宛如精靈的把戲，後來則稱之為酒神戴奧尼索斯的精神。

沒有什麼能比瑙姆堡市本身還更展現出太陽神阿波羅的精神、更條理分明、井然有序了。薩勒河裡奔流的，是理性、富庶與對浪漫保守主義的嚮往。這座城原本是個貿易中心，是古代交戰部落間和平安樂的輻輳要地。經年日久，這裡成了中世紀日耳曼工藝與公會貿易的中心。自從一〇二八年建立大教堂後，此處的教會與王權幾百年來都一直共榮共存，進入新教時代後更是如此，所以當尼采一家搬到此地時，瑙姆堡可是個繁榮團結的大城市，是個清白生活的好地方。瑙姆堡大教堂與同樣宏偉的市政廳有著如出一轍的外型，展現出在一個富饒而念舊的社會裡，若能和諧合作，宗教與公共品德可以融合為一，教會與國家都能興旺富強。

祖母鄂德慕特在瑙姆堡成長的那段歲月裡，主宰當地宗教圈的是路德教派那套責任、謙遜、簡樸與節制的淺白理念，但是等到她重返故鄉時，卻碰巧遇上了宗教大覺醒運動，民眾看重狂熱崇拜與崇高天啟更勝理性信仰。大家都宣稱自己已經獲得重生，還會公開譴責自己是個窮凶極惡的罪人。這套新興風氣不受尼采一家女士青睞，而且既然小尼采進入教會克紹箕裘的念頭絲毫沒有動搖，這一家子人當然就打不進這狂放不羈的宗教圈子了。不過，他們倒是結交了不少法院職員與高等法院法官的妻子，這群地方上的權貴人士對那些新興觀念並不感興趣。

在這個什麼動態都慢得像蝸牛般的保守社交圈裡，鄂德慕特與法蘭琪絲卡這兩位牧師遺孀家境雖然稱不上小康，但那份矜持卻很能融入這些夫人之間，能夠成為老規矩的榜樣，以換取一些私下資助。尼采絲毫不討厭這套裝模作樣的規矩，所以後來他才恨恨地說小時候在瑙姆堡的自己總是一副徹頭徹尾小痞子的臭屁模樣。不過要是他十歲那年對於國王造訪瑙姆堡一事的描述還顯示不出他在政治思想上的早熟，那至少也透露出了他文學上的過人天分。

「國王陛下要巡幸瑙姆堡。為了此事，城裡大肆鋪排。所有學生都做一身黑白打扮，從上午十一點就站在市場，殷殷期盼君父駕臨。漸漸地，烏雲蔽空，大雨傾盆而下——陛下想是不會來了！十二點的鐘聲響起——國王未曾出現。許多小朋友都餓了。新雨過後，大街小巷滿是泥濘；一點鐘響——大夥兒漸漸感到不耐。約莫兩點，鐘聲突然大響，晴空從雨滴後頭對著簇擁的群眾露出微笑。接著就聽到了國王輦駕的轆轆聲，城裡爆出一陣歡呼，我們瘋狂地舉帽揮舞，聲嘶力竭地叫喊。一陣清風吹動了懸掛在屋簷上的旗幟，城裡的大小銅鐘噹噹作響，群眾歡聲雷動，前後簇擁著御輦朝大教堂的方向前進。聖堂門前，一隊小女孩身著白衣，頭戴花環，排成了金字塔狀。陛下抵達……」[18]

同年，一八五四年，尼采變得對克里米亞戰爭倍感興趣。克里米亞半島伸入黑海的重要戰略地位，成了數世紀來俄羅斯與土耳其的兵家必爭之地。此時克里米亞半島在俄羅斯手中，沙皇尼古拉一世的部隊正在奮力抵抗鄂圖曼帝國與其英法同盟的軍隊入侵。這是首次有攝影師披露戰事的大戰。多虧電報問世，戰報幾乎即時就能從前線傳回後方。尼采和同學威爾罕・平德（Wilhelm Pinder）與古斯塔夫・克魯格（Gustav Krug）汲汲於最新的戰情發展。他們把口袋裡的零錢都拿去買了小錫兵模型，還會攤開地圖，布置戰場，他們弄了個池子當作塞凡堡港，用紙船建造海軍。為了模擬砲戰，他們揉合了蠟丸與硝石充當砲彈，點燃後丟向那些模型士兵。看到那些嘶嘶作響的火球飛掠空中，擊中目標燒了起來，實在是過癮極了。但是某一天，古斯塔夫拉長著臉來到他們的模擬戰場。他說，塞凡港淪陷，戰爭結束了。這幾個氣憤的孩子把滿腹的怒火一股腦兒的宣洩在他們的克里米亞戰場模型上，遊戲散場了，但是過沒多久，他們就又開始改玩特洛伊戰爭。

德國當時正掀起一陣希臘熱，各個小邦都幻想著自己也能像古希臘城邦那樣流芳百世、永垂不朽。「我們全都巴不得變成小希臘人，」伊莉莎白寫道：「所以紛紛練習擲標槍、擲飛餅（用木盤代替）、跳高和賽跑。」尼采寫了《奧林帕斯諸神》與《攻陷特洛伊》兩齣戲，還找了玩伴威爾罕·平德、古斯塔夫·克魯格和妹妹伊莉莎白扮演劇中人物，在全家人面前表演。

尼采從五歲起，就由母親教他讀書寫字。當時的男孩六歲要上小學，一八五〇年，尼采就讀給窮人家庭的市立小學。對自己地位十分在意的伊莉莎白在自傳中寫到這件事時，說是因為祖母鄂德慕特有套理論：「所有的小孩到了八歲或十歲時，即使社會地位再怎麼不同，也要一起受教育；上流階層的小孩才能藉此更了解低階家庭孩子獨有的心態。」[19]但是這種說法，照母親法蘭琪絲卡所說，根本是無稽之談。尼采之所以上市立小學，就只是因為他們家太窮了。

尼采的早熟、他的嚴肅、他思想及表達的精準，還有他那雙老是難以抓準事物焦距的重度近視眼，都讓他與其他小朋友格格不入。他們還給他起了個「小牧師」的綽號，拿他說笑。

一八五四，尼采九歲那年的復活節，他轉學到校名十分拗口的「高級中學與其他高等學校貫徹升學預備機構」的私立學店，那裡都是和他一樣力爭上游的人家子弟。尼采在這裡確實自在多了，但是學校那塊招牌也實在是牛皮吹過頭。十歲那年，尼采與威爾罕·平德和古斯塔夫·克魯格一齊進了貴閣中學這所教會學校。他現在得加倍努力彌補課業，所以每天都只能睡上五、六個小時。他後來對這段時間的敘述，就像在其他自我剖析的篇章裡一樣，總是免不了指向父親的早逝。尼采在談到自己人生時，無論是回憶孩提時代或甚至是談他神智清醒的最後歲月，總是一次又一次地回到父親見背這件事上。

「我們到瑙姆堡時，我的性格就開始展現出來。我在幼年時期就經歷了無比的悲傷哀慟，所以始終不像一般小孩那樣無憂無慮、奔放自在。學校同學總是習慣拿我的不苟言笑當笑話看。不只是在公立學校如此，就連後來上了學店和中學也都是這樣。打小時候起，我就渴求孤獨，覺得沒有誰來打擾我的時候最是自在。而這通常是在大自然寬闊的胸膛裡，那才是我真正歡樂的所在。雷雨雲每每總讓我留下最深刻的印象，隆隆襲來的雷聲和閃爍電光只會增加我對上主的敬畏。」[20]

他在貴閣中學的那四年裡，對於感興趣的科目表現特別出色：日耳曼韻文、希伯來文、拉丁文，最後是希臘文，不過他一開始倒是覺得希臘文太難了。他覺得數學很無聊。他利用閒暇時間，開始撰寫一部叫做《死亡與毀滅》的小說、不知道多少曲子，寫了四十六首詩，而且儘管手腳笨拙，他還是學了要躋身上流必須的劍術。

「我寫過詩和悲劇，但毫無血氣、無聊透頂，我逼著自己譜寫幾首交響樂曲，結果愈追求全知全能，就愈來愈擔心自己就要變成徹徹底底的糊塗蛋和空想家。」[21]

但是這時才十四歲的他，實在是低估了目前的自己，因為他在同一篇文章裡還接著對自己九年級開始撰寫的詩作寫了一大段犀利的批判分析。有意思的是，他對自己年少作品的批判卻預示了象徵主義詩作的基調，這一點他當然不得而知，畢竟波特萊爾才剛在巴黎開始寫出這種風格。

「我試過用更華麗絢爛的言詞來抒發自我。無奈終究是畫虎不成反類犬，那些斑斕的文句都成了說教般的囈語，而我寫的每一首詩卻都欠缺了最重要的東西——想法……沒有想法，卻又雕琢字句、堆砌意象的詩詞，就像一顆鮮紅的蘋果，果核裡卻藏著蛆蟲一樣……無論寫些什麼作品，都必須盡力關注到想法本身才行。人可以原諒任何風格上的失誤，卻不能接受在思想上的失格。年輕，既然欠缺原創的想法，當然就會試圖靠著光鮮亮麗的風格掩飾這份空洞；而在這一方面，詩詞難道不就像是現代的音樂嗎？將來的那些詩作就是從這些字句裡迅速發展出來。詩人無不以各種奇思妄想來表現，混淆的思想則以模糊卻極為華美悅耳的論證表達。簡單地說，能寫得出像《浮士德》第二部分那樣的作品，只不過在這作品裡頭，卻完全沒有一點想法。已矣夫。」[22]

他追求全知全能的嘗試無疑是啟發自浮士德，以及像歌德和亞歷山大・洪堡德那些多才多藝的天才。他也學著他們，開始研讀自然史。

「莉絲，」九歲的他某一天叫住妹妹：「別再講那些送子鳥的鬼話了。人是哺乳類，是會生出小孩的。」[23]

他的自然史讀物還說：「駱馬是種了不起的動物，牠會自願擔起最沉重的擔子，但是一旦牠不願繼續，就會轉頭朝著騎者臉上吐口水，臭得要命。要是遭到強迫或虐待，牠可會不進飲食，餓死在地。」尼采覺得這段描述實在太符合他妹妹伊莉莎白了，所以終其一生，不管在書信裡或口頭上，尼采都叫她「駱馬」或「乖駱馬」。對伊莉莎白來說，她倒是愛極了這個暱稱，一有機會就把這典故拿出來講，只不過會故意略去吐臭口水那段不提。

古斯塔夫．克魯格的父親有一架讓尼采興起重重想像的「超棒大鋼琴」。法蘭琪絲卡買了架鋼琴給尼采，而且她還自學鋼琴，好教導尼采彈奏。克魯格先生是作曲家腓力斯．孟德爾頌（Felix Mendelssohn）的至交好友。無論城裡來了哪些傑出的音樂家，都會受邀到他家一同演奏。樂音就從窗戶流瀉到街上，每每都讓尼采佇足不去。所以儘管尼采還是個孩子，但是他十分熟悉當時流行的浪漫主義樂曲，也就是華格納所叛離的那種樂風。那些穿過窗戶的樂聲讓貝多芬成了尼采最崇拜的音樂偶像，但是真正激發他開始譜寫樂曲的卻是韓德爾。九歲那年，尼采寫了一齣清唱劇，就是因為聽了韓德爾的〈哈利路亞合唱〉。「我覺得那就像一首天使般的歡唱歌曲，耶穌就是在這樣的歌聲中升天。我馬上下定決心要寫出像這樣的作品來。」

多虧尼采的母親和妹妹總是把受到他們萬千寵愛的尼采所寫下的隻字片語全都保存起來，他小時候所寫的那些曲子仍然留存至今。他所寫的曲子都是為了要表達在一個情感濃烈的家庭裡如何充滿了對上帝的熱愛，這份愛也始終擺脫不了他對重病父親的回憶，畢竟他們都相信父親在天之靈正看顧著他們。這正是他對自己的期許，期盼成為「我父親再世，而且延續他那未盡的天年」[24]。

家裡的女性對尼采百般寵愛，他就是她們的一切。伊莉莎白才智過人，但是由於是個女孩，上學不是為了學術事業，而是要滿足學習所需。她學會了讀寫，學過一些算術，懂點夠她表現禮節的法文，會跳舞、畫畫，還有一大堆的美姿美儀訓練。這種種教女性服從於男性的訓練使得她和母親都甘於屈居弱勢。尼采對她們的回報，則是成為她們心目中的那個小大人。儘管在學校並不如此，但他在家裡倒是十分明白自己有多重要。在伊莉莎白不當「駱馬」或「乖駱馬」的時候，她就是尼采必須保護捍衛的「小女生」。要是尼采和母親或妹妹走在一起，他會走在她們前頭五步，保護她們避開像是泥巴、水窪的「危險」或是像馬匹、狗兒等「怪物」，免得她們嚇得花容失色。

貴閣中學的學校紀錄顯示出尼采相當勤奮好學。母親毫不懷疑他絕對擁有實現她心願夢想的能力，一定可以追隨父親的腳步進入教會。尼采對神學十分投入，在這門科目取得了優異的成績。十二歲那年，充滿宗教狂熱的他看見了異象，見到上帝在熠熠榮光中現身。這使他決心終身奉獻給上帝。

「不論在哪個方面，」他寫道：「上帝總是安穩地引領著我，就像父親帶領著自己弱小的孩子一樣……我已經下定決心，永永遠遠致力於服事上帝。願慈愛的上主賜給我力量和能力，能夠成就我的心願，守護我的人生路途。我就像個孩子般信賴上帝的恩典：祂會永遠保守我們，使我們免遭厄運。祂的意旨必將成真！我會歡欣接受祂的一切賞賜：幸或不幸、或貧或富，面臨死亡亦無懼色，終有一天，我們全都會在永恆的欣喜幸福中團聚。是的，親愛的上主，求您永遠看顧我們！阿門！」[25]但即使籠罩在這股相當傳統的宗教熱情當中，他心底仍然潛藏著一份不尋常的異見。

基督教信仰的基本信條之一就是聖父、聖子（耶穌基督）、聖靈三位一體。但是十二歲的尼采才不接受這套不理性的講法。他的思考推論出了截然不同的另一套三位一體。

「我十二歲那年，就自己想出了一套厲害的三位一體：聖父上帝、聖子基督，還有魔鬼。這道理是上帝在思考祂自身的時候，創造出了第二個神聖位格，但是上帝既然要思考自身，就必須思考自身的對立者，因而也就必須創造出魔鬼來。——這就是我開始哲學思考的起點。」[26]

Chapter
2
我們德國的雅典

只當個學生是對老師最差勁的報答。

——《瞧，這個人》，序言第四節

尼采十一歲時，祖母過世了，母親也總算能自由當家作主了。一八一五年，法蘭琪絲卡在找過幾間房子不成後，最後帶著兩個孩子在瑙姆堡城裡乾淨卻不起眼的凡恩加勝街轉角處落戶定居。尼采開始有了自己的臥室。他很快就養成了讀書到半夜，清晨五點又起來繼續讀書的習慣。這就是他所謂超克自我（selbstüberwindung）這一時期的源頭，後來他在形上學上更進一步發展超克自我這條原則，但是在這當下他所要克服的其實是健康狀況糟糕到不行的身體。不時發作的頭痛、嘔吐與眼睛刺痛往往持續長達一週之久，這使他只能在窗簾緊閉的漆黑房裡躺著受苦。就連一絲光線也會刺得他雙眼疼痛不已，更遑論要閱讀、寫作或有條有理地思考了。比方說，在一八五四年的復活節到一八五五年的復活節這一整年期間，他就缺課六週又五天。但是當他復元的時候，他又被他所謂「倨傲意志」逼著非得勝過班上同學不可。瑙姆堡的貴閣中學稱不上是落後學校，但是尼采胸懷大志，一心想進入舒爾福達這所日耳曼邦聯中首屈一指的古典語文學校。

「福達、福達，我就只想讀福達。」尼采寫下這句話時才不過十歲。「福達」是舒爾福達這所學校自己人的戲稱，尼采這樣不知天高地厚地叫，正顯示出他心裡有多麼渴望。

福達這所學校所收的兩百名學生年齡介於十四歲至二十歲之間，而且偏好像尼采這樣父親是在普魯士的教會或政府服務時過世的孩子。學校挑選學生的入學程序簡直就像王子派僕從遍訪全國大街小巷，尋找能套上玻璃鞋的公主那樣。尼采十三歲時，福達的招生委員來到瑙姆堡，他給他們留下了不錯的印象，儘管他數學不好，但他們還是讓他在來年秋天入學。

「我啊，這可憐的小駱馬，」伊莉莎白還是用她一貫誇張的筆法寫道：「覺得自己被命運無情玩弄。我什麼也不吃了，就躺在塵土間死去吧。」她這份抗拒並不是因為嫉妒哥哥可以升上一流的學校，而是埋怨他總有一天會離家數月。尼采自己也難免不安。隨著入學日期一天天逼近，他母親注意到尼采的枕頭套上總留著淚痕，但是尼采在白天裡還是硬表現出一份男子氣概來。

「那是個週二早上，我駕車出了瑙姆堡城門……夜裡的輾轉難眠還在令我難受，而眼前的未來，卻蓋著一層不祥的灰幕。這是我第一次要離開父母家很久很久……告別家人讓我覺得孤苦無依；一想到未來，我就忍不住渾身發抖……一想到我從此再也不能放任自己胡思亂想，一想到學校同學會將我從我最愛的事情中拉走——這念頭著實嚇到我了……而且每分每秒都更教我害怕；事實上，我一看到在遠方閃爍著的福達校舍，在我眼裡與其說是學校，還不如說是座監牢……接著我的心裡突然充盈著神聖感。我在默禱之中升到了上帝跟前，靈魂感到一股沉靜自得。是的，上主，在聖靈的撫慰中保佑我入學，也護守我的身心。派遣您的天使前來，帶領我在面前的戰鬥中獲勝……謹此懇求，噢，主啊！阿門。」[1]

福達校舍的外貌之所以看起來像監牢，是由於它原本是熙篤會的修道院。學校位在瑙姆堡南方大約四哩，薩勒河支流流經的封閉谷地之中，四周十二呎高、兩呎半厚的高牆環繞著七十畝的肥沃校地，校區裡散布著尋常的修道院設施：魚池、釀酒屋、葡萄園、牧草地、耕田、牧場、穀倉、擠乳場、馬廄、鐵匠鋪、石造迴廊，以及各式各樣的哥德式宏偉建築。福達就像是尼采小時候在勒肯住家的放大版，也是一座試圖在政治角力中存活下來的教會堡壘，而那些爭鬥，對福達而言，最重要的莫過於十六、十七世紀間的宗教戰爭了。等到爭鬥平息下來，羅馬天主教退出，支持馬丁・路德的薩克森選帝侯就宣布福達為王族學校（prinzenschule）。福達是許瓦澤（Schwarzerd）[2]在一八二五年建立的幾所重點拉丁文學校之一，而許瓦澤正是協助馬丁・路德將舊約聖經譯為德文的重要人物。許瓦澤在原本高等教育得預備學習的拉丁文與希臘文之外，又加授了希伯來文，好讓學生能夠閱讀希伯來文的一手文獻，而不是常因政治或神學因素扭曲的翻譯本，這勇敢地踏出了反抗教會幾百年來審查制度的一步，使得每個學生都有獨立分析的手段。

到了尼采入學時，這套教育體系已經經過威爾罕・馮・洪堡德[3]的稍加調整，而他正是身兼著名探險家、地理學家與科學家的亞歷山大・洪堡德的親哥哥。洪堡德是席勒與歌德的好友，他在抵達巴黎之後不久，政治觀旋即為隨之爆發的巴士底暴動深深震撼。「我已經受夠了巴黎跟法國，」年僅二十二歲的他，下筆竟能如此成熟，而且還冷靜結論說他正見證到嶄新理性誕生時必經的陣痛：「人類已經飽受源自某一極端的折磨，所以勢必要朝另一種極端裡尋求救贖。」

洪堡德在一八〇九年到一八一二年之間負責重整德國教育體系，他既具備面對當代事件的卓越理性，也因曾任普魯士駐教廷大使而親身體驗所謂的古典傳承。他對日耳曼邦聯擘畫的未來，建立在一套仿效古希臘的體系之上：諸多紛雜而活力十足的小邦統合在同一的藝術與智性之內。他這套理論見諸《確立國家機制界限考》（*Ideas Towards an Attempt to Determine the Limits of State Action*），這本書深深影響了約翰・斯圖亞特・彌爾（John Stuart Mill）的《論自由》（*On Liberty*）。洪堡德的主要原則是在最小國家之內，應該要有最廣大的教育與宗教自由。在國家之內，個人就是一切，故而教育就是重中之重。而教育的最終目標就是「對於個人人格的完整訓練……要使個人成為完整一致之整體的能力得到最適當、最好的發展」[4]。這個完整一致的整體結合了兩種獨特的德式理想：學問（Wissenschaft）與教養（Bildung）。學問是認為學習是一套透過科學研究與獨立思考而不斷更新豐富的動態過程，讓每個學習者都能夠對於無限進步的知識都提供貢獻。這與死記硬背的那套學習法完全相反。知識會演進，而隨之而來的就是教養，也就是學習者本身的改變：個人在這過程中獲得精神上的成長，也就是洪堡德所謂學習者自身的人格與自然之間的和諧互動，在更廣大的脈絡中達到內心自由與整全的境界。

關於整全性與社會道德的問題指出了當代宗教信仰的迫切困境，一如科學的進展也撼動了千古不變的確定性。中小學生也好，大學生也罷，無論他們在達爾文與抱持懷疑這條路上走到了哪個階段，都無法否認在西方知識道統中對於生命有著幾近神聖的崇拜，而且這道統更樹立了千百年來關於真理、美、清明理智與人生目的的標準，無論當時人們所信奉的是哪些神明。

支撐文明的力量在於語言，一脫離語言，我們大概就無法思考，也絕對無法溝通複雜觀念。洪堡德本人就是個語文學家兼語言哲學家。福達中學和在洪堡德改革下的其他中學、大學一樣，最高等的學科是古典語文和古典語文學，是字斟句酌、推敲訓詁的技藝。語文學家是窮究無比精細事物之神，尼采曾經譏之為「心胸狹隘、冷血無情的微物學家」[5]，而古典語文學家則是整個教育體系之神，專門鑽研希臘文、希伯來文與拉丁文的語言文字。

尼采在福達中學那時候，校長曾說福達就是個學校邦國：早上是雅典，下午是斯巴達。這是一個半修道院式、半軍隊式的國度，不僅鍛鍊身體，也陶冶心靈。尼采還住在家裡時，十分珍愛自己的臥室，因為他可以按照自己作息安排課業，現在則得睡在三十人一間的宿舍裡。每天一早四點，宿舍的門會同時打開，晚上九點則同時上鎖（如今能夠相比擬的，大概就只有侯爵歌劇院在表演開始後一齊鎖門，直到表演結束才同時開門的喀噠聲了）。一百八十名學生出了宿舍，就衝向共用的十五座臉盆梳洗刷牙，然後到洗手台漱口。接下來每天的行程就像尼采所記的這樣：

5:25 晨禱。溫牛奶與小麵包。

6:00 上課。

7-8 讀書。

8-10 上課。

10-11 讀書。

11-12 上課。

12 取餐巾、上食堂。點名。午餐前後拉丁文禱告。自由時間四十分鐘。

1:45-3:50 上課。

3:50 小麵包與奶油、培根油汁或梅子醬。

4-5 高年級生抽考低年級生希臘文演講或數學習題。

5-7 讀書。

7:00 上食堂吃晚餐。

7:30-8:30 中庭遊憩。

8:30 晚禱。

9:00 就寢。

4:00 宿舍開門，迎接新的一天。

這是當時歐洲最嚴格的學校日程表，正如德．斯黛爾夫人所讚佩的：「德國的學習研究還真是了不起，年復一年日復一日地花上十五個小時獨自讀書工作，對他們來講好像是家常便飯一樣。」[6]

一開始，尼采實在是忍不住地想家。「風兒斷斷續續地吹過那些大樹，樹枝吱吱嘎嘎搖搖擺擺。我的心也如此一般。」[7]他把這心情告訴了導師布登錫教授，老師建議他忘情於學習之中，要是這樣沒用，那就只能聽天由命了。

他每週能見到母親和妹妹一次，但就只有在每週日學校帶隊到教堂禮拜的那短暫時光。他那時候會匆匆北向，蜿蜒穿過高聳黑暗的杉樹林，前往阿爾姆里希村，而法蘭琪絲卡與伊莉莎白則會從瑙姆堡趕忙往南與他會合。他們一家子會趕在尼采回學校前，在阿爾姆里希的酒吧裡吃吃喝喝一個小時。除此之外，福達中學學生的自由時光就只有晚間七點半到八點半到中庭玩的這段時間，他們在那裡會用希臘文或拉丁文進行遊戲，比方說，競吟即興拉丁文六步格詩之類的。

學校鼓勵學生無論何時何地，遇到彼此都用希臘文或拉丁文對話。尼采還更進一步，要自己用拉丁文思考，而且他應該頗為成功，因為他不曾抱怨有過失敗。學校不准學生讀報紙，要學生盡可能地遠離政治、外界與現代。學校課程安排以古希臘與羅馬的文學、歷史、哲學，還有諸如歌德和席勒等日耳曼經典為主。除了精通這些課程之外，尼采還努力研讀希伯來文，以備接受聖職；他覺得希伯來文最難的就是文法了。他對英文並不熟練，儘管他喜愛莎士比亞與拜倫的作品，尤其是拜倫的《曼弗雷德》（*Manfred*），但是他讀的都是德文譯本。福達中學的學生每週有十一小時的拉丁文課程，還有六小時的希臘文課程。尼采是個頂尖的學生；他也曾經當過全學年度的全班第一名，只不過並未一直蟬聯。他老是因為數學成績搞砸了而拉低成績平均，但他始終對數學興趣缺缺，只有短短一陣子曾經對圓的各項性質異常著迷。

學校有時候會帶學生到鄉下進行校外教學。這時候學生都會穿上由狂熱的國家主義者與體育運動之父弗里德里希．路德維希．楊恩（Friedrich Ludwig Jahn）所設計的體育服，這套服裝的用意在於培養年輕人軍隊般的團體精神，因為互相扶持的整代年輕人能夠奠定這崛起中國家的美好根基。楊恩還特別提出了四個F：Frisch, fromm, fröhlich, frei（活潑、虔誠、快樂、自由），而且用軍事教育方式培養這四種精神。學生得列隊登山，隨著軍樂隊邊唱邊叫，揮著校旗，為國王（這時已經中風失智）、普魯士親王和學校山呼萬歲，然後同樣列隊行進返回學校。

游泳訓練也是這般進行：

「昨天總算去游泳了。真是棒透了！我們整隊排列前進，隨著歡欣的樂聲穿過校門。大家都戴著泳帽，看起來超搶眼的。可是我們這些小泳手真是沒料到居然要長途跋涉到薩勒河下水游泳，大家都很害怕。不過，等我們看到高年級泳手遠遠過來，而且有音樂催促，我們就全都跳進水裡了。我們照著從學校出發的順序游泳前進。整個來說，一切順利；我盡了全力，可是我老是沉到水裡。我也翻過來仰泳很長一段。等我們抵達終點，學校也把一路放在船上的衣服發給大家換上。大家趕緊換好衣服，又整隊排好，返回福達。真的是太棒了！」[8]

值得一提的是，由於這美好的初體驗，游泳成了尼采畢生喜愛的休閒活動。這可不像體操那樣讓他吃力不討好。他的同學保羅・竇以森（Paul Deussen）描述過，尼采唯一會做而且還很自鳴得意的體操動作，就是兩腿前伸，撐起上身，從雙槓這端走到另一端。至於別的同學可以迅速完成，有些甚至根本連槓桿都用不上的那些項目，對尼采來講可是苦差事一件，老是弄得他臉紅氣喘，汗流浹背。[9]

成天汗涔涔又笨手笨腳，陰陽怪氣卻又過度精明，怪不得尼采不是人人都愛。他班上有個同學剪了張他的照片，做成一個專講渾話、做蠢事的娃娃，不過尼采這人的特色就在於他這種受氣包的個性反而常常讓一些忠心耿耿的朋友挺身而出，替他抵抗這殘酷的世界。他在福達的那一小群朋友最後讓那個搞笑娃娃就這樣無聲無息地消失了。

尼采這時對音樂的熱情不曾稍減。他加入了學校的合唱團，所以有各式各樣合歡同樂與行軍排練的機會，但正是在這音樂訓練的脈絡裡，比其他學科（因為這些科目都希望藉由遵守團體倫理而自我實現）更能讓我們了解到尼采成功守住了他原本擔心進了福達之後可能喪失的思想自由。老師同學都對他彈奏鋼琴與視譜唱歌的正統技巧讚譽有加，認為他這些技巧確實很出色，可是尼采令人目眩的即興演奏，那可就真正令他們刮目相看了。尼采的父親還在世時，就有不少人千里迢迢來聽他演奏；如今尼采的同學也都十分欽羨他這項過人天賦。當他開始彈奏起悠長激昂的自由創作時，大家就紛紛圍繞在這個踞坐在鋼琴椅上，戴著厚重眼鏡、長髮後梳的矮胖男孩四周。就連討厭他的那些人也不禁被他的純熟琴藝吸引，彷彿著了迷一般。暴風雨是最能激發他胸中感慨的天氣，一旦雷聲隆隆響起，尼采的同學卡爾．馮．葛斯朵夫（Carl von Gersdorff）認為即使是貝多芬復生再世也難以與尼采的即興演奏比肩。

尼采的宗教情操也同樣熱切，追隨父親步入教會的念頭不曾動搖過。他的堅振禮就是一場宗教激情的風暴。

他的堅振禮辦在一八六一年四旬節的第四個週日，這場儀式讓他跟那個為我們描述尼采做體操情形的保羅．竇以森建立起了新的聯繫。堅振禮的受禮者要兩兩成對走向祭壇，跪著接受祝聖。竇以森和尼采兩人並肩跪著，他們都感到充滿一股神聖狂喜，大呼自己馬上就能為基督而死。

這份激烈的宗教狂喜消退之後，取而代之的是對於基督教文獻的公正檢驗，也就是尼采原本研讀希臘文或拉丁文的那套工夫。他在〈命運與歷史〉（Fate and History）和〈意志自由與命運〉（Freedom of Will and Fate）等長文裡述說了他的想法，這兩篇文章都顯示出他相當喜愛當代美國思想家愛默生（Ralph Waldo Emerson），因為愛默生寫了不少關於自由意志與命運問題的著作。尼采的〈意志自由與命運〉以他早期的名言之一作結：「意志的絕對自由會讓人成為神；命定的法則則會將人變成機器。」他這想法在〈命運與歷史〉裡說得更完整：「不談命運的自由意志就像不講現實的精神、不講惡的善一樣難以想像……相反才能相成……一旦大眾總算明白原來基督教整體所根據的種種預設：上帝存在、永生不朽、聖經權威、啟示和其他種種學說其實都問題重重，那可會掀起滔天革命……我們不知道人類本身究竟是否只是宇宙歷史中的一個階段或時期，還是說……人類也許不過就是從植物或動物演變發展的終點？……這場永恆演變可有終點嗎？」

雖然達爾文那離經叛道的演化理論在這思索中跳了出來，不過對尼采來說，這種想法其實是來自他研讀三大思想家所獲得的啟發：愛默生、希臘詩人哲學家恩培多克利斯（Empedocles）、德國詩人哲學家荷爾德林（Friedrich Hölderlin）；他們三人也長期盤據著尼采的創意發想。

一八六一年，尼采寫了一篇學期報告，題為〈謹向吾友推薦我最愛的詩人〉。這名詩人就是荷爾德林，雖然現在他無疑堪稱德國文學的泰斗，但在當時可真說是名不見經傳。尼采那篇報告得分頗低，老師對他說：「多去看些更健康、更清楚、更像日耳曼的詩人。」[10]但其實荷爾德林根本就徹頭徹尾充滿了日耳曼精神，只不過他也確實由衷厭惡民族至上的民族主義。這也正是年僅十七的尼采所持的立場，他的文章點出了荷爾德林「對德國人說出了儘管逆耳，無奈卻是鐵錚錚的實情……荷爾德林痛陳嚴批日耳曼的野蠻。但是這份對現實的厭惡卻完全合乎他對自己國家的至高熱愛，而荷爾德林確確實實愛極了國家。他所討厭的德國人是那些膚淺偏狹的庸俗之輩。」[11]

尼采那些老師之所以討厭荷爾德林，是因為他們認為他在心理上和道德上都不健康。荷爾德林晚年腦子不太正常，所以選他當寫作主題實在不健康。再加上尼采又樂於質疑權威有何道理，老師們都悲觀地覺得這孩子太危險，根本就是福達中學三大校訓學問、教養、路德派教義的對立面。那神聖的三大校訓應該要能夠提供適當保護，不讓像尼采這樣的福達學子被荷爾德林探索出來那片懾人心魄的內心領域所吸引：

「噢，你們這些能感受到這一切的可憐人，即便如我，也說不出人生在世有何目的，即便如我，也被統管我們的虛無徹底攫在手中，深深明白我們生來沒有目的，不愛任何事物，不信任何事物，辛勞至死換來的就只有一點一點地化為虛無——若你如此認真思考，怎能不喟然委地？我也往往同樣深陷這無底深思之中，呼號不已；無情的魂靈啊，你為何要砍斷我的根柢？——而我仍活著如昔。」[12]

荷爾德林在最後那幾年裡偶爾也會突如其來地寫下精湛的洞見、曖昧的預言，或是惱人的詞句。他住在圖賓根的一座高塔裡，結果吸引了不少觀光客前來，成了浪漫主義時期壯遊途中的必經景點，看看這人竟住在貓頭鷹棲居的半頹古塔裡，點著火炬祈求靈感。

尼采寫道，那座令荷爾德林的心智在瘋狂的漫漫長夜中苦苦掙扎，最終在黑暗神祕的哀歌中黯然熄滅的「漫長癲狂之墓」，就像是在暴風中的海洋淹沒小舟般吞噬了他自己的意識。他所寫的荷爾德林讀來似乎暗示著這條喪心之路若能通往啟示大門，那他可相當私心嚮往。

荷爾德林確實不對福達中學的胃口。但是儘管老師批評否定，尼采仍對這名詩人愛不釋手。

荷爾德林寫過一齣關於恩培多克利斯（約西元前四九二—四三二年）的劇本，尼采也有樣學樣。據說恩培多克利斯從埃特納山上往火山口裡一躍，十足把握能夠成為神明重生，結果當然是死了，但是這份盼望讓我們想起離開洞穴的查拉圖斯特拉，以及發瘋後相信自己轉變成酒神戴奧尼索斯的尼采。轉生為神以及必須經過因神所致的癲狂才能成神這一套，可說串起了尼采、荷爾德林與恩培多克利斯的思想與人生。當時年僅十七，正就讀一所致力於奧林匹亞式理性及清晰的頂尖日耳曼中學，尼采卻一頭栽入了對叛逆瘋狂與不理性之有理的探索之中。

「孑然一身，又無諸神，這——事實上，就是死亡。」荷爾德林在劇本中藉由恩培多克利斯之口說出這句話，我們也許能從中聽見尼采將來說上帝之死這偉大悲劇的先聲。

恩培多克利斯殘存著作不多。如今僅有殘缺的兩首偉大哲學詩作：〈論自然〉及〈淨化〉。〈論自然〉是一首美妙的詩，令人想到奧維德的田園詩和《失樂園》，但是恩培多克利斯並不只是讓我們想到奧維德與米爾頓的文字匠而已。他是第一位提出四大元素之名的作家：

吁！蓋有四者堪號原初，
吾人所見萬物皆由此出——
地土、波濤萬千之汪洋、濕潤之氣，
更有以太，猶如泰坦，聚合世界為一體。
再來者，且聽烈火展何才
能夠催胚化成胎⋯⋯。[13]

恩培多克利斯設想萬物在一大化循環之中，既無肇始，也無滅絕。物質只有一種形式，而其總量是永恆不變的，只會因兩道永恆的相反力量混合與分離：愛與恨。愛恨的對立張力創造出了原始的扭轉能量，在恩培多克利斯的描述裡，這股力量就像是耶羅尼穆斯·波希（Hieronymus Bosch）夢魘般的漩渦圖畫那樣，人的四肢百骸，「頭啊、手啊、眼啊，全都鬼魅般地在太空中翻飛」，各自尋找彼此，好「彌縫為一，完整無缺」。如今，大家已經將這些字句詮釋成為演化論最古老的光輝濫觴。

從恩培多克利斯的殘篇斷簡中，尼采學到了什麼叫做精簡。他也學到片簡反而能讓心思自由徜徉於無盡思辨的天地之中。這寶貴的能力在尼采發病間隔愈來愈短，勢必要儘快有效地表述自己思想的日子裡，顯得愈形珍貴。

尼采行堅振禮這一年還有另一篇作品，他自己戲稱為「叛逆小說」的《歐佛里翁》（*Euphorion*），是他青少年時大談特談性與罪的逾矩作品。

「我在寫的時候，忍不住爆出一陣惡魔般的狂笑，」尼采在給朋友的一封信中如此寫道，並署名「FWvNietzky（別名 Muck）受過文學教育者（不學無術之人）」[14]。

在浮士德的傳說故事裡，歐佛里翁正是浮士德與傾覆特洛伊的美女海倫所生之子的名字。在尼采當時的德國，大家往往都把拜倫視為當世的歐佛里翁。所以尼采在以歐佛里翁第一人稱寫作時，筆下既有浮士德的味道，也帶有拜倫的文風。

如今，這篇小說只剩下開頭第一頁還殘存。故事的開頭是歐佛里翁一個人待在書房裡頭：

「『血紅的黎明映照在層層天上，宛如煙火發射，無聊透了……我眼前有一罐墨水瓶，浸著我漆黑的心；一把哪天我該習慣拿來刺穿自己喉嚨的剪刀；還有一些我拿來擦臉的文稿，還有一只夜壺。

但願劊子手會尿在我的墳上——那片種滿了勿忘我花的草地……我覺得在濕潤的土裡分解要比在青天之下成長快活，像一條肥滋滋的蠕蟲般蠕動更比當個人有滋味多了——人只是個會行走的問號罷了……

有個修女就住在我對面，我三不五時就會去看看她，享受那絕妙的舉動……她原本是個弱不禁風的修女；我是她的醫生，很快就讓她增加了體重。跟她同住的是她妹夫；我覺得他長得太過肥胖了——我就幫他瘦身——變成一具乾屍……』歐佛里翁這時停了下來往後靠，哀嘆一聲，他脊椎痛的老毛病又犯了。」[15]

不過，這份手稿僅存的一頁就寫到這裡而已。

我們也不能跳過尼采另一份青少年時期的殘篇不談。大家通常都認為這篇作品是關於某種現實經驗的陳述，某種諭示或邪靈顯現，甚至是尼采後來發瘋的預兆。因此，這篇確實很重要，但是既然有了《歐佛里翁》的前例，這篇說不定也可能只是尼采嘗試怪誕書寫的另一個試作品罷了。

「我怕的，」他寫道：「不是我椅子後頭的那恐怖身形，而是它那個聲音；我怕的也不是它那些字句，而是那形體粗礪嚇人的恐怖聲調。說真的，要是它能像人類那樣講話就好了。」[16]

對於令尼采見不得光線的頭痛、流出膿水的耳朵、「胃黏膜炎」、嘔吐噁心等不時發作的毛病，福達中學的處理辦法可說十分羞辱人。他們會將尼采關進黑暗的房裡，綁在床上，在他耳垂上掛上水蛭，試著從頭部放血；偶爾他們也會把水蛭放到頸子上。尼采恨死了這種治療法。他覺得這根本不管用。在一八五九年到一八六四年這段期間裡，他就有二十次病假紀錄，平均每次長達一週之久。

他得戴著煙燻眼鏡，以避免眼睛見光過敏，校醫也束手無策，推測他有一天將會全盲。「我得學會習慣這樣。」尼采寫道。

有鑒於健康情況與暗淡前景，尼采緊抓著能夠創作的每分每秒。他對工作毫不饜足。除了學校作業之外，尼采還不停與從小一塊兒長大的古斯塔夫·克魯格和威爾罕·平德組成文友會，不過他們倆還是待在瑙姆堡的貴閣中學，沒能擠進福達資優生行列之中。哥仨給自己這個文友會起了「日耳曼尼亞」（Germania）這名字，大概是為了紀念塔西佗吧。[17]他們在一八六〇年的暑假辦了首次聚會，地點選在一座可以俯瞰薩勒河的塔樓上。他們念了一長串結社誓詞，把一整瓶便宜紅酒倒進吐司麵包裡，然後往下拋到河中完成立誓。大家約定好每人每個月都得寫出一篇作品來：詩也好、論文也好，譜曲也行，建築設計也行；由其他兩人對這作品「以互相砥礪的友誼精神」提出批判。

整整三年，尼采生出了大約三十四篇作品，從聖誕節清唱劇到「尼貝龍根之歌故事中的古德倫傳說」，再到「論音樂中的惡魔要素」。即使其他兩人停筆不寫了，尼采還是創作不輟。「要靠什麼方法才能刺激我們努力創作呢？」尼采在一八六二年的文友會紀錄上略帶苦澀地如此寫道。

隔年，尼采喜歡上了一個女孩子，她是學校同學的妹妹安娜・瑞德特爾（Anna Redtel）。她跟著哥哥他們一起去爬山，在山裡一片平地上翩翩起舞時，迷倒了尼采。他們攜手共舞。她是來自柏林的嬌美女孩，是那麼迷人、那麼善良、那麼有教養、那麼懂音樂。在她身邊，尼采就顯得高大魁梧、生龍活虎，不再是一副木訥寡言的模樣。她也很懂得彈鋼琴，所以當他們並肩坐在鋼琴前四手聯彈時，就更是親暱倍增了。安娜要回柏林時，尼采給了她一本文件夾，裡頭放滿了他自己寫的鋼琴曲譜。她寫了張便箋表達謝意，尼采純純的初戀就這樣無疾而終了。

一八六四是尼采在福達中學的最後一年。課外活動少多了。他得專心寫出具原創性又富意義的一篇合格論文（Valediktionarbeit），才能夠通過中學學力考試（Abitur），好就讀大學。

「在福達最後那段日子裡，我獨自努力寫出兩篇哲學論文。我其中一篇試著從東哥德國王鄂曼納尼克（Ermanarich）的史詩源頭（約達尼斯史書、愛達神話等）來說明那些傳說故事的分歧演變；另一篇則是描繪希臘僭主中特殊的一類：墨伽拉人的僭主……寫著寫著，卻變成了對墨伽拉詩人泰歐格尼斯的描述。」[18]

西元前六世紀古希臘墨伽拉詩人泰歐格尼斯的著作殘留下來的不到一千四百行。這使得泰歐格尼斯與恩培多克利斯和第歐根尼．拉爾修斯這兩個尼采書寫的對象有了共通之處。這讓尼采有了極大自由。「我做了很多猜測揣想，」尼采談他關於泰歐格尼斯這篇論文時如此說道：「但是我打算以正統哲學通透的探討方式，盡可能科學地完成這篇文章。」《論墨伽拉的泰歐格尼斯》（*De Theognide Megarensi*）裡確實顯示出哲學的科學性格與通透徹底。尼采只花了暑假開頭的一個星期就寫成了這篇著作，滿滿四十二頁的拉丁文長文震驚了整個福達中學的哲學教員。他接下來的整個暑假原本應該認真做數學的，但是他實在受不了，等到返校開學時，數學老師布克賓德教授（Professor Buchbinder）被他氣到叫他乾脆別去考學力考試了。

「他從來不曾在數學上下苦功，所以他在寫作或口頭作業上的表現，這麼說吧，也總是一敗塗地；怪不得他在這一科的成績就連差強人意都稱不上。」布克賓德如此譏諷。但是布克賓德的這番抱怨卻讓其他同事澆了一盆冷水：「那您是要我們踢走這福達有史以來最有天分的學生嗎？」[19]

「順利通過啦！」尼采在九月四日那天大呼：「噢，自由的好日子要來啦！」他照著學校浮誇的傳統離開福達，搭著制服筆挺的車伕所駕駛的鑲花馬車，從車窗裡探出手來揮別母校。

校醫在尼采的離校紀錄上寫道：「尼采這個人壯碩精實，眼神十分專注，兩眼近視而且不時會頭痛發作。其父是祖父母老來得子，並因大腦軟化而早逝；此子出生時，父親健康已然不佳。雖尚未有嚴重症狀，但那些初期徵兆實在早該留心。」

而尼采告辭福達時的尖酸程度也不遑多讓：

「我祕密地投身在某些技藝上……我從普遍法則手中救回了自己的天性與嗜好；我試著打破由各種規則所訂定的死板作息，打破各種對於普遍知識與福祉的過度狂熱所立下的僵固行程……我真正想要的，是能夠抗衡我多變活躍天性的事物，是能夠憑藉冷靜的公正、嚴謹的邏輯來追求的科學，雖然要不懈努力，卻又不會深究我內心的東西……看看這所學校把學生訓練得多好，又教得多差勁啊。」[20]

Chapter

3

成汝所是

要聽從自己良心有千百種方法……但是你認為對的事，說不定你自己從來不曾好好思索過何以如此，而是從小就盲目接受人家標定那是「對的」。

——《歡悅的智慧》，第三三五節

尼采稱一八六四年是他荒廢的一年。當年十月他進入波昂大學就讀。為了扮演好乖兒子，他進了神學系，不過他更感興趣的其實是古典語文學系。他之所以選擇波昂就讀，就是因為波昂有兩位著名的古典語文學者任教：弗里德里希・里契爾（Friedrich Ritschl）和奧圖・楊恩（Otto Jahn）。尼采覺得神學系的課很無聊，而且十分思念母親與妹妹。要知道，波昂離瑙姆堡可有三百哩遠。這是尼采這輩子頭一遭跟家人分開這麼遙遠的距離。但是儘管他想念家人，他還是能好好利用這段距離——只是不太老實。母親和妹妹都還認為他一心要進入教會，可是他卻還沒能讓她們打消這念頭。

尼采認定自己至今為止的人生都太侷限在教會上頭了。要矯正這份無知的辦法就是加入青年會社（Burschenschaft）這個學生社團。這個社團後來因為跟希特勒青年團串連起來而深受其害。不過，在一八一五年創設之初，這個社團的目的是要為整個邦聯共同體的日耳曼青年學生世代提供一套共享的自由文化價值，只是邦聯政府對於青年會社的思想活動多所箝制，怕他們變成政治顛覆性社團，所以青年會社的活動多半都只是爬爬山、唱唱歌、舉辦決鬥和喝喝啤酒罷了。尼采加入了限定資格的弗蘭肯尼亞兄弟會，期盼著能進行學術討論與政見辯論，最後卻發現自己只能舉起酒杯，高唱兄弟會的飲酒歌。他試著融入大家，只好蹚進這一池他說迷糊忙亂又狂熱激動的渾水裡頭。

「在下誠惶誠恐，謹向閣下自介，我乃弗蘭肯尼亞日耳曼學生會之一員。」尼采在寫給親愛的媽媽和駱馬的信中如此寫道。即使是她們，也不免對尼采眾多信件中的描述感到憂心忡忡，尼采寫道弗蘭肯尼亞兄弟會每次出遊總是一成不變的大張旗鼓，人人穿戴著兄弟會的小帽與肩帶，嘴裡也總是唱著淫穢不堪的歌曲。兄弟會通常會尾隨著驃騎兵部隊後頭前進（「逞逞威風」），而最後也往往在某個旅店或是農舍裡歡鬧取樂，放肆地享受主人的殷勤招呼與烈酒。就在這情況下，尼采居然還交了個新朋友：《啤酒雜誌》的編輯賈斯曼（Gassmann）。

決鬥留下的傷痕在當時是種榮譽象徵，而尼采獲得傷疤的方式倒是別出心裁。當他覺得自己的劍術已經練到家了，就約了與弗蘭肯尼亞兄弟會訂有決鬥合同的另一組織的某位D先生來場切磋比劃。尼采在對決中受到友善的對手D先生輕輕劃傷；尼采對D先生說：「我倆既然惺惺相惜，何不拋卻成俗，化干戈為玉帛？」這提議完全不合決鬥規則，但D先生欣然同意。在場作證的人是保羅．賽以森。照賽以森所說，兩人決鬥時，劍光就在他倆面前上下飛舞、左右跳動，大約三分鐘時，D先生一劍劃過尼采的鼻梁。既然見血；可見勇武。賽以森趕忙上前幫忙包紮，替尼采叫了輛馬車，送他回家上床歇息。過了幾天，尼采也就痊癒了。[1]

這道傷疤小到在相片上根本看不出來，但是尼采相當引以為傲。而他對於D先生的朋友聽到這件事時笑得有多厲害，也毫無所悉。

弗蘭肯尼亞兄弟會時常光顧科隆的妓院。尼采在一八六五年二月初次造訪這座城市，找了個嚮導帶他參觀科隆大教堂和名勝景點。他叫嚮導帶他去某家餐廳，不過嚮導大概覺得這小伙子只是色大膽小，羞於啟齒，所以最後帶他去了一家妓院。「我突然發覺自己置身在一群身著亮片薄紗，貪婪地望著我的生物之間。我在她們面前有那麼一剎那不知所措；然後，我彷彿是出於本能般地走向鋼琴，因為那似乎是那裡唯一有靈魂的東西，我彈了一兩個和弦。樂音喚醒了我的四肢，轉眼之間我就逃到了外頭。」[2]

這就是我們對這起事件所知的一切，不過這件事卻在關於尼采的文獻與軼聞中不斷傳誦。有些人覺得尼采不會只在鋼琴前彈幾個和弦就跑了，反而在那裡流連徘徊，才會染上梅毒，也才種下他後來身心健康的種種痼疾。此說的根據之一是尼采在發瘋，住進療養院之後，曾在一八八九年說自己「得了兩次」。醫生都認為尼采說的就是梅毒。但如果醫生看了他的病歷，就會知道他其實是得了兩次淋病，而且這是在他還沒發瘋之前對醫生坦承的事。

這趟妓院之行在托馬斯·曼（Thomas Mann）的《浮士德博士》（*Doctor Faustus*）這本名著中是個關鍵轉折，他在重述浮士德傳說時，將尼采想像成了故事的主人翁。在托馬斯·曼的筆下，尼采（浮士德）就是在妓院的那個夜裡，將靈魂賣給了惡魔，以換取心愛的女人。那名女子後來就成了尼采魂牽夢縈的執著所在。在過去的浮士德版本中，通常是引發特洛伊戰爭的海倫擔任這角色，但托馬斯·曼卻將海倫換成了漢斯·克里斯提安·安徒生（Hans Christian Anderson）筆下的小美人魚，也就是那個為了求取人間情愛而必須飽受恐怖折磨的可憐人：她必須割掉舌頭，才能將下半身的魚尾變成人腿，而且每踏一步，腳底都有如遭受千刀萬剮。這寫法說不定其實是在講托馬斯·曼，而不是尼采。

尼采在波昂大學的這兩個學期裡，最愛的還是音樂與譜曲。他將奧芬巴哈（Offenbach）的《奧爾菲斯入冥界》（*Orpheus in the Underworld*）改寫成一部完整的諧仿劇，為他在弗蘭肯尼亞兄弟會裡博得了「作曲家」（Gluck）的稱號。他去了舒曼（Robert Shumann）的墳前獻花致敬，但是他買了架鋼琴之後，就湊不出聖誕節回家探望母親與妹妹的旅費了。有鑒於自己揮金如土，「說不定是因為錢幣太圓才都滾走了」[3]，所以他將集滿自己八首創作的樂譜用淡紫色羊皮精裝成冊寄回家裡，還附上了一份極為詳盡的指示，教他親愛的小駱馬怎麼演奏哼唱這些曲子：要很莊重、很哀怨、要充滿力道、帶點花腔，偶爾也要激情澎湃。即使相隔千里，他也不曾放鬆對自己心愛女眷的控制。

妓院一行過後的那個復活節假期，尼采總算回家了，但他拒絕在教會裡領聖餐禮。復活節是個善盡基督徒職責的時機，而他這番舉動著實嚇壞了媽媽和小駱馬；在她們看來，尼采的叛教之舉就是要徹底推翻一家人最終能在天堂與親愛的牧師父親團聚這個此生唯一真實的目標。

尼采這時其實還沒完全喪失信仰，但他確實是起了重重疑慮。在他的書房裡，父親的相片就擺在鋼琴上紀念，鋼琴上方掛著一幅油畫，畫的是從十字架上卸下基督的情景，尼采這時正在讀大衛・史特勞斯（David Strauss）的《耶穌生平詳考》（*The Life of Jesus Critically Examined*），他還列出了一份長達二十七本打算要讀的科學書籍。

他就和當時代青年一樣，一直在探討科學與信仰之間的薄弱根基，這是個亟需解決的難題。原本對上帝的盲目信仰這時候似乎轉變成對科學家同等盲目的信奉，因為科學家宣稱他們在所謂的「生命力」（the biological force）中發現了事物的神祕本質，能夠解釋自然世界的大千變化。

當時的百科全書對宇宙架構的解釋看起來和恩培多克利斯的說法其實相去不遠：

「各式各樣的微粒子朝著種種不同方向運動，在這如下雨般飛噴運動中自我消滅，形成了一股漩渦，」而這漩渦就處在以太之中，也就是「瀰漫在所有空間中，明亮而又帶著彈性的固態媒介，光和熱能夠以波的方式在其中傳遞」。「光」這種東西「沒有辦法以其他方式解釋」，然而人們還是搞不懂「地球為什麼能夠在以太中以每天行進將近一百萬哩的原理。可我們不妨想想，鞋匠用的擦鞋蠟也是脆得一捶就碎，卻又能像液體一樣滲進鞋子的細密縫隙，子彈會在蠟油罐裡慢慢沉沒，軟木塞卻會慢慢浮起，這麼一想，地球在以太中的運動似乎也就不是那麼渾不可解了」。[4]

宇宙既然可以用鞋匠的擦鞋蠟解釋，對科學的信仰就變得像對上帝的信仰一樣不理性了。史特勞斯在書裡對耶穌的生平做了「科學性」的檢視。尼采將史特勞斯比喻為一頭年輕的哲學雄獅，要將神學這頭熊的毛皮撕扯下來。如果基督教就是對一樁歷史事件或一個歷史人物的信念，那麼他寧可信其無也不願信其有。

小駱馬要尼采給個說法。尼采回信給她：「每種真正的信仰都是顛撲不破的，它會讓相信的人發現自己想要相信的東西，但是卻連一丁點建立客觀真理的證據都提不出來……這就使得人人各行其道。如果你想要心靈平靜祥和，那就去信吧；但若你想要成為真理的門徒，那就得去探索。」[5]

尼采在波昂的這兩個學期沒完成多少事情。他開始欠債和熬夜。他渾身毛病現在又加上了手臂上的風濕。對自己投注在弗蘭肯尼亞兄弟會「酒肉生活」和「無腦傻佬」的那些時光與金錢，他一講起來就滿腹牢騷，刻薄至極。還好，楊恩與里契爾這兩位語文學教授之間的口角也鬧得不可開交，逼得里契爾遠走萊比錫大學。尼采也就隨之而往了。

尼采對這新生活感到如魚得水。他每天早上五點起床趕去聽課。他成立了古典學社（Classical Society），這可比弗蘭肯尼亞兄弟會合他胃口多了。他將當地一家小咖啡廳變成了「某種語文學貿易所」，還買了個櫃子來存放期刊與論文。他也加入了蒸蒸日上的語文學社（Philological Society），還用拉丁文發表了不少歷來各種刁鑽冷僻主題的文章；「我獨力擴大了這領域，因為我最近發現了證據，能解釋為何歐多西亞（Eudocia）那本《紫羅蘭花床》（*Violarium*）並非源自蘇達辭典（Suida），而是要回溯至蘇達辭典的主要源頭，也就是米利都的赫西丘斯（Hesychius Miletus）節選集（當然，這也早就亡佚了）……。」[6]

尼采有種才能，就是能將枯燥無味的東西說得生動活潑，這是在語文學界裡頭罕見的稟賦。他的演講場場滿座，很快就走紅了。

他演講起來絲毫沒有一點古板迂腐的氣息，有位同學回憶道：「我聽完他演講後心想，沒想到他居然那麼早慧、那麼從容自信。」[7] 他力挺荷馬，反對赫希俄德，而且他反對《奧德賽》與《伊里亞德》都是由數名詩人所撰的民間詩詞這套傳統說法，主張這麼浩大的文學巨作不可能不是一名才華洋溢的天才所作，這番陳詞更是激得系上沸沸揚揚。里契爾對尼采關於泰奧格尼斯的著作讚譽有加，而尼采更以另一篇談第歐根尼．拉爾修的文章膺獲大獎。他在文章開頭用了品達（Pindar）《皮提亞頌歌》（*Pythian Ode*）裡的一句話，而且終身奉行不渝：「既明爾身誰，當成汝所是。」[8]

尼采正要踏上成為自己所是的這條路時，命運卻用俾斯麥擴張領土的野心擺了他一道。俾斯麥的擴張政策引發了一連串小型戰事，為的就是不管日耳曼邦聯如何，都要讓普魯士成為德國的領袖，而最後則是要使德國成為整個歐洲的領頭羊。一八六六年，普魯士在一場小型戰役中戰勝了奧地利與巴伐利亞。普魯士軍占據了薩克森、漢諾威、赫塞等地，並宣稱日耳曼聯邦已不復存。到了隔年（一八六七年），這些事件仍餘波未平，尼采接獲入伍令，分派到駐紮在瑙姆堡的野戰砲兵團中的騎兵隊裡服役。他先前確實是學過幾堂騎術課，但是他對馬匹實在稱不上有多了解。

「若是有哪個神靈帶你在某個早上，比方說五、六點時到瑙姆堡來，而且還善心大發地有意領你到我附近，那可千萬別停在路上呆望著種種衝擊感官的奇景。你會突然聞到一股馬廄傳來的氣味。明滅不定的燈光下，人影忽隱忽現。耳裡傳來的盡是刮擦、嘶啼、刷洗、敲擊的聲響。而在這一片景象當中，有個穿著馬伕裝扮的人，正賣力地徒手搬些不堪聞問的東西……那人不是別人，就是我。再過幾個小時，你就會看到兩匹馬正在馬場裡賽跑，其中一名騎士大概就是你的友人我。那人正騎在他那匹激動活躍的鮑德溫馬上，盼望著哪天能夠騎得好一點……其他時間裡，他得專注地站在靠馬拖曳的大砲旁，勤奮地從前車上推出彈殼、拿著抹布清理砲管，或是調整射角與高度來瞄準目標，諸如此類的。但要命的是他還有一大堆要學的……有時候我會躲在馬兒肚子底下喃喃自語：『救救我啊，叔本華！』」[9]

砲兵團的要求是在部隊行進時必須上馬，在馬鞍上顛簸著前進。尼采因為近視而抓不準距離遠近，在行軍時錯估了跳躍的時機，整個胸口撞上了馬鞍上堅硬的鞍橋。他咬牙忍著繼續跟上，到了傍晚，尼采終究不支倒下，胸口重傷的他被人送到病床上歇著。在連打了十天嗎啡之後，尼采的病情仍不見起色，軍醫只得替他切開胸膛；過了兩個月，傷口還在化膿，遲遲無法復元。教尼采感到意外的，是從傷口裡可以看到一小塊骨頭。醫生要他去泡在甘菊茶和硝酸銀溶液的池子裡洗浴，每週洗上三次。這療法的效果不如預期，最後還談到大概要動手術。軍醫請教了哈雷的名醫弗爾克曼（Dr. Volkmann of Halle），弗爾克曼建議讓尼采到威特金德（Wittekind）的鹵水池裡做鹽水浴試試。威特金德這個水浴村是個陰鬱的地方，總是雨濛濛、濕答答的，跟尼采一同前來的眾多病友更是精神萎靡。尼采為了避開他們的瑣言碎語，午餐時都會刻意坐在一名又聾又啞的病患旁邊。幸好，這療法果真奏效，尼采身上的傷口逐漸癒合，只留下一道深深的傷疤，他總算能離開這個令人頹喪的地方了。

當年十月，尼采遭判定暫時不適進行劇烈操練，所以離開軍隊，但隔年春天又被召回，進行一整個月的拖曳砲車訓練，而這活動對於傷勢痊癒可是完全無濟於事。十月十五日，尼采為自己二十四歲生日辦了慶生；再過三週，就是他與理查．華格納那場風風光光的初次會面；在這場會面後不久，尼采就收到了到巴塞爾大學擔任語文學講席的邀請。

這份邀約真是震驚四座，尼采這時還只是名學生而已呢！他在波昂大學讀了兩個學期，又在萊比錫大學讀了兩學期，雖然還沒有從任何一所大學取得學位，但他名氣響亮的老師里契爾卻對這個才華洋溢的門徒青眼有加，力薦他擔任這一教職。尼采是在一八六九年二月十三日獲任教席，而為取得教師資格，萊比錫大學允他免經考試，在三月二十三日授予他博士學位。到了四月，尼采便受派赴任巴塞爾大學古典語文學教授，年薪三千法郎。

能當上巴塞爾大學有史以來最年輕的教授，真教尼采躊躇滿志，他花了些錢採辦服裝，而且還盡力避免那種年輕人風格，只挑那些讓他看起來老成持重的服飾。

他對瑞士人頗有微詞，覺得瑞士人就是個「高傲迂腐」的種族，而巴塞爾則是個建立在飾帶貿易上，富裕而保守的社會，是個充滿完美屋舍、睿智耆老的地方，還有一所總共一百二十名學生的小型大學，絕大部分學生修習的都是神學。

校方堅持要尼采放棄普魯士籍，不希望他又被徵召入伍。他們建議他申辦瑞士國民，但是儘管尼采放棄了普魯士籍，卻始終沒拿到瑞士籍。所以尼采後半輩子一直是無國籍身分，而他覺得這可比加入那些迂腐之徒好上太多了。

「我寧可做個巴塞爾大學的教授也不願當上帝。」[10]尼采如此說道，而他也正是在巴塞爾這裡才發覺自己原來這麼喜歡教書。教學合同上要求他除了在大學裡講學之外，還必須在當地中學（Pädagogium）授課。他教的科目有希臘文學史、古希臘宗教、柏拉圖與先柏拉圖時期的哲學，還有希臘羅馬修辭學。他要求學生研讀尤里皮底斯（Euripides）的《酒神》（*The Bacchae*），還要他們寫關於酒神教的作業。

他的學生「似乎都覺得自己面前的與其說是老師，毋寧更像是活生生的五相之一（古斯巴達城邦裡與國王共治的大臣），他穿越了時間來告訴他們關於荷馬、索福克里斯、柏拉圖以及他們諸神的一切。彷彿他說的事情都是那麼理所當然，而且十分寶貴——這就是他給人的印象。」[11]

但是要給人這印象並非不勞而獲之事。尼采一名學生描述過尼采有多辛苦，說就連看他怎麼努力備課也覺得難熬。尼采在講台上時，儘管戴著厚重鏡片，但鼻子還是幾乎都要貼到課本上了，而且等他一字一句費力地慢慢讀出來這中間還得等上好長一陣空白。底下的學生都忍不住要懷疑老師究竟能不能講完。[12]

萊茵河大大振奮了尼采的精神。學生魚貫進入教室時，往往會看到尼采正敞開窗子，沉醉在萊茵河永不止歇的波濤聲中。河水奔騰的聲響迴盪在古老的街道上，伴著他漫步整個城鎮，勾勒出他的身影：略矮的身高（但他老是說他和歌德一樣高）、壯碩的身材、精心打扮的衣著，特別是那副大鬍子和深邃憂鬱的眼神。他頭上那頂灰帽想來也必定是故作老成的一部分，因為在巴塞爾鎮上，除了另一位來自巴登的老邁議員之外，就只有他戴那麼一頂帽子。要是遇上生病的日子，尼采就會改戴一副厚重的綠色眼罩，避免眼睛受到光線刺激。

尼采到巴塞爾任教那陣子，華格納就住在琉森（Lucerne）湖畔的翠碧仙山莊（Villa Tribschen）。從巴塞爾搭火車到琉森不遠，而尼采也殷殷企盼著能夠受邀繼續談談叔本華，也渴望多聽一聽華格納那齣叔本華式歌劇《崔斯坦與伊索德》（*Tristan and Isolde*）。

叔本華的哲學思想總結於《意志與表象的世界》（*The World as Will and Representation / Die Welt als Wille und Vorstellung*, 1818）一書之中，書裡頭對康德與柏拉圖的想法有更進一步的發揮。

我們生活在物理世界中。我們所見到、碰觸到、知覺或體驗到的都是表象（Vorstellung），而存在於表象身後的則是對象的真實本質，亦即意志（Wille）。我們既會藉由我們認識外在事物的知覺方式察覺到我們自己，也會透過截然不同的內在「意志」來了解自我。

表象是處在一種無盡渴求和永恆變化的狀態，追求著能與其意志（也就是完美狀態）合而為一。天才人物（這種人極其罕見）能夠達到意志與表象統一的完善境界，但對大多數的其他人來說，就非得鞠躬盡瘁，才能死而後已了。

所有人都渴求一種無法達至的境界，那就怪不得人人都飽受煎熬了。康德從基督教的立場寫道，經驗世界中這種永不完美、渴求不止的狀態之所以還堪可忍受，是因為如果我們夠努力的話，也許可以期盼獲得某種幸福結局。我們永遠都有機會透過基督而獲得救贖。

相對於此，叔本華則因研究佛教與印度哲學，格外注重他們對苦難、因緣、命運的否定，強調縱能滿足一個慾念，也只是徒生新的慾念罷了。在意志本體層次（形上學層次）中的這種起伏浮沉，只有藉由追求空無才能解消。

眾所周知，叔本華是個悲觀的哲學家，但是對像尼采這樣愈來愈覺得基督教不可信的年輕人而言，叔本華倒成了在康德之外的一道方便法門，畢竟康德學說可說是主宰了整個德國哲學的建立發展，更甭提基督教是德國社會架構中的重要成分，是國家推動保守國家主義政治的利器了。而這麼一來，就將尼采與華格納雙雙推向了局外人的位置，不過他們對此當然毫不在意就是了。

不過尼采對叔本華的主張也不是照單全收。他同時還研讀了蘭格（F. A. Lange）的《唯物論史及當前對其意義之批判》（*Geschichte des Materialismus und Kritik seiner Bedeutung in der Gegenwart*, 1866），還做了一些筆記：

1. 感覺世界是我們感官的產物。
2. 我們可見的（生理上的）器官就和現象世界的其他一切一樣，都只是屬於未知對象的形象。

3.因此對我們而言，我們感官真正的模樣就和外在事物的實際樣貌一樣不可知。呈現在我們面前的始終就只是這兩者的產物而已。

因此我們不僅不知道事物真實的本質——也就是物自身——這個概念本身也恰恰正是經我們感官所確立的最終對立物，我們無法知道這個對立物在我們的經驗之外究竟是否還有任何意義可言。[13]

在墮入這伊於胡底的無知之際，叔本華擊中了尼采心中一份深刻的情感需求，提供了他一份慰藉。對拖著一副羸弱身軀，不時痛苦難當的尼采而言，叔本華說所有人都活在一種苦難狀態中的這個命題更是說到了他的心坎裡。這副身體自然會渴求其理想狀態。尼采也同樣活在渴求自己「真實存有」的狀態之中，讓他這身存在能有道理可言。但在這個階段，尼采最困擾的就是他不知道自己的「真實存有」是什麼。叔本華告訴他，我們之所以無法實現自身的真實存有，是因為我們的理智會不停地劃分世界——而既然我們的理智本身只不過是我們自身表象其中的一小部分、一小片段，那這結果豈不是理所當然的嗎？

尼采對此尤其深有所感；「我最討厭的就是我總是非得扮演著某個人——老師、語文學家、人類。」[14]這是他在接下巴塞爾大學教職後寫下的文字，對於他這樣一個得穿得像個老頭的年輕人，這麼一個扮演教授的大學生，這個在惱怒母親面前扮演乖兒子的叛逆小子，這個為基督徒父親亡故後已經逐漸失去基督信仰，卻還必須扮演乖巧孝順兒子的年輕人來說，會這麼想倒也不足為奇。更何況，除了這些日常角色扮演之外，他還有不具任何國籍的問題，而他還得用這正式身分來扮演那種種角色。自己的人生碎得一塌糊塗，尼采明白自己就處在叔本華所說的那種努力與苦難的狀態裡：這樣的人根本不知道自己的真正意志何在，更甭提要實現這份意志了。

相對於尼采，華格納（至少在他自己看來）倒屬於在叔本華思想中抵達了天才境界的那寥寥數人。他自信自己的意志與表象已經合而為一，所以他和情婦寇希瑪還故意給彼此起了叔本華式的暱稱：她管他叫威爾（意志），而他則叫她佛斯泰爾（表象）。

對叔本華來說，音樂是唯一能夠揭露出「做自己」究竟是什麼的藝術。其他像繪畫、雕塑等藝術充其量都只是表象的表象罷了。這樣一來，繪畫與雕塑就離終極實在（也就是意志）更遠兩層了。另一方面，既然音樂不具任何形式，所以從「非表象」這方面來看，也就有了繞過理智，直抵意志的能耐。

華格納自從一八五四年發現叔本華的學說以來，就一直努力鑽研如何譜寫出叔本華所謂的「懸置」（suspension）。叔本華式的樂曲必定要像人生一樣：從一個不和諧擺盪到另一個不和諧，直到死亡的時刻才能解消（在音樂中，就是最後一個音符）。

而耳朵呢，則像是顫慄不停的靈魂一樣，一直渴求最後的解消。人就是身為人形的不和諧；所以說，音樂中的不和諧音必定是最能夠表現出人類存在之痛苦的藝術方式。

過去的作曲家都固守有形的音樂形式，遵循傳統的規則：比方說交響曲或是協奏曲那樣形式的、公式化的結構。聽到這些樂曲時，會讓人意識到這些曲子在整個音樂史的延續與發展上的個別意義。如果懂得音樂的語言，很容易就能按照歷史脈絡歸定其位。

但是叔本華挑戰了歷史這個概念，說「時間」也只不過是我們思想的一種形式而已。這就讓華格納從可辨識的表象中解放了出來。尼采將華格納的《未來的音樂》（*Zukunftmusik*）描述為一切藝術的勝利凱旋，因為這曲子不同於其他樂曲，毫不在乎現象世界的景象，而是直接吐露出了意志的話語。音樂存在於意志最深層的源頭，是意志最精粹的展現。而在所有的音樂裡頭，華格納的音樂更是教尼采心醉神迷，欲罷不能；聽華格納的音樂時冷靜不下來，他的每一根寒毛都在顫抖，每一條神經都在竄動。從來沒有任何事物能對他產生這麼透徹入骨又持久恆長的極樂感受。他所體驗到的這東西想必就是直達意志的感覺吧？他盼望著再見到華格納大師。

在巴塞爾待了三個星期後，尼采覺得自己對大學事務已經駕輕就熟了，所以打算去拜訪華格納一趟。他才不管華格納的年紀大了他兩倍有餘，而且還是要見面還得提前六個月預約的世界名人。一八六九年五月十五日星期六，尼采搭上了前往琉森的火車，下車後沿著琉森湖畔的小徑，一路走向華格納他家。

翠碧仙山莊落成於一六二七年，自那時起就始終是高牆厚壁的壯觀山莊，簡直就像是一座瞭望塔了。在陡峭的紅色尖頂下，矗立著無數對稱的觀景窗。翠碧仙山莊座落於坡頂，占據了一整塊深探湖底的三角巨岩。居高臨下，一望無際。在山莊窗前眺望，尼采不可能悄然抵達，必定和其他訪客一樣無所遁形。他聽見屋裡不斷傳來一陣陣令人揪心，神魂煎熬的鋼琴和弦；啊，是《齊格飛》（*Siegfried*）的和弦。尼采按下了門鈴。

一名僕人前來開門。尼采遞出拜帖，靜靜等待，愈發覺得無比尷尬。他正拔腿掉頭走開，那名僕人才匆匆從後頭追了上來：敢問是大師在萊比錫見過的那位尼采先生嗎？那當然了。那名僕人閃進了屋裡，旋即又重新出現在門口：大師正在譜寫曲子，不能受擾；敢問教授先生是否能在午餐時間回來？很可惜，尼采午餐時刻另有要事。那名僕人的身影又閃進屋裡，接著又再度現身探問：請問尼采先生明日是否方便前來？

剛好隔天聖靈降靈節星期一尼采沒課。於是隔天尼采便又走上了那條令人膽怯的小路，不過這次華格納大師可是親自出來迎接他了。

華格納看重聲望，也很重視衣裝。他很清楚外表會傳達給人什麼樣的印象。這一天，為了迎接這位該當是洞徹事理、貫古通今的語文學家，華格納穿上了他的「文藝復興畫家套裝」：黑天鵝絨外套、及膝馬褲、絲襪、大釦環鞋，打了一條天藍色的領帶，戴著林布蘭式的扁帽。他和煦真誠地迎接尼采到來，領著尼采穿過一間間裝潢豪奢，令人目不暇給的房間，彰顯出他和贊助金主國王路德維希的共同品味。

許多到訪翠碧仙山莊的賓客都說翠碧仙山莊太過夢幻、太多邱比特裝飾了，但是這樣的裝潢對尼采來說卻十分新奇，令他心醉神迷，畢竟他從小就一直住在自我否定的清教徒式房間裡面。翠碧仙山莊的牆面漆紅鑲金，或是鋪上哥多華羔羊皮，或是精心挑選過的紫色天鵝絨，好襯托出用雪白大理石所雕出的華格納與國王路德維希胸像。屋裡有一張以紅鶴胸羽織成，以孔雀羽毛綴邊的地毯；還有一只華格納獻給國王看起來晶瑩剔透，薄如蟬翼的波西米亞紅玻璃曲頸瓶，矗立在一尊台座上頭；各式各樣的紀念品也如同打獵戰利品一樣高掛牆頭：褪色的桂冠，簽了名的節目單，一幅畫著金髮碧眼、筋虯肉結的齊格飛擒殺惡龍的圖畫，另一幅則畫了穿著胸甲的女武神宛如暴雨雲般漫天飛舞，還有一幅圖畫著布倫希爾德（Brünnhilde）在岩石上醒來，滿心歡喜的模樣。玻璃櫥窗裡擺著大大小小的古董寶物，彷彿像蝴蝶標本一樣逐排陳列。屋裡的窗戶都掛上了粉紅紗網和閃亮綢緞；玫瑰、晚香玉、水仙花、紫丁香、百合花的芬芳香氣更是瀰漫了整幢房子。波斯來的玫瑰精油、美國來的梔子花、佛羅倫斯來的鳶尾花根，只要你想得到，沒有什麼香味是這裡找不到、買不起的。

創造「整體藝術」（Gesamtkunstwerk）——也就是整合了戲劇、音樂與視覺藝術的完整藝術作品——這整個過程本身就是運用了華格納本人各種感官的整體藝術，因為在他看來：「如果我必須再次投身藝術家的想像浪濤之中，以尋求想像世界中的絲毫滿足，那我至少也得發揮我自己的想像力，設法刺激我的想像官能。我可不能活得像條狗一樣。我不能夠睡在稻草堆上、喝著平淡無奇的琴酒。我的胃口極為刁鑽挑剔，而且難以饜足，卻又無比溫婉細膩，但如果要我完成這項艱困任務，要我在心裡頭創造出一個不存在的世界，那無論怎樣都得先令我滿意才行。」[15]

尼采昨天聽見齊格飛和弦的房間叫做綠房，是華格納的譜曲室，在整個翠碧仙山莊宛如歌劇院般的氣氛中小得出奇，是個充滿陽剛味的工作間。滿滿兩大牆面的書櫃提醒來客華格納不只是音樂家，也是作家，他所編纂的書籍、手冊和劇本數量不下其音樂作品。他的鋼琴經過特殊設計，設有抽屜可以放筆，還有一塊面板可當作桌面，任墨水筆在曲譜上翻飛揮灑。來訪賓客對這些曲譜紙頁莫不視若珍寶，華格納也深明自己在上頭簽名的價值，只送給最喜愛的權貴人物。鋼琴上方懸掛著一幅巨大的國王肖像。不過，在翠碧仙山莊裡不能直稱國王，要叫他「皇室友人」。國王曾隻身微服前來私訪，更在此地過夜，此後國王睡過的臥室就一直保持原樣。翠碧仙山莊就是國王路德維希的朗布耶堡（Rambouillet），是他的瑪麗安東尼牧場。對尼采而言，大抵也是如此。他是除了國王陛下以外，唯一一個在山莊裡擁有自己房間的賓客。在接下來的三年之間，他造訪翠碧仙山莊多達二十三次，這地方在他心目中始終是人間淨土、極樂仙島。

路德維希國王除了替翠碧仙山莊支付一切開銷外，而且還任他隨意添置各種事物，這都是為了讓他能夠毫無後顧之憂地恣意揮灑想像力，專心完成國王念茲在茲的《尼貝龍根的指環》連環劇。華格納定居的這個美景勝地可說完全呈現出了康德所謂的崇高（sublime）原則：「心靈在領略廣大無垠時所體驗到的那種極度張力，超越了所有的感官標準，更激起一種愉悅的恐懼，一種伴隨著害怕的平靜，超乎任何尺度所能衡量，只有其本身之偉大堪可相擬……而其結果就是將心靈擲回自身——因此我們很快就會察覺到，崇高之物無法從自然事物中尋求，而是在我們自己的觀念裡覓得。」[16]

照這原則來看，無論從翠碧仙山莊的哪扇窗戶望出去的絕勝美景，都能引發華格納與尼采崇高的感受。從西窗看出去，除了落日之外，終年不化的皚皚白雪堆積在彼拉多峰（Mont Pilatus）頂上，這座原本在基督教傳進來前由傳說中的惡龍與大哥布林所占據的尼貝海姆（Nibelheim）峰，到了後來基督教時期，則以因為將基督釘上十字架而被逐出加利利，逃往琉森的本丟・彼拉多（Pontius Pilate）命名。自責不已的彼拉多，從這裡攀上了七千呎高的峰頂，縱身躍向底下那個漆黑如墨的小湖自盡。他的魂魄就安安靜靜地定在這裡。當地導遊會告訴你，那湖水就是一潭死水，所以湖面才會平靜無波，即使再大的風也撩不起一絲漣漪。那塊禁地四周長滿了黑松樹。千百年來始終沒有樵夫敢踏進那地方，怕驚擾了那成了眾矢之的的亡魂，所以松樹便圍繞著那一小潭湖水拔天而起，也因而擋住了能夠掀起波瀾的風勢。十四世紀曾有位勇敢的神父踏入了彼拉多自殺的這潭黑湖，進行了驅魔儀式。不過，當地民眾還是對該處十分戒慎恐懼，之後群山之間雷聲隆隆，琉森湖上暴雨傾盆，大家都說是彼拉多的鬼魂出來作祟了。一直要到一七八〇年代耶拿浪漫主義（Frühromantiker）興起後，才有滿懷詩興，以康德所謂的「崇高」為尚，拿「以心作詩」為圭臬的蒼白青年膽敢進到這不祥的山嶺之中，而彼拉多峰這潭湖水想必也成了不少苦戀無果的少年維特最後的殞命勝地。

不過，到華格納開口邀尼采和他一起去爬彼拉多峰透透氣這年頭，生意腦筋動得快的鄉民早就在路上蓋好了旅社，還可以雇匹小馬載客上山。華格納和尼采都對這項服務敬謝不敏。他們靠著自己的雙腿征服高山峭壁，沿路引吭，高歌論道。

假如尼采從翠碧仙山莊湖側這邊的窗戶看出去，他的目光就會掃過「強盜園」（Robber's Park），也就是華格納放養自己好馬「弗利茲」（Fritz）的那片崎嶇山坡，坡上還可以看見雞隻、孔雀和羊群點綴在岩石與草叢之間，直至湖濱。彼岸連綿不絕的雪白山峰在湖面上留下了灰白倒影，華格納與尼采都愛極了從截斷這倒影中央的扶梯下水游泳。六千呎高的瑞吉峰（The Rigi）雖然不如彼拉多峰高聳，但卻因為泰納（J. M. W. Turner）的畫作和俗稱「瑞吉鬼影」的奇妙光影而遠近馳名。如果天色和霧氣配合得好，你就能清楚看到真有鬼影浮現。那宛如巨人的剪影就在朦朧曖昧的空中睥睨俯視，身旁還環繞著彩虹雲霓；其實那不是真的鬼魂，而是你自己的影子映照在雲霧上頭，若伸出手去一探虛實，就會發現你手臂的動作彷彿就映到了一面放大的鏡子上頭。華格納總是愛在這面天然華鏡前翩翩起舞，直到霧氣散去，這才罷手散戲。[17]

從湖畔扶梯向右邊走過去，有一棟木板小屋用來安放船隻。華格納若需要好好發洩一番時，就會派忠僕雅各搖槳載他划過在湖面逡巡的雪白天鵝群，直到神射手威廉·泰爾（William Tell）大聲辱罵邪惡敵人執法官蓋斯勒（Landvogt Gessler），讓山巒間不斷迴盪那惡劣嘲諷聲的回音點上。華格納愛用他粗啞的薩克森口音大罵粗話。當回音大肆回罵，總能逗得他哈哈大笑。

要是等雅各載他回來時，華格納氣還沒消，他就會攀到松樹上再吼個幾聲。有一次華格納從房子光滑的正面爬了上去，在陽台上大吼大叫，不過這算是特例，因為他不是在氣什麼人，而是氣自己竟然做了某件難以啟齒的事。[18]

尼采來訪時，華格納家裡其實亂得一塌糊塗。這週末就是他的生日了，國王路德維希打算跟他一起度過這特別的日子，但華格納心裡一直拿不定主意那一天是要陪著國王，還是和情人寇希瑪度過。雖然華格納和她已經生了兩個孩子，而且寇希瑪現在還懷了第三胎，但是寇希瑪其實才剛拋開丈夫，到碧翠仙山莊與華格納同居。華格納想盡辦法不讓國王發現這回事，畢竟國王是個堅貞的羅馬天主教徒，堅決反對婚外情。華格納是蒼白的國王這世上最寵愛的人了。他們這段感情顯然並未超過會為彼此垂膝落淚的君臣分際，但也絕對稱得上是濃情蜜意，至少從路德維希這邊看來是如此。

路德維希極為善妒好強，他不認為他為之神魂顛倒的天才偶像有什麼理由不把自己奉為第一，畢竟自己可是為了他掏盡國庫；只不過這也惹得舉國臣民焦慮不安，疑心忡忡，深怕華格納所謂未來的音樂到頭來只會矇騙他們甜美純真的年輕國王，只是替他披上一件號稱國王新衣的可笑裝扮罷了。

華格納與寇希瑪就處在涵蓋了同性與異性，一張備受壓抑的情愛欲望和社會張力的情感羅網中央，也正是尼采將要一掃而空的陳腐霾靄。寇希瑪是音樂家法蘭茲・李斯特（Franz Liszt）與瑪麗・達古特夫人（Comtesse Marie d'Agoult）三名私生女中的老二。華格納的雙親身分始終成謎，而當他的人生中需要一個父親形象的人時，李斯特恰好成了他在音樂上與生活上的最佳人選。一八四九年，李斯特給了華格納一筆錢逃離德勒斯登，還幫他弄到了一份假護照。從那時起，他就一直不斷在經濟上資助華格納革命性的新式音樂。李斯特確實可說就是華格納在音樂上和經濟上的父親。

雖然華格納更懂得如何指揮，但李斯特才是個更棒的鋼琴家，是他真正創造出了國際音樂會演奏家這一行。從巴黎到君士坦丁堡的沿途各城市，幾乎都把李斯特奉若神明。海涅（Heinrich Heine）更把李斯特所引發的群眾熱潮稱為「李斯特狂熱」（Lisztmania）。

他一出現，女性就像玉米田一樣紛紛顫抖昏厥；他們會從菸灰缸裡偷他抽完的菸蒂，當作聖物來崇拜，還會竊走他音樂會台上的裝飾花朵。儘管華格納無疑是個處處風流的異性戀者（他的兩任妻子都對他每齣歌劇總會出現新情婦忿忿不已），但是當他跪下親吻李斯特的手時，還是會忍不住激動落淚。從感情和感性面上來說，華格納倒是遵循了男性之間英雄崇拜與情感澎湃的時代風俗。

寇希瑪不是李斯特最寵愛的女兒。這個粗魯倔強的小妮子從小就是個臭臉美女，完全是她老爸的翻版。她和老爸有著同樣迷人的魅力、同樣的身高、同樣挺直的羅馬鼻、同樣清癯的相貌，這份男子英氣讓她有一股如女神般難以親近褻瀆的氣質，總令身材矮小的文人士子情難自禁，連華格納與尼采也同樣拜倒石榴裙下。

在尼采到訪共進午餐的這聖靈降靈節星期一，寇希瑪還是漢斯・馮・畢羅（Hans von Bülow）的妻子。馮・畢羅是李斯特門下最有前途的弟子，如今則是華格納的首席指揮家，而且他在這段情愛糾葛的三角戀曲中，還擔任了國王路德維希的合唱團領班。

寇希瑪年方少艾就芳心暗許馮・畢羅，而且在他到柏林擔任某一場音樂會的指揮時被他拐回家了。那場音樂會的曲目包括華格納《唐豪瑟》（*Tannhäuser*）裡維納斯堡音樂（Venusberg music）在柏林的首場演出，馮・畢羅當晚就向她求婚了。他們倆都愛上了華格納，完全為他的華麗樂曲心醉神迷；這不禁教人懷疑他究竟是在追求誰，而她又是接受了誰。關於馮・畢羅的眾多軼事都令人懷疑他的性向。在他寫給李斯特，告訴他自己要與寇希瑪訂婚的信裡頭更能看出這一點：

「我對她不只是愛。想到我能因此與您更親近，簡直就是畢生夢寐以求，我一向都將您視為創造我現在生活、形塑我將來人生的巨匠大師。對我來說，寇希瑪勝過所有女人，不只是因為她係您所出，更是由於她與您如此肖似……」[19]

兩人結婚後一年，寇希瑪就深感絕望。她後悔莫及。她求丈夫的摯友卡爾・瑞特（Karl Ritter）殺了她。瑞特不肯，於是她威脅說自己要投水自盡，但瑞特說她若自殺，那自己也要同歸於盡，寇希瑪這才罷手。這段婚姻後來就繼續在她一而再的嘗試自殺中維持著。[20] 寇希瑪和馮・畢羅都是華格納的熱情樂迷，某天晚上，華格納注意到她「興奮異常，表現出一副對『我』春心蕩漾的模樣」。[21]

華格納那時還和第一任妻子敏娜（Minna）在一起，但當她一死，情況就一發不可收拾了。寇希瑪在這期間為馮・畢羅生了兩個女兒，但是這並不妨礙她在這虛有其表的婚姻裡頭替華格納再生兩個，而且現在還為華格納懷了第三胎。

尼采到碧翠仙山莊拜訪的這時候，寇希瑪已經懷胎八月，但涉世未深的尼采似乎渾然未覺，他還忙著見識這人聲鼎沸、熙來攘往的大家庭：除了寇希瑪那四個女兒，還有她們的女家教、女傭、管家、廚子和兩三名僕人，年紀尚輕的漢斯・瑞希特（Hans Richter）當時還是華格納的祕書、樂譜書記和打理一切音樂會演出的娛樂總監（maître de plaisir），還有華格納碩大黝黑的紐芬蘭犬羅斯（如今葬在拜洛伊特的主人墓旁）、寇希瑪的灰毛獵狐㹴犬寇斯（這樣人家才不會暱稱寇希瑪為「寇絲」）、馬兒弗利茲、一堆綿羊、雞隻、小貓、一對錦雞，以及一對養來育種的孔雀，這頭公孔雀以華格納《尼貝龍根的指環》中惹出一切麻煩的日耳曼眾神之父沃坦（Wotan）為名，母孔雀叫做芙麗卡（Frika），也就是沃坦尖聲細氣的妒妻——這方面倒也像極了寇希瑪。

Chapter 4 納克索斯島

寇希瑪．華格納夫人是歷來天性最高貴的人了，而對我來說，我總認為她與華格納之間的婚姻是場姦情。

——《瞧，這個人》，草稿

可惜的是，尼采與華格納那天餐席之間究竟聊了些什麼，並未留下紀錄。我們只有寇希瑪平淡日記裡的一點線索：「午餐來了R在布洛克豪斯家認識的語文學家尼采教授，他對R的作品知之甚詳，甚至還在演講中引述了他的《歌劇與戲劇》（*Opera and Drama*）。真是令人愉快的平靜造訪。」[1] 華格納對這位客人的興趣倒似乎是愈見熱烈，他在送客時還送給了尼采一張自己的簽名照，力邀他再度來訪。三天後，華格納要寇希瑪寫封邀請函給尼采，請他下週末來為五月二十二日過生日的華格納慶生。尼采回絕了這次邀約，說他正忙著準備五月二十八日的就職演說那篇關於荷馬的講稿。華格納回信給他，說哪個週末過來都歡迎：「來就對了——先通知我一聲就好。」

我們這位作曲家巴著語文學家的程度簡直像是海盜船船身上的藤壺那麼緊密。尼采對華格納感興趣並不令人意外，但是華格納對尼采如此熱情倒是令人咋舌。華格納的天才帶著一股毀滅的力量。他在意的人有機會被拉進他這充滿魔力的圈子裡，要不然就是徹底被排除在外圍的黑暗之中，非黑即白，沒有灰色地帶。他有個助理曾說自己甘心成為華格納個人生命中的一個註腳、一名雜役、一根會講話的手杖，但是華格納可不只將尼采當作一根手杖，而是一個真正熱愛華格納音樂的古典學家、語文學家，是有學界影響力的明日之星。

雖然華格納經常受人尊稱為華格納教授，但是他其實沒這本領。他沒讀過多少書。他看不懂拉丁文和希臘文，但是他卻認為他偉大的「未來藝術」（即《尼貝龍根的指環》）是希臘四聯劇的復興，宛如希臘時代埃斯奇洛斯（**Aeschylus**）和尤里皮底斯（**Euripides**）在節慶上的演出。這位重新創作古典戲劇卻只能讀譯本典籍的大師說不定能從尼采身上獲益不少。

此外，華格納這時候正要將《尼貝龍根的指環》全劇作結，他也明瞭這齣戲需要像國王路德維希和尼采這樣的青年才俊來推動力捧。《尼貝龍根的指環》對老派人士來講太過前衛了。這齣耗資甚巨的革命性大戲必須靠眼睛雪亮的年輕人砸錢襄助，鼎力推動，才能夠登台上場。這長達十四小時，連續演奏四天的音樂劇，需要建造一種全新型態的空間才能演出：一種有點類似希臘圓形劇場，但是加了屋頂可供禦寒的歌劇廳。日耳曼到處都有巴洛克式和洛可可式的劇院，但是那些劇院的音響效果不行，而且對《尼貝龍根的指環》

這齣動輒需要上百人管弦樂團的大戲來說，演奏空間也太小了。即使是要到今日倫敦的皇家歌劇院搬演，樂團中的豎琴手和鼓手也都不得不擠到兩側包廂，才有空間演奏。

尼采在演講過後，馬上把握空檔前往碧翠仙山莊造訪。他六月五日抵達山莊，而且絲毫不察寇希瑪的懷孕徵象已經更加明顯了。寇希瑪當天的日記寫道他們過了「勉勉強強」的一晚。她在大約夜間十一點道過晚安後上樓休息，然後就開始陣痛了。

產婆在半夜三點時抵達，四點鐘，在「吼得聲嘶力竭」之中，寇希瑪為華格納生下了他的長子，嬰兒哇哇的響亮哭聲一路傳到了華格納正焦急等待的橘廳。這男孩出生的同時，黎明的曙光也照在了瑞吉峰上，映射出「前所未見」的斑斕光彩。華格納感動得落下淚來。從湖的另一端傳來了琉森那裡的禮拜日晨鐘。寇希瑪心想，這是個好兆頭，是向華格納兒子與將來繼承人的問候，更是向「後世千秋萬代的代表」致意——畢竟華格納膝下至今都是女兒：寇希瑪在正式婚姻中生下的丹涅拉（Daniela）與布蘭婷（Blandine），還有大家也都認為是出自馮．畢羅，但其實真正生父是華格納的伊索德（Isolde）和夏娃（Eva）。

華格納那天早晨一直在床邊握著寇希瑪的手。到了午餐時刻，他才現身告訴當時唯一在山莊裡作客的尼采這樁兒子齊格飛（Siegfried）出生的好消息。怪的是，尼采對於昨夜的種種騷動仍渾然不覺。翠碧仙山莊雖大，但也不至於無邊無際；屋裡的廳房都是上下垂直排列，而產婆在樓梯上上下下所發出的聲響，還有寇希瑪分娩時的喊聲，照她所說，也都沒有齊格飛落地時的哭聲來得宏亮。但是尼采卻一無所察，置若罔聞。

儘管如此，華格納還是將尼采當作神明派來的福星。世上沒有巧合這種事，命運已經選定了這位聰穎的年輕教授來做齊格飛的守護神。華格納已經開始想像等這孩子長大，將會受到尼采指導，而他自己和寇希瑪則遠遠地照看著；就像眾神之父沃坦也遠遠看著《尼貝龍根的指環》故事中的年輕英雄齊格飛如何接受訓練，以拯救世界一樣。

尼采在午餐過後明白自己該告辭了，但是翠碧仙山莊主人堅決留客，而且隔天寇希瑪還拿給了尼采一本書，還有兩篇華格納所寫的文章以表謝意，並邀請他下次再來時務必帶上這些書籍文章。八天後，寇希瑪寫信給馮．畢羅說要離婚。馮．畢羅與寇希瑪性慾過人的父親李斯特通了幾次信，這位不算守規，但還虔誠的羅馬天主教徒不准女兒像自己這樣浪蕩放肆，但後來馮．畢羅終究還是答應了。李斯特或許也是對年齡問題有些過敏了。寇希瑪此時三十一歲，而華格納則是五十六歲，只比李斯特自己小兩歲而已。至於馮．畢羅，則是接受了坊間的翠碧仙版希臘神話，說寇希瑪就是美豔的公主亞里阿德涅（Ariadne），而馮．畢羅則是雅典王子忒修斯（Theseus）——畢竟他只是個指揮家與鋼琴家——可是音樂天才華格納「這位人人都必須奉若神明的完人」，他的音樂「絕塵拔俗」[2]，他就是酒神戴奧尼索斯。一個凡人將妻子讓給神明，實在是再合情理不過了。華格納也同意這說法。

尼采後來也接受這套天理說，而他自己則將華格納擠下了神明的地位，只不過他採取的是另一種辦法。這時候的他，在齊格飛出生後幾個星期裡，都在巴塞爾繼續他的教學職責，之後才會再重回翠碧仙山莊那座迷宮，再見到端莊的寇希瑪，以及其他刺激他、撩撥他的種種事物。

恩格斯曾經誇張地說巴塞爾是個無趣的地方，處處都是穿著大禮服、戴著雙角帽的老古板、仕紳和循道宗教徒（Methodists）。[3] 這裡當然無法與翠碧仙山莊的新穎絕倫媲美。尼采的就職演說相當成功，之後又給了幾場關於埃斯奇洛斯和古希臘詩人的演講，雖說趣味盎然，但還稱不上振聾發聵。不過，巴塞爾這裡還是有幾分看頭，就是尼采的同事雅各．布克哈特（Jacob Burckhardt）和由他講授的歷史研究課。

布克哈特與華格納深深影響了尼采接下來好些年的思想，這期間他醞釀出了在首本著作《悲劇的誕生》（*Die Geburt der Tragödie*）裡的那些想法。這兩人的年紀也都差不多可以當尼采的父親了。不過，他們倆的相似之處就僅此而已。

布克哈特的小平頭上沒有天鵝絨扁帽，心裡也沒有一點民族主義的影子。據說他可不准其他人在他面前提到華格納的名字。削瘦、直率而聰明的布克哈特是個低調的人，穿著打扮樸實無華，對於各種矯揉造作的浮華聲名厭惡至極。他包下了一家麵包坊樓上的兩個房間生活，最令他開心的莫過於被人誤認為是麵包師傅。

布克哈特這種裝扮在中產階級間顯得格格不入，但是他卻發現他那種簡樸為上的學者風範倒是讓他在巴塞爾這個偏愛簡約中庸的環境裡贏得了不少敬意。他清簡樸素的風格截然不同於華格納那種驚天動地、標榜崇高的性格藝術家；華格納到歐洲四處巡迴、攀權附貴之時，在翠碧仙山莊那岩岬上掀起各國文化波瀾之際，也總不免引人側目。

穿著黑色西裝、戴著軟呢黑帽，指尖老是沾到墨水的布克哈特在巴塞爾鎮上踽踽獨行，是這小城最平凡無奇的招牌，象徵著一切如常。如果他手裡挾著一份藍色的大資料夾，那這一天就更有意思了，這表示他要去講課了。他的課程廣受好評。布克哈特上課不用筆記，以日常俗語講授。他講起課來彷彿那些字句都是剛從腦海裡蹦出來的，但是也有人說即使是任何停頓或岔題，也都是他在麵包坊樓上的房裡一再仔細排練的成果。

布克哈特與尼采習慣兩人一起步行到城外三哩遠的一家小館子一邊吃飯，一邊喝酒。路上他們會一邊談論古代與現今社會，還有他們暱稱為「我們的哲學家」的叔本華——他那套悲觀主義正切合了布克哈特的觀點，認為歐洲文化正以資本主義、科學主義與中央集權的形式沉淪敗壞。在德國與義大利邁向統一的這個時代，布克哈特痛斥這種現代化的整體國家「既如神明般受人信奉，又如蘇丹般強橫統治」。他認為這種架構只會帶來他所謂「恐怖的簡化者」（terribles simplificateurs），亦即以工業化、科學與科技所提供的危險武器為恃的那些野心煽動家。

布克哈特並無信仰，但這並無礙於他循規蹈矩。他衷心厭惡法國大革命，討厭美國、大眾民主、一致性、工業主義、軍國主義、鐵路這些東西。他和馬克思在同一年出生，是個積極對抗他所謂「金權勾結」[4]的反資本主義者，卻也是個反民粹主義者和悲觀的保守主義者，真心相信最好別讓大眾自己作主，尤其不該從眾媚俗、糟蹋品味，將一切都變成那種他和尼采都認為既庸俗又混亂的大眾文化。

布克哈特與尼采都深為德法之間日趨逼近的戰爭陰影而惶惶不安。從前的拿破崙是法國恐怖的簡化者，如今俾斯麥則套上了拿破崙那雙陳年馬靴，成了德國恐怖的簡化者。拿破崙過去是以征服歐洲當作文化帝國主義的武器，而在布克哈特看來，俾斯麥也正準備亦步亦趨。布克哈特相信，所有暴君全都有一種希羅斯特勞斯式的衝動（Herostratic impulse），這名稱來自燒掉了以弗所（Ephesus）阿特蜜斯神廟的那個以弗所人希羅斯特勞斯，而他之所以要毀掉這重大文化象徵的原因，只不過是想千古留名罷了。

一心信奉理想架構的華格納對俾斯麥和日耳曼國家主義推崇備至，而致力於大歐洲主義的布克哈特則認為任何單一國家雄霸崛起都會危害文化整體。華格納相信猶太人與猶太文化都是歐洲各國不該涵納的外來成分，只會玷污各國珍貴的本土元素；而布克哈特則認為猶太文化是使歐洲這塊麵包得以熟成的共同酵母。

尼采深信最能夠將個人與一個時代的普遍樣貌區分開來的關鍵，當看這個人如何運用歷史與哲學。[5]布克哈特有趣的觀點是歷史是要調和鼎鼐，所以並不哲學，而哲學則是要列分尊卑，因此並不歷史。他認為歷史哲學根本就是個說不通的矛盾概念的這個想法，正是他有別於同時代人的主要差異之一。他另一個特點則是對於個體在國家中遭到抹消的厭惡。其他像蘭克（Leopold von Ranke）這樣的歷史大家這時都愈來愈關注政治與經濟的客觀力量，但布克哈特仍堅信文化的力量，深信個人能左右歷史的走向。他還質疑這種認為歷史就是從史料中蒐集事實的過程，從而提出「客觀」說法的這種風氣。布克哈特劈頭就問「客觀性」這個概念是什麼意思：「對每一雙眼睛來說，就連同一個文化也說不定會呈現出不同景象……同一批研究對這一本作品有用，但在其他人手裡不僅很可能會有截然不同的處置應用，更可能得出徹底迥異的結論。」[6]

在布克哈特與尼采看來，世界文明希臘化是史上最重大的事件。現代世界的目標不是學亞歷山大一劍劈開希臘文化這個戈爾迪厄斯之結（Gordian knot），任那些繩結線頭紛飛四散；反而是要綑綁成束：將希臘主義薄弱的形廓織入現代世界的文化之中。但是儘管歌德、席勒、溫克爾曼（Winklemann）等先賢的新古典主義已將希臘變成了一個理想的國度——平靜、安詳、完美均衡，而且只要你熟悉古典著作就能夠模仿得來——布克哈特卻又寫了一套書來修正對於古典世界以及率先仿效古典世界的文藝復興時代這種夢幻、平板的理想化形象。

人人早已盡知墮落的羅馬有多麼嗜血好殺，但是布克哈特在後續對古典世界與文藝復興時期的著作和演講中，卻演示出極端的野蠻行徑並非文明漸趨敗壞時才偶發的文化失調，反而是整個文化創造中的必要成分。布克哈特通常被人稱為藝術史之父，與伯納德．貝倫森（Bernard Berenson）和肯尼斯．克拉克（Kenneth Clark）都不斷受藝術史學者引用，但是布克哈特與後來的學者不同，他不認為文藝復興時期的義大利是個理想化的智性天堂，更在《義大利的文藝復興文明》（*The Civilisation of the Renaissance in Italy*）裡敘述了不少義大利城邦宮廷裡令人髮指的軼聞，這些故事中的殘忍暴行就連暴君卡利古拉（Caligula）或是李爾王（King Lear）的女兒恐怕都不免動容。布克哈特的歷史觀裡並不否認人類有殘酷陰狠的戴奧尼索斯式衝動，而且也必然會從中誕生出這份衝動的反面：清晰、美好、和諧、秩序、協調。

布克哈特生性矜持羞怯，尼采對他們倆這麼長時間的散步閒聊居然沒能發展出像他和華格納那樣熱切親密的情誼頗為失落，不過雖然華格納受不了不帶一點高度激情的關係——喜愛或厭惡都好——布克哈特基本上倒是一個冷調子，是個認為必須不受情緒所擾，心如止水才能察覺至高道德真理的深沉學者。

尼采這個夏天就沉醉在與布克哈特的熱烈激辯與來自翠碧仙山莊如雨紛至的邀請函之中，他和華格納、寇希瑪成了一組神志清明、嚴肅認真又彼此傾慕的鐵三角。

「在華格納家裡的日子實在無比醉人。我們人才剛到，還沒踏進庭院裡，就聽到一條碩大黑狗放聲招呼，還有孩子們在台階上的笑聲，走到窗邊，詩人音樂家會揮揮他的黑絲絨軟帽表示歡迎……不，我不記得看過他坐著，除非是在鋼琴前或是餐桌前。他總是在偌大的房間裡走來走去，一下移動這張椅子或那只凳子，在口袋裡摸索他忘了放到哪兒的鼻煙盒或眼鏡（有時候甚至還會掛在水晶吊燈的墜飾上，但是從不曾乖乖待在他臉上），抓著從他左眼上方垂下，活像個雞冠的絲絨軟帽，用雙拳搓揉一陣，用力塞進背心裡，然後再拿出來重新戴在頭上——而這期間還一直講啊講的，講個不停……他會猛地爆發：無論是絕妙的譬喻、雙關，或是各種粗話——他口若懸河，滔滔不絕，有時高傲、有時溫婉、有時激昂、有時荒唐。他會一下子咧嘴大笑，一下子淚眼婆娑，旋又讓自己陷入預言家的狂熱之中，什麼樣的題材都能信手拈來，恣意發揮……〔我們〕被這一切弄得暈頭轉向，隨著他又哭又笑，分享了他的狂喜，瞥見了他的夢想；我們就像是一片塵霧被這場暴風捲起，卻也在他狂放的言詞中得到啟發，驚喜交加。」[7]

華格納當面將尼采捧上了天：「現在沒有誰能像你一樣讓我認真對待了，只有那唯一特例（寇希瑪）除外。」[8]而當冷若冰霜的寇希瑪說她視尼采為畢生摯友之一時，這番盛讚也確實是無比難得了。

這段時期對寇希瑪來說特別難捱。她丈夫沒有馬上就答應離婚，所以她現在是公開出軌，而且還有個孩子當作鐵證，整個人疲病交加。而華格納這時又已經垂青美麗的茱蒂絲．高提耶（Judith Gautier），可比寇希瑪還年輕了足足七歲。齊格飛的安穩長大對鞏固寇希瑪的地位頓時成了絕對必要的條件。這小嬰孩鬧一丁點脾氣都會讓寇希瑪嚇得要命，動不動就有尋死的絕望念頭。

在這頭一年的夏天裡，尼采到翠碧仙山莊造訪了六次。華格納他們給了尼采一間樓上的書房住，還特地將這房間命名為「思考室」（Denktube），而且要是尼采沒有經常過來住，華格納還會大動肝火。

有什麼能比一邊坐在自己的書桌前，一邊聽著華格納譜寫演奏《齊格飛》第三幕更令人振奮的呢？有什麼能比偷聽到香氣瀰漫的樓梯間傳來斷斷續續的譜曲演奏更難得的奇特殊榮呢？聽到音樂大師在房裡或疾或徐地踱步，他尖銳的聲音唱個一段，旋而瞬間靜默，因為大師又奔到了鋼琴前試彈那些音符。等他寫下來，又是一陣沉默。入夜後的寧靜晚間，寇希瑪會坐在搖籃邊上，記下當天的樂譜。在白日裡，若是寇希瑪無事要做，她就會和尼采帶著孩子到林間野餐，看著太陽在湖光水面上的變幻奇景。他們還私下替這景色命名為「星舞」（the star dance）。

翠碧仙山莊讓尼采感受到了他未曾體驗過的另一種溫馨家常。在尼采自己家裡，母親和妹妹侍奉他有如半神一般，但是華格納與寇希瑪都毫不在意叫尼采去跑跑腿、做些日常採買。他對能做這些小事頗感自豪。

尼采某次造訪翠碧仙山莊的週日隔天，隨口問了班上的學生在巴塞爾這裡有沒有好的絲綢鋪，結果被學生逼得不得不坦承自己答應了要幫忙買條絲質內褲。華格納就偏愛裁縫手製的絲質內褲，箇中原因不得而知。但這個任務搞得尼采焦躁不安。學生領著尼采到了那家店鋪，他在進門前打量了一會，挺起肩膀裝出一副天不怕地不怕的模樣，說：「當你選定了一位神明，就必須要裝飾祂。」[9]

尼采後來自己去爬了彼拉多峰，隨身還帶著華格納的〈論國家與宗教〉（On State and Religion）這篇文章待讀，華格納在文章裡主張以文化教育取代宗教教育，如此離經叛道的主張，怕是連彼拉多的幽魂都會驚醒過來，竟讓整座山頭雷電交加，霎時間金蛇貫空，雷聲震地。在山峰底下的翠碧仙山莊裡，那些迷信的僕役搖頭晃腦，猜想著尼采教授不知道是在山頂上做了些什麼還是在想些什麼，才會惹得上蒼如此震怒。

每當尼采跟著華格納一同去爬瑞吉峰與彼拉多峰的時候，通常會討論起希臘戲劇中的音樂演變。尼采很快就會把這些想法寫進他的第一本書《悲劇的誕生》，但是在此之前，他在一八七〇年頭幾個月裡還先針對這題目做了兩場演講。這兩場講座，他苦著臉對華格納說，來的都是些想要擴展心靈的中年婦女，卻因這題目的複雜程度，不得其門而入。這也難怪，畢竟尼采可是要在華格納這二十幾年來編寫《尼貝龍根的指環》四部曲時所發展出的想法上再進一步呢。

華格納開始編寫《尼貝龍根的指環》的時候，還是個三十來歲的火爆革命派，到了整部作品完成時，他已經年過六旬，早已是享譽國際的知名人物，王公貴族的座上嘉賓了。但是《尼貝龍根的指環》背後的理念卻是須臾未離創作初始時的叛逆精神。在人稱革命之年的一八四八年，當占領了大街小巷的歐洲民眾紛紛要求選舉改革、社會正義、終結貴族政治時，這整塊大陸已經準備好刮起華格納旋風。華格納還主動在德勒斯登起義中設置各種路障堡壘，但這場行動旋遭敉平。當局下令逮捕華格納，華格納望風而逃，據說他喬裝成婦人逃到了瑞士，這才開始著手創作《尼貝龍根的指環》。華格納那時候還沒接觸過叔本華的作品，服膺的是費爾巴哈（Ludwig Feuerbach）的哲學思想，因為費爾巴哈啟發了青年德國運動（Young Germany movement），呼籲統一德國全境、廢除審查制度、施行憲法、解放婦女，而且在某種程度上也要接納婦女的性自由。費爾巴哈在《基督教的本質》（*The Essence of Christianity*）裡主張：人才是萬物的尺度。神明只是由人所造的觀念，是歷來統治階級藉以臣服大眾的亙久謊言。

我們今天很難想像華格納是個政治激進派，也很難想像《尼貝龍根的指環》原本是要將藝術從教會與宮廷的掌握中解放出來，將歌劇交還給人民，但這恰恰就是這部作品的原本樣貌。華格納展開政治流亡之初，還寫了三篇文章詳細剖明，他在那五年裡在音樂上（相對地）十分沉寂，全心致力於他對未來藝術作品的各種構想。他因革命活動失敗而逃離德國後不久，在一八四九年就寫出了〈藝術與革命〉（Art and Revolution）與〈未來的藝術作品〉（The Artwork of the Future）這頭兩篇文章。

在華格納展開音樂生涯那年頭，一個人除非能像李斯特那樣專門演奏樂器（華格納顯然並非如此；他說：「我彈的鋼琴就像老鼠吹的笛子一樣糟糕」），不然就只能想辦法成為日耳曼邦聯裡某個小宮廷的音樂部長了。華格納因此投身薩克森宮廷，在各邦君主中堪稱最開明、最有文化的弗里德里希·奧古斯都二世（Friedrich August II）手下擔任音樂部長。但是有官職在身，對一名年少輕狂的音樂部長不免就意味著在音樂上有所阻礙。日耳曼各邦王公貴族很少人有前瞻性的藝術品味，而且還往往隨興變卦，比方說突然要縮短表演時間，就因為國王正在鬧牙痛。

宮廷裡的經驗惹得華格納老大不快。他的音樂貢獻對一眾王公而言只不過是在他們觥籌交錯間的刀叉聲響，是在佳餚美食間談天說地的佐料，是在地板方塊間翩翩起舞時的陪襯。

不行！必須讓大家都重新認識到音樂的偉大！戲院必須成為社群生活的焦點，就像過去在希臘羅馬時代那樣。偉大的柏拉圖寫過要如何讓「韻律與和諧進入靈魂的深處，緊緊膠固」。華格納要讓音樂振衰起敝，不再只是嗑牙閒聊、傳杯換盞之餘的配角。

他這種未來的新式音樂會觸動聽眾的靈魂，卻未必要訴諸超越一切的上帝，畢竟華格納自己的靈魂裡早就充滿了對上帝是否存在的懷疑。未來的歌劇要重新安置在一個更大的文化圖像之中，也要在公眾生活裡占據重要地位。古代的雅典劇場只有在特殊節慶期間才會開放，享受藝術同時也是一種宗教慶典。各種戲劇會在來自城鄉各地的群眾面前搬演，眾人也都對演出作品有高度期待，所以埃斯奇洛斯（Aeschylus）與索福克里斯（Sophocles）才必須寫出最深刻的詩句，以獲得觀眾的好評。

《尼貝龍根的指環》四部曲採取了（想像中的）希臘音樂劇形式，是一部堪比埃斯奇洛斯《奧瑞斯泰亞》（*Oresteia*）的劇作，但卻是根據日耳曼神話與傳說改編，而且更是為了要展現（或者更該說是形塑）後拿破崙時代的大日耳曼精神。華格納想像著自己透過這種嶄新的歌劇形式摒除了日耳曼文化中的外來成分，尤其是所有來自法國人和猶太人的內容。法國的東西之所以不堪入目（non grata），是因為法國人基本上輕浮瑣碎，這從他們偏好雅致而非崇高可見一斑。除此之外，他們也總提醒著日耳曼人敗給拿破崙的民族大辱。法國的事物更令華格納永遠記得他自己在一八六一年所受到的羞辱，當年整個巴黎對他那齣《唐豪瑟》惡評如潮，激得他一輩子都對法國視若寇讎。

猶太人的一切也要排除才行。反閃族主義是華格納民族大業中的根基，他那篇〈音樂中的猶太主義〉（Judaism in the Music）至今讀來仍令人髮指。在構想所謂日耳曼音樂純正性的過程中，他接受了十九世紀的藝術與文明都遭到資本主義所腐化玷污的想法。而資本主義的象徵，就是蔓延了整個歐洲的猶太人銀行家與商販。他不假思索地忽視猶太人之所以會從事金融業，是因為法律禁止他們從事其他行業的排擠結果。華格納的反閃族主義就和他對法國的仇恨一樣，也有出於個人的因素：他十分嫉妒像梅耶貝爾（Meyerbeer）和孟德爾頌（Mendelssohn）這些聲名遠勝自己的猶太作曲家。

《尼貝龍根的指環》包含了四齣劇目，故事情節猶如戒指般循環不斷，描繪出了行動與結果之間的命定必然。故事主軸是日耳曼民族關於尼貝龍根的偉大神話，故事裡古老的北歐諸神可不像猶太—基督宗教的上帝一樣，反而更像是希臘諸神那樣任性善變、偏心好色、狡詐多謀，完全充滿了人性。那些神明的傳說故事在華格納的串連之下，簡直就像是肥皂劇一樣。

中世紀史詩《尼貝龍根之歌》（*Niebelungenlied*）的作者不詳，約成於西元一二〇〇年左右，是日耳曼人拚搏民族認同的強力象徵，更是充分描繪出日耳曼人獨特民族精神（**Volkgeist**）的古老典籍。華格納的《尼貝龍根的指環》裡瀰漫著濃濃的民族意識，這部作品在這一百五十多年來已成了傳世經典，更令穿著晚宴禮服盛裝前往拜洛伊特（**Bayreuth**）音樂節成了一場神聖不變的資本主義儀式——有時更是一場政治儀式。但是我們還是必須相信華格納對他這齣巨作並不作此想。他認為這部作品的目的並不在於成為一頭巨獸，而是要成為啟發未來藝術作品的跳板。這齣戲是要在節慶上為了人民（Volk）而演出，就像從前在古希臘的慶典表演那樣。他原本想像《尼貝龍根的指環》該是一部短暫的過渡作品。「等到第三次〔演出〕之後，就要毀掉劇場，燒掉我那些樂譜。對喜歡這齣戲的人，我只能說：『滾吧，去做出你的作品來！』」[10]沒想到他卻得花上幾十年的歲月、思想與人生，投注在完成這部作品的雄心壯志中。

在尼采與華格納大師到翠碧仙山莊周遭登山的漫漫路程中，他們激出了一個點子：將《尼貝龍根的指環》當作重新舉辦花月節（**Anthesteria**）的慶典，也就是每年連辦四天歌頌酒神戴奧尼索斯的慶典。他們腳下的琉森湖水光瀲灩，寇希瑪和孩子們正在天鵝間泅游玩樂。有一群重要的作家文人特別趁著這個夏天從巴黎到翠碧仙山莊朝聖，據其中一人所說，穿著一身潔白長衫的寇希瑪本人就像天鵝般優雅。

儘管一八六一年的《唐豪瑟》一敗塗地，但這齣戲卻大大推動了法國的前衛浪潮。象徵主義與頹廢運動追隨著波特萊爾（Beaudelaire）的〈在巴黎的華格納與《唐豪瑟》〉（Wagner and Tannhäuser in Paris）[11]，特別關注《唐豪瑟》這齣戲中對於性愛與靈性這兩種相反相成的觀念如何開放探索，也注意到華格納在《整體藝術》中如何在文字與音樂之間創造出巧妙聯覺的高超成就。

如今，就有三位熱情的華格納迷從巴黎來到了翠碧仙山莊，分別是身兼頹廢派詩人、劇作家與小說家，又創辦文學雜誌《幻想誌》（*La revue fantaisiste*）的卡圖爾・孟岱斯（Catulle Mensès）、他的妻子茱蒂絲・高提耶（Judith Gautier），以及開創了高蹈派運動（the Parnassian movement）——也就是拋棄浪漫主義，以復興新古典主義為志業——的維利耶・德・利爾—亞當（Villiers de l'Isle-Adam）。高蹈派運動為時不久，因為很快就被更成功耀目的象徵主義運動搶盡了風頭。

維利耶・德・利爾—亞當身材瘦弱，所以到翠碧仙山莊時還穿上加了襯墊的「哈姆雷特」緊身衣，這樣才能顯露他修長的美腿。卡圖爾・孟岱斯倒是無須費心打扮；畢竟他可是被人稱為當代第一美男子。他就像留著金髮的耶穌基督，但是他的性格卻十分殘忍、變態而暴虐，莫泊桑（Maupassant）說他根本就是「浸在尿裡的百合花」[12]。

雙十年華的茱蒂絲・高提耶，是詩人兼評論家泰歐菲爾・高提耶（Théophile Gautier）的掌上明珠。她來的時候完全一副高蹈派的派頭，沒有馬甲襯裙，而是穿著一套古典風格的長裙，顯得搖曳生姿。這次到訪完全是茱蒂絲的主意。酗酒的丈夫卡圖爾愈來愈賺不了錢，因此她成了一名記者，還出了以神祕東方國度為背景的暢銷言情小說，雖說她從來不曾前往。這趟翠碧仙山莊之行，是茱蒂絲為了在巴黎出版一篇有聲有色的華格納家居生活報導而來。

茱蒂絲是個直覺敏銳又充滿戴奧尼索斯風情的女神：身材高䠷、性情陰鬱、膚色蒼白，十分上相。「她豐腴的身材充滿著東方女子的淡漠。你彷彿可以見到她側身臥在一張虎皮上頭，一邊抽著水煙筒。」這番形容出自普羅旺斯詩人泰歐多・奧班奈爾（Théodore Aubanel），他說她的詩「晦澀難解」，但是她的人卻「無比美妙」，深深拜倒在她那份東方風情之下。她特別愛年齡老大的男人。她曾是雨果（Victor Hugo）的情婦，而雨果甚至比華格納還要大上十一歲。茱蒂絲熟知如何暗送秋波，也明白在香氛繚繞的翠碧仙山莊中一邊幽幽嘆氣，一邊輕撫摩挲華格納所愛的衣物能夠達到什麼效果。

「我們不止一次在上午登門拜訪時，」據卡圖爾・孟岱斯的紀錄：「看到他〔華格納〕穿得就像大家傳說中那樣：金色的緞面長袍和拖鞋，而且都綴著珍珠色澤的花邊（因為他十分熱愛閃亮布料，掀動開來就像是火焰或波浪般耀眼）。客廳和書房裡都是絲絨織品，四處都堆得像座山一樣，或是一疊疊的排著，完全跟周圍的傢俱不搭——這都是為了要展現出那些織品的華美，用那種燦爛的熱情來取悅大詩人。」[13]

等茱蒂絲回到巴黎後，華格納寫信給她，開頭就稱她「心愛的胖妞」。信末通常會附上採購清單，裡頭都是他們倆熱愛的那些柔軟織品和濃郁香氛。她會將買到的這些物品寄到不同地方，這樣才不會教寇希瑪起疑。對茱蒂絲而言，華格納與他的音樂中所蘊含的魔力就是她所信奉的宗教，是一份獲得恩寵的狂喜，而寇希瑪也曾這麼迷戀他。她們倆都用自慚自愧的眼淚和浮誇的形容來表達自己對華格納大師有多麼崇拜——好比「他創作的音樂就是我生命中的太陽！」諸如此類的話。但是這兩名信徒彼此可以說是天壤之別。寇希瑪總是穿著馬甲，哈利・克斯勒伯爵（Count Harry Kessler）形容她「骨瘦如柴，堅毅不拔……活脫就是多納泰羅（Donatello）筆下的施洗者約翰」，她的牙醫更斬釘截鐵地說她是個絕不容許任何事物阻礙她達成目標的女子。[14]相對於茱蒂絲那種奔放的戴奧尼索斯精神，寇希瑪對華格納毋寧說是採取了阿波羅式的掌控，不僅十足嚴格，往往還會告誡責罵。這一年夏天，寇希瑪的日記裡記載了一份驚人的規劃，他們倆要彼此大聲朗誦莎士比亞的大部分劇本，還要合奏貝多芬與海頓的鋼琴曲。寇希瑪是個高超的鋼琴家，也是個嚴格的樂評家。華格納就像個孩子般怕挨她罵，就連寇希瑪拒絕他的求歡時，他也只能隱忍不發。

儘管華格納與茱蒂絲這時候還不是情人，但寇希瑪就覺得不對勁了。同時間，她與尼采之間那份純粹智性、純潔而絕未逾矩的交誼卻愈發親密與堅定。可惜她燒掉了他們倆之間往來的信件，所以我們只能從她的日記裡發掘出來，但她的日記並不是當作私密紀錄來寫，而是當成將來要藉以啟迪教導兒女後代的公開文件而作。在茱蒂絲・高提耶造訪的這段期間裡，日記裡只寫了尼采是個身材壯碩、有教養又風趣的人，而茱蒂絲・高提耶他們那一夥人則是載為「孟岱斯一夥」。

回巴黎途中，茱蒂絲寫了篇關於華格納家居生活文章刊登在《哈囉雜誌》（*Hello*）上。

寇希瑪嚇壞了，這不僅是隱私遭人侵犯，而且茱蒂絲竟然還恬不知恥地連他們的私生活細節。都一一披露出來。

作曲之餘，華格納會帶著狗兒去爬山，或是到琉森城裡心愛的古董店溜達。當華格納大師外出，尼采就獲准可以彈奏大師的那架鋼琴。即使是在這種受寵若驚的狀況下，他仍然彈得極好，也比總是用心在鑽研技巧上的華格納更能縱情演奏。尼采彈琴時，會努力讓自己進入一種出神的狀態，更總能令寇希瑪神魂顛倒（畢竟是李斯特的女兒啊）。

他彈奏得愈久、愈狂野，她就愈感到「一股恐懼顫慄」，深怕會在樂聲中釋放出自己內心的惡魔。對寇希瑪而言（對尼采也是），音樂能直達神聖狂喜的國度。她說，與此相比，平凡的日子在剎那間就變得不堪忍受。每當華格納一出門，他們倆就會一次又一次地藉由尼采瘋狂的演奏召喚出神祕力量，一次次地奔向冥府。[15]

一八六九年，尼采獲邀到翠碧仙山莊度過聖誕假期。他是整座山莊唯一的外賓，唯一的座上客。他從來沒體驗過這樣的聖誕節。

華格納與寇希瑪有一套十分繁複的聖誕儀式。寇希瑪是虔誠的羅馬天主教徒，而華格納卻是個堅定的無神論者，但是他們倆總是年復一年地想辦法逗孩子開心過節。在聖誕夜那晚，他們會遵循古老的日耳曼傳統，會有帶來禮物的聖誕老人聖尼古拉（St. Nicholas），還有專門處罰調皮孩子的僕役魯伯希特（Knecht Ruprecht）。

尼采幫寇希瑪搭建舞台，好進行這一連串儀式。他們也一起裝飾聖誕樹。等一切就緒，家中女僕赫敏（Hermine）就跑去跟孩子們說，她聽見了「那種」咆哮聲！這時，扮成僕役魯柏希特的華格納就蹦地跳了出來，張開雙臂放聲尖嘯，一副要嚇人的模樣。然後寇希瑪會拿出她在這十二月裡費心包裝的禮物來一一安撫受驚的孩子。接下來就輪到孩子模樣的耶穌基督登場，這會讓孩子們忘了父親華格納怎麼不見蹤影了。當基督帶著孩子一步步從漆黑的階梯走向展品廳時，整個房子充滿了靜默神祕的氣氛。最後，全家人安靜地排成一列，走到點滿蠟燭，璀璨非凡的聖誕樹前。接著大家就開始交換禮物，並且由寇希瑪帶著孩子們禱告。

接下來的這一星期大概是尼采與寇希瑪最幸福、最親密的日子了。她的日記從十二月二十六日之後就一片空白，直到一月三日才又續寫，而且還註明了她整整一週沒有動筆，大部分的時間都和尼采教授在一起，直到昨天尼采告別為止。

一八七〇年七月十八日，寇希瑪與馮．畢羅的婚姻總算劃下句點。尼采雖然受邀在八月二十五日到琉森的新教教堂見證她與華格納的婚禮，但是他卻不克前往。因為就在那個時候，正如尼采和布克哈特所擔心的，法國與普魯士真的開戰了。

法國拿破崙三世在一八七〇年七月十九日向俾斯麥治下的普魯士宣戰時，尼采正在巴塞爾的床上休息，他扭傷了腳，妹妹伊莉莎白千里迢迢跑來照料。原本他打算將妹妹送回到瑙姆堡的母親身邊，但是戰爭既然開打，這盤算就顯得太過危險，行不通了。

伊莉莎白寫道：「七月十九日，戰爭開打了，從那一天起，巴塞爾就亂得無法想像。

德國和法國的旅人從四面八方蜂擁而至，都是為了返家參戰。湧進巴塞爾的人多到幾乎整整一個星期都沒辦法在城裡找個晚上棲身之所。火車站夜夜都擠滿了人，受不了如此擁擠的人就只能雇輛馬車過夜了。」[16]

尼采帶著伊莉莎白短暫拜訪了翠碧仙山莊，然後就繼續往阿克森斯坦山（Mount Axenstein）去。他們在一家大旅店裡寄宿。尼采一面思索著將來，一面寫下了〈戴奧尼索斯式的世界觀〉（Die dionysische Weltanschauung）這篇文章，將叔本華的哲學連接上了希臘悲劇的精神，接著又寫了幾篇信件草稿，打算寄給巴塞爾的教育局長：

「考量到當前德國國內形勢，鈞長定能見諒職下投筆從戎之意。祈惟鈞長首允職下於夏季學期餘下週次暫停鈞局所交付重責。職下孱軀漸壯，又憂未有為國一效兵卒犬馬之勞……值此德國疾呼國人當赴日耳曼大義之際，職下敢稱非靠強迫手段不足以令在下離巴塞爾大學而去……職下亦樂見瑞士同僚在相同情境下也能如願報國……」不過在最後的定稿中，他倒是劃掉了最後一句話。[17]

八月九日，尼采寫信給寇希瑪，告訴她自己打算從軍的決定。寇希瑪當天就回信給他，說現在就志願入伍還太早，再怎麼說，送給軍隊一百支香菸都比給他們一個門外漢有用。就是這份俏皮，讓尼采和華格納都將她視若天人，也都甘心拜倒在她石榴裙下。

尼采在八月十二日動身前往埃朗根（Erlangen），在當地的大醫院接受醫護訓練。但是在結束為期兩週的新訓之前，他就得開始處置一大批一大批瀕死無救的重傷病患了。

八月二十九日，就在寇希瑪與華格納新婚四天後，尼采隨軍走了十一個鐘頭，到韋爾特（Wörth）戰場上救治傷患。德軍儘管在此地大勝，卻也付出了慘痛代價：上萬的德軍性命換來了八千具法軍屍體。

尼采寫信給母親，告訴她戰場上的慘況：「遍地都是無數的殘軀，發出濃濃屍臭；我們今天到阿格諾（Hagenau），明天要去南希（Nancy），這樣一路過去，跟著南部軍前進……之後幾週我會收不到您的來信，因為我們得持續前進，但郵件遞送卻極為緩慢。我們在這裡不知道軍隊進展如何——沒有報紙能出得了刊。這裡的敵國人民似乎也習慣了這種新情勢。只不過他們膽敢有任何冒犯就會遭到處死。我們經過的每個村鎮裡都設了一間間的醫療所。我會儘快再寫信回來，平安勿念。」[18]

我們知道九月二日尼采在一列從莫塞爾河畔阿爾斯（Ars-sur-Moselle）開往卡爾斯魯厄（Karlsruhe）的醫療列車上救治病患。這趟車程一共三天兩夜。尼采在九月十一日寫給華格納的信裡描述了這趟旅程。

「敬愛的大師：值此風雨飄搖之際，敬頌闔府安康。儘管身在他方，我仍朝夕思之，不時祝禱。頃獲私慕不已的尊夫人來信，閱後甚喜，先前聚首時所預期的諸項喜事〔華格納與寇希瑪的婚禮及齊格飛受洗禮〕竟能提前舉辦，實在可喜可賀。

您也知道，將我帶離您身邊，教我無法見證這等神聖典禮的是何樣浪潮。礙於有疾在身，我的補充兵生涯已暫告段落。我先前奉任務派遣至梅斯（Metz）〔當時正受圍攻〕附近。我們部隊負責在莫塞河畔阿爾斯處置傷患，並送回德國……我那輛貨車車廂上就載了六名重傷病患；整趟路上我都得獨自安撫、包紮、照料這些人……我判斷其中有兩人發了壞疽……才剛將他們送到卡爾斯魯厄的醫院，我自己身上就出現了嚴重的病徵。我好不容易抵達埃朗根向部隊覆命，然後就躺在床上直到現在了。有位厲害的醫生診斷出我一來患了嚴重的痢疾，二來還得了白喉……因此，在為世界奉獻一己之力的這短短四週後，我又只能回頭照顧自己了——實在不亦悲乎！」

在埃朗根那關鍵的第一個星期裡，尼采差點就死了。醫生治療尼采的方式是用硝酸銀、鴉片和鞣酸灌腸，這是當時一般的療法，不過這種辦法通常會對患者的腸道造成終身傷害。一週後，尼采總算脫離了險境，被送回瑙姆堡家中，由母親與伊莉莎白照料。由於極度的疼痛與持續嘔吐，尼采就開始自己學著配藥服用以緩解這些症狀，但這伴隨他一輩子的習慣卻反而進一步戕害了他的身體。有人說尼采在貨車車廂裡照料傷兵時不只是得了痢疾和白喉，還感染了梅毒。不過關於尼采究竟有沒有梅毒這回事，終究是不得而知了。

在家療養這時期裡，尼采投身準備下學期的課程與各項演講，一方面也透過書信與朋友保持聯繫，但信中對戰場的恐怖回憶隻字未提，想來大概是這些記憶讓他日夜驚懼吧。尼采有腸潰瘍、黃疸、失眠、嘔吐、痔瘡，而且口中不時有血味，戰場上的情況也給他腦子裡留下多多少少的心理創傷。華格納和寇希瑪幾乎每天早上都會彼此講述自己的夢境，然後寇希瑪會忠實地寫到日記裡頭，可是尼采可沒那個膽子讓他的夢流傳後世。不過，他倒是不吝表現出對軍國主義與庸俗的強烈厭惡，尤其對俾斯麥治下的普魯士更是深惡痛絕。

「這場戰爭血染的土壤裡，孕育出了吾輩信仰〔文化〕的何等大敵哪！我已做好最壞打算，同時也深信在處處受苦受難的大眾裡頭，遲早還是能開出知識的花朵吧。」[19]

「要命的、反文化的普魯士」就是這一切的罪魁禍首，俾斯麥非但不思復興古希臘的創造精神，反而還投向了羅馬，庸俗、粗暴、耽欲，是殺人如麻、無比野蠻的機器。

尼采對戰爭的野蠻怕得要死，而且這份恐懼還不只限於對普魯士政府。巴黎和議後成立的法國新政府不僅馬上就反對這份和議，對待自己人民的暴虐手段更不亞於普魯士軍。法國政府展開了一場無區別的血腥屠殺，神職人員、囚犯、無辜路人紛紛人頭落地。戰火也同樣波及到文化上頭。紀念碑紛紛遭到推倒砸毀，巴黎包括杜樂麗宮在內的宮殿館宇全遭洗劫焚燬，全都是遺臭萬年的盲目復仇之舉。巴塞爾的報紙上誤載了就連羅浮宮也遭摧毀的消息。眼睜睜看到這場文化浩劫的駭人新聞，布克哈特與尼采都忍不住衝出家門，要好好晤談一番。但一見到面，兩人忍不住相擁而泣，心碎無語。

「我聽到巴黎大火的消息時，整個人就像是被抽空了一樣，連著幾天都充滿了恐懼與懷疑。」尼采寫道：「整個知識界、科學、哲學、藝術根本就像一場空話，他們居然只要一天就能掃清最傑出的藝術作品，甚至是一整個時代的藝術創作。我曾衷心相信藝術的形上價值，相信它們不是為了卑微的人類，而是為了成就更高的目標而存在。但即使再怎麼傷痛不已，我也沒法去攻擊那些褻瀆藝術的人。對我而言，他們就只是背負了共業的一群人，而共業卻又是思想的糧食。」[20]

到了聖誕節假期，尼采又再次獲邀前往翠碧仙山莊。在山莊主人眼裡，尼采已經變成了英勇的哲學家戰士，但尼采的戰場經歷卻在他與他們之間劃開了一道鴻溝。我們能肯定尼采是個虔誠的歐洲主義者，而華格納與寇希瑪卻都熱烈擁護睚眥必報的國家主義。華格納甚至連用法文寄給他的信都不肯拆開一閱呢！

聖誕節一早，一陣悠揚的樂音在香氣中瀰漫了整座屋子。華格納偷偷帶了漢斯・李希特（Hans Richter）和十五人的管弦樂團上樓。他們先演奏了〈齊格飛牧歌〉（Siegfried Idyll），然後是寇希瑪的女兒們合唱沒有曲名的「樓梯歌」。

寇希瑪一聽到這些音樂，忍不住對華格納驚呼：「我要幸福死了！」

「為我而死可比為我而活容易多了。」[21]華格納答道。

這種肆無忌憚的對話在翠碧仙山莊裡司空見慣，往往還間雜著啜泣與淚水。對寇希瑪而言，這場聖誕插曲的高潮還沒完沒了，她寫道那首〈齊格飛牧歌〉彷彿將她的人生帶進了一場活生生的夢境。她感覺在這股美妙樂音中消融了一切界線，再無凡軀之累，只剩下至高的快樂、絕頂的幸福，宛如自己已經達到了叔本華所說那種意志與表象的種種界線全都消融的境界一樣。

寇希瑪對尼采送的生日禮物愛不釋手，那是《悲劇概念的誕生》（*The Birth of the Tragic Concept*）手稿，也就是後來《悲劇的誕生》的初稿。在晚餐席間，華格納更大聲朗誦了幾個段落。他和寇希瑪都盛讚這篇稿子實在是曠古爍今，無與倫比。

華格納與寇希瑪今年並未準備聖誕禮物，以此向戰火中苦難民眾致敬。不過沒人提醒尼采。他大包小包地帶了給寇希瑪的文章、給孩子們的小東西，還精心替華格納找到了杜勒（Dürer）的傑出版畫《騎士、死神與惡魔》（*The Kight, Death and the Devil*），這幅版畫自從一五一三年繪成以來就一直是鼓舞民族主義的代表，象徵了日耳曼精神與日耳曼人克服逆境的勇氣。華格納開開心心地收下了這份禮物。對他來說，畫中這名日耳曼騎士一方面象徵了他的英雄齊格飛，也就是在《尼貝龍根的指環》中起身拯救世界的主角，同時也代表了華格納他自己：華格納騎乘著未來音樂，隻身進入了音樂競技場——這名騎士將會將受到庸俗與多元文化主義摧折的日耳曼文化精神改頭換面，而且總有一天，他也會像齊格飛一樣被稱為打倒外來文化的屠龍英雄。這真是份貼心極了的大禮。

尼采在翠碧仙山莊作客八天。其中一晚他朗讀了他關於酒神態度的文章，並與眾人討論，華格納則在另一個晚上朗誦了《紐倫堡的名歌手》（*Die Meistersinger*）劇本。寇希瑪在日記中寫道她和尼采單獨享受了由漢斯．李希特為他們演奏《崔斯坦》劇中的樂曲，這番美妙體驗實在崇高無比。他們還比較了霍夫曼（E. T. A. Hoffmann）與愛倫坡（Edgar Allen Poe）的優劣高下，最後都認為將現實世界看作幽靈這個想法實在是深刻無比，而這正是叔本華所謂哲學能力的標記。這段假期其中一天十分寒冷，結果卻讓尼采體驗到前所未有的幸福家庭生活：所有人都擠進了尼采的思考室來取暖，因為這是整幢房子裡最溫暖的房間，大家各自讀自己的書，而且講話輕聲細語，深怕打擾了工作中的尼采教授。

尼采在一八七一年元旦向他們家道別，返回巴塞爾。尼采這時總算下定決心放棄語文學，轉投興趣日增的哲學。一月中，他又寫了一封長信給學校校委會主席[22]，大膽提出請調為現正懸缺的哲學講座教授一職。他並建議校委會邀他的好友爾文．洛德（Erwin Rhode）

接下語文學講座教授一席。洛德與尼采曾在波昂與萊比錫隨里契爾學習，但是尼采此時既無哲學背景，而洛德又僅是基爾大學（Kiel University）的一名客座講師（Privatdozent），所以尼采這項提議不免令高層大感意外。

尼采一想到要回去教授語文學，頓時覺得意興闌珊，整個月裡都病得厲害。各家醫生都堅持要他到溫暖地區去好好休養。因此他又找了妹妹來照顧自己。伊莉莎白照顧到尼采身體好了七、八成時，兩人就出發前往義大利屬阿爾卑斯山地區長住休養。

「出發的第一天，」伊莉莎白寫道：「我們只走到了弗呂埃倫（Flüelen），因為這半個月來因大雪停駛的驛馬車要到隔天早上才要發車。我們在旅店裡遇見了化名布朗先生的馬志尼，他正陪著一名年輕人四處旅行。」朱塞佩・馬志尼（Gieuseppe Mazzini）是加里波底（Garibaldi）的摯友，曾被自己的母國判死刑，他在流亡途中花了大把時間思索要如何在義大利建立起一個統一的共和國。當時大部分各國的共和主義者與無政府主義者都逃到了倫敦，馬志尼也是其中一人，他在倫敦詳細擬定了如何聚集當地的義大利政治流亡分子反攻並占據義大利的計畫。素來火爆脾氣的革命分子珍・卡萊爾（Jane Carlyle）馬上就退出計畫，因為她說自己容易暈船，至於其他人則均無異議。他們的計畫是從倫敦搭熱氣球過去義大利，畢竟當時已經有了可以操控駕駛的技術。馬志尼評估，這起行動肯定能將義大利專制暴虐的波旁王室殺個措手不及。[23]

「這位高貴的逃犯因為年紀和憂愁而佝僂，」伊莉莎白繼續寫道：「卻只能祕密地冒名回到他那麼深愛的故土，真是讓我深受感動的一位人物。這整趟搭乘雙人小雪橇穿越聖歌達山口（St. Gotthard）的旅程路上天氣很好，就連陰鬱的景色和寒冬的地貌都閃著一道道的金黃、蔚藍與雪白，美到難以言喻。馬志尼大方地跟著我們倆行經每一站，有他學識淵博的陪伴，還有我們從高到嚇人的聖歌達山口往翠莫拉山谷（Tremola）飛降而下的之字路上遇上的事件（另一架就在我們正前方的小雪橇連人帶馬全都摔到了兩百呎下的谷底，還好雪地鬆軟，沒人受傷）——在在都令這趟旅程增添一股獨特難忘的魅力。馬志尼老是操著一股外國口音對與他同行的那名年輕人引述一句歌德的話，這句話後來也成了哥哥與我一輩子的座右銘：『不做半吊子，定要活得全面、徹底而美麗（**Sich des Halben zu entwöhnen und im Ganzen, Vollen, Schönen resolut zu leben**）。』馬志尼道別的一番話十分動人，他問我我們打算去哪裡。我回他：『要去盧加諾（Lugano），那裡從各方面來看都是人間天堂。』他笑了，輕輕嘆了口氣後說：『對年輕人來說，人間處處是天堂。』」[24]

尼采他們在二月十二日抵達了盧加諾，旋即落入了當時的豪華大飯店那種猶如魔幻山峰般安靜明亮的夢境之中。伊莉莎白記下了每個小細節，而在她眼裡最特別的則是毛奇伯爵，也就是偉大的陸軍元帥毛奇親弟。飯店有接待室的各種遊戲、戲劇表演、音樂會，還有到附近知名景點布雷山（Mount Bré）的短途觀光行程。年僅二十七歲的單身教授尼采馬上就成了眾人矚目與追捧的焦點。他上布雷山時，意氣風發地爬得比其他人更高，還從口袋中掏出《浮士德》來朗讀：「我們的雙眼遊走在迷人的春光裡頭，陶醉在這世上的豐沃甜美之中。最後他放下了書本，用他美妙的嗓音談論起他方才所讀的以及在我們周邊的事物，彷彿汰去了我們貧乏的鄉聞鄙見，能夠有更高的品味與目標，有更大的勇氣與更輕盈的翅膀，更能鼓起我們一切精力登上巔峰、迎向太陽了。」[25]

詎料，毛奇伯爵竟在前往湖畔的途中染上了風寒。「〔伯爵〕亡故，使得我們一行人倍感掃興，」伊莉莎白如此寫道，但這件事並未讓她難過多久；「在盧加諾這三個星期是多麼幸福、開心的日子啊——處處都聞得到紫羅蘭香，還有陽光、山巒和泉水的清新空氣！——我到現在都還記得誰講了什麼笑話，讓大家笑成一片，我們甚至還興高采烈地參加了嘉年華會。四旬齋有一位義大利貴族邀我們到彭泰特雷薩（Ponte Tresa）去。我現在回想起我們這些從湖畔大飯店（Hôtel du Parc）[26]來的日耳曼人跳舞的樣子，還有和義大利人在公開市集那裡的情景（到現在弗里茲（Fritz）都還在我腦海裡歡喜地跳著圓舞曲），整件事對我來說就像是一場活生生的嘉年華之夢。」

而正當在伊莉莎白記錄這些愉快的平民舞蹈之際，尼采也正在撰寫他的第一本著作《悲劇的誕生》，寫下了他這些年不循哲學方式的思索結論，暢談希臘悲劇的起源與目標，以及希臘悲劇對當前與未來文化所蘊涵的不朽意義。

Chapter 5 悲劇的誕生

幾乎我們稱為「高等文化」的東西都是建立在殘酷的精神化與深化之上。殘酷就是構成悲劇中痛苦感受的東西。

——《善惡的彼岸》，〈我們的美德〉第二二九節

《悲劇的誕生》是尼采的首部著作，它的影響力確實遠遠勝過了彼時彼地迫使尼采寫作的任何事物。這本書有一部分是起於這名年輕人對當時文化敗壞所發出的不平之鳴，另一部分則是以華格納的願景為宗，為新統一的德國所擬的一份文化革新宣言。書裡對於理性人與感性人之間、生活與藝術之間，以及在文化世界與回應文化的人之間的種種曖昧互動提出了一套天翻地覆的見解。

這本書開宗明義地告訴我們，正如繁殖有賴於性別二元這事實，藝術與文化要世代綿延的持續發展也必須仰賴太陽神阿波羅的精神與酒神戴奧尼索斯的精神這兩者。這兩者就如同二元的性別一樣彼此爭鬥不休，偶爾才會出現短暫的和解。

尼采認為阿波羅精神就是造型藝術，尤以雕塑為代表，但繪畫、建築與夢境也都包括在內；夢境在這個前佛洛伊德的時代裡尚未被當作是潛意識罪惡感的紛雜湧現，而是仍保留了古代當作預兆、教化與天啟的意義。阿波羅精神的特質大抵可以說就是明顯、可描述的那些性質，套叔本華的用詞來說，大概可以對應到所謂的「表象」。阿波羅的世界是由講道德與理性的人所構成，他們體現出了「『個體化原理』（principium individuationis），而他們的姿態與眼神都在對我們訴說著『外表』的強烈愉悅、智慧與美麗」[1]。

而歸給戴奧尼索斯的藝術則是音樂和悲劇。戴奧尼索斯是歷經兩次出生的宙斯之子，在古希臘時代被認為既是人也是野獸。祂代表了超越存有界限才能體驗到的魔幻世界。祂是酒神也是毒藥之神，是佳釀與迷藥之神，是慶典狂歡與狂喜之神，是劇場中的虛構世界之神，是面具之神，也是模仿與幻覺之神；祂的能耐是轉化信徒，顛覆他們正常的個人身分。

藝術與悲劇都能夠抹消個人心神，喚醒種種衝動，而這些衝動最強力的形式會讓人感覺愈來愈渺小，直至渾然忘我，使整個心神都神祕地超脫到幸福絕倫或無比恐怖的超越境界。古雅典戲劇中有一齣以戴奧尼索斯為名的悲劇就是《活人牲吃》。只有透過音樂的精神，才能讓我們體會到在自我泯絕中所帶的那份狂喜。我們大概會想到在現代湧入搖滾音樂祭瘋狂的樂迷，或是想到尼采說他在聽《崔斯坦》時，是用耳朵聆聽著宇宙意志的心跳聲，一股對於生命的激烈欲望在胸中洶湧翻騰。他在書裡的描繪也用了當時大眾所熟悉的例子：在中世紀的日耳曼地區曾有一種狂熱現象，大批大批瘋狂的群眾陷入嚎歌狂舞之中不可自拔，這些人也就是俗稱聖約翰（St John）與聖維特（St Vitus）的歌舞者。（華格納在《紐倫堡的名歌手》中曾隱約提及這些人。）尼采則在這群人身上辨識出了希臘酒神歌唱隊的歡唱形式。爛醉、音樂、歌曲和舞蹈，這些都是「個體化原理」所遺失的事物。而這恰恰就是人對生活苦難的戴奧尼索斯式回應。

希臘人的悲觀態度，還有他們對悲劇神話的迷戀、對可怕的、邪惡的、殘忍的、活人牲吃、狂歡的、迷幻的以及毀滅性的等種種事物的興趣，究竟是從何而來的呢？尼采告訴我們，希臘悲劇的天才之處就在於透過希臘意志的神蹟，揉合了阿波羅與戴奧尼索斯這兩種精神。在蘇格拉底之前的希臘劇作家既是阿波羅的夢境預言家，同時也是戴奧尼索斯的狂喜藝術家，而在合唱之中就將這兩者揉合了起來。

合唱不僅代表了悲劇的起源，也是戴奧尼索斯狀態的表徵。引入合唱就是對自然主義的一種否定。尼采警告大家要提防當時的文化：「既然我們現在對自然、現實的事物如此崇敬，也就到達了與所有觀念論相悖的另一端，落在了寫實的蠟像區。」[2]

要了解希臘悲劇的死亡，只需要想想蘇格拉底的三大教則就夠了：美德即是知識，所有的罪惡都是出於無知，有德之人才是有福之人。

在這種徹底樂觀而理性的箴言裡就埋藏了悲劇敗滅的原因。在蘇格拉底之後的戲劇裡，故事裡的美德英雄必定是正反辯證的化身。在美德與知識之間、信仰與道德之間也必定有必然而顯見的關聯。蘇格拉底將埃斯奇洛斯的超凡正義化約成了「詩的正義那種扁平而放肆的原則」。

蘇格拉底是個「科學的傳道人」，在他眼裡從來沒有閃爍過瘋狂的迷人光彩。蘇格拉底挑起了「對於知識前所未有的無饜貪求，更傳遍了絕大部分的文明世界，彷彿這就是所有有才者的唯一任務一樣。〔蘇格拉底〕將科學帶到了公海之上，再也沒有誰能完全掌控得了……也由於這份普遍性，全球有史以來頭一遭都涵蓋在同一面思想網絡之中，就連太陽系的種種法則也想要包含進來。」[3]

大家都深陷在蘇格拉底這種妄想之中，以為理解之樂就能夠治癒永恆的存在之苦。「只要是體驗過蘇格拉底洞見那種強烈的愉悅，還覺得能像圓圈般逐步外擴，最終涵蓋整個表象世界的那些人，都會一直覺得人生沒有更清楚的目標了。」[4]

但是這其實完全無視於這個世界並不只是各種現象的複製品。除了現象之外，這世上還有戴奧尼索斯式的東西，有意志存在。因此，「如今在這個蘇格拉底文化的晚期，人……始終無以饜足。」完全只剩下講求理性的亞歷山大學派人士，基本上不過是「圖書館員兼校對員，只能淒慘地為了書上的塵埃與〔印刷〕錯誤而犧牲他的視力。」[5]

我們對科學與科學證明的嚮往是否只是一份恐懼、只是一道悲觀主義的逃生口、只是對真理唯一的微弱反抗？從道德上來說，這算不算儒弱和虛偽？

我們必須面對科學這個問題。尼采認為，科學是希臘在後蘇格拉底時代所面臨的問題，也依然是歐洲在後達爾文時代裡的問題。憑藉著相信人類可以解釋自然，以及把知識當作萬靈丹的信仰，科學消滅了神話。結果就是「我們對於存在的愛落入了老邁無力的境地」。

文化從來沒有過比這更虛弱的時期。而既然在理論式文化的子宮中蠢蠢欲動的災厄嚇到了現代人，文化的唯一救贖就在於打破魔法大門，一路奔向希臘時代的魔幻山巔。[6]

那誰又擁有通往魔山的鑰匙呢？誰的力量強得可以打破大門呢？那就是叔本華，當然還有華格納。簡單來說，歌劇既然將字詞和音樂撮合在了一起，也就是一種融合了戴奧尼索斯與阿波羅精神的全新悲劇形式。

華格納那未來的音樂就建立在悲劇神話（但不是希臘神話，而是日耳曼神話）的必然復興與不和諧音之上。他運用了音樂上的不和諧音來反映和彰顯出人在靈魂之中的不和諧，呈現出人身上意志與表象、阿波羅精神與戴奧尼索斯精神之間的張力。

尼采問道，有誰在聽了《崔斯坦與依索德》的第三幕〈牧羊人的形上學之舞〉後不會因為靈魂的羽翼全都舒展了開來而顫慄不已？有誰能「不會立即粉碎」[7]？套個神話裡的說法，這就是獨一無二而且完整無缺的戴奧尼索斯式體驗。

在一道幾乎杳無人跡的幽暗深淵裡，充滿了戴奧尼索斯式力量而且不曾消逝的日耳曼精神仍在休息酣夢，就像一名在沉眠中的騎士一樣；而那股戴奧尼索斯的力量就從深淵中傳進了吾人耳裡。

事實上（這裡開始有點複雜了），在《崔斯坦與依索德》裡，戴奧尼索斯精神仍然聽命於阿波羅精神。悲劇的最高目標是要讓戴奧尼索斯訴說阿波羅的話語，而阿波羅最後也說著迪奧尼索斯的語言。這樣才能成就悲劇（更遑論所有藝術）的最高目標。

在幾乎將《崔斯坦與依索德》的劇本逐句抄錄後，《悲劇的誕生》這本書最後想像出一個結局，讓一名現代人和一名古希臘人一起去看一齣獻給兩人各自神明的悲劇。雖說這本書主要談的是文化而非生活指引，但的確讓我們得以一窺尼采對自己哲學大成後的想像。在《悲劇的誕生》裡以阿波羅精神和戴奧尼索斯精神表現出了人性中的二元性，以及必須對抗科學那份確定性幻覺的迫切需求，此後便是尼采畢生所思。

尼采一寫好初稿就迫不及待地離開冰雪初融的盧加諾，前往翠碧仙，四月三日一早就驚到了正在用早餐的寇希瑪。她說他看起來十分憔悴，並要他在這裡住上五天。他大聲朗讀了當時題名訂為《希臘悲劇的起源與目標》（*The Origin and Aim of Greek Tragedy*）的這份手稿。寇希瑪與華格納十分開心，稿子裡的許多內容都是來自這幾年他們彼此討論中所得出的想法。更何況，他們哪裡抗拒得了尼采說要用華格納的音樂來復興民族文化的這一呼籲？

剎那間，翠碧仙山莊裡一切人事物都被分為阿波羅式的和戴奧尼索斯式的了。華格納給寇希瑪起了個新的暱稱，她現在成了華格納的「阿波羅精神」。華格納自己本來就在三角戀情中扮演了戴奧尼索斯，但是尼采的書卻替這個角色提供了一套全新的理解。華格納將「阿波羅式」與「戴奧尼索斯式」這兩個詞放進了他預計在三週後到柏林科學院（Academy of Science）發表的〈歌劇之命運〉（On the Destiny of Opera）演講稿裡。演講後，他還與俾斯麥有場私人會談。德意志帝國（Reich，又稱為第二帝國）這下可找到了自己的文化方向。

但是儘管這麼一來是給了尼采十足的面子，尼采卻發覺自己其實更像是布克哈特那樣的歐洲主義者，而不屬於華格納這一派。他受不了華格納對於在普魯士軍圍攻下的巴黎所遭受的苦難洋洋得意的模樣。華格納說巴黎是「這世界的姘婦」，更撫掌大笑說現在這姘婦總算遭到了報應，誰教她總一副花枝招展、水性楊花的樣子，還搞那套「法式加猶太式的瑣碎化文化」。

「理查想寫信給俾斯麥，求他射死所有巴黎人。」[8]寇希瑪如此寫道；但是尼采則有不同看法，他為巴黎的無辜民眾悲憫不已，更對自己國家做出如此傷天害理之事驚恐萬分。

翠碧仙山莊的調子即使說不上刺耳，現在也入不了尼采的耳了。孩子們唱著華格納為剛登基的皇帝所譜寫的流行新曲〈皇帝進行曲〉（Kaisermarsch），而大師本人也大聲朗誦著詩句來讚揚圍攻巴黎普魯士軍。尼采眼中野蠻無比的文化清洗在華格納看來卻是一波文化革新的浪潮。在華格納的觀點裡，如果你沒辦法重新畫出那些畫作來的話，那就根本不值得擁有那些畫。撇開華格納醜陋的民族主義不談，這確實是相當戴奧尼索斯式的想法、相當新穎的創見，相較之下，尼采的想法就只是阿波羅式的復古傾向，只想保存那些文化門面。

我們現在知道尼采在翠碧仙山莊的期間接受了華格納的建議，修改了《悲劇的誕生》，但是我們不清楚究竟改了哪些地方。尼采在「用一條青蛇逗孩子開心後」[9]就回到了巴塞爾琢磨字句，不僅改了標題，還寫了一大篇獻給華格納的謝詞。

但是在巴塞爾等著尼采的，就只有壞消息。原本懸缺的哲學教授一職已經找到了合適人選。尼采這時候總算了解到自己趕忙著推掉校委會建議的音樂教授一職是多麼天真不智。「我真是犯蠢了！我怎麼會那麼相信自己的計畫！我不能一直拿生病當藉口，這顯然是在某個高燒失眠的夜裡突然迸出來的點子，而我還以為這就是能治病解憂的藥方。」[10]結果他還是只能和那一窩語文學家一樣在古人牙慧中搜拾殘餘，永遠也沒辦法處理人生真正迫切的問題。他這份語文學工作著實苦苦干擾了他更大的使命。尼采現在只能寄望在出書之後可以建立起他哲學家的名聲。那樣的話，他說不定就有了轉換職位的機會。

在此同時，尼采的焦慮症狀與健康狀況糟得讓好心的巴塞爾當局減輕了授課負擔。妹妹伊莉莎白也搬到了巴塞爾來就近照顧他。對伊莉莎白來說，離開瑙姆堡一點也不難過，畢竟她在那裡也只是過著獨居的幽閉日子，成天住在母親家裡，一心奉獻給宗教。

四月底，尼采將《悲劇的誕生》開頭部分的稿件寄給了萊比錫的一家出版社。但是月復一月，始終沒有一絲回音。尼采心頭那份作家的不安在沒有華格納與寇希瑪相伴的情況下愈形熾烈。這對神仙美眷已經離開了極樂仙境，到德國境內尋找合適地點，好搭建搬演《尼貝龍根的指環》的節慶劇場。尼采沒辦法飛往翠碧仙山莊尋求智性上的援助。況且，即使尼采真的去了，華格納也騰不出手來幫忙，因為他自己也正處在持續緊張不安的狀態中。他說破了嘴阻止，路德維希國王還是下令讓《尼貝龍根的指環》四部曲的第一齣戲〈萊茵的黃金〉（Das Rheingold）草草登台。國王實在等不及要看這齣戲，資助了一場爛得徹底的倉促表演。這真是應了華格納最糟的預測，而這場爛戲也使得國王不再與華格納直接聯繫，這使得華格納著實不知道國王是否還願意繼續資助整部《尼貝龍根的指環》。這消息令華格納與寇希瑪這趟德國之行頗感受挫，因為他們已經選定興建歌劇院的絕佳地點，就在拜洛伊特，就只差沒錢了。

拜洛伊特是個位在巴伐利亞北部的中型城鎮，經過這裡的鐵路可以帶來觀眾。地標公園裡的陳年巴洛克式宮殿展現出了阿波羅式的理智昂揚，而占據了大部分平原的綠茵丘陵正殷殷呼喚著一座象徵戴奧尼索斯精神的歌劇院。

聖神降臨節時，華格納與寇希瑪帶著滿腔希望回到了翠碧仙。他們找來了尼采作伴。聖神降臨節對他們仨來說，是情感交流的重大節日，這期間更不能不令他們想起一八六九年齊格飛出生那時的寶貴回憶，那可是他們結成三位一體的神聖時刻。

但是僅僅才過了兩年，如今竟隱隱浮現出了一絲失落。倘若那項文化大計果如尼采所願般成功了，那麼華格納與寇希瑪就會搬到拜洛伊特去，永遠離開翠碧仙山莊，而尼采待在這極樂仙境的日子也就屈指可數了。這樣的神仙日子何時會空餘追憶呢？而出版商遲遲不曾回信告知是否出版《悲劇的誕生》，更讓尼采忐忑不安、情緒脆弱。到了六月，尼采實在受不了了，便向出版商討回了自己的手稿，而且沒跟華格納說一聲，就投給了華格納專用的出版商恩斯特・威爾罕・弗里茨許（Ernst Wilhelm Fritzsch）。

九月初，寇希瑪寫了封信給尼采，請他推薦人選陪伴哈茲菲爾德－查琛堡公主（Princess Hatzfeldt-Trachenberg）之子一同壯遊義大利、希臘、東方世界及美國。尼采有千百個理由毛遂自薦。這也許是紓解這壓力重重的漫長夏日的一途，說不定還能改善他的健康狀況（所有醫生都勸他搬去溫暖地區）；或許更是推卻語文學教授職務的好機會，這也表示他終於能親眼看見羅馬與古代世界的樣貌了。尼采興奮極了，忍不住和大學裡的同僚大聊這天賜良機，管它連八字都還沒一撇呢。更何況——這似乎就是寇希瑪的主意，不然她又何必對他提起這回事呢？只可惜尼采誤會了寇希瑪，她從沒暗示自己能在這事情上作主。寇希瑪對於受人指責她勸尼采放棄正經的教授職位，跑去當個小王子的小小導遊這件事倍感憤怒。她攤了開來說，尼采頓覺自己無論在她眼裡或是大學所有人眼裡都成了個無地自容的笑柄。幸好大學方面並不這樣看待此事，當尼采表明自己願意留任時，他們甚至還替他加薪，從五百法郎大大調升至三千五百法郎。

十月裡，尼采幫自己辦了二十七歲的慶生。一個月後，他寫了封胡言亂語的信給一起就讀福達中學的老同學卡爾・馮・葛斯朵夫，告訴他「了不起的弗里茨許」收下了書稿，答應要在聖誕節前出版。

「成書的樣子會照華格納的《歌劇之目的》來做，」尼采喜不自勝地告訴葛斯朵夫：「——很棒吧！這表示書上會有一塊地方讓我高掛俊美小像，快跟你的藝術家朋友說一聲，並代我致意。快拿出華格納那本小冊來，打開標題頁，估算一下我們該留下多少空間。

悲劇從音樂精神中的誕生
尼采・弗里德里希博士　著
古典語文學教授
萊比錫・弗里茨許出版

我現在十分有把握，這本書肯定暢銷，繪製作者小像的人可以準備體會什麼叫永垂不朽了。

還有其他的。老友，在我放假〔大家〕重聚的溫馨日子裡，我竟隨即完成了一篇頗長的雙鋼琴演奏曲，曲子裡處處映照著美麗的秋色、和煦的陽光。因為這曲子連結到了青春的回憶，命名為〈除夕夜餘音：行進曲、平民舞與午夜鐘聲〉（Echo of a New Year's Eve: With Processional Song, Peasant Dance, and Midnight Bell）。這是首歡樂的曲子。……這首歌是要給華格納夫人聖誕節的驚喜禮物。……我已經六年沒寫過曲子了，但是這個秋天卻又激起了我的靈感。好好演奏的話，這首歌長大約二十分鐘。」[11]

尼采這份雀躍卻持續不了多久。原本可以藉這幅小像留名千古的木版畫師偏偏搞砸了，他們只好另覓高明。而了不起的弗里茨許也把版面字體縮得比華格納那本《歌劇之目的》還小，所以這整本一共一百四十頁的書可比尼采盼望的還要更薄、更不起眼，簡直像是本小手冊一樣。此外，華格納還因為尼采沒有先通知他一聲就直接去找他的出版商而大動肝火。這麼做會讓他們倆看起來就像是事先就勾結好了的，讓人以為尼采就是華格納豢養的廣告商。

尼采推辭了到翠碧仙山莊過聖誕節的邀請，藉口自己必須想出一套關於教育的講演內容，但是這工作其實也可以在那間「思考室」裡完成的。事實上，照尼采自己對爾文．羅德的坦誠說法，他需要一段時間整理心情，好準備聽聽華格納對他那首雙鋼琴曲的評語。

「〔我〕真期待聽到他對我的音樂作品會有何評價。」[12]

尼采自認是個有點才華的作曲家，也因為將要獲得華格納的讚許而暗自雀躍。但等到漢斯・李希特與寇希瑪在翠碧仙山莊的鋼琴前坐下來四手聯彈給華格納聽時，華格納大師在這整整二十分鐘裡卻顯得如坐針氈。這曲子就是尼采這時期典型的鋼琴曲，是揉合了巴哈、舒伯特、李斯特和華格納的大雜燴。整個曲調零碎、煽情而又進展緩慢，這種曲風總不免令人想到，要是尼采再晚一點出生，說不定就能成為默劇的配樂大師了。不過，即使華格納與寇希瑪私下拿這首曲子大肆取笑，倒也不曾透露半點口風。寇希瑪回信給尼采感謝他聖誕禮物上那封「文情並茂的書信」，但是對那首曲子卻是隻字未提。

尼采隻身待在巴塞爾過聖誕節，幸虧有位不知名的油漆工幫他打開了母親寄來的一口大木箱。法蘭琪絲卡現在可有錢了，靠著兩位小姑身後的遺產，她總算能買下瑙姆堡那整幢房子，還分租了出去。

法蘭琪絲卡抱著一股循循善誘的精神，在這個聖誕節替她那信仰不堅的兒子準備了一幅巨大的義大利《聖母瑪利亞》油畫。整個假期的漫漫長日裡，尼采有大把時間可以好好構思如何回函致謝，信裡還描述了他如何依循傳統布置了家裡：「《聖母瑪利亞》當然掛在沙發上頭；鋼琴那裡有霍爾拜恩（Holbein）的大伊拉謨斯像……里契爾老師和叔本華的畫像則是在火爐邊的書桌邊上。總之……由衷感謝……這幅畫像彷彿將我不自主地帶往了義大利，害我幾乎以為您是刻意要哄我去那兒呢。對這份阿波羅作品，我唯一能給予的回應就只有戴奧尼索斯的產物——新年除夕的樂曲——以及稍後即將在新年出版，融合了阿波羅與戴奧尼索斯精神的我的新書。」

這封謝函中他也感謝母親寄來了梳子和刷子，「只不過有些太軟了」，還有新襪子和一大堆包裝精美的美味薑餅。[13]同時他又寫了一封得意洋洋的信給幼時老友古斯塔夫・克魯格，要他好好期待新年出版的《悲劇的誕生》，而且還用當年十七歲時警告好友小心《歐佛里翁》這部「噁心」小說的口吻警告老友：「噢！這本書真的是離經叛道。偷偷躲起來讀，在房裡藏好。」[14]

我們讀到尼采在這聖誕假期間的書信時，不免會因為盤桓在他周遭的不安氣氛而扼腕興嘆。誰也沒對他坦率直言。每個人，包括尼采自己在內，都在粉飾太平，每個人都戴著副面具，人前一個樣，人後一個樣。尼采這時候完全忘了他在學生時期奉為圭臬的品達格言：「成汝所是！」

這本書真的出版了。一八七二年一月二日，尼采總算能將這本書寄給華格納，還附上一封信，說之所以延遲出版，是受到了「命運擺布，金石難固……」

> 您在每一頁上都會看見我只想試著感謝您所給予我的這一切，但是疑懼之心總讓我不知是否總能正確接收到您所給的東西。
>
> 感激您的愛護，我將一如往昔，永遠是您忠實的朋友。
>
> 弗里德里希・尼采

這是尼采寫過最赤裸裸、最熱情洋溢的書信了。幸運的是，華格納在收到書之後，也寫了封信回覆：

摯友如晤：

我從未讀過如此優美的書。寫得太棒了！……我對寇希瑪說，除了她之外，你就是最懂我心思的人了，而排在你後頭甚遠的，才是為我繪製了栩栩如生的肖像畫的倫巴赫（Lenbach）！再會吧！快些來找我們，一同共享戴奧尼索斯的歡愉吧！

寇希瑪也寫了封措辭激動的信，將尼采這本書捧上了天。她說這本書的內容深刻，充滿詩意而且優美至極。她對尼采說，這本書為她解答了所有內心的疑惑。信中流露的情感確實千真萬確：她私下在日記裡也說這本書「真是精彩」，說她和華格納為了爭這本書，幾乎將書扯成兩半了。

尼采也寄了一本送給李斯特，而李斯特也不吝讚許，更親切地說他從未見過比這本書更好的藝術定義了。不分王公貴族，男女老幼，各界有頭有臉的人士對這本書的褒美稱讚如雪片般飛來，他們未必看懂書中的內容，卻莫不爭先寫下溢美之詞，以示自己也和華格納與路德維希國王站在不畏流俗的同一陣線。但是沒有哪位哲學教授或語文學教授對此書有隻字片語，報章雜誌也未有半篇書評。尼采等得實在心焦如焚。這本書上市後竟是一片令人不安的沉寂壓抑。「這感覺起來，」尼采說：「就像是我犯了什麼罪一樣。」

不過另一方面，尼采既以準備撰寫談教育的演講稿為由，婉拒前往翠碧仙山莊過節，這工作倒也讓他無暇他顧。巴塞爾學會向來有公開演講的優良傳統，每年冬天都會舉辦三、四十場講座，歡迎各界人士到場參與。尼采在一月十六日的首場演講湧進了大約三百名聽眾，會後佳評如潮，也吸引了更多人來。

這名為「論我們的教育體制的未來」（On the Future of Our Educational Institutions）的系列講座談的主題是在新成立的第二帝國裡，應以教育方向居於教育之核心地位。《悲劇的誕生》書中的不少主張都在這系列講座中重申。尼采先是批判了當前時代的貧瘠文化，而後則力推要復興過去的「日耳曼精神」。

尼采把演講安排得像是柏拉圖對話錄那樣的師生對談，把當前的政治觀點藉對話的這對師徒之口娓娓道出，以引發聽眾切身共鳴，並以馬克思主義理論來駁斥回歸古希臘貴族制的激進派。

對話中的學生這角色主張要盡可能地擴張教育，最好能夠雨露均霑，而教育的對象及目標則是效益，最能帶來金錢收益的事情，就能為所有人帶來同樣的幸福。

哲學家老師則力主教育應回歸以教育本身為目的，也要以鞏固最高倫理道德為標竿。廣開教育會造成教育敗壞。而國家的麻煩之處，就在於才智與財富之間的緊密連結會要求速成的教育，這樣才能儘快製造出賺錢的人才來。一個人能有多少文化，就看他能生出多少財富。

尼采說出了大家心照不宣的事：國家並不想要聰明的個人，只想要機器中的齒輪，專家被教導成能夠乖乖地做出貢獻，結果就不免會是始終只有庸才。我們可以從尼采埋怨報紙踏進了文化的領域，以及對於即使再偉大的學者也必須讀報的不滿批評中，聽見他與布克哈特散步閒聊時的迴盪餘音：「這種黏膩的溝通管道，填滿了所有生活方式、所有階級、所有藝術、所有科學之間的縫隙，而且通常就像報紙一樣穩固確定。」[15]

這系列講座原本打算舉行六場，但是到了第五講結束，尼采的身體卻撐不住了。這麼一來，他既無法在最後一場演講中從理論推出教育改革的具體建議，也就表示整個系列講座並未完結。但是這五場演講確實廣受好評，場場爆滿。這也使得尼采接到了前往北方城鎮葛萊夫斯沃德（Greifswald）擔任語文學教授的邀約，可是尼采最不想要的就是另一份語文學教職。他心裡真正盼著的，是一份哲學教職。

然而，巴塞爾大學裡的熱心學生卻又誤會了尼采對葛萊夫斯沃德說「不」的意思。他們覺得這表示尼采對巴塞爾的忠貞不二，便登門提議要為他舉行一場火炬遊行。尼采婉拒了這項提議。過沒幾天，巴塞爾大學將尼采的薪資再度調高至四千瑞士法郎，以彰顯他的「傑出貢獻」。

首場演講過了八天後，華格納滿臉愁容地來見尼采。他想知道自己要怎麼不讓尼采的書「死於沉寂」。[16]但是華格納其實心裡更苦惱的是他自己和自己的畢生功業。他的夢想彷彿又再次碎裂崩潰。首先是拜洛伊特議會給了他那塊準備興建歌劇院的土地，結果卻被人揭發原來那塊土地根本就不歸議會所有，而地主拒絕出售給他們。之後情勢更是每況愈下：

國王路德維希的書記官查核了帳目，華格納的財務狀況可比他自己說的糟多了，興建歌劇院的費用竟從三十萬塔勒遽增為九十萬塔勒。這筆錢原本是要從熱心記名捐款的各個華格納社團身上籌來。這些社團遍布了德國境內境外，甚至連埃及都有，統治埃及的赫迪夫一心望著要藉此讓埃及併入歐洲（最近才剛邀請了易卜生在內的眾多人士見證蘇伊士運河開通）。負責統收各個華格納社團款項的重任是兩位聲名卓著的大人物，分別是威瑪的洛恩男爵（Baron Loën）和德紹的孔恩男爵（Baron Cohn），他們原本估計募到的數目在二十萬到二十八萬塔勒之間——至少這是他們說的，但是華格納卻深信孔恩男爵（華格納叫他「猶太大官」）其實懷著惡毒的閃族心思來破壞這整件事。

華格納絕望透了，他幾乎要放棄這整個計畫，成天食不甘味，寢不安席，腦子裡都是國王路德維希突然發瘋或駕崩的念頭。到那時真可叫彈盡援絕，整個《尼貝龍根的指環》計畫、整個日耳曼文化復興終將功敗垂成。華格納就是這時來見了尼采，將這裡當作是他最後一趟募款之行的第一站。

見到心目中大師如此憔悴的模樣，尼采馬上就說要放下一切回到故鄉德國，巡迴演講募款。華格納打消了尼采的提議。尼采的工作是要待在巴塞爾，把那系列講座完成，建立起自己的名聲，因為他真正重要的志向是要能影響俾斯麥的教育政策。回說那系列講座，尼采打算把講稿集結出書，甚至私下做了份備忘錄要寄給俾斯麥，指出首相大人在教育這領域的缺失，並建議以教育改革為文化革新的樣板，「以凸顯在建立真正能夠培養日耳曼精神的德國教育體制時，令人汗顏的是竟然缺漏了如此重大的環節。」[17]但是這本書終究沒有出版，而這份備忘錄也始終未曾寄出。這本來就是個壞點子，俾斯麥對於指責他錯誤的人向來都不給好臉色看。

華格納繼續前往柏林，留下寇希瑪一人獨守在家，只能靠尼采的書和華格納從萊比錫寄回來的一桶魚子醬聊做慰藉。[18]要是尼采真的義無反顧地放下大學教職，為華格納在帝國中奔走呼號，那麼不到一個月之內，他就會發現自己根本毫無用武之地。華格納的募款行程根本是趟淘金之旅。戰勝法國掀起了全德國人的愛國情操，而華格納與他的計畫來得正是時候。他在柏林和威瑪都受到了熱烈歡迎。拜洛伊特當局重新另找了更好的一塊地給他，甚至還多了一大片緊鄰歌劇院的地，好讓他和寇希瑪能夠在這裡建立可愛的家園。

三月底，冰雪漸融。隨著華格納凱旋而歸，尼采再次受邀到翠碧仙山莊與他們共度復活節假期。這次他仍是唯一的賓客。尼采在濯足節當天抵達，衣袋裡還準備了沉甸甸的上百法郎，有點像是復活節前的背叛戲碼一樣，象徵了猶大的三十枚銀幣。這筆錢是漢斯·馮·畢羅交給他的，這個玩弄情感的高手絕不會放棄任何機會好好折磨寇希瑪和那些仰慕者。馮·畢羅趕在復活節前到巴塞爾去見了尼采。他在尼采面前將《悲劇的誕生》捧上了天，並厚著臉皮地要尼采將這筆錢拿給現在正和華格納與寇希瑪住在翠碧仙山莊的女兒丹妮拉（Daniela），就當作是父親給她的復活節禮物。

復活節那週末的天氣，就像他們最後默然無語、各奔東西的氣氛一樣難以捉摸。他們都要離開極樂仙境了。即使離開翠碧仙山莊真的不是沃坦口中所稱的「終結」，不是諸神的黃昏，至少也象徵了這段神仙般互敬互愛、互相激發創造力的美好時刻的結束，見證了一個孩子出世，還有四篇名作的誕生：《齊格飛》、《諸神的黃昏》（*Götterdämmerung*）、《齊格飛牧歌》（*The Siegfried Idyll*）和《悲劇的誕生》。他們都知道，現在已經到了這首牧歌的尾聲了。

華格納帶著尼采出門散步，誰都沒想到這竟是他們倆在翠碧仙這地方的最後一次同行。晚間，尼采向他們朗讀了他系列講座的第五講講稿。隔天，華格納正埋首工作時，尼采和寇希瑪一塊兒在強盜園的小徑上散步。通常在這樣出門散步時，寇希瑪都會披上一條繡滿蕾絲的粉紅色羊毛圍巾，而且還會戴上一頂綴著粉色玫瑰的闊邊帽來保護她嬌嫩的臉蛋。走在她身後的是一條碩大漆黑的紐芬蘭犬羅斯，那威嚴壯碩的樣子，總令人忍不住想到在浮士德傳說裡的那個惡靈。他們沿著銀色湖畔逡巡，談著人生的悲劇、希臘人的悲劇、日耳曼人的悲劇，也談了各種計畫和無數的夢想。突然間風雲變色，寒風颼颼，一陣驟起的暴風雨將大夥兒都趕回了屋裡，圍著火爐講起了童謠故事。

復活節那個週日，尼采幫寇希瑪在院子裡藏好要讓孩子們找的彩蛋。孩子們穿著雪白的復活節服裝，活脫脫就像是在湖畔奔跑的一群天鵝，在碧綠的草叢中尋找藏起來的彩蛋，找著了還笑得咯咯叫。他們小心捧著彩蛋，蹦蹦跳跳地回到寇希瑪身邊。

到了下午，尼采和寇希瑪兩人合奏鋼琴。天邊這時漾出了一道彩虹。彩虹在大家心裡都代表著希望和雄心壯志，但對他們倆卻有著更深刻的意義，因為華格納在《尼貝龍根的指環》裡就是用彩虹來代表連結人間與仙界之間的橋梁。唯有走過彩虹橋，才能夠從此世跨越到彼岸。

他們仨在午餐間還聊了另一種關於人神關聯的話題：當時正流行的招魂術。寇希瑪其實私底下十分相信超自然事物。她在日記裡寫道她自己躺在床上，聽見了這老屋裡的吱嘎聲響，總認為這是某種來自靈界的訊息，也許是她亡故的熟人所發，也或許是她死去的愛犬回來。但是在華格納面前，寇希瑪總是一副寧可信其無的神情，才不會顯得自己十分愚蠢。華格納本人才不管木頭的熱脹冷縮所發出來什麼聲響，但他倒是十分留心眾神向他發出的重大訊息，好比彩虹、響雷、撥開烏雲見明月的景象，或是掛在翠碧仙閃耀天幕上的極光。一頓午餐下來，華格納給這些靈異現象都提出了理性的駁斥，寇希瑪也說這全都只是騙人的玩意兒。不過一到了晚上，他們又都深信不疑了。任誰都看得出來他們心口不一。

星期一一早，尼采就得回學校去了。尼采離開後，夫婦倆都覺得無精打采，鬱鬱寡歡。就連平常活蹦亂跳的華格納也說自己感到哀傷反胃，深怕扛不起眼前的重責大任，寇希瑪更是直接躺回床上休息去了。

不知是出於誤會，還是命運作弄，當華格納大師已經啟程前往拜洛伊特的三天後，尼采才來到翠碧仙山莊要送別。他找到了正收拾家當到一半的寇希瑪，此時整座山莊已經再也不是那改變他如何看待生活的那副模樣了。那些房間都失去了先前的重重魔力，原本瀰漫的濃郁香氣如今已經變成了松木的清新氣味，還帶著一絲湖水的氣息。這私人小天地裡原有的嫣紅氛圍，如今在陽光照射下顯得清白無瑕。原本隔著層層玫瑰紅紗的昏暗穿廊此時也卸下神祕面紗，顯得光滑堅實。層層的窗簾原本束在一堆小天使肥嫩嫩的小手和粉紅玫瑰花環之中，在窗上的疊影多麼引人遐想，如今只剩下了平板的玻璃窗。華格納那充滿想像力的願景曾將所有室內空間都變成了舞台，現在都已變成了平凡無奇的四方房間。原本掛著紫色天鵝絨和雕飾皮件的牆上，只留下灰撲撲的影子訴說著先前掛著什麼物品的痕跡：朦朧的U字陰影是桂冠的餘暉殘影，空白的大三角先前掛著女武神畫像、國王路德維希年輕而尊貴的肖像、虯蟠翻騰的飛龍圖畫，還有葛聶利（Genelli）畫的那幅《戴奧尼索斯與繆思同樂》（*Dionysus Sporting with Apollonian Muses*）——尼采在構思《悲劇的誕生》時，經常望著這幅圖沉思長考。

尼采受不了這氣氛。就像當初在妓院感到無比惶恐和憤怒一樣，他拔腿奔到了鋼琴邊，坐下來亂彈一氣，寇希瑪這時正滿臉肅穆地遊走在各房間，監督下人依依不捨地打包家當，將翠碧仙山莊收拾乾淨。尼采手不停歇，藉著琴音一吐滿腔對寇希瑪和她丈夫的熱烈愛意、表達自己對他們身上光彩和這三年來讓他如沐春風的嚮往，傾訴對過去種種夢幻般回憶以及對未來無盡思念的心聲。

他並沒有失去一切，但現在確實猶如覆水難收。尼采說他自己就像走在一片未來的廢墟之中。寇希瑪也說，「永恆的時光已然杳然」。僕人個個都不禁垂淚，就連家中的狗兒也都跟著人失魂落魄，不肯吃飯。尼采最後站起身來，只因要幫寇希瑪將一些不願藉由僕人之手整理的珍貴事物分類包裝，各式信件與文稿，尤其是那些樂譜。

「淒淒慘慘！戚戚啊！我這三年來與翠碧仙這兒建立起的親密關係，還來了二十三次——這對我怎會沒有意義！要是沒有這一切，我如今又會是怎生模樣？」[19]尼采在《瞧，這個人》裡更說：「沒有別人能算得上和我親密，但是我絕不肯為任何事物交換在翠碧仙山莊的那段日子，那段充滿信任、歡樂、無比幸運、豐富深刻的時光……我不知道其他人和華格納交往的情形如何，但是我倆頭上的天空可說是清朗晴和，萬里無雲。」

據說，就連後來他提到翠碧仙山莊的時候，也總不免語帶哽咽。

回巴塞爾的路上，尼采的脖子上起了帶狀疱疹，痛得他根本沒法提筆寫系列講座最後的第六講講稿。這下不僅沒有能給弗里茨許出版的新書，而且沉默的迷霧也還籠罩在《悲劇的誕生》上頭。

尼采寫了封信給他敬愛的老師里契爾教授，也就是那位他從波昂大學一直跟著到萊比錫大學所師事的古典語文學家，他的肖像還掛在火爐旁的書桌邊上。「您不能怪我對您關於我最近出版的新書未置一詞頗感吃驚。」[20]這封不知好歹的信通篇都是這種輕狂語調。

里契爾之所以未發一語，是因為他根本就不認為有什麼好說的。他覺得尼采的信實在太過狂妄自大，而《悲劇的誕生》更是胡言亂語。他在自己那本的空白處上寫滿了「誇張！」、「荒唐！」、「過分！」這些評語。不過他倒是字斟句酌地回信給尼采，說這本書比外行人寫的還更無學術氣，而且他自己也不認為生命的個體化是一種退化過程，因為這看起來就只是將自我意識消解成自我遺忘。

另一位同樣言重九鼎的父執輩則是雅各．布克哈特，而他的回信也同樣小心翼翼，模稜兩可。信中文字顯然曖昧得讓尼采認為布克哈特受到了自己的書震懾著迷，但事實上布克哈特對這本書的主軸、狂妄的態度、尖酸的語調十分反感，更不滿書裡竟說認真嚴肅的後蘇格拉底學者都只不過是粗細不分的事實蒐藏家。

所以各界仍是一片靜默！「大家已經沉默了十個月，因為他們其實都自認比我的書還要高明，根本沒什麼好談的。」[21]

華格納一家人離開翠碧仙山莊還沒一個月，尼采就收到了他們邀他到拜洛伊特，一同為歌劇院舉辦奠基典禮的請柬。事情發生得有如迅雷不及掩耳。寇希瑪已經將翠碧仙拋在腦後了，她在拜洛伊特這裡自在愜意更勝以往。「彷彿先前種種，都是為今日做準備」她在日記中如此寫道。華格納更是對她寵愛有加，跪在她腳邊，為她獻上了新名號：拜洛伊特藩侯夫人（the Markgräfin of Bayreuth）。

寇希瑪一向總是趾高氣揚。他們一家子這時住在夢幻旅店（Hotel Fantasie），地點就在旅店主人符騰堡的亞歷山大公爵（Duke Alexander of Württemberg）雅緻的城堡夢幻宮（Schloss Fantasie）旁邊。寇希瑪的日記自此開始讀起來就像是哥達年鑑（Almanach de Gotha）一樣，記滿了成堆親王大公、淑女公主的名字。眾人無不想一親芳澤。品級較低的地方貴族、伯侯子男更是無所不用其極地投門問路。克拉科夫伯爵（Count Krakow）向華格納展示自己在非洲獵到的一頭花豹；巴森海姆伯爵夫人（Countess Bassenheim）也替襁褓中的齊格飛繡了件小上衣。寇希瑪則是一派藩侯夫人的雍容氣象，笑納了各方獻禮。[22]

歌劇院的奠基典禮訂在五月二十二日，華格納五十九歲生日當天。近千位音樂家、歌手、來賓蜂擁而至，拜洛伊特這小鎮上從沒見過這麼多人。各家旅館酒店飯館餐廳的酒水食物全都賣個精光，馬車更是供不應求，最後只好被迫用消防隊和體育社團的各式載具車輛載那些大人物到綠丘（Green Hill）去。當天烏雲密布，雨如豆大。各色人馬無不陷在深及腳踝的黃土污泥之中。幸虧國王路德維希沒來。

國王陛下這陣子愈來愈深居簡出了。他通常晚上七點才在一個點了六枝蠟燭的小房間裡用當天的第一餐，隨後夜裡則經常在御花園裡駕著他天鵝造型的雪橇，在隱身園中的樂師所演奏的華格納樂曲中滑行。他還在和華格納鬧彆扭，因為當初他沒有得到華格納認可就舉辦《萊茵的黃金》首演，不過他倒是下了份旨意到拜洛伊特表示嘉許。華格納將旨意收藏在一個珍貴的寶盒裡，準備在奠基典禮上，隨著樂團演奏數年前華格納為國王路德維希所寫的〈致敬進行曲〉（Huldigungsmarsch）樂聲之中放入地基。

就像在《尼貝龍根的指環》裡，大神沃坦敲了三次大地，召喚出了火焰和各種致命後果一樣，華格納在奠基典禮上也拿著錘子往地基敲了三下。照有幸獲邀與大師同車回城的尼采所說，在禮成祝禱後，華格納是滿眶淚水、臉色慘白地轉身離開。

尼采先前等著大師會對他寄給寇希瑪的那首雙鋼琴曲做出什麼樣的藝術評價。但是寇希瑪和華格納卻什麼也沒說，所以尼采就決定將曲子也寄給了馮．畢羅。

而馮．畢羅在巴塞爾拿了一百法郎請尼采交給女兒丹妮拉的那時候，他對尼采說他深為《悲劇的誕生》折服，所以隨身帶著，四處向人推薦宣傳。他還問道，自己能否在下一本書題獻給尼采？我們這年輕的教授哪禁得起如此吹捧？這讓尼采多少相信馮．畢羅收到這首編排完整，重新定名為〈曼弗雷德冥想曲〉（Manfred Meditation）的曲子時，肯定也會不吝讚美。

至少，尼采心想，馮．畢羅也會像許多專家在外行人懇請指教時，說些冠冕堂皇的好話吧。誰知道，幸災樂禍的馮．畢羅竟在此時落井下石，將尼采的曲子貶得一文不值。他寫道，自己實在羞於要對〈曼弗雷德冥想曲〉做出評價。這首曲子在他聽來「浮濫至極，無比拙劣，毫無靈性，是我從認識紙上的音符這麼長時間以來最不像音樂的東西了……我不止一次自問：這是什麼惡劣的玩笑嗎？你是不是打算嘲弄所謂『未來的音樂』？你是有意要表達徹底藐視上自音樂語法，下至通俗的記譜法這所有的調性連結規則嗎？……我看不出這裡頭有一絲阿波羅的元素；至於戴奧尼索斯的元素，我得老實說我在酒神宴後（意即宿醉）就根本忘了這回事。」[23]

華格納和寇希瑪都覺得馮．畢羅的話過分刻薄了，但是他們也都不想提筆寫些違心之論來安慰好友。寇希瑪將馮．畢羅的話傳給了李斯特，滿頭白髮的李斯特也難過地搖搖頭說，這些話確實過分了，但他自己也不會下來打個圓場。

尼采花了整整三個月才振作起來。他最後總算寫了封信給馮．畢羅：「感謝老天這就是您要告訴我的事。我很清楚自己給您帶來多麼難熬的時刻，請允我告訴您對我有多大裨益，以作為回報。試想，既然我的音樂其實是自學得來，所以我也就漸漸不知規矩。從未有過音樂家對我加以點評，能以如此簡單直接的方式點明我最近的譜曲樣貌，實在是不勝榮幸。」

他說自己以為要進入情緒波動中「危險而瘋狂的境地」，說自己想要向華格納致敬，所以請馮・畢羅切勿將尼采對《崔斯坦》中音樂的迷戀奚落為「這種討厭的玩意兒，以及這種打發自己時間的討厭方式」。「這整件事情，事實上，給了我很大教訓……所以，我會試著去學習音樂；如果我研究您所指揮的貝多芬奏鳴曲，還望能繼續得到您的指導與教誨。」[24]

這時出現了個好消息，總算有談論《悲劇的誕生》的文章問世了。尼采的好友爾文・洛德試著在《北德通報》（*Norddeutsche Allgemeine Zeitung*）中放上一篇正面的書評。說起來這篇文章也實在稱不上是書評，只是重複了尼采的論證，透過蘇格拉底式的思考來設想關於聖人和神話人物的死亡，以及尼采如何看待社會主義者那群野蠻人催生的文化敗壞，和他對於華格納重建日耳曼諸神信仰將會為德國民族文化復興奠下堅實基礎的殷殷冀望。

尼采樂壞了。「老友哇老友，幹得好啊！」他一口氣訂了五十份那篇書評，但是他可沒有多少時間好好看。同為老福達人和語文學家的烏爾里希・馮・威蘭莫維茲－莫倫朵夫（Ulrich von Wilamowitz-Möllendorff）很快就出了一本三十二頁的嘲諷小冊《未來的語文學！》（*Zukunftsphilologie!*），這標題根本就是拿華格納「未來的音樂」（Zukunftsmusik）一詞來開玩笑。這小冊一開頭就引用亞里斯多芬尼斯（Aristophanes）的警句，暗損《悲劇的誕生》就像是變童般嬌弱，更說這本書是拙劣的語文學，是華格納式的虛文。威蘭莫維茲說，語文學的「科學」方式對於過去的詮釋是嚴格的，而尼采的做法則是「玄虛執妄」。威蘭莫維茲支持一般觀點，認為希臘人就像「永遠的孩子，天真無邪地徜徉在美麗的光輝之中」。要說希臘人需要悲劇，根本是「一團胡扯！丟臉丟到家了！……隨便一個塞爾維亞人或芬蘭人都比尼采還更了解荷馬」。透過藝術連結起阿波羅與戴奧尼索斯這概念就像是把暴君尼祿和畢達哥拉斯融合起來一樣荒誕不經。戴奧尼索斯教派不是因為察覺悲劇意識而興起，而是源於「美酒盛宴、搾釀葡萄、歡飲新酒」。他還接著討論了古希臘的音樂，但這方面威蘭莫維茲就和尼采一樣沒什麼立場。他們倆其實都不知道究竟古希臘的音樂聽起來是什麼樣。他在小冊結論中狠狠批評尼采根本無知、錯誤百出，無心追求真理，更要求尼采必須辭去語文學教授一職。

寇希瑪不理會這番爭論，說「不適合公眾討論」，但是華格納隨即跳出來，在六月二十三日的同一份報紙上發表公開信為尼采辯護。誰都料想得到他這篇回應有多惡毒，有趣的是他笑威蘭莫維茲—莫倫朵夫寫的東西就像是「威斯康辛牲畜市場的廣告」一樣不值一哂，這句話可恰恰讓人察覺到華格納自己的閱讀嗜好。

馮．畢羅與威蘭莫維茲—莫倫朵夫兩人使尼采受了重傷。他們的批評足以摧毀尼采成為作曲家、古典學家、語文學家（雖然最後這一身分最不重要）的將來。尼采已經想要逃離語文學好久了。在現今對於《悲劇的誕生》這麼多種的詮釋中，說不定我們可以把這本書看成是一份語文學家的遺書。

如今，《悲劇的誕生》成了尼采最暢銷的一本書。但是一八七二年付梓出版的那八百本，在接下來六年裡總共也才賣出了六百二十五本。[25]尼采的聲望確實大受打擊。新學年開始時，尼采發現選了他語文學課程的竟然只有兩個人，更慘的是他們還都不是主修語文學的學生。

Chapter
6
毒藥小屋

生病給了我徹底改變所有習慣的權利。病情允許我，要求我忘記……只有我的雙眼不能再做個讀書蟲，用白話說：不能再碰語文學了：我從「書本」裡贖回自己了……這是我帶給自己最大的福氣了！那個被埋藏在最底下，總被迫聽從其他自我（——絕對是要我讀書！）而噤聲的自我緩緩地醒來，既羞怯又多疑——但是他總算又開始說話了。

——《瞧，這個人》，〈人性，太人性的〉第四節

一八七二年秋天，華格納邀請尼采到拜洛伊特慶祝聖誕節和寇希瑪的生日，就像先前在翠碧仙的時候那樣。尼采婉拒了這次邀約；下個學期沒有專修語文學的學生選修他的課，這實在太丟臉了。所以尼采回到瑙姆堡的家中過節，法蘭琪絲卡和伊莉莎白既不會說《悲劇的誕生》是失敗品，更不會說尼采沒有寫好曲子、完成教育系列演講或是明年在大學裡多吸引一些學生修課的能耐。

不過尼采在準備送給寇希瑪聖誕節暨生日的賀禮這件事上真是煞費苦心，只可惜禮物送達時早已過了時間。寇希瑪打開禮物時鬆了一口氣，這裡頭不是樂譜，而是一份連標題都不樂觀的書稿：《五部未寫成的書的前言》（*Five Prefaces to Unwritten Books*）。第一篇〈論真理之痛楚〉（Über das Pathos der Wahrheit）是篇寓言：有一顆星球上住著發現了真理的聰明動物，星球死亡時，動物也隨之滅亡；動物死前詛咒真理，因為真理讓牠們明白了先前所擁有的知識盡屬虛妄不實，如果人能發現真理，也肯定同樣會察覺到這一點。

第二篇談的是德國教育的未來。第三篇是深刻而悲觀地沉思了希臘城邦以及這些國家以奴隸制為基礎所產生的眾多問題。尼采問道，我們這十九世紀的鐵器時代文明難道不也是建立在奴隸之上嗎？奴隸階級這必要之惡莫非就是一頭禿鷹，天天啃食著文化創造者普羅米修斯的肝臟？

第四篇前言談的是叔本華與現今文化的關聯。第五篇則是談荷馬對戰爭的記述。尼采整個一月都在等待回覆指教，卻什麼消息都沒有。

如果說寇希瑪的沉默讓尼采感到受傷，那尼采肯定完全不懂自己回家過聖誕節這件事有多麼惹華格納傷心失望。華格納自從搬到拜洛伊特以來，已經分別在六月和九月寄了兩封情意真摯的信給尼采，幾乎把尼采當作自己兒子看待了。到了這把年紀（華格納馬上就要六十歲了），他和自己親生兒子齊格飛的關係恐怕會更像是一對祖孫而非父子。尼采必須成為這世代傳承的關鍵，作華格納之子，作齊格飛之父。

華格納與寇希瑪在尼采缺席的情況下，過了個慘澹的聖誕節。華格納再度面臨財務崩潰，蓋了一半的歌劇院如今搖搖欲墜。他們覺得自己遭到國王路德維希拋棄，國王現在誰也不見，卻一再地為自己美輪美奐的宮殿增添花樣，國家大事全都交派身旁寵侍傳達給各個大臣。華格納心想，就是這名寵侍阻擋了他上達天聽。當尼采婉拒與他們一家共度聖誕節時，他心中就更是倍感不受萊比錫當朝青睞的孤立無助。這股遭人遺棄與背叛的痛楚，深深扎在華格納心裡。

華格納原本打算等到聖誕節過後，要給尼采看看他如何在拜洛伊特重整財務的規劃，他想要出版一份刊物，雜誌或新聞報紙都行，由尼采來當編輯與主筆（尼采想要寫多少文章都可以，這肯定能讓尼采開心）。這份刊物的目的是要為拜洛伊特歌劇院宣傳和募款。結果，尼采教授居然是寄了五篇亂七八糟的書籍前言過來，而且那五本書根本連影子都沒有，和華格納或是他面前的問題更是八竿子打不著關係。「這些稿子沒辦法教我們振作起來。」寇希瑪酸溜溜地寫在了日記裡，之後更連著記錄這整個難熬的節日裡都充滿了憤怒、焦慮與病痛，他們夫妻倆甚至還頭一次為了家裡的狗是不是髒得不該進門而大吵一架。華格納夜夜都被噩夢纏身，從夢中驚醒時都得靠想著尼采來安定心神。但是尼采卻只自認是弟子的角色，根本不懂大師真心需要他，更不知道華格納與寇希瑪將他的缺席視為背叛。寇希瑪最後總算在二月十二日捎信過來，說到他們之間已出現了裂隙，頓時嚇得尼采六神無主：他壓根兒也沒想過會有這種事發生。

為了彌補，尼采開始動手寫一本要在五月華格納六十大壽時當作賀禮的新書。這禮物本來絕對能夠讓他們言歸於好才對。但是在尼采完工前，華格納他們又邀了尼采去與他們共度復活節。這次尼采學乖了，腋下挾著《希臘人悲劇時代的哲學》（*Die Philosophie im tragischen Zeitalter der Greichen*），還帶了在基爾大學任教的好友爾文．洛德一起去。

寇希瑪一開始還熱烈招呼兩位教授，但這份喜悅很快就冷卻了。洛德雖然是尼采的至交好友，卻是個木訥的人。他的出現並未稍減拜洛伊特這裡的陰霾。除此之外，尼采還連著好幾晚都堅持要大聲朗誦自己的新作，中間還停下詳細討論了好幾次。華格納真是覺得無聊死了，尤其是當尼采聽到打雷聲響時興致大發，非得要讓眾人聽聽自己最新譜寫的曲子時，華格納真是氣炸了。「我們對好友的音樂興趣是有點不爽，R在演奏開始時更是整個氣壞了。」[1]寇希瑪忿忿寫道。尼采自己呢，對於華格納提議要他和洛德為拜洛伊特這計畫擔任廣編宣傳也同樣興趣缺缺。光看尼采對報紙文化寫過多少奚落輕蔑的文章，就可以想見這項提議是有多麼令他覺得受辱了。

在翠碧仙那段歲月無疑是尼采人生中最志得意滿的時光。早年他教職前程似錦時，在巴塞爾大學教室與華格納大師內在小圈圈之間穿梭的那種穩定旋律曾讓他享受過前所未有的健康抖擻，後來也不曾再有了。可惜的是，他這次帶著洛德到拜洛伊特共度的復活節假期未能重燃昔日火花之萬一，反倒像是一陣空洞的嘲諷，一場可憐的幻象。

他的身體在回轉巴塞爾的途中就垮了。首先是他的眼睛——還有頭痛——使得他無法一如往昔地在晚上打開他紅皮精裝的筆記本來備課寫作，疼痛的程度與頻率反而更是與日俱增。一個月後，他發現自己就連想要這麼做也做不成了。醫生勸他讓眼睛完全休息，別再用了。

尼采現在只要一見光就難受，他大多數時候都只能在窗簾拉得密不通風的暗房裡坐著。他偶爾還是會出門，只是得戴著厚厚的綠色墨鏡，還要頂著一塊有如鳥喙般的綠色遮陽板來保護眼睛。巴塞爾的居民就好像柏拉圖洞穴寓言中的影子一樣，在他的洞穴前面飄來飄去。但是對他們來說，這倒省事多了，大家可以假裝自己沒看見這位麻煩的教授，乾脆視而不見。

尼采成了個燙手山芋。他的名聲糟到連巴塞爾大學的地位都岌岌可危了。波昂大學的一位語文學教授就對學生說，尼采是文化的敵人，是狡猾的騙子，《悲劇的誕生》更是徹頭徹尾毫無意義與用處的廢物。[2]

尼采租的房間在戰壕路四十五號。房子裡的其他房間則分別租給了法蘭茲・奧佛貝克（Franz Overbeck）[3]和海恩里希・羅蒙特（Heinrich Romundt），奧佛貝克是學校新聘的新約與教會史教授，正在撰寫首本著作《論今日神學中的基督徒性質》（*On the Christian Quality of Theology Today*），而羅蒙特則正在寫以康德《純粹理性批判》為主題的博士論文。這三位意氣風發的年輕學者在來回學校的途中時常在一間叫做「毒藥小屋」（Das Gifthüttli）的酒吧駐足，這間酒吧的名字是因為它就蓋在一座廢棄的舊礦坑上頭。他們仨也樂得拿這名字來稱自己的住處。但是要革新社會的這項計畫，得等到尼采健康情形好轉才能進行了。

尼采找了妹妹伊莉莎白照顧自己，也分配好了各項生活事務。書記方面的事交給從福達中學時期就一直挺他的老友卡爾・馮・葛斯朵夫。從西西里過來巴塞爾的馮・葛斯朵夫在西西里得了瘧疾，但是這病並不影響視力。他會將尼采所需要的文獻大聲讀給尼采聽，尼采再將需要引用的句子背起來。這種作法讓馮·葛斯朵夫忍不住說尼采雖然肉眼難視，但是心眼卻更明亮了。他在材料蒐羅與表達方面的工夫都隨著工作加重與日俱進，而尼采的口才也因而更加清晰便給，一針見血。[4] 尼采也說：「生病給了我徹底改變所有習慣的權利。病情允許我，要求我忘記……只有我的雙眼不能再做個讀書蟲，用白話說：不能再碰語文學了：我從『書本』裡贖回自己了……這是我帶給自己最大的福氣了！那個被埋藏在最底下，總被迫聽從其他自我（——絕對是要我讀書！）而噤聲的自我緩緩地醒來，既羞怯又多疑——但是他總算又開始說話了。」[5]

這樣分工顯然可行，但是仍阻止不了疼痛日漸加劇。尼采的眼科醫生謝斯教授（Professor Schiess）開了阿托平滴劑（就是致命的顛茄）給他鬆弛眼部肌肉。這種滴劑有散瞳效果，使得尼采看東西根本無法對焦，整個世界天旋地轉，一片模糊。他愈來愈依賴馮·葛斯朵夫，而馮·葛斯朵夫則說尼采閃爍的深邃目光看起來十分嚇人。

有了伊莉莎白主內，馮·葛斯朵夫主外，尼采真正體驗到了智性的自由，再也不需苦苦獨守智者的可怕孤寂了。原本要寫給華格納當生日賀禮的那本書如今已成明日黃花，他無法聚焦的雙眼現在看得更遠了。他一頭栽進了編列清單之中。他打算撰寫一系列《不合時宜的觀察》（*Unzeitgamässe Betrachtungen*）。這套書主要是泛談他如何思考現代世界中的文化，尤其是第二帝國的文化。「不合時宜」（untimely）在英文裡是個微不足道的詞，但是對尼采而言，這個詞卻是高超無比。這個詞意味著獨立於向前奔馳與向後回溯的時光之外，當然也獨立於時尚潮流和歷史定錨之外。尼采為這個詞下的定義是牢牢深植於他自身的力量，以凝視超越任何短暫事物的真理追求者。他列出了一長串主題，要由不合時宜的他來著手撰寫。他打算一年要出版兩本《不合時宜的觀察》，直到清單上的題目都寫完為止。他不停增補刪改這份清單，但是始終不離一些核心主題：

大衛・史特勞斯（David Strauss）
歷史
讀書寫作
一年志工
華格納
中學與大學
基督徒特性
絕對的師者
哲學家
人民與文化
古典語文學
報紙的奴隸

第一本《不合時宜的觀察》要寫的是〈大衛．史特勞斯，自白者與作家〉。大衛．史特勞斯是一位神學家和康德哲學專家，四十年前就以他據稱以「科學」方式將耶穌基督當作歷史人物來探究的上下兩卷《耶穌的生平》（*Das Leben Jesu*）而聞名於世。這套書一出就震驚當世，一時洛陽紙貴，後來喬治．艾略特（George Eliot，尼采喜歡將他當作英國人的典型：性癖怪異，思想鬆散）還譯成了英文版。沙夫茨伯里伯爵痛斥這套書是從地獄吐出來最噁心的書。尼采在福達中學讀史特勞斯這套書時，曾寫信給他妹妹說，把耶穌當作歷史人物來看實在沒什麼意思，但要是將他當作一位道德良師，那就是值得玩味再三的深刻題目了。

史特勞斯此時已年近古稀。他最近才又出版了續作《論新舊信仰》（*Der alte und der neue Glaude*），同樣大大暢銷。這本書迎合了時代氣氛，以一種近乎狂熱的樂觀態度宣揚在現代世界裡能夠有一種全新種類的理性主義基督徒，一勞永逸地解決理性與信仰從根本定義上就不可能並存的基本矛盾。在尼采看來，如果打破了最根本的觀念，破壞了對上帝的信心，那也就是將一切扯得支離破碎。要改革信仰，就需要革新道德，而尼采不無自滿地直指這就誤導了史特勞斯得出這「日耳曼腐儒的隨身神諭」。[6]

尼采將手稿寄給了出版商，之後就和羅蒙特與馮．葛斯朵夫到庫爾（Chur）這個在阿爾卑斯山上，以具有療效的湖水和其他「療法」著稱的瑞士小鎮去過暑假了。這三位好友每天都爬上四、五個小時的山，尼采也總是戴著他的綠色墨鏡和遮陽板。涼爽清淨的空氣也讓他思緒更加敏銳。在他們待的旅館下方幾百公尺，就是湖光瀲灧的考馬西湖

（Caumasee）。「我們在一直叫個不停的蛙鳴聲中穿穿脫脫，下水游泳。」馮・葛斯朵夫寫道。游完泳後，三人就躺在滿是青苔松針的地上，由兩位好友輪流朗誦普魯塔克、歌德與華格納給尼采聽。

洛德和馮・葛斯朵夫已經仔細地替尼采讀過了《不合時宜的觀察》的校正稿，但是等到八月初收到首刷成書時，他們卻尷尬地發現書裡到處都是錯字，而這恰恰正是尼采批評史特勞斯的同一缺點。

不過，這本書提早問世也確實是個值得好好慶祝的一件事。他們拿了瓶酒下到湖濱，在一塊大岩石的斜面上一起認真刻下了幾個大字：U.B.I.F.N. 8/8 1873（Unzeitgemässe Betrachtung I. Friedrich Nietzsche, 8 August 1873），接著他們就脫了衣服，游到湖心的一座小島上，在島上又找了一塊岩石，刻下了他們三人的姓名縮寫。然後他們又游了回來，在第一塊岩石上倒酒祭奠，大聲宣布：「以此慶祝反史特勞斯聯盟成立。就讓敵人來吧，讓他們見識見識魔鬼吧！」[7]

史特勞斯隔年二月就過世了。尼采在日記中記下了這件事。他對自己的蠻橫批評加速了老前輩的死期這件事耿耿於懷，但是朋友們都再三向他保證他那本書並未令史特勞斯死不瞑目。他們說，史特勞斯甚至連出了這本書都不知道。但這其實並非事實，史特勞斯知道有這本書，而且覺得有些困惑，但是沒必要為此動氣，大家對他那幾本暢銷書的興趣遠遠大過這個叫做弗列德里希・尼采的無名小子的窮追猛打。

尼采在回到巴塞爾準備秋天開學時，健康情況仍未好轉。他還是沒辦法自己閱讀和寫作。十月中，華格納來信要他寫一份號召日耳曼民族的文告，拜洛伊特那邊現在真的需錢孔急。但尼采確實力不從心，所以只好寫了封信給爾文．洛德，要他寫出一篇「拿破崙風格」的文章。尼采在信裡寫得尖酸促狹，好好開了華格納一頓玩笑，誰讓華格納自認是共產黨陰謀破壞拜洛伊特計畫的受害者呢。華格納相信，共產黨奸計的第一步就是要奪走弗里茨許的出版社，封住他和尼采的口。

「你那男子漢的健壯心臟是否跳得厲害？」尼采在寫給洛德的信中說道：「在這些風風雨雨過後，我已經不敢在信上署名了……光是想到引起的震動與反擊，我們還是用假名發表，戴上假鬍子易容吧……」[8]

但是洛德不願捉刀代筆，所以尼采只好自己來。他下定了決心，充分準備在十月三十一日把這篇文章交給華格納大師。十月三十一日是宗教改革紀念日，是整個信奉新教的德國舉國歡慶的日子，為了紀念馬丁．路德在一五一七年的這一天在教會門上釘上了他的九十五條論綱。華格納必須在這大日子裡提出他的文化改革訴求，要傳發給全德國，甚至全世界的華格納社團前來會見的代表周知。

尼采寫的這篇文告讓華格納大師開心極了，但是等到各個華格納社團拿到手時，大家才發現尼采這篇文章實在是鋒芒畢露、咄咄逼人，所以他們自己連忙寫了篇措辭溫和些的稿子，而尼采那篇則是再也不見天日。

華格納則寫了篇溫情回應，鼓勵尼采自己來一場小小的探險。尼采對於出門還是有些戒慎恐懼，但是他還是戴上了他抵擋光線用的綠色墨鏡，搭上了火車去華格納那裡參加宗教改革紀念日的慶典。

感覺上就像是又回到了過去一樣。在和樂融融的晚餐席間，尼采還說了個共產黨員威脅弗里茨許出版社的真實故事給大家聽。

有個瘋狂的有錢寡婦名叫羅莎莉．尼爾森（Rosalie Nielsen），是馬志尼的政治同黨，而這名外表醜得嚇人的女子讀過了《悲劇的誕生》，心中燃起對作者的熊熊愛火，於是就到了巴塞爾來，找到了尼采。女子自稱是戴奧尼索斯教派的信徒，這讓尼采大吃一驚，趕緊將她請出了門。女子臨去前還口出威脅，但是終究還是聽話回到了萊比錫。她在萊比錫打定主意要買下弗里茨許出版社，想要完全擁有和掌控偶像的所有著作。這計畫本身聽起來就夠嚇人的了，但是更令人髮指的是後來發現她竟然與共產國際來往密切，現在整個共產國際還宣稱尼采也是他們在政治上的一員。

華格納聽了大笑不止，簡直把一整年份的笑聲都用完了。甚至過了幾天一想起這件事，還是會忍不住格格發笑，搖頭不已。

尼采回到巴塞爾之後就寫了第二本《不合時宜的觀察》〈談歷史學對生命的長處與缺點〉（On the Uses and Disadvantages of History for Life），並於隔年（一八七四年）出版。這篇談的是歷史和歷史書寫對於人生和文化的關係，指出德國就是因為執著於過去而阻礙了當前的行動。

這篇文章區分了歷史的三種用途：在稽古方面是要藉以保存過去，在功業方面則是要追比前人，而批判用途則是要藉此解放現在。這三者之間必須保持微妙平衡，才能夠達到超越歷史（suprahistorical）的境界：一方面嚮往千古典型，一方面又在當下利害中刻意不囿既往。

尼采一直都熱中於蒐覽新近的科學書刊，像是談論彗星的性質、物理化學的歷史與發展、移動與能量的通論，或是空間的結構等題目都愛不釋手。[9]這些書讓他如虎添翼，宛如在前一本談大衛．史特勞斯的《不合時宜的觀察》中那樣信手拈來，直指宗教與科學的大哉問，怒斥當代的神學家試圖調和兩者，反而破壞了信仰的根基。這是那個時代的關鍵問題之一，也是他始終不曾放下的題目。

尼采還創造了一個新的詞來描述科學的效果：「概念震盪」（Begriffsbeben）。「一旦科學剷除了人們安居其中、相信永恆存在的基礎，引發了概念震盪之後，生命本身就會塌陷，變得脆弱驚惶。究竟是生命主宰了知識與科學呢，還是知識主宰著生命？」[10]的確，人類乘著科學真理的光芒攀上了（或者自以為攀上了）天堂，但是科學的天堂就和與之相對的信仰天堂一樣是不折不扣的謊言。永恆的真理並不專屬於科學或宗教。科學每次有了新發現，都會將先前永恆的科學真理打為虛構。真理宛如蜘蛛網上的絲線般，任人東拉西扯、扭曲塑形，甚至徹底拆毀。

這篇文章的最後幾頁還加上了寫給年輕人的建議。為了要幫年輕人治好歷史的沉痾，尼采毫不意外地建議他們要活得自在就是要踵繼希臘人的生活方式，學習他們如何按照德爾菲神諭所說的辦法逐漸抽絲剝繭、以簡馭繁，那就是要：成汝所是。

尼采將第一批成書寄給了他最看重的讀者。雅各．布克哈特還是一如往常地以謙恭口吻迴避實質批評，說自己年邁糊塗，想不到歷史科學的終極基礎、目標和欲望這麼深的問題去。

爾文．洛德給了十分具建設性的回應，指出尼采雖然才高八斗，但是行文風格必須少點氣焰鋒芒，也要留心論證時需要鋪陳援引更多歷史例證，而不是每個想法都像是空中飛來，教摸不著頭緒的讀者自行串連。

華格納把這本小書給了寇希瑪，說尼采實在還是太嫩了：「這本書毫無彈性，因為他壓根兒就沒有引用歷史實例，空彈一堆老調，沒有實際的計畫……我實在不知道能拿這本書給誰讀，因為根本就沒人能看得懂。」[11]他交給寇希瑪去寫回信。寇希瑪的信一如往常地不假辭色，毫不體貼作者的心情，說這本書只能吸引得了一小撮人，而且她還批評了整本書的文體風格，惹得尼采火冒三丈。

尼采深感無力。談史特勞斯的那本《不合時宜的觀察》之所以會得到幾篇書評，完全不是因為「不合時宜」的緣故：這本書受人注意，是因為這主題趕上了流行。但是談歷史對人生利弊這本可就不是什麼流行話題了。這本書的賣相一開始就沒人看好，銷量也欲振乏力。出版商一聽到尼采說還想繼續出版系列續作，實在忍不住要一臉苦瓜樣。

尼采的母親在一八七四年二月過四十八歲生日，但尼采照例獻上愉快安康的祝福卻難以令她開心。他要她別像她這兒子一樣，早早就病痛纏身。他甚至還悲觀地將自己的人生與蜉蝣相比：「人生的目標太過遙遠，就算能夠達到，在漫長的尋找與拚搏中也早已耗盡了大部分精力；獲得自由之際，也已氣力殆盡，宛如蜉蝣，垂死在夕。」[12]

華格納覺得該是時候要尼采振作起來了。他要不就結婚，要不就寫齣歌劇。尼采寫的歌劇肯定難看到根本無法搬演。但又有誰在乎呢？只要他妻子夠有錢，就什麼也沒關係了。[13]尼采必須入世生活，必須離開他自己創造出來的小小天地，以為有一小圈聰明人服從他，還有兼任女王、配偶、管家的可愛妹妹可以任他招之即來揮之即去。只要稍微平衡一點就能夠讓一切步上正軌了。可惜馮．葛斯朵夫是個男的，不然就能嫁給尼采了。華格納與寇希瑪對於尼采與男性友人的密切關係也有過這麼一番結論。他們對這種事是很開放的，一點也不擔心這有什麼問題，也看不出這有什麼好阻礙尼采結婚的。

「……哎，老天哪，何必非讓葛斯朵夫當你們之間唯一的男人？討個有錢的老婆吧！這樣你就能夠去旅遊，增廣見聞……寫你的歌劇……是什麼樣的魔鬼才會讓你只當個教師啊！」[14]

這是華格納說得最粗的話了。但是對一個自比蜉蝣，朝不保夕的人來說實在太粗了。尼采吃不下這頓排頭。他告訴華格納，這個夏天他確定不會到拜洛伊特去了，他打算到某個遠離塵囂、清淨高遠的瑞士山區去，順便寫下一本《不合時宜的觀察》。

華格納覺得這是個壞點子。他堅持要尼采這夏天到拜洛伊特來，說機會難得。國王路德維希終於發現受不了自己沒辦法看到能入得了華格納大師法眼的《尼貝龍根的指環》，所以又多借了十萬撒勒給華格納。尼采在這裡可以大展長才。

就如同沃坦的英靈殿一樣，拜洛伊特的歌劇院也是石造搭建而成。這個夏天預計要面試歌手與樂師，還要架構舞台和機械裝置——女武神必須得在空中飛，水仙子（Rhinemaidens）必須在水裡游，巨龍則是必須要能噴火，又不至於把歌劇院燒了。

華格納怎麼會遲鈍得以為尼采孱弱的身體能扛得住這麼辛勞的夏天？尼采的頭哪受得了？更何況，他可再也不想聽人叨念結婚的事，他老媽早已念個不停了。

Chapter
7
概念震盪

真想不到兩個靈魂竟能並存在這同一人身上。一方面具備了良好科學研究的嚴謹方法……相對的另一面又有這狂放耀眼的才華，還一頭栽入令人眼花撩亂、難以理解、融合了藝術、神話與宗教的華格納——叔本華崇拜之中。

——弗里德里希．里契爾教授向巴塞爾大學校委會主席威爾罕．維雪—畢爾芬格（Wilhelm Vischer-Bilfinger）描述尼采，一八七三年二月二日

尼采馬上就要三十歲了，卻只有幾本乏人問津的著作，昔日語文學天才的光環也逐漸褪色。這跟耶穌基督比起來實在相形見絀，畢竟耶穌從三十歲起展開的傳教事業在三年裡就鬧了個天翻地覆。尼采的父親死時年僅三十五歲，尼采心裡總認為自己也會在同樣年紀死去，但現在他連自己能不能撐到那個歲數都十分懷疑。死神就在堡壘牆上叩叩作響，身體零件正逐漸敗壞。不同的「藥方」各造成了不同的健康危害，但是都免不了會引發可怕的抽搐反應和吐血症狀，有幾次厲害得甚至連尼采都認為自己大限已到。他好幾次都盼望

著能夠就此死去，一了百了。

此時的醫療理論就和宗教理論一樣，在巫醫迷信與科學思維之間不停擺盪。尼采的醫生診斷他是慢性胃黏膜炎與體內血量異常，導致胃部與血管腫脹，所以頭部供血不足。他們用上了水蛭、放血、西班牙蒼蠅還有當時的新潮療法，像是卡斯巴泉鹽（Calsbad salts）、電療法、水療法、大量的奎寧，甚至是剛出的奇蹟藥品「霍倫斯坦溶液」（Höllenstein solution）。但是尼采覺得這些辦法完全沒一個奏效。

尼采說自己就和全世界那些患有綠色貧血、神經衰弱的人一樣，從一個溫泉換過一個溫泉。他貪婪地閱讀各種醫學與生理學資料，但是他嘗試過了各種祕方，卻沒一個見效，這是他無力精確分析的領域。他和會讀報紙上星座專欄的那些人一樣容易上當，但是他心裡其實明白：「像我們這樣的人……永遠不是只有身體受苦——而是全都摻和著精神危機——我真的完全不知道藥物和料理究竟要怎麼讓我復元。」[1]

最傷尼采身子的療法，大概要算在當時最受敬重的胃科專家約瑟夫・威爾大夫（Dr Josef Wiel）頭上。尼采在一八七五年的夏天到威爾大夫在史坦納巴德（Steinabad）的診所就醫。大夫除了開給他一般的灌腸與水蛭療法以外，還有威爾獨創的新穎「奇蹟飲食法」：吃肉，而且就只吃肉，每天四餐。威爾甚至還給尼采上了烹飪課，好讓他離開診所後還能繼續保持這種單一進食法。

尼采每次回到巴塞爾工作時，總會找伊莉莎白來照顧自己，而伊莉莎白每次離開母親身旁時，法蘭琪絲卡也總是抱怨兩個孩子，懟罵個不停，讓他們倆都覺得自己不孝，滿心愧疚。尼采後來稱這種感受為「鎖鏈病」（Kettenkrankheit），因為他母親和妹妹總是拽著他心頭上的鎖鏈。

法蘭琪絲卡很嫉妒伊莉莎白能逃離平凡的瑙姆堡去照顧哥哥，和哥哥的朋友們廝混。然而尼采的身子實在太差，她也不得不讓伊莉莎白在一八七〇年去照顧尼采四個月，一八七一年照顧六個月，一八七二、一八七三年也各去了幾個月，還有一八七四年的整個夏天。到了一八七五年八月，兄妹倆乾脆就在戰壕路四十八號定居了下來，就在毒藥小屋那條路上，這樣一來，羅蒙特和奧佛貝克還能就近照看。

關於尼采的記述經常會出現類似「兄妹倆太親暱了」或是「手足之愛幾乎要過了頭」這樣的句子，這種用煽情筆法的糊弄來掩蓋事實的句子實在斷難根絕。

二〇〇〇年，也就是剛好尼采逝世滿一世紀這一年，號稱尼采所著的《妹妹與我》（*My Sister and I*）在一九五一年初版問世後將近五十年仍然不斷重刷發行。「在全是女人的家中長大的男生」這本書在廣告上大剌剌地寫著：「尼采與妹妹之間的奇特情愫，在塵封五十年後，終於由哲學家本人自行披露。看這對聲名遠播的哥哥與野心勃勃的妹妹之間從小到大——容不下其他男女的肉體之愛。只要翻開這本教人屏息的書，就能了解為何這些年來這本書始終遭人噤聲。這位十九世紀最偉大的哲學家直接露骨地吐露自己如何一步步踏入這格外危險的愛情陷阱，使他終身未婚，也逼得他唯一的妹夫最終自戕。《妹妹與我》是在耶拿的療養院中寫成。這無疑是他的精心復仇，因為家人不讓他出版先前溫和得多的自白《瞧，這個人》，一直拖到他過世十年後才付梓問世。《妹妹與我》更是等了五十年，在這場大戲中的主人翁全都過世後才能公諸於世。」

這本書是一篇噁心故事，故事一開始，是在他們倆的弟弟約瑟夫夭折的那天夜裡，伊莉莎白爬上了尼采的床，第一次「活用她肥肥短短的手指」。但是伊莉莎白當時才兩歲，尼采四歲，可見這故事是多麼顧不得邏輯與理性。不過，一旦醜聞傳了開來，常識往往不敵煽情。大學者華特・考夫曼（Walter Kaufmann）花了好大工夫以語文學的方法來拆解這本書，但也要好幾年之後才揭露出這本書根本就是偽作，出自詐欺慣犯山繆・羅斯（Samuel Roth）之手。[2]羅斯出過的偽作還包括了《查泰萊夫人的丈夫》（*Lady Chatterley's Husband*, 1931）、《法蘭克・哈里斯的祕密生活》（*The Private Life of Frank Harris*, 1931）、《邦馬瑞普：男性處女的故事》（*Bumarap: the Story of a Male Virgin*, 1947）、《希特勒醫生私人日記》（*I Was Hitler's Doctor*, 1951）與以「心理師摯友」為名所寫的《幼年瑪麗蓮・夢露失貞錄》（*The Violations of the Child Marilyn Monroe*, 1962）。

羅斯寫過不少假託當代作家為名的露骨性愛故事，卻未曾取得本人同意。這當然惹火了那些作家，結果一共有一百六十七位作家連署抗議，包括羅伯特・布里吉斯（Robert Bridges）、亞伯特・愛因斯坦（Albert Einstein）、T・S・艾略特（T. S. Eliot）、哈維洛克・艾利斯（Havelock Ellis）、安德烈・紀德（André Gide）、克努特・漢森（Knut Hamsun）、恩斯特・海明威（Ernest Hemingway）、胡果・馮・霍夫曼斯塔（Hugo von Hofmannsthal）、詹姆士・喬伊斯（James Joyce）、D・H・勞倫斯（D. H. Lawrence）、托馬斯・曼（Thomas Mann）、安德烈・莫華（André Maurois）、尚恩・奧凱希（Sean

O'Casey）、路易吉・皮蘭代洛（Luigi Pirandello）、伯特蘭・羅素（Bertrand Russell）、亞瑟・西蒙斯（Arthur Symons）、保羅・瓦樂里（Paul Valéry）與威廉・巴特勒・葉慈（William Butler Yeats）。[3]

《妹妹與我》至今仍在出版，封面上的作者姓名也還是「弗烈德里希・尼采」而非真正作者本名。即使是今日，買了這本書的人也得做好大一番研究才能夠弄清事實。

伊莉莎白聰明又伶俐。法蘭琪絲卡就說過她太精明了，像她哥哥一樣。伊莉莎白的性別、生長背景與母親就是她一生悲劇的源頭。

她如果是個男生的話，情況可能就截然不同了，不過一直要到十九世紀末德國才有給女生就讀的文理中學。尼采在福達中學遨遊觀念界，努力探索真理與自我的那段日子裡，瑙姆堡的帕拉斯奇小姐（Fräulein Paraski）女子學校則是忙著灌輸伊莉莎白完全相反的內容。帕拉斯奇小姐這所女子學校所做的就是壓抑女生的個體性，灌輸一套新認同，使女孩子都變成宜室宜家的閨女，清清白白地聽憑丈夫左右自己的將來。這個時代的詞典中，對女人（Frau）的定義是：「女人是男人的輔助，兩者的結合就是人之神性的典範。男人是榆樹，女人是藤蔓。男人向上生長，充滿力量與精力；女人則嬌弱馨香，內蘊光輝，易於服從……」[4]

瑙姆堡城中的聰明女生若想要嫁得出去，就要懂得裝傻。女子無才便是德。伊莉莎白一裝就裝了一輩子。事實上，這套傳統還挺適合她的。她聰明的老哥給了她不少自學的機會，但是她從不好好利用。學習實在太痛苦、太煩人了。她到了七十歲，還被人說「活像個十七歲少女一樣，見一個愛一個」。尼采也發現伊莉莎白有股倔脾氣，一輩子都拒絕理智要求，她是個喜愛逢迎上流人士的勢利眼，而且，簡單地說，她「體現了她哥哥所努力反抗的那種事物」[5]。

他們的祖母鄂德慕特不讓他們媽媽扮演成人的角色，不讓她擔當任何權責，不給她當下或未來的目標，只准她規規矩矩地將自己當成小孩子一樣乖乖聽話。無論發生任何事情，不管好壞，都是天父旨意。而僅次於天父的，就是男人。尼采他們一家三代的女性都格外堅毅倔強，但卻也全都清楚自命要當個聽從教會與男人的「乖孩子」。

尼采知道他的小駱馬是個聰明的女生，所以也把她當聰明人看待。在這一點上，尼采可說是與眾不同。他這一輩子都十分景仰聰慧的女子，與這些聰明的女性保持親密的友誼。他也只愛精明的女性——從寇希瑪開始算起。他討厭那種無知又頑固的女人。

尼采總是把伊莉莎白當作有腦子的人看待，鼓勵她自己獨立思考。他試過要她當個散文作家；「如果她能學會寫文章就好了！還有，講話時也得學會不要加上那些『啊啊』『喔喔』的。」[6]他整理了一份書單給妹妹，鼓勵她鑽研知識，建議她學習其他語言（卻始終未果）。他希望她到大學去當個旁聽生（Hörerin），因為這是女性唯一能進入課堂講廳的辦法。

法蘭琪絲卡則是誓死反對讓她上這些課。如果伊莉莎白想乖乖在家裡當個花瓶，她就得丟掉任何獨立思考或行動。她必須在瑙姆堡幫忙母親持家、參加茶會、到主日學教小孩，還要到為窮人家開的縫紉學校去學女紅。

但即使真有讓她好好受教育的機會，伊莉莎白大概也不要。她這輩子都喜歡自己的女人味，熱愛扮演無助無知女性的角色，深知這樣一來就不用為她自己的行動和想法負起最終責任。她還在學校讀書時，尼采曾從福達中學寫信給她，坦言自己對宗教的懷疑，並敦促她自我探究，而她則躲開了這問題：「既然我改不了自己像駱馬一樣的天性，那我就根本搞不懂，也不想搞懂，因為我只會胡思亂想。」[7]每次只要人家要求她多付出一點努力時，她就會拿出這套說詞來，或是變個花樣重新講過：躲回莫名平庸、笨拙的女人角色裡，說自己「就是啥也不懂」。伊莉莎白可不想被人當作是那種女性主義的「新女人」，她總不屑地說她們「爭取的是穿褲子的權利和當一群會投票的畜生的政治權利」。[8]

有個名叫路德維希・馮・薛富勒（Ludwig von Scheffler）的學生向我們描述了尼采與伊莉莎白在戰壕路定居的那棟公寓是什麼樣子。馮・薛富勒到巴塞爾來原本是要拜布克哈特為師，但是後來卻轉投入尼采門下，因為尼采的演講與「他神祕的心靈」「迷倒且擄獲」了他的心。按照馮・薛富勒的描述，這兩位老師的風格可不只是天差地遠能夠形容得了的。

布克哈特那間在麵包鋪樓上的屋子裡，書本就疊在他坐著的那張破沙發四周地板上。要是有訪客來，除非是打算從頭站到尾，不然就只能把書疊一疊充當椅子坐著了。

尼采那間公寓裡則是塞滿了精緻舒服的安樂椅，還細心鋪上了蕾絲椅套。顫巍巍的桌子上則是擺著各色擺飾與花瓶。從窗外投射進來的昏黃光線在彩色紗簾後更顯暗淡。雪白的牆上則揮灑著寫意的水彩痕跡。馮・薛富勒覺得自己好像不是在教授的屋子裡，而是進了某個少女的香閨一樣。[9]

這兩位老師的差異也同樣表現在課堂上。布克哈特習慣不疾不徐地轟炸全場，宛如用思想的火焰點燃炸藥一樣。學生都說他是個會笑的斯多噶派。他顯然沒心思打扮外表，總是頂著一個平頭，穿著一套老舊的西裝和皺巴巴的亞麻襯衫。

尼采則是會默默地鑽進課堂，低調得幾乎沒人發現。他總是輕手輕腳，仔細梳理過頭髮鬍鬚，衣衫筆挺地出現。他顯然十分留心時尚潮流，會穿著當時流行的淺色長褲、短外套，打著淺色領帶。

但是儘管尼采外表看起來如此中規中矩，可是他才是讓馮．薛富勒著迷的老師。薛富勒一聽過尼采對柏拉圖的重新詮釋，就再也不相信「充滿陽光、歡笑的古希臘」這套故事了。他知道自己聽到的是一套真實說法，忍不住還想要再多聽一些。

在德國一片嚮往古希臘世界的洶湧風潮中，尼采大談古人野蠻脾氣的獨特課程確實嚇到了大多數學生。雖然他吸引到了馮．薛富勒，但是整個課堂卻幾乎清空了。一八七四年夏天，尼采開的「埃斯奇洛斯的《奠酒人》（*Aeschylus's Choephoroi*）」只有四名學生選課，而且都不是成績名列前茅的聰明學生。尼采說他們是「大學裡的廢物」。其中一名學生還是個傢俱商，只學過一年希臘文。

尼采開的「沙孚（Sappho）專題」也因為沒人選修而停開，就連「修辭學」也同樣取消了。這也讓尼采有大把時間可以撰寫《不合時宜的觀察》，一八七四年，他就出版了〈教育者叔本華〉這篇共分八節的文章。大家往往誤會了這標題，這篇其實根本就不是在談叔本華的哲學，而是講這位哲學家自願承受真誠所帶來的折磨，因而展現出來的道德風範。

教育者必須幫助學生實現自身的品格。人生的意義並不在於模仿。然而，在學生追求靈魂轉型的過程中，必須考慮人可以分成三種類型。「文藝復興型」是最熱情如火的一類人。他們就像活在埃特納火山底下的怪物巨蛇提風（Typhon）一樣，能夠引發最吸引眾人的改革結果，好比法國大革命就是一例。第二種人是「歌德型」。這種人是少數人的模範，他們的思考宏觀深刻，卻往往遭到大眾誤解。最後，則是「叔本華型」的人：這種真誠的人會對日常行動賦予形上學的意涵。[10]

尼采也誇讚叔本華的文筆一流，說他透過清楚的白話文，用自己的聲音寫出了心中的思想。他說唯一比叔本華更能優美地表達真理的，就只有蒙田了。這顯然是尼采一直縈懷在心的一個例子，因為談叔本華這篇《不合時宜的觀察》確實是他改變文風的里程碑。華格納、寇希瑪和洛德都批評過在這篇談叔本華之前的作品說教生硬、夾雜不清，而且傲慢地不管後續論證，但這篇《不合時宜的觀察》裡既有叔本華的優美文筆，也見到了蒙田的人文關懷。

雖然到這時候為止，尼采對尋求真理者的建議都還是德爾菲神諭那套其實沒什麼用的格言，說什麼只有透過實現那個模模糊糊、神神祕祕的自我才能達到真誠實在，但他這時候已經放下了古希臘，大膽地以自己的想法與經驗提出實際的指引。「年輕人，回顧人生時要自問：你到現在為止真正愛的是什麼？是什麼讓你魂牽夢縈？是什麼宰制著你的心，卻也同時讓你幸福無比？將這些可敬的事物擺在你面前，那些事物本身和它們的排序會給你一條法則，那就是你真實自我的根本法則。」[11]

〈教育者叔本華〉讀來也輕鬆多了，尼采在舞文弄墨之餘，也留下不少發人深省的名言佳句，例如：

「我們必須為這輩子畫下一道確切的危險界線：畢竟無論如何，我們終有一死。」[12]

「所有人間事務的目的就是要令人分心，才能察覺不到人生。」[13]

「藝術家與作品欣賞者的關係就像是拿著大砲打一群麻雀一樣。」[14]

「〔國家〕才不要真理本身，只要有用的真理。」[15]

「國家想令人民像從前盲從教會一樣地盲從自己。」[16]

「宗教的大水正在消退，留下了滿地沼澤和腐臭的水坑，國家之間又再度彼此為敵，互相鯨吞蠶食，恨不得將對方吃乾抹淨。科學在盲目放任的精神下肆無忌憚，正在摧毀消融所有過去的堅固信念，知識階級與地位也被至為卑鄙的金錢經濟掃倒在地。」[17]這段值得一提的是，儘管他寫的是叔本華，但也同時略提了華格納，因為他看見了拜洛伊特巨大的宣傳機器正滾起黃金車輪向前奔馳。

由於這兩篇文章的主題都十分艱難，尼采決定去庫爾村放個小假，結果他在那兒見到了一些熟人，其中還包括一位來自巴塞爾的姑娘柏塔・羅爾（Berta Rohr）。尼采寫信給伊莉莎白，說自己「幾乎確定」要向她求婚了。這次「差點求婚」是不是要討好華格納，我們不得而知，但尼采肯定十分在意結婚這件事。他兩個從小在一塊兒的好友威爾罕・品達和古斯塔夫・克魯格最近都訂了婚，只有尼采自己一個還在估量結婚有什麼好處。尼采最後決定不要為此中斷事業，但是心裡頭對這件事始終忐忑不安。

華格納那邊還是不停要尼采過去與他們共度夏天。最後到了八月五日，尼采總算到了拜洛伊特。但是他一抵達就病倒了，只能在旅店床上躺著休息。華格納正忙得焦頭爛額又捉襟見肘，但他還是親自來把尼采帶到了「無妄堂」（Wahnfried），也就是他們在歌劇院旁剛蓋好的新家。一住進那兒，尼采瞬間覺得整個人都好多了。

華格納原本打算將這房子命名為「煩心樓」（Ärgersheim），因為整個建築計畫真是弄得他七竅生煙，但是這名字留給後世只怕貽笑大方。某個晚上，華格納正在銀月照射的陽台上，一邊摟著寇希瑪的腰，一邊望著院子裡準備給他們倆和愛犬長眠的寬闊墓室（狗兒羅斯是最先葬在這裡頭的，比牠的主人還早），他決定重新將房子命名為「無妄堂」。

無妄堂大門的兩側牆上，刻著「此屋由我命名」（Sei dieses Haus von mir benant）和「妄想於此消停」（Hier wo mien Wähnen Freiden Fand）。但是尼采在這裡見到的，卻絕非妄想消停的寧靜與自由。

無妄堂在風格樣貌上都和翠碧仙山莊那種浪漫的孤絕隱密截然不同。華格納／沃坦是以神明一般的規模來建造自己的無妄堂／英靈殿。這房子四面方正、雄偉氣派，要說是住家，倒更像是市政廳。房子莊嚴的正面全都是大得嚇人的石頭疊成，幾乎沒有任何裝飾，所有的焦點都在宛如教宗登台的那座半圓形陽台上，讓華格納在一些重大場合（像是首演或生日的時候）從陽台上現身，或是當演奏他歌劇曲目的樂隊在底下行進時，可以從陽台上揮手微笑。

「帶給千萬人歡樂的人，總該有幾分享受。」華格納如此說道，而儘管他是個徹頭徹尾的革命派，但他卻給自己按皇室規模造了座驚人的宮殿。

來訪賓客穿過中門時，會看到以彩繪玻璃製成的盾徽紋飾，還有象徵著「未來藝術」的一幅畫作，擔任畫裡主角的模特兒是年僅五歲的齊格飛。入口玄關特別挑高，直到屋頂天窗。鮮豔的龐貝紅漆牆映襯著滿廳堂的各式大理石胸像和雕像，這些雕像包括了虛構和現實的人物：有齊格飛、唐豪瑟、崔斯坦、羅恩格林（Lohengrin）、李斯特和國王路德維希。華格納與寇希瑪的雕像則是安放在台座上，高度恰好可以睥睨底下的其他雕像。

在大得可以試鏡排演的大廳裡，尼采看見了那架國王路德維希特別訂製，送給華格納的貝西斯坦鋼琴。在翠碧仙山莊時，這架鋼琴幾乎占滿了那堪稱整幢屋子靈魂所在的綠色小書房；但是在這裡，跟美國送來的那一整座大管風琴相比，頓時就矮了一截。沿著大廳直走，穿門而過就看到另一個更大的房間，占地足足有一百平方公尺。這間是屋裡的客廳與圖書室，房裡的雕梁畫棟出自慕尼黑雕刻家羅倫茲．葛登（Lorenz Gedon）之手。葛登是國王路德維希的愛將，擅長揉合了新中世紀式與新巴洛克式風格的大型創作。雕滿花飾的書架占了牆面的三分之二高，抬頭往上，還能看見從特別挑高的天花板垂下一盞碩大無朋的水晶燈。天花板的外圍有一條色彩鮮豔的中楣，上面畫滿了華格納社團所在的城市紋章。書架頂端和色彩斑斕的中楣之間這一大片牆面則是貼滿了花朵壁紙，牆上處處掛著全家成員與其他名人的肖像。房間的底端延伸出一層半圓形的舞台，舞台屋頂上方就是華格納最愛的那片陽台。在整面牆的窗戶和交錯披掛的綢緞絲絨間圍繞著的，是紐約的史坦威公司所贈送的另一架大鋼琴。到了華格納坐在這兒演奏給家人聽的晚間時分，他向窗外望去，看到的不是從前在翠碧仙山莊看到瑞吉峰和彼拉多峰的那片自然奇景，在這裡所見到的是另一片不同景色，在整片翠綠花園中央的那座人工奇觀，是他將來長眠的墓室。

尼采來到無妄堂的第一晚，華格納在鋼琴前演奏了《諸神的黃昏》中幾首水仙女的曲子以饗嘉賓。也許是為了與無妄堂的堂皇壯麗一較長短，尼采也寫下了布拉姆斯的《勝利》（*Triumphlied*）樂譜，他在音樂會中聽過這首曲子就心儀不已。但是沒有什麼會比這麼做更蠢了。十年前，華格納就曾為了索回《唐豪瑟》的樂譜而與布拉姆斯吵過一架，而原本的小小口角到後來卻一發不可收拾。華格納坐在廳裡看著尼采寫下的樂譜，放聲大笑，說布拉姆斯根本就完全不懂「整體藝術」。想把「正義」（Gerechtigkeit）這個詞冠到音樂頭上，實在是荒謬至極！

這份《勝利》樂譜用紅線框了起來，十分顯眼。接下來的整個星期裡，華格納經過鋼琴旁時，這紅框就好像盯著他看，他便每次都把整份樂譜塞到其他東西底下。但是等到華格納又回頭經過鋼琴旁邊，尼采卻總又擺了出來。到了星期六，華格納坐在鋼琴前彈奏，愈彈愈氣，他破口大罵那曲子有多不入流，根本就是用皮革把韓德爾、孟德爾頌和舒曼「綑成一包」。也可說是夫妻同心，寇希瑪在日記裡寫下她聽到尼采在大學裡的淒慘狀況，只有三、四個學生，簡直是被排擠到邊緣時，還忍不住露出了一抹殘酷的微笑。[18]

華格納對尼采在音樂上明顯背叛了他而火冒三丈，正如尼采也對華格納的耽溺物欲（這其實也不是新聞了）感到深惡痛絕。華格納大師真的已經沉淪為他們當初都鄙夷至極的金錢奴隸了。拜洛伊特這地方絕不是他們原來共同的夢想中那個文化復興的自由民主聖地。

他們倆都哀嘆過往情誼已不復存。尼采再也不是大師唯一的夥伴，是為了實現大師計畫而在無妄堂華美廳堂中穿梭的無數各國民眾之一。第一場音樂節預計在隔年舉辦。在這麼緊迫的時間裡要完成歌劇院的建造、樂譜的最後編排，還得四處網羅能歌能演這齣英雄大戲的演員排練演出。最後他們又多花了一年時間，在一八七六年第一場音樂節總算開幕了。

尼采來訪這段期間裡，眾多將要扮演女武神、水仙女、眾神和凡人的演員總是在無妄堂中或低吟或高歌，或念誦或嘶喊。這裡不時有金主上門，熙來攘往的都是鎮上有頭有臉的人物。各種設計藍圖不斷修改變更。整個星期下來，華格納與受冷落的尼采之間的氣氛變得十分冷漠，氣得尼采故意羞辱華格納，大耍性子說講德語實在太無聊，要聊天就用拉丁文聊吧。到了週末，心理受創、緊張失眠的尼采總算打包離開了。他在筆記本上寫下：「這暴君只把自己和自己最信任的朋友當個人看。好大喜功會害了華格納。」[19]

尼采回巴塞爾沒有什麼值得期待的大事要做，過了個安安靜靜的三十歲生日。這個生日收到最棒的禮物，是三十份才剛印好的《不合時宜的觀察：教育者叔本華》。他寄了一份給華格納，華格納也隨即拍了封電報致謝：「鞭辟入裡的好文章。這是對康德最大膽的全新說法。真的要鬼才才能讀懂。」[20]馮．畢羅也很喜歡這篇文章，寫了封熱切的謝函給尼采，這多少修補了先前狠狠批評尼采不懂作曲所留下的嫌隙。馮．畢羅稱讚這篇文章精彩絕倫，還說俾斯麥應該在國會演講裡引述幾段這篇文章裡的文字。

尼采馬上就覺得舒坦多了。甚至連回到瑙姆堡老家過聖誕節也覺得愉快。他沒帶著筆記本上路，只帶著樂譜就回家了。這個愉快的假期讓他對自己的音樂才華又有了信心，他重新編寫修改先前的曲子，彈給法蘭琪絲卡和伊莉莎白聽，她們真是聽得如痴如醉。在這段充滿音樂的安詳間奏裡，就連瑙姆堡家裡的說教勸誡也壞不了尼采的好心情，身體也沒出狀況，唯一值得擔心的就只有大學校委會主席威爾罕・維雪—畢爾芬格在這時過世了。當初力薦尼采到巴塞爾任教的就是維雪—畢爾芬格，而且他一直關照著尼采，保護有加。尼采因為健康欠佳而長期缺課，這意味著他近期對大學的貢獻微乎其微，他那些惹出麻煩的著作更是難討學校當局歡心。不過，尼采還是十分樂觀，這或許是因為他在這篇談叔本華的《不合時宜的考察》裡提出的一個觀念：唯有自由才能解放天才，唯有不在任何機構任職的哲學家才能真切思考。離開巴塞爾大學能給他這份相同的自由。

寇希瑪寫了封十分委婉恭敬的信給尼采，說她和華格納即將再度出發募款，而這次要到維也納去。她說，沒有誰會比伊莉莎白更能令他們放心交託自己最珍貴的寶貝孩子了，不知道伊莉莎白能否大發善心，到無妄堂居住一陣子，代替他們照顧女兒和小齊格飛呢？不知尼采能否向妹妹轉達這麼唐突的要求呢？法蘭琪絲卡聽到後罵了半天，說這是浪費她女兒的寶貴青春，但是伊莉莎白卻覺得不成問題。這可是攀龍附鳳的機會。結果，伊莉莎白此行果然大有斬獲，在華格納家裡為自己掙得了雖不算至親好友，但也高過奴僕，大約就像是屋裡女官一樣的地位。

一八七四年末這個冬天霜雪冷冽。尼采從十二月到二月都病得特別厲害，幸虧他這時候只需要準備輕鬆的公開課（Pädagogium）就好。他的心思也飛到了下一本《不合時宜的觀察》上，他已經決定好了，下一本的主題就來談「藝術」。他會以跟華格納相處的第一手經驗當作立論基礎。但是就在他動筆之前，發生了兩次「震撼靈魂」的事件，使得他這整年沉痾日漸。

第一件事是關於住在毒藥小屋的海恩里希．羅蒙特，他不僅是尼采的好友兼書記員，尼采更視他為自己的另一個腦。羅蒙特說他打算要擔任羅馬公教的神父。尼采聞言，心痛如絞。羅蒙特怕不是瘋了吧？有沒有什麼靈丹妙藥可以治一治這瘋病，例如泡個冷水澡？為什麼世上明明有那麼多教派，羅蒙特偏偏選了羅馬天主教？那是所有基督教派裡最荒唐的一門宗派，不僅有那些充滿迷信的儀式，還有靠販賣贖罪券買來的那些遺骨髑髏。比這些中世紀的荒謬事蹟更誇張的，是五年前他們居然還宣稱了教宗無謬誤。羅馬公教就是搞笑小丑帽子上掛著的那串鈴鐺。難道這就是羅蒙特對他這些年來的友誼、論理與哲思所作的回報嗎？

羅蒙特待在巴塞爾這最後幾週對所有人來說都十分難熬。羅蒙特哭得淚眼汪汪，口齒不清；尼采則是氣急敗壞，不肯諒解。羅蒙特要出發傳教的那天，尼采和奧佛貝克送他到車站，而羅蒙特這時還繼續求他們倆能諒解自己。直到腳伕關上了火車門，他們還能看見羅蒙特奮力地想搖下車窗，好像要對站在月台上的他們說些什麼。那扇車窗動也不動，他們看到羅蒙特最後的身影就是他費盡了全身力氣朝他們大喊，但是他們什麼也沒聽見，只有火車緩緩離去的聲音。

尼采瞬時頭痛欲裂，這一痛痛了三十個小時，而且還吐個不停。

第二件震撼靈魂的大事則關係到尼采在毒藥小屋的另一名室友：法蘭茲．奧佛貝克訂了婚，馬上就要結婚了。羅蒙特是因為迷信而離去，而奧佛貝克則是為了愛情而離開尼采。這世上還有誰會把尼采他擺在第一位呢？只剩下他母親和妹妹了，一念及此，實在令人沮喪。但是愛情也許能拯救孤寂吧。有了奧佛貝克這個鮮活的例證，尼采也展開了一場愛情冒險。

一八七六年四月，尼采聽說有一位住在日內瓦的迪歐達提女伯爵（Countess Diodati）將《悲劇的誕生》譯成了法文。尼采心想，這樣的女子值得追求，便跳上了火車出發。抵達日內瓦後，尼采才發現這位女伯爵居然被關在瘋人院裡，但是沒有了她，正好讓尼采能夠重新與日內瓦管弦樂團的團長，同時也是華格納樂迷的雨果．馮．森格（Hugo von Senger）搭上線。森格也開班教授鋼琴，他的學生中有一位年僅二十三歲的利伏尼亞女子，出落得娉婷裊娜，名叫馬蒂德．川沛達赫（Mathilde Trampedach）。

尼采在日內瓦只待了短短一週。他這趟行程的重要事項之一是造訪詩人拜倫（Byron）曾經住過的迪歐達提莊園（Villa Diodati），而馬蒂德也一同前去了。馬車沿著湖畔轔轔而行的途中，尼采在車上大談拜倫那種擺脫壓迫的思想。馬蒂德冷不防地打斷他，說她覺得很奇怪，人居然要花那麼多時間精力來回答如何掙脫外在限制，但其實真正阻礙了人的，卻是來自內心的束縛。

這番說理點燃了尼采的靈魂。他們回到日內瓦後，尼采找了架鋼琴，彈奏一曲自己激昂奔放的隨興之作給馬蒂德聽。演奏結束後，尼采彎腰靠近她的手，熱烈地望向馬蒂德的雙眼。接著，尼采就跑上了樓，寫了封求婚信給馬蒂德。

「請你鼓起勇氣，」尼采如此開頭：「準備好接受我所提出的請求。你可願意嫁我為妻？我愛你，我也感覺得到你已經是屬於我的了。我從未〔對誰〕吐露過如此突然的感覺！可是這種感覺是純真的，所以也不需向誰請求寬恕。但是我想知道，你是否也有與我同樣的感受——感覺我們從來就不曾是陌生人，哪怕是一時片刻也沒有！難道你不也覺得我們在一起的話，你我都會變得比獨自一人更好、更自由——能夠好上加好嗎？你可敢與我在這一心追求完善與自由的路上同行？……」21

尼采不知道的是，馬蒂德其實一直與她那位上了年紀的鋼琴老師雨果．馮．森格祕戀。她一路追著森格到日內瓦來，就是希望成為他的第三任妻子，最後果然也如願以償。

Chapter

8

最後的門徒與最初的弟子

他們倆同時都想和對方絕交，一個是因為覺得自己備受誤解，另一個則是認為自己識人太明——但他們倆都在自欺欺人！——他們其實都根本不懂自己。

——《晨曦》，第四卷第二八七節

一八七五年到七六年之間最迫切的工作是要完成下一本《不合時宜的觀察》。出版商希望保持每隔九個月出版一本的節奏。尼采打算要寫點關於語文學的題目，但是〈我們語文學家〉（*We Philologists*）絲毫沒有進度。他對於歷史還原論這條進路，以及這種研究方式造成我們對藝術靈感的真正來源無動於衷的結果，還要再多說些什麼嗎？因此，尼采便把主題轉到了藝術上。

他想要在這本《不合時宜的觀察》裡談談他現在最感興趣的題目：天才人物以及這種人物對時代文化造成的影響。多虧了他與華格納有這麼長期的親密關係，我們實在難找到比尼采更適合對天才放大檢視的人選了。第四本《不合時宜的觀察》名為〈理查・華格納在拜洛伊特〉，這本書有兩個目的：這是《不合時宜的觀察》系列的又一新作，也是吹響首場拜洛伊特音樂節開幕號角的節慶特刊（Festschrift）。

〈理查·華格納在拜洛伊特〉文長約僅五十頁左右，但是卻花了尼采大半年才寫成。會花上這麼久時間才寫好，並非因為他經常託辭難以下筆的緣故，而是在於他花了大把腦筋和心情才真正有所理解領悟。寫這麼一篇讚頌作曲家天才的文章也讓尼采了解到自己必須要徹底告別華格納了。這位備受敬愛的作曲家對自己所造成的危險實在不容小覷：尼采若要成為自己所是，就必須超越華格納，而這也使得尼采內心裡起了莫大的情感衝突。

尼采一直以來都在歌頌著華格納音樂中的崇高力量如何感動他，但是他現在明白這也剝奪了自己的自由意志。這份領悟使得尼采愈來愈怨恨這份原本看似他人生最大救贖，實則迷亂朦朧的玄想誘惑。如今，他認為華格納是個危險人物，而自己對華格納的效忠則是虛無主義者逃離世界時掀起的一陣煙霧。他批評華格納是個浪漫的演員、虛假的暴君、感情的騙子。華格納的音樂使他神經錯亂，毀了他的健康；華格納其實不是作曲家，而是一種病嗎？

但他可不能把這種想法寫進要付印的文章裡：這種想法會使《悲劇的誕生》這本他唯一出版過的書徹底作廢。所以尼采在《不合時宜的觀察》中寫到華格納的天分時，（他後來也承認）就變成了對他自己天分的分析，將來這份觀察也可能派上用場。

尼采先前在談叔本華那篇《不合時宜的觀察》裡提過，盧梭的天分就像埃特納火山底下的蛇妖提風一樣原始粗暴。[1]而華格納也有著這樣的生命力，也是尼采希望自己能擁有的事物：他是一個永不饜足的反抗者，完全不顧自身與世界安危，是一個思想會引發概念震盪的文化創新人。一想到像華格納（和尼采自己）這樣的天才人物會引發的騷動，雖然破壞損害在所難免，卻是拯救人類脫離滯澀與平庸之必要，實在令尼采興奮不已。

這篇文章重提了《悲劇的誕生》裡的一些主張。尼采以華格納之名又說了一次自己的想法：對戴奧尼索斯的崇拜之所以消亡，是因為法律、國家與文化等無情的理性主義理論強加的結果，這導致現今這時代裡那些腐儒（Bildungsphilister）洋洋得意地標榜自身的確切穩固，而活躍的文化精神則全都拿來支持經濟與政治那一大片半頹的門面——這股支撐的力道主要都是靠新聞報紙，所以尼采再度痛斥，這種淺薄的支撐只能撐起新聞讀者的自我，卻會敗壞他們的靈魂。真正的文化，就像華格納（也隱含了尼采自己）的作品，則帶著一股暗流，能使精神得以淨化、擴大、變得尊貴，更無可避免地扮演了打破偶像的角色。這篇文章的結尾再度對華格納極盡誇讚之能事：例如說華格納的眼神綻放出「足以蒸發水汽、消融煙霧、穿破雷雲的陽光……他驚到了大自然，因為他見到了大自然的真相：大自然只好設法遁入自身的反面之中，以遮蔽自己的羞愧」[2]，諸如此類的話。不過，尼采還是忍不住要偷塞幾句明褒暗貶的話進去。他在拿華格納驚人的自信與歌德的自知相比時，說華格納「說不定比說自己：『我一直相信天下萬物盡歸我有；為我加冕，我當之無愧。』的歌德還要更『狂妄』。」[3]這篇《不合時宜的觀察》結尾說得模稜兩可，稱華格納其實不是「他希望我們看到的那個預見未來的先知，而是對於過往的詮釋者與變化者」。[4]

尼采把預見未來的先知這個角色留給了自己。

〈華格納在拜洛伊特〉並不成功。這篇文章充滿了怨氣和虛偽，寫作上不免又走回了尼采過去那套死板的風格，塞了太多認真的分析，卻沒有半點先前在〈教育者叔本華〉的溫情與機智。尼采在撰寫〈華格納〉這段期間，可說是歷經了弒親一般的痛苦折磨：從頭、眼睛到肚子，全身上下沒一個地方不鬧疼的，每天都有好幾個小時覺得像是暈船一樣。他平均每半個月都必須在漆黑的房裡躺上三十六個小時，渾身痛得無法思考。他失去了兩個至今都力挺自己的好友：馮．葛斯朵夫成家，羅蒙特也傳教去了。不過，四月時倒是出現了一個適合的文書人選，頂著一頭亂髮，二十二歲的薩克森作曲家約翰．海恩里希．柯瑟利茲（Johann Heinrich Köselitz）。柯瑟利茲寫得一手好字，清晰易讀。

柯瑟利茲在萊比錫學習對位法和作曲的時候，讀了《悲劇的誕生》。這本書讓他和他同學保羅．海恩里希．魏德曼（Paul Heinrich Widemann）「樂此不疲」。他們倆老實承認自己其實並未完全讀懂，但是他們都深感振聾發聵。「尼采說阿波羅與戴奧尼索斯的力量最終都遭到追求效益的理性主義（以蘇格拉底為代表）摧毀，我們就想，為什麼在我們這知識與理性文化的主宰下，竟然孕育不出偉大的藝術呢……《悲劇的誕生》是一位充滿藝術氣息與英雄氣概之人的強力反抗，控訴我們這種亞歷山大式文化造成意志軟弱、直覺消泯的局面。」[5]

〈教育者叔本華〉更加深了他們的崇拜。「我們這時代的其他人雖然認為『文化』就是邊沁（Bentham）那種愉悅總量最大化的理念（也就是史特勞斯與摩爾以降的所有社會學者的理念），但是尼采卻橫空出世，彷彿自雷雲中現身的立法者，教導我們文化的目標與巔峰乃是要創造出天才來。」[6]

柯瑟利茲稱尼采是「偉大的重估價值者」。他馬不停蹄地趕到了巴塞爾，決心求見，拜入尼采門下。

由於他不知道尼采的長相，只好到書店去找找當地風景名勝照片與地方名人肖像。但是令他大失所望的是，擺放那些大學教授肖像的玻璃櫥窗裡，沒有一張他心中偶像的相片。他問了半天，得到的回答卻是：「尼采教授？我們這裡有叫這個名字的人嗎？」這個回答或許不全是由於尼采在大學裡臭名遠播，也是因為他不喜歡他所謂「獨眼機器的攝像術……我每次都試著要避免不上相，卻總不免又照壞了——結果，我每次不是拍成了個海盜或是個知名男高音，就是某個東方貴族……」[7]

柯瑟利茲是個像華格納那樣孤注一擲的人，最後他總算見到了尼采，而尼采也將未完成的那篇〈華格納〉借給他看。柯瑟利茲還是那副興沖沖的老樣子，說服了尼采將文章完成，他也能夠幫得上忙。從四月底到六月底這段期間，他就專門聽寫尼采口述的內容，以他工整優美的字體謄寫了九十八頁。出版商送回待校稿件時，勤勉的柯瑟利茲也仔細校對。到了七月下旬，他們總算要寄兩本裝訂精美的書冊給華格納與寇希瑪，剛好趕在八月十三日音樂節正式開幕前的最後排練期。

華格納在最後這段排練期正忙得焦頭爛額，根本就抽不出身來讀這本書，但是在這兵馬倥傯之際，這確實是一份大禮。他很快就拍了封熱情如火的電報：「好友！這本書實在非比尋常！但你怎麼會這麼了解我？快過來，準備接受〔尼貝龍根的指環〕排練的衝擊吧。」[8]華格納將另一本寄給了國王路德維希，因為他也說他同樣著迷於尼采的文字。

在尼采來得及想好怎麼回覆華格納的霸道邀約前，他收到了一封來自爾文・洛德的信，說他就要訂婚了。這些人個個都重色輕友，他三個最要好的老朋友現在都要踏入婚姻了。

尼采並沒有直接表露自己的感覺。他寫了封溫和的道賀給洛德，還說和朋友相比，說不定是他自己猜錯了，但是婚姻必定要包含妥協，也包括安於凡人的平庸，但他並不打算接受這樣的生活。收到洛德來信當天夜裡，尼采寫了一首題為〈漫遊者〉（The Wanderer）[9]的抒情詩，描寫他自己夜裡走在山巒之間，聽到了悅耳的鳥叫聲。那隻鳥就像華格納在《齊格飛》裡的林中鳥一樣會說話。那隻鳥告訴他，自己不是為了尼采引吭，而是為了伴侶而高歌。

七月二十二日，尼采出發前往拜洛伊特，經歷兩天艱苦旅程後，總算抵達拜洛伊特。隔天尼采上無妄堂叩門求見。寇希瑪在日記裡只寫了尼采到來。不管哪齣戲，最後彩排階段總是壓力最大、最手忙腳亂的階段，但這齣戲的彩排壓力更勝尋常，因為金主的決定嚇壞了眾人：最後彩排就開始售票演出。這在大庭廣眾下裸裎相見的誤判漫漫無期，所有的缺失遺漏都在眾人面前一覽無遺。但是由於這齣戲每天都得花掉將近兩千馬克，只好出此下策，聊為補貼。

「一堆狗屁倒灶的事。」寇希瑪在日記中記錄道。華格納在舞台上和編舞總監與舞台設計大吵一架；歌手一個個出走，只得另聘新人；扮演《尼貝龍根的指環》中少年英雄齊格飛的演員赫爾・盎格（Herr Unger）嗓子居然啞了——還是說這只是個藉口？一名女武神主演跳起舞來時「笨手笨腳，粗野死了」；演壞人哈根（Hagen）的演員竟然忘詞；唯一能做出讓火龍噴火、揮動尾巴、眼珠轉動的工坊遠在英國，整條龍要分成三塊運送過來重新組裝，可是只有其中兩個部分送到了拜洛伊特，中間那條頸子被運到了貝魯特去，遠在黎巴嫩的首都；噴煙的機器毫無作用；舞台布景掉了下來，露出了後台那一大群只穿著內衣，好整以暇準備換幕的工人；還沒有人負責叫演員出場上台。華格納可容不下這些事情，這會搞砸了讓觀眾著迷的整場魔法。華格納出於自利但不失民主的考量，同意讓消防隊免費進場觀看彩排，氣得經營團隊的一名重要成員掛冠求去。最後的帶妝彩排更是實在苦不堪言。華格納雇了一名擅長歷史題材的畫家來設計服裝打扮。這些裝扮確實是鉅細靡遺、合乎史實，結果卻害得演員必須穿著沉重的靴子唱跳表演，把整齣戲弄得死氣沉沉，根本就難以放縱想像，更甭提要恣意翱翔了。寇希瑪也嫌棄那些服裝：「從頭到尾都讓人覺得像是印地安紅蕃的酋長，而且除了那些種族怪樣之外，還渾身鄉下土氣。真是教我看不順眼。」[10]華格納也不高興到了極點，把英雄齊格飛身上的號角拿來戴在自己頭上，活像一頭公牛般地邊吼邊一頭撞向那個倒楣的服裝設計。

茱蒂絲・高提耶的到來更加深了寇希瑪的不悅。茱蒂絲一走上拜洛伊特的街頭就吸引了眾人的目光，都是因為她那一身巴黎最新的時尚打扮：水手服。華格納自從在翠碧仙山莊那時起就對茱蒂絲暗生情愫，心中愛火至今未曾稍減。這全讓寇希瑪看在眼底。茱蒂絲是否真與華格納有肌膚之親至今雖仍有爭議，但這實在無關緊要。她入住的那棟房子華格納實在走得太勤了，兩人的關係如此如膠似漆，不免傳出流言蜚語。大家都說茱蒂絲是華格納的情婦。這對李斯特的掌上明珠來講實在是奇恥大辱。陪著華格納赴湯蹈火的是她，但華格納現在居然有了個新的繆思女神、新的靈感來源、新的愛人！寇希瑪心裡現在只剩下這些事了。她說自己的感覺「不復存在」，有如「槁木死灰」。整個音樂節期間，她總站得直挺挺的，抬起她高聳雍容的面容，將頭髮編成適合尼貝龍根故事中女王的中世紀髮髻，穿著新娘的翩翩白紗，以拜洛伊特的王后自居，扮演起再好不過的女主人。

正當茱蒂絲醜聞甚囂塵上的整個音樂節期間，過去數落嘲笑寇希瑪是華格納情婦的這同一批人，如今也招來了茱蒂絲的注意。地點雖換成了拜洛伊特，但是男主角仍舊是華格納。大批人龍登門拜訪，應門的卻總是寇希瑪。光鮮亮麗的她穿著一身仿中世紀裝束，手裡執著一把摺扇（拜洛伊特正遭常有的八月熱浪襲擊，歌劇院裡肯定會有不少人熱昏過去），風姿英挺地接待來自世界各地成千上百的賓客。這可是對整個曾經輕賤她的社會和那個法國女人最好的復仇了。

尼采抵達無妄堂時，只不過是當天進進出出的五百名訪客之一。僅有教授頭銜的尼采，只能排在名單後頭。所謂的繁文縟節，就是新貴得乖乖遵守的規矩。寇希瑪今天要與四位國君、無數王子公主、公侯伯爵及各等貴族招呼應酬。為了避免失禮冒犯、節外生枝，必須按照正確的品級次序來接見眾人。平民百姓則待在前廳等候，只能輕聲細語，就像在教堂裡一樣。

國王路德維希想要微服參加音樂節活動，安排要在神祕的午夜抵達，由華格納祕密接待，再搭乘馬車到拜洛伊特那座富麗堂皇的行宮，國王心想，這樣就能「掩人耳目」了。在流雲飛月之下，他和華格納兩個人坦誠相會，隨馬車在行宮御苑中的假山奇岩、水泉洞窟間馳騁遊走。對華格納來說，這是整個音樂節期間罕有的純粹心靈時刻，是彌補自己耽溺在物欲喧囂的時刻，更是與他畢生功業的真正精神、靈感及其目的重新連結的時刻。

但是誰都知道伴君如伴虎。國王路德維希堅稱自己不願在待在拜洛伊特這段日子裡公開露面，可是當人家拿此話當真時，卻又氣得跳腳。不過，國王還是先看了這齣戲，之後才露面接受民眾歡呼。他在七月二十八日那天看了《萊茵的黃金》的帶妝彩排。雖沒有民眾的歡呼聲，國王卻覺得劇中音樂如聞天籟。回到行宮後，隨即下令在御苑裡點亮火光，教樂團躲在樹叢後方演奏華格納的音樂，令噴泉池水則隨著音樂節奏高低起伏。

正如尼采所預料的，第一屆拜洛伊特音樂節並不是新生的埃斯奇洛斯重新打造悲劇精神，挽救歐洲文化免於滯澀平庸的場合。原本在想像中，這應該絕不只是一套現場活動而已，這是個象徵日耳曼文化的譬喻，是未來的形象、是現代性的樣貌；如今卻像尼采在《不合時宜的觀察》裡所總結的一樣，變得遠遠不如，只是舊有秩序的懦弱延續，只是讓腐儒稱心如意的委屈妥協。

尼采苦澀地寫道，「整個歐洲遊手好閒的人」都只不過把拜洛伊特音樂節看成另一場年度社交行事曆上盲目巡迴的景點。同樣令他生厭的，還包括眾多反閃族人士居然那麼喜歡在《尼貝龍根的指環》裡對於醜陋黑暗的地底矮人與沃坦那些金髮後裔之間粗糙刻畫的種族衝突。齊格飛最終的勝利結局讓眾人開心不已，就像一九二三年的拜洛伊特音樂節也讓希特勒心花怒放，樂得之後就寫下了《我的奮鬥》（*Mein Kampf*）一樣。

巴西皇帝佩德羅二世（Dom Pedro II）在帶妝彩排隔天晚間抵達無妄堂。皇帝陛下駕臨大大沖淡了舞台與服裝上的缺失所帶來的陰霾。符騰堡國王雖在幾位君王中位列末班，但能親身駕臨也確實頗添光彩。德國皇帝威廉大帝（Kaiser Wilhelm）本人親臨觀賞這四部曲的前兩齣歌劇，更一邊鼓掌一邊對著從臣微笑：「驚人！真是驚人！」可惜的是，他發現自己實在沒空留下將後面兩齣戲看完。

儘管華格納告訴過尼采他在無妄堂也可以有一間屬於自己的房間，就像在翠碧仙山莊那樣，可以供他住宿停留。但是尼采還是挑了自己能找到最便宜的旅社，就在城鎮中央，價格低廉，氣氛熱絡。

拜洛伊特當時還是個人口約兩萬人的小鎮。華格納新建的歌劇院可以容納一千九百二十五名觀眾，而《尼貝龍根的指環》四部曲一共要演出三輪；這就意味著總共有五千七百七十五人次的幸運神靈能夠持票進入英靈殿，自然也包括了各家為數眾多的配偶、子嗣與僕役。此外還有那些專業人員：演員、歌手、音樂家、舞台技師、木匠、裁縫、洗衣工，還有各式各樣的小販與僕從。再加上所有公開活動總是會有不請自來的人。無論是妓女，或是穿著燈籠褲、蓄著大鬍子的冒險者，還是扒手、流浪兒、一日遊客、鄰近地區跑來看熱鬧的平民百姓，更是將水洩不通的街道擠得鬧烘烘。這喧囂情景沒完沒了，熱氣和各種氣味把整幢旅館都熏得像是烤箱一樣令人作嘔，尼采就算躲在房間裡都沒辦法睡個囫圇覺。

對柴可夫斯基，還有成千上萬的其他遊客來說，最主要的麻煩在於找東西吃。「旅店裡準備的套餐不夠所有飢腸轆轆的人，」他寫道：「要拿到一塊麵包或是一杯啤酒都難如登天，若不靠力氣硬搶，就要有巧計妙策，或是鋼鐵般的耐力。就算搶到了一小張座位，也得等上半天才能等到渴望好久的餐點。飯廳裡一團混亂，人人都在嘶吼尖叫，筋疲力盡的服務生根本就不管客人究竟點了什麼。要嚐到食物滋味的機率微乎其微。……說起來，大眾在這整個音樂節期間裡最感興趣的其實是吃的，藝術表現反倒是其次了。肉排、烤馬鈴薯、蛋捲——大家對這些東西聊得比華格納的音樂還起勁。」[11]

歌劇院裡的燈光對尼采來說太亮了，他沒辦法坐在觀眾席裡觀賞。所以華格納給他安排了個靠近舞台，像是櫃子一樣小的漆黑房間看戲。這房間裡又悶又熱。尼采來的時候剛好正在排演四部曲的最後一齣戲《諸神的黃昏》，也就是世界末日來臨的段落。整個管弦樂團上百件樂器一齊奏出英靈殿的頹然崩壞和古老諸神的瀕死消亡，發出了大概在整個音樂史上前所未有的轟然聲響。「我一點兒也不喜歡……我非離開不可……」

尼采更不喜歡的是在無妄堂裡舉辦的酒宴。他去了一場，據說他當時一語不發、可憐兮兮的模樣，之後尼采就再也沒去了。

尼采這輩子一再重複出現的橋段之一，就是在他最低潮的時候，就會出現一個貴人對他倍加關愛。這次出現的貴人是瑪爾維達・馮・梅森布格（Malwida von Meysenbug），她是一名富有而又上了年紀的無政府主義分子，比華格納小三歲，但也屬於同一個革命世代。[12]瑪爾維達出過一本自傳《一個理想分子的回憶錄》（*Memoirs of an Idealist*）[13]，這使得她在拜洛伊特這地方算是個名人。

瑪爾維達十分崇拜華格納，在她位於羅馬的別墅裡擺滿了他的大理石胸像。她是一位普魯士貴族的女兒，由於在一場舞會上求愛遭拒，使她從上流社會的一員搖身一變，成了非要打倒這社會不可的堅定分子。她和華格納一樣在一八四八年到四九年的連串革命中遭到流放，但她遭流放的原因是幫她當時正愛得火熱的一名革命分子夾帶信件。她在遭流放後，跑到了倫敦北部，和一群同樣遭流放的俄羅斯無政府主義分子雜居，並認識了亞歷山大・赫爾岑（Alexander Herzen）[14]，雖然她想嫁給鰥居的赫爾岑，但最後卻成了赫爾岑兩個女兒的家庭教師。

瑪爾維達在革命界中也算是響噹噹的人物，所以當加里波底（Garibaldi）大張旗鼓地到倫敦鼓動英國人，組織「一個〔船艦〕共和國，隨時準備到爭取自由之地奮鬥」[15]的時候，加里波底還邀她到自己停泊在泰晤士河的船上共進早餐。瑪爾維達乘著小舟前往登船時，「鋪著一張漂亮椅墊的扶手椅從船上放了下來，我坐定之後就被拉了上去。在甲板上迎接我們的加里波底穿得十分帥氣——身著一件灰色短外衣，一頭金髮上戴著一頂繡了金絲的紅帽，腰間還掛著武器。他船上那些水手，有著深棕色的眼睛和膚色，也穿著同樣的打扮聚集在甲板上。」他們這頓早餐吃的是牡蠣，「接著大家就開懷暢聊……那些水手好像全都把他當偶像一樣崇拜，誰也擋不住他的性格中那股迷人魅力……。」[16]

瑪爾維達現在看起來就是個人畜無害、胖嘟嘟的六旬婦人，一頭銀髮整齊地向後梳，上面還蓋著一塊昂貴的蕾絲，但是她內心裡頭絲毫不乏當年那份無政府主義者的嗜血好鬥。

她十分樂見巴黎公社所立下的榜樣——要是她和雅各．布克哈特碰面，肯定火花四射。她不是個人文主義者，而是個神祕主義信徒，深信在這世界之外有股不知名的善良力量，任何實驗室都找不出這股力量，更甭提要靠試管實驗來認識了。這股力量為人類開啟了無限的可能性，使得男男女女都能夠轉變成神，因此人人也都必須為此目標努力奮鬥。

瑪爾維達至今仍保有堅定革命分子的那份天真直率。她那雙人人誇讚溫柔無比的藍色眼睛，至今也只看見她願意看見的事物。她高傲而短淺的目光會自動篩去那些不符合她心中理念的人類行止。她在回憶錄裡所寫下與其他革命分子的往來，也充滿了理想性，她一直都是大夥兒的管家婆，但她總想當山寨裡的女大王。我們很難不把她看成強人身旁的迷人花瓶，她比自己以為的更聽話，在列寧主義者的想法裡，她就是個「有用的凱子」。如今她自認自己的工作就是要鼓舞年輕的「自由先鋒」，而在她看來要承接下一棒的這個人選就是尼采了。

他們倆首次碰面是在一八七二年五月的拜洛伊特歌劇院奠基典禮那時候，此後兩人就一直保持著客氣的書信往來。她相當欽佩尼采的文筆，而尼采也在她需要時給予溫婉勸慰，因為赫爾岑其中一名女兒偏偏嫁給了不合瑪爾維達革命理念的對象。

尼采在拜洛伊特那個地獄般的住處真是吃足了苦頭，瑪爾維達看到後便叫尼采每天都到她花園裡來，找個蔭涼處好好休息。她毫無保留地關心尼采，給他溫和的奶製品吃，還讓他在流經花園的小河裡游泳納涼。這樣的生活讓尼采整個人生龍活虎起來，甚至讓他對於先前在歌劇院裡聽到的那些音樂重燃興趣。他不得不承認，即使拜洛伊特這裡的種種紛擾實在難以忍受，但在那些音樂跟前，自己的靈魂唯有臣服一途。

八月三日或四日，尼采誰也沒講地就逃離了拜洛伊特，就連瑪爾維達也不知情。他搭上了一列開往克林根布倫（Klingenbrunn）的火車，那是個巴伐利亞森林中的小村落。他在那邊待了幾天，但是健康情況並未好轉。他剛好趕在八月十三日音樂節開幕當天晚上回到拜洛伊特，照原定計畫與妹妹和他最要好的朋友洛德和馮・葛斯朵夫碰頭，大家可都是花了一大筆錢才訂到了戲票和旅館呢。

華格納的歌劇裡經常會用愛情靈藥當作劇情關鍵，而尼采這三個小伙子現在就像是喝愛情靈藥喝到醉昏頭了。

卡爾・馮・葛斯朵夫和一位年輕的義大利女伯爵奈瑞娜・費諾切提（Nerina）愛得「有如拜倫詩中那樣如癲似狂」。他貿然地向她求婚，後來還得花上好幾個月才能擺脫她家族的需索無度。

剛訂婚不久的爾文・洛德則是對路上見到的每個女性總是恬不知恥地上前勾搭，但手段實在拙劣不堪，總讓大夥兒尷尬難堪。

尼采則是在見到一位名叫路易絲・歐特（Louise Ott）的金髮美女後就一副失魂落魄的模樣。她就像尼采先前喜歡過的女生一樣喜歡音樂。路易絲是位傑出的音樂家，不僅彈得一手好鋼琴，還有一副甜美的好歌喉。她和尼采相會時總是天南地北的聊個不停，但她始終不曾告訴尼采自己已婚這回事。等到尼采知情時，他早已遍體鱗傷了。路易絲那個銀行家丈夫不喜歡華格納，所以就獨自留在了巴黎家中，而路易絲則是由她年輕的兒子馬賽爾

（Marcel）一路陪同來參加音樂節。她與尼采相見時有如一時天雷勾動地火，戀情一發不可收拾。

「你一離開拜洛伊特，我周遭就陷入了一片黑暗，」尼采寫給她的信中說道：「彷彿有誰熄滅了光芒。我要自己不得不先打起精神，如此一來，你才能放心閱讀手中的這封信。我們都想要緊緊把握住將我們湊到一塊兒的那份精神純潔。」[17]

三天之後，她回信了：「我們之間萌生的友誼能如此真誠健康，實在是太好了，這樣我們就能夠直接心靈相通，免於良心呵責……不過，我卻忘不了你的眼睛：你深切愛慕的眼光還停留在我身上，就像先前那樣……我們彼此甭再提起這些信件——先前種種將永留我倆心間——這就是我們的聖殿，只有咱倆能進。」[18]

過了一年，差不多就在同一天，尼采又寫了封深情款款的信告訴她，自己還能感受得到她就在身邊，轉頭就能看見她的雙眼。路易絲此時已再度懷孕了，但她幾乎是立刻回信，說這一點也不令她意外，因為她也總想著兩人相處的短暫時光：「我回想這一切，發現我竟如此富有——如此富有——都是因為你將你的心都給了我。」[19]

Chapter 9 自由與不自由的靈魂

但要是科學帶給我們的快樂愈來愈少，而且透過懷疑形上學、宗教與藝術所提供的慰藉而讓人愈來愈不快樂，那麼幾乎所有人最主要的歡樂泉源也將會枯竭。因此，更高等的文化勢必要讓人有兩種腦袋，就像有兩個腦室一樣，一個是用以認識科學，另一個則要用於非科學：兩者並列，互不混雜，彼此分離，能夠斷開；這就是健康的要求。

——《人性的，太人性的》，〈高等與低等文化的例證〉第二五一節

巴塞爾大學讓尼采從一八七六年秋季開始帶薪休假一年，甚至還讓他免了公開課的最後一講。這意味著完全的自由。瑪爾維達．馮．梅森布格邀尼采到索倫托（Sorrento）過冬，尼采也欣然應允。

出版商催著尼采趕緊寫出下一本《不合時宜的觀察》。尼采告訴他，一切都正在進行中。這並不是實話，但是他腦子裡確實有個盤桓不去，總想寫下來的點子。他暫訂的標題

是〈犁頭〉（Die Pflugschar）。犁頭銳利的刃面能夠明快地掘進土裡，截斷會扼殺幼苗的雜草枝蔓，這本書也是要截斷長期以來扼殺他原創思想的雜草，也就是他過去崇拜的偶像：華格納與叔本華。

這一路搭乘火車往索倫托顯然十分麻煩，換車和推送行李完全不是他能獨力完成的事，所以尼采又找了兩個朋友同行。其中一個是主修語文學的學生阿爾伯特．布倫納（Albert Brenner），年僅二十歲，患有結核病，喜愛詩詞，深陷憂鬱之中，他的父母都相信到南方過冬應該能有些療效。另一個則是二十六歲的哲學家保羅．瑞伊（Paul Rée），也是瑪爾維達在拜洛伊特見過的人。瑞伊的首本著作《心理觀察》（*Psychologische Beobachtungen*）頗受關注，而他也正準備出版另一本書。他會是新加入瑪爾維達準備在索倫托這裡開一個哲學文學沙龍圈子的絕佳成員。瑪爾維達總是夢想著要成立某種理想主義者的社群，所以十分期待接下來這個冬天能夠孕育出豐富的思想來。瑪爾維達本人也計畫好要寫她的第一本小說。事實上，這個冬天她的確寫出了一套名為《費德拉》（*Phädra*）的小說，是一部以複雜的家庭關係來闡述追求個人自由過程的三大卷作品。

一八七六年十月十九日，尼采與布倫納上了一列開往杜林（Turin）的火車，途中還行經了剛剛開通的建築奇觀：塞尼山（Mont Cenis）隧道。

他們發現頭等車廂裡除了自己之外，還有一對聰明又優雅的美女：克勞蒂妮．馮．布雷芬（Claudine von Brevern）與伊莎貝拉．馮．德．帕蘭（Isabella von de Pahlen）。尼采又落入了愛情漩渦，一路上和伊莎貝拉聊個不停。他們晚上道別之前還交換了彼此住址，不過當天晚上他們卻還是住進了同一家旅社。次日一早，兩位女士就要改搭乘另一列車，於是尼采便早早起床送她們一程，但就在前往火車站的路上，尼采突然感到頭痛欲裂，最後只得靠瑞伊攙扶著回到旅社歇息。

途經比薩時，尼采停下來造訪著名的比薩斜塔，到了熱那亞時，則是平生頭一次見到了大海。自此之後，尼采一想起熱那亞就會聯想到哥倫布、馬志尼和帕格尼尼（Pagnini）。這城市充滿了冒險者、建國者、發明家，這城裡的人個個勇於出航，在茫茫大海上探索新世界。尼采爬上了環繞熱那亞的山丘，想像自己就是那英勇的哥倫布，不僅發現了新大陸，更一舉將世界擴大了一倍。

他們從熱那亞改搭蒸汽船到那不勒斯。這是尼采第一次踏上古代世界的土地。但是他可沒有時間記下這肅穆的一刻，因為他全部的心思精力都花在想辦法趕走圍著他行李吵鬧叫囂，活像鵲鴉爭食的街頭流浪兒。這裡就是他夢寐以求的世界，但他的頭一次造訪竟然這麼有失儀態，實在太不像話了。還好瑪爾維達帶著他在傍晚乘著馬車，從林木蓊鬱的波西利波岬（古希臘人稱為匏西利波 Pausilipon）沿著那不勒斯灣，一路往朦朧的維蘇威火山和從昏黑海上浮現的伊斯基亞島（Ischia）前去，才讓尼采又開心起來。

「暴風雨雲就在維蘇威山上洶湧翻騰，在重重閃電和黯淡彤雲中卻出現了一道彩虹，整座城市就像是黃金打造的一樣閃閃發亮，」瑪爾維達寫道：「看到他們對這奇景一副不可置信的模樣真是太好了。我從沒見過尼采這麼生氣勃勃的模樣。他真的開心到大笑不停。」[1]

在那不勒斯待了兩天，他們就繼續啟程前往索倫托。他完全沒料想過穿過南方的建築物之間會是什麼情況。看看那些斑駁的橙赭色牆面、剝落的灰泥，那些黯淡頹靡的古代幽靈實在需要好好整頓整頓才是。相較於尼采畢生所熟悉的瑞士和德國那種構造嚴謹，象徵世世代代節儉正派的建築風格，這裡實在令他難受。

瑪爾維達租下了盧比納齊莊園（Villa Rubinacci），這座方正的灰泥別墅離索倫托城裡有一小段路，房子周邊環繞著葡萄園和橄欖樹叢。三位男賓就安排住在可以俯瞰露台的一樓客房。瑪爾維達和侍女崔娜（Trina）則住在二樓。二樓這房間也兼作討論沙龍，空間大得能容納所有人聚集，自由討論、彼此激發。

尼采十月二十八日寫了第一封家書回去，但刻意不向母親和妹妹說起自己覺得意義豐富深刻的任何事情。事實上，這封信寫得就像是個調皮的小男生一樣幼稚，即使是法蘭琪絲卡和伊莉莎白也會被這封信氣到不行，尼采根本什麼也沒說：「我們到索倫托了！從貝克斯（Bex）到這裡花了八天。我在熱那亞病了。然後我們又花了大概三天坐船——你們看看！——我們都沒暈船耶。」[2]信中內容諸如此類。但是尼采寫給自己的信卻又另做文章，坦言自己以前一想到一輩子都沒機會見到地中海世界就可能死去就渾身顫慄。

尼采參觀佩斯圖姆（Paestum）時，留下了深刻感觸：「對於一切完美的事物，我們總習慣不去追問它是何以如此，我們會浸淫在這當下，彷彿這東西是憑空出現一樣……我們也幾乎能感覺到（就拿佩斯圖姆的希臘神廟來說）是某個神明哪天興致一來，就用這些千斤巨石替自己蓋了這樣一座居所；或是哪塊石頭突然就有了靈魂，說出了這一切。藝術家都知道，自己的作品若能突然激發人的想像，相信這作品是突然出自某種奇蹟，那就是最棒的作品了；所以藝術家就會設法創造這種幻覺，加入那些迷人銷魂的騷動、令人暗中摸索的無序，還有在他開始創作時就浮現眼前的景象，好藉此吸引觀眾或聽眾的心神，令人相信這作品是在一瞬間就突然如此完滿地出現了。」[3]

這些自由的靈魂很快就有了一套規矩。他們每天早上完全可以自由活動。尼采每天只要海象許可就去游泳，接著是散步，然後工作。大家中午會一塊兒用餐，下午則沿著橘子樹叢散步閒聊，或是騎上驢子出門閒逛，這時大夥兒又會指著年輕的布倫納大笑，因為他那一雙長腿都碰到了地上。晚上他們也會共進晚餐，飯後就上樓到沙龍間去，按著共同課題展開討論。而為了尼采和眼睛也同樣不好的瑪爾維達，瑞伊和布倫納會輪流大聲朗誦討論題目。

他們先從布克哈特對古希臘文化的講演開始，然後是希羅多德、修昔底德與柏拉圖的《法律篇》，再來則是讀阿夫利坎．斯庇爾（Afrikan Spir）的《思想與實在》（*Thought and Reality*），這位斯庇爾是一個俄羅斯—烏克蘭裔的哲學家兼形上學家，也是一八五四年到五五年間塞瓦斯托波爾（Sebastopol）圍城戰中與托爾斯泰同一軍團作戰的同袍。斯庇爾的哲學體系建立在對於絕對確定性的需求之上。真正重要的並不是「真」，而是「確定性」。而唯一無條件為真的命題，就是同一律：A＝A。可是在我們這個變化界（Geschehen）沒有真正自我同一的事物。我們必須假定有一個終極的實在者存在，只不過我們對這個實在者除了說它是自我同一的，也沒有別的能講，而這個實在者也必定不是複數，也不會變化。斯庇爾宣稱這為柏拉圖與巴拉米德斯（Paramides）直覺掌握到的道理提供了一套邏輯推論。怪的是，斯庇爾居然會對這個時期的尼采產生了莫大影響，因為斯庇爾是個自然神論者（deist），而且也和叔本華一樣，是個形上學家，但是尼采這時候感興趣的卻都是法國的理性主義道德學家，像蒙田、拉・侯什福科（La Rochefoucauld）、佛維納格（Vauvernarges）、拉・布魯葉（La Bruyère）、斯湯達爾和伏爾泰等。

瑞伊自稱是演化倫理學家，而我們也幾乎可以確定是他把法國理性主義者排進了閱讀課目裡。在尼采過去崇拜叔本華那段日子裡，伏爾泰可說是不值一提，但是尼采這個冬天在思想上發生了劇變，甚至使他最後寫出來的新書都說是獻給伏爾泰的。尼采還半開玩笑地稱自己的新思想是「瑞性主義」（Réealism）。

保羅・瑞伊比尼采小五歲，是一名猶太富商的兒子，不需要出外謀生，幾乎可說是個職業學生，讀了好幾所大學，主修過法律、心理學、生理學等不同學科，在去年拿到了博士學位。他個頭和尼采與華格納差不多，不算顯眼。整個人可稱得上俊俏，一頭的波浪棕髮，而且和善可親，難怪後來會任憑像伊莉莎白和盧・莎樂美這樣的強勢女子隨意使喚。瑞伊患有某種我們不知道的輕微慢性病，但是他真正的毛病其實在於缺乏動力與自信。

瑞伊也和尼采一樣參加過普法戰爭，也在戰爭中受了傷，但他並未因此就拒法國文化於千里之外。他那套四海一家的世界觀正合尼采不僅僅是當個第二帝國的好公民，更要當個好歐洲人的宏願。尼采與瑞伊的友誼維持了大約六年，從一八七六年十月到一八八二年為止，這段期間他們所寫出的作品不僅在風格上彼此影響，在思想上也互通有無。這兩人都以古希臘人為起點，一方面思考自身這個時代的哲學問題，一方面也努力調和在達爾文之後對人類知識的重新整理。

瑞伊在他一八七五年的博士論文裡提出了他的基本主張：

1. 人類行為並不依賴自由意志。
2. 良心並不具有超越性的根源。
3. 不道德的手段通常可以為了好結果而值得稱許。
4. 人間世事並無進步可言。
5. 康德的定言令式並不適合當作道德的實踐學說。[4]

瑞伊很明白地主張要以達爾文的天擇學說來當作基本理論架構，以科學自然主義取代形上學的玄想，要像地質學家探討地質結構一樣來探究道德情感與概念。

既然不相信有自由意志，那也就不可能相信有道德責任的存在了。所謂譴責或犯錯其實都是錯誤觀念，因為這其實是假設了那個人原本可以做出不同的行為。

瑞伊分析到最後，他那種疏離淡漠，甚至有些犬儒的世界觀更排除了任何「意圖」的存在，或者說根本不容有任何可以教化指導、證成支持或提升超越的可能性。這樣一來，既然連形上學也拋棄了，這套主張就比叔本華的理論還要更加悲觀了，但恰恰正是瑞伊建立在這些想法上的自然主義學說打動了尼采，使他跳脫了叔本華與華格納那種形上學中的浪漫主義，轉而朝向講求實證與科學的觀點。瑞伊試圖以他所謂的「演化倫理學」重構道德情感從史前時代到歷史上的發展，據以解釋道德情感，而這做法深深影響了尼采的全新轉向。

瑞伊解釋了道德感是什麼：正如小孩在日常經驗、父母身教和習慣養成中會發展出不同觀念來，人類也同樣會隨著時間推移，發展出一種代代傳承的道德天性。瑞伊對於道德習得的想法其實是延續了達爾文在《人的由來》（*The Descent of Man*）裡的演化倫理學主張。尼采對達爾文作品的認識很可能都是透過像瑞伊這樣的二手傳播而來。[5] 尼采究竟有沒有閱讀英文的能力，恐怕頗值得商榷。不過，我們可以確知他讀過達爾文的〈嬰兒傳〉（**Biographical Sketch of an Infant**）[6] 這篇文章。這篇短文談的是道德感的早期展現。達爾文描述他看到兩歲的兒子威廉從餐廳走了出來，帶著一雙水汪汪的眼睛還有「一種不太自然或是生了病的奇怪樣子」。這孩子剛偷了糖吃。達爾文結論道，小孩子的這種不適感是源自取悅他人的欲望受挫而來，儘管這孩子才剛體驗到自己學會了如何連結過去與未來的事件。這孩子並不是害怕受罰，因為他「從來沒受過處罰」。對瑞伊來說，這篇文章講的就是他博士論文中的第二條主張：良心並不具有超越性的根源。尼采打算寫一本書來談這個題目，要來好好探討他所謂的道德系譜學。

瑞伊還隨身帶了一本拉．侯什福科的《道德箴言》（*Maxims*）。他自己也是個擅長創造嘉言錦句的高手，好比說：「教育改變了我們的行為，卻變不了我們的品格」和「宗教起源於害怕自然，道德則來自害怕人類」。[7]

瑞伊的博士論文裡有一句出人意表的大膽主張：「這份論文中有些缺漏，但我寧缺勿濫。」而在他愛以名言佳句表達的想法裡，也確實處處充滿了缺漏。對於一個自稱演化倫理學家的人而言，嘉言錦句實在是特別不科學的一種做法，因為科學證明的性質之一就是明明白白、清清楚楚的從A到B，但是名言佳句呢，就像尼采說的一樣，是讓猜想起飛的發射台，「精雕細琢出來的名言佳句光是單純地讀過去，並沒辦法『揭開謎底』；我們反而是在這時才開始加以註釋。」[8]

尼采受到瑞伊的啟發，也開始模仿起他優雅的法式錦句風格。他最在意的是簡潔，因為他自己能夠閱讀和寫作的時段變得愈來愈短了。「這神經痛發作起來實在既徹底又科學，每每都在測試我能耐得住多痛，而且每一次探查都會持續三十小時。」[9]他沒辦法總是找一個抄寫員把他說的話都記下來，而精心雕琢過的佳句要謄到紙上卻不用花多少時間。

他記在筆記本裡的頭幾句嘉言錦句讀起來活像是幸運餅乾裡頭的箴言：「母性出現在每一種愛裡；父性卻不然。」「要完整看待一件事物，就需要兩隻眼睛：一隻用愛來看，一隻用恨來看。」[10]當尼采愈來愈駕輕就熟，就對德文愈來愈失望。和法文相比，德文就是頭笨重的巨獸。德文的麻煩結構完全沒辦法簡潔寫好。想要用德文說出什麼嘉言錦句的人，很快就會碰上問題，因為德文的結構不像法文或英文那樣能截頭去尾、一針見血。散在各處的助動詞宛如雪崩般鋪天蓋地而來，渾無精簡餘地，徒然混淆重點。不過，尼采倒是十分樂在其中，他當時正著手撰寫的《人性的，太人性的》最後竟然有將近一千四百條的嘉言錦句。

華格納一家這時也在索倫托過冬，他們住在維托利亞酒店（Hotel Vittoria），離盧比納齊莊園不遠。自從拜洛伊特音樂節以來，尼采與華格納之間的聯繫就只有九月的時候，華格納由於心情沮喪，便寫信要尼采幫他在巴塞爾買幾件絲質內衣寄給他。尼采收到信的時候，身子虛得連筆都握不住，但是他還是設法找人買了內衣寄給華格納，而且還口授了一封情意真摯的長信寄了回去。信裡透露出對於能夠代勞感到無比欣喜，這樁小事好像又把過去在翠碧仙山莊那段快活日子帶了回來。[11]

瑪爾維達一行人一抵達索倫托，就馬上獲知華格納就在附近的維托利亞酒店，也聽說了華格納這時正處在最憂鬱的情緒低潮中。要辦好音樂節實在是耗盡他的心力。但是更糟的，應該說是糟透了的，是這場音樂節中出現的各種不完美。華格納一直處在十分憤怒的狀態裡，什麼事情都得靠他擦屁股。明年的音樂節他必須糾正所有藝術上的失誤。但是首屆音樂節已經讓他背負了十四萬馬克的債務了，還能有下一屆嗎？他寫信給國王路德維希，大膽提議將這筆債設法轉由第二帝國吸收，但是國王陛下還是一如往常，覺得麻煩的事情就乾脆置若罔聞。

尼采和華格納這兩批人同時在索倫托的時間大約有半個月。我們雖然（大多從瑪爾維達那裡）知道了在橄欖樹叢之間吹著微風，知道了他們每天的觀光行程，知道了在晚餐時天上有流星劃過，也知道了岸邊看到的粼粼波光，但是我們卻不清楚尼采與華格納之間談過些什麼。寇希瑪的日記裡，只有第一天簡短地提了一下尼采看上去十分憔悴，自己很關心他的健康。[12]但是寇希瑪對瑞伊倒是不假辭色，說他「冷漠拘謹的個性不討我們喜歡，仔細觀察後，我們都認為他一定是個以色列人」。[13]寇希瑪沒再多提到任何關於尼采的事了，但這也可能是因為尼采病得太重，沒出門見人。這個十月實在令他太難熬了。在一場「痛苦萬分的發作」後，尼采便出發去那不勒斯求醫，請專業眼科教授奧圖．馮．許榮（Otto von Schrön）診斷，許榮開出來的藥方是要尼采去結個婚，說這樣就會好多了。這很可能是要尼采去發生性關係的委婉說法，而我們從瑞伊那裡也得知尼采接受了這個建議，所以大概在那不勒斯或是回到索倫托之後就找了個妓女上床。瑪爾維達則是只聽了醫生那番話的表面，歡天喜地地忙著作媒。她和尼采還做了份安排，而尼采也寫了封信給伊莉莎白說明這安排。

「馮．瑪爾維達女士所說的這個計畫得要步步為營，而且過程中還需要你出力，計畫是這樣的：我們都明白，長遠來看，我在巴塞爾大學是待不下去了，若真要盡力留在大學裡，就意味著我得放棄所有重要的事情，還得完全犧牲自己的健康。」唯一出路就是討個有錢的老婆。「『善良，但是有錢』馮．瑪爾維達女士強調，這個『但是』讓我們大笑出來……有了這樣一個老婆，我就會在羅馬住上幾年，這個地方對我的健康、社交和研究都好。這計畫應該在今年夏天實行，就在瑞士，這樣等我秋天回到巴塞爾時就已經成婚了。我們邀請了許多『人』到瑞士來，其中包括……柏林的愛麗絲．馮．畢羅（Elise von Bülow）和漢諾威的艾斯貝絲．布蘭黛絲（Elsbeth Brandes）。以聰明才智來看，我覺得娜〔塔莉〕．赫爾岑（Natalie Herzen）是最適合的對象。你先前在日內瓦當過個好紅娘呢！真要好好誇你一番！但是不知道這次能不能成，況且還有錢的事呢？……」[14]

他認為要當個妻子最重要的一點（除了金錢以外），就是這個女人要能與他聰明對話，直到老死。在這個項目上，他點名娜塔莉．赫爾岑肯定會是最佳人選。娜塔莉是鰥居的亞歷山大．赫爾岑的掌上明珠，俄羅斯—猶太裔的她從小就由瑪爾維達一手拉拔教養長大，瑪爾維達一直將她們姊妹視如己出。儘管娜塔莉夠聰明，但她並不富有，所以尼采並不需要安排什麼退路。我們很難想像他在想到結婚時除了驚慌失措還能如何。當他收到曾在火車上搭訕過的伊莎貝拉．馮．帕蘭的來信，說她希望能和他在羅馬碰面時，他卻突然又犯了病，這是病情第二次打攪他和伊莎貝拉的緣分，而且這次他還病到沒辦法直接回信給她，不過他卻還能夠聯絡出版商寄給她一份《不合時宜的觀察》，並代他致意。

尼采似乎在火車上特別容易遇上桃花。在尼采的下一趟火車行程中，他又被一名來自米蘭劇院的芭蕾舞者迷得神魂顛倒；「噢！你真該聽聽我講義大利話！我要是個帕夏（官名），就會帶她去費佛斯（Pfafers），就算我在那裡學術不成，她也能為我翩翩起舞。我有時還是挺氣自己，竟不能為了她在米蘭至少待上幾天。」[15] 不過他也很快就承認了：「雖然我確實十分想要結婚，但這卻是最不可能成真的事——這一點我太明白了！」[16]

華格納一家人十一月七日離開索倫托，但是在他們離開之前，十一月二日萬聖節那天，他們又和尼采這一行人一起去健行，還共度了一晚。伊莉莎白．尼采（她並未去過索倫托）在她為哥哥所寫的傳記裡寫道，當天她哥哥和華格納大吵一架，最終導致兩人不相往來。但寇希瑪並未證實此事。事實上，寇希瑪才是在場的人，而她當天的日記內容則是相當簡短平靜。不過，從這例子中顯示出伊莉莎白編造故事的這份才能，確實有必要在這裡記上一筆，因為她所寫的尼采傳記對所有研究者來說都是顯眼的必經之處，而她這些不實故事也確實影響了幾十年的尼采生平研究。正如伊莉莎白對父親之死的虛構說法其實是為了避免人家注意到他們在家族中感染梅毒的可能性，她在這裡編出尼采與華格納吵架的故事，也同樣是要掩飾他們倆決裂的真正理由，這真正理由要到後來才發生，而且還環繞著醫療祕辛和性醜聞，這才是伊莉莎白要拚命掩蓋的真相。

「〔在索倫托〕共度的最後那晚，」伊莉莎白寫道：「華格納與我哥哥沿著海濱走了很久，還爬上了高處，大海、島嶼和海岸的美景盡收眼底。

『好個告別的氣氛，』華格納說。

接著他就突然講起了《帕西法爾》（*Parsifal*）〔這是華格納正在寫的新劇，是以聖杯騎士為主題的基督教故事〕。這是他頭一次細說這部作品，而且講得極好，不只是一部藝術創作，更是宗教傑作，充滿基督信仰……他開始向我哥哥坦承自己的許多基督徒情感和經驗，比方說懺悔和贖罪，以及合乎基督教義的各種事情……〔尼采〕他只能把華格納這幡然悔悟看成是試圖與德國統治階層的和解，因為那些人愈來愈虔信基督教——而華格納唯一的目標就只是在物質上獲得成就。隨著華格納說個不停，夕陽的最後一絲光輝也消失在海面上，一片輕霧夾帶著黑暗漸漸席捲而來。我哥哥的心裡也同樣陷入了黑暗……多嚴重的理想幻滅啊！瑪爾維達只記得我哥哥那晚上變得格外低落，早早就回房歇息了。他有個預感，自己和華格納再也不會見面了。」[17]

這一整段從頭到尾都是編出來的，卻一直被當作是真的，直到一九八一年，研究華格納的學者馬汀・葛瑞格—戴爾林（Martin Gregor-Dellin）才找出了真相。

尼采抵達索倫托後，華格納十分關心他的病況，趕緊寫了封信給他當醫生的朋友奧圖・埃瑟（Otto Eiser），埃瑟安排了尼采做一次詳細的臨床檢查。尼采從義大利回來之後，就到了法蘭克福給埃瑟和一位眼科醫師奧圖・克呂格（Dr Otto Krüger）進行檢查。這是尼采第一次徹底健康檢查，一共花了四天時間。他們檢查出尼采眼球內部眼底（fundus oculi）的部分出現病變，可能是梅毒感染。他們還發現尼采雙眼的視網膜都嚴重受損。這會造成嚴重頭痛，所以尼采的頭痛不是因為犯了「胃黏膜炎」，而是「中央器官的過敏傾向」，他們研判這是過度心智活動所致。尼采必須少做些工作，制定休閒規劃，服用奎寧，並配戴藍色眼鏡。他們說大腦沒有出現腫瘤，讓尼采大大鬆了一口氣。

當時社會上咸認自瀆是導致像尼采這種嚴重眼疾的主因，華格納寫了一封信給埃瑟醫師，口無遮攔地說出自己的猜測：「看到尼采的病況，我一直想到有許多同樣聰明過人的年輕人也有相同或類似的情況。看到他們因為類似症狀而一病不起，我確定這一定是自慰所導致的後果。此後我依循這些經驗仔細觀察過尼采，他的種種脾氣特徵和習慣傾向都在在將我心中的恐懼變成了確信。」[18] 華格納聽聞那不勒斯的醫生給尼采的醫囑，更進一步證實了自己的理論：尼采應該趕緊結婚，亦即，趕緊讓性生活規律下來。

埃瑟醫師回信道：「談到性事方面的時候，尼采不僅再三向我保證他從未得過梅毒，而且當我問他有無強烈性慾或異常性快感的時候也同樣否認。不過，我後面這問題也只是好奇一問，不能太認真看待他的答覆。我覺得患者說他學生時代感染過淋病，而且最近在醫囑之下在義大利有過幾次交媾，反而比較可信。他這些話的真實性無可辯駁，也至少證明了我們這位患者不乏以正常方式滿足性慾的能力；這情況雖然在他這個年紀的自瀆者來說雖非無法想像，但並非普遍狀況……我承認這些回答的確不是毫無紕漏，而且您也可憑對我們這位朋友長期詳盡的觀察來反駁。我十分願意接受您的假設，因為從尼采許多方面的行為舉止來看，我也覺得這說法非常可信。」

埃瑟繼續談到，先前曾有些因為自慰導致神經性歇斯底里患者的康復病例，但是在眼睛受損狀況如此嚴重恐怕是不可能了。尼采的視力惡化已經無可救藥。埃瑟判斷這絕不是梅毒與慢性腎炎所致。

至於尼采的頭痛，「這種神經中樞的過度敏感確實可以說與性事方面有直接的因果關聯，所以解決自慰問題對診斷意義重大——只是眾所周知，這惡習難改，我自己都懷疑能有任何療法奏效。」埃瑟醫師給華格納的建議和許榮醫師給尼采的醫囑一樣：尼采如果能夠結婚，也許能稍微改善他的健康情形——除了視力之外。[19]

導致彼此相敬相愛的這兩人最後決裂的原因，並非如伊莉莎白所說，是對於華格納《帕西法爾》劇本中宗教性的不同歧見。真正的原因，是尼采最後看到了這封立意良善卻椎心蝕骨的信件。

Chapter 10 人性的，太人性的

全心投入自身作品裡的思想家——藝術家也是——在看著自己的肉體與靈魂隨著時間消蝕時，會體驗到一種近乎惡意的愉悅。彷彿他就站在角落裡看著一個賊要撬開自己的保險箱，但他心裡明白那個保險箱是空的，真正的寶物藏在別的地方。

——《人性的，太人性的》，〈藝術家與思想家的靈魂〉第二〇九節

致瑪爾維達．馮．梅森布格：

盧加諾，週日上午〔一八七七年五月十三日〕

人在搭船旅行的途中還受苦受難實在是太糟糕了，但是也很好笑，而這就是我這頭痛偶爾在我身體十分健康時會呈現的模樣——簡單講，我今天又再次處在什麼也做不了的平靜心情裡，在船上的時候滿腦子都是最糟糕的念頭，我對自殺這件事唯一關心的就只有哪片海才是最深，這樣跳下去之後才不會馬上就被打撈起來，還得付上一大筆錢向搭救者表示感激……我喝了我最烈的酒，看誰都覺得可疑。海關艇盡責地靠了上來，但是

我先前竟忘了辦一件最重要的事，就是把我的行李報給火車托運。後來我就開始前往漂亮極了的國家酒店（Hotel Nationale），卻在旅客車廂裡遇到了兩個賊人，他們想逼我在一家破爛的小餐館下車；我的行李一直在別人手裡，總是有個傢伙搶了我的包包跑在我前頭……這一路實在太可怕了，還有一整批流氓要我付錢買過路費……我跨過了瑞士邊境，當時正下著傾盆大雨，天空中出現一道閃電，接著雷聲大作。我想這該是好兆頭吧。

尼采顯然不懂算命。回到瑞士後，他可就沒多少心情自嘲了。義大利的溫和氣候並沒有對他的健康發揮想像中的魔法效果，而儘管在盧比納齊莊園裡的交際十分愉快又多有啟發，但是這並沒讓尼采寫出書來。《不合時宜的觀察》既未能重新振作日耳曼文化，又沒辦法大賣（銷路最好的是〈華格納在拜洛伊特〉，在首屆拜洛伊特音樂節成千上萬的樂迷中賣出了大約九十本），尼采寫信給他的出版商許麥茲納（Schmeitzner）問道：「我們該不該收掉《不合時宜的觀察》了？」[1]許麥茲納否決了這提議，但是尼采早已不想再繼續《不合時宜的觀察》那一串十分原創卻雜亂無章的主題了，他現在專注在寫一本新書上頭，也就是他在短暫逃離拜洛伊特，跑到克林根布倫時想到的東西。預定的書名從「犁頭」和「自由的靈魂」變成了《人性的，太人性的》（*Human, All Too Human*），還加上了副標題：「給自由靈魂的書」（*A Book for Free Spirits*）。他說這本書是一場危機的紀念碑，主題是人類的境況，理性則是路標。這本書的用語既不激動，也不古板，既不誇張，也不曖昧，反而充滿了人味，十分清晰優美，也許算得上是他最討喜的一本書了。

傳統的思考方式崩潰之後，啟蒙運動與浪漫主義試圖填補這片空虛，但尼采放眼四顧，這份努力竟處處扞格不入。一切都需要重新來過，「擺脫各種幻象和隱士玩弄的皮影戲」。在尼采身上，就是要擺脫對古希臘文化的那份懷舊推崇、擺脫叔本華、擺脫華格納、擺脫將世界區劃為意志與表象的區分。這本書是他從語文學家與文化評論家一躍成為點燃論戰者的轉捩點。這不是一本寫給哲學家的書，而是寫給願意不仰賴任何預先概念、假設以及自古以來種種限制真正自由思考的虛構說法，認真檢視文化、社會、政治、藝術、宗教、哲學、道德與科學問題的探究者。尼采要用伏爾泰的眼睛來審視現象界，而且承認本體界不僅難以觸及，對人的生活更是毫無意義。他要繼承啟蒙運動，成為重新掌握自我的那個自由靈魂，更是開門見山地就在封面上寫著要將此書獻給伏爾泰。這是明目張膽地要反抗華格納了。

尼采將這本書分成幾節：

最初與最終的事物
道德情感的歷史
宗教生活
生自藝術家與作家的靈魂
高等與低等文化的例證

社會中的人
女人與小孩
國家一瞥
獨處
朋友之間：代書跋

書裡的每一節都有編了號碼的嘉言錦句或是格言段落。〈最初與最終的事物〉開篇破題就指出了以往所有哲學家在根本思考上的先天缺陷：他們都認為人性是一種永恆的真理（aeterna veritas）。人在他們面前就像是某種歷經千辛萬苦仍始終如一的東西，是萬物的不變尺度。而哲學家所說的一切，基本上都不過是對於在極有限時段內觀察到的人所做的陳述。[2]可是人已經進化了。世上沒有永恆的事實，也沒有絕對的真理。人類發展所必須的一切事項早在遠古時代就已完成，那是在我們或多或少有些認識的這四千年之前更古老的事。人在這幾千年來大概沒有太大改變。但是哲學家看到了今日人類的「本能」，而且還假定這些本能就是屬於人性中不會改變的事實。哲學家便以此為基礎，當作是用以理解世間萬物的鎖匙。[3]但是我們並不能透過擬人化或者以人類為中心的辦法來獲得對世界的理解認識。

宗教、道德與美感都是只屬於事物表面的感受，只不過人總喜歡相信這些感受能觸碰到世界的核心。這是因為這些感受是能帶給人人生意義、會讓人極為開心或難過的東西。

所以人會靠占星術的幻象來欺瞞自己，相信星空會繞著他自己的命運運轉。[4]

形上學與文化的起源都在於夢境。原始人認為自己能夠在夢中認識另一個世界。這就是所有形上學的起源。沒有了夢，人就沒有辦法區分不同的世界。肉體與靈魂的區分恰是來自這些關於夢的古老信念。關於精神魂靈的設想也是一樣，這就是所有關於鬼魂信念的源頭，大概也是一切神明信念的起源。[5]

形上學的各種假想，則是來自於自我欺騙的激情錯誤。不過，尼采也願意接受可能真的有個形上學世界存在，畢竟誰也不能否定這種可能性。但是即使能夠證明形上學世界的存在，關於這樣一個世界的知識也會是最無用的知識，在一名水手遭遇船難時，這種知識比知道水的化學成分還要沒用。[6]

書中關於邏輯與數學的這一節，讀起來就像是個數學門外漢的復仇：邏輯是建立在完全不符真實世界任何事物的假設之上。[7] 數學也是如此，要是大家打從一開始就知道大自然裡不存在精確的直線、沒有純粹的圓，也沒有絕對的初始，那根本就不會出現數學。[8] 我們會記得尼采在福達中學的數學成績一塌糊塗，因為他告訴我們數字法則是建立在一開始就認為世上有許多相同事物的這個普遍誤會上，但其實根本就沒有完全同樣的東西。假設複數存在，是預設了有某個事物會重複出現。這實在錯得離譜。我們創造出了根本就不存在的等同事物和單一事物。換到另一個不使用我們觀念的世界裡，數字法則就根本完全派不上用場。這些法則只在人類世界裡成立。[9]

以〈道德情感的歷史〉為題的這一節一開頭就提出了警告。自由思想必須以心理學觀察為基礎，人類不能自免於躺上手術台任心理學以刀刃鑷子解剖的恐怖景象。[10]尼采還特別徵引拉．羅什福科的話來強調這一點：「世人所謂美德者，往往無非是吾人激情所形成之幻象，予以誠實之名，便可隨心行動而免受責罰。」[11]人這種超級動物（Das Über-Tier）想要受騙。社會本能孕育自對於共享快樂和對危險的共同迴避。道德就是一種藉以令超級動物循規蹈矩的堂皇謊言。

〈國家一瞥〉這篇說，由統治階級治理的政府會危害自由，而且遊走在獨裁邊緣；但若交由大眾治理，人民自己就必須扛起這辛苦的艱困處境，就像要適應地震一樣。尼采在這裡還引述了伏爾泰的話：「思考交給百姓來，茫然迷無涯。」[12]

社會主義的用心無可挑剔，但是整個古老文化乃是由暴力、奴役、欺詐與錯誤建立起來的。我們既是這古老過去的產物與繼承者，就不能否定自己，而且我們也無法希望消滅這任何一部分。「真正需要的不是強硬的重新分配，而是心靈的逐步轉變：必須使人人心中的正義感愈來愈強，暴力的本能愈來愈弱才行。」[13]

尼采寫到宗教時帶著無比的自信。他在這方面的基礎比談起科學、政治或是數學堅實多了。他引述起聖經格言真是信手拈來，若合符節。

他從聖經裡挑出了特定的幾篇詩文，拆解貶損得不亦樂乎。比方說，路加福音第十八章第十四節上說：「凡自高的，必降為卑，自卑的，必升為高。」尼采則寫道：「路加福音十八章十四節該改成：『凡自卑者，都盼升高。』」[14]

對宗教這種「高級詐術」的信仰以及對理念的信仰都正要被對科學的盲目信仰所取代，

而儘管科學滿口保證確定性，卻被提升到了宗教的地位。人若想要獲得精神自由，就必須對宗教、科學與理念都採取分析性與批判性的詮釋。現在還沒有具備這種自由精神的人，但總有一天會出現。尼采說他們正緩緩地朝他而來，彷佛從未來的迷霧中浮現的奇景幻象。這些漫遊在地球上的人明白自己正邁向並不存在的目標終點。但是這並不會令他們生活萎靡，恰恰相反，他們的救贖就在樂於接受不確定與無常。他們歡迎嶄新的每一天所帶來的謎團，因為這令他們的思想得以進化。

尼采說《人性的，太人性的》是一場危機的紀念碑，這不僅是說他與華格納在意識形態上分歧的危機，也是說他厭惡過去十年在教職上渾渾噩噩的危機。回首過去，他很氣自己太早就被逼著接下自己並不適合的這份職業：語文學只讓他感到空虛飢渴，害他只能從華格納的迷人魔咒中尋求滿足。但是音樂這場害人迷夢並不能提供現實慰藉。《人性的，太人性的》是他探索自由精神的哲學之旅的起點，尋求成為一個不靠理念、神明，甚至不靠自己從音樂感受的那份崇高，卻能滿足自我存在那份飢渴的那個人。

《人性的，太人性的》是尼采第一本以編號標示嘉言錦句這種風格寫成的書。受淒慘病況所迫，他不得不用這種片段零碎的方式寫作，卻將這種折磨轉變成了他的優點。透過寫作，尼采明白到運用格言是使質問更進一步、更深刻的一種挑戰、跳板與刺激。這本書就是他轉變成為真正原創作家與思想家的開端。

一八七八年一月中旬，尼采將第一卷（之後還會有另一卷）的完整稿件寄給了出版商許麥茲納。信中還包括了一份詳細指示：這本書務必準時出版，以紀念五月三十日伏爾泰逝世一百週年；本書不可以任何方式宣傳；必須匿名出版，以避免原本支持或反對尼采的各方對這本書產生偏見；封面上的作者姓名要標示為「本哈德・柯榮」（Bernhard Cron）。尼采甚至還為這位虛構的柯榮先生編了一份生平以供出版。

「本哈德・柯榮先生，據知為出身俄羅斯波羅的海省分的日耳曼人，近年多在歐陸旅行。他在義大利特別熱衷哲學與古物研究，並與保羅・瑞伊博士相熟。透過瑞伊博士引介，結識了許麥茲納先生。有鑒於未來數年仍將四處遊居，來信請轉至柯榮先生的出版商處。許麥茲納先生未曾親見柯榮先生本人。」[15]

許麥茲納斷然拒絕這份要求。說是本哈德・柯榮先生所寫的格言集肯定乏人問津，但若說是《悲劇的誕生》作者改弦易轍，可就是大事一件了。他寫了封令尼采動心的信：「一個願意在公眾面前發言的人，若是他改變了意見，就有責任在公眾面前推翻自己過去的看法。」[16]許麥茲納一次就送印了一千本，不顧尼采說不准宣傳的要求，更將這本書定價為十馬克。這是他這家出版社書目上定價最高的書籍，也顯示出對這本書有多麼大的信心。

尼采的名字出現在書的封面上頭，但是拿掉了尼采曾經引以自豪的教授頭銜。尼采在四月底寄出了二十八本贈書。保羅・瑞伊那本還特別寫上了：「我所有朋友都說這本書根本是你寫的，或者都是受你影響才寫出來的。所以我也要恭喜你新書問世！……瑞性主義萬歲！」

雅各・布克哈特很喜歡這本書，他稱這本書是能夠增進世人獨立的最高傑作。但是布克哈特和瑞伊卻是這本書僅有的擁護者了。收到贈書的其他人都是隨著尼采進入華格納─叔本華迷宮裡的同溫層小圈子，他們不是覺得遭到背叛，就是感到困惑或十分厭惡。洛德問道：「有誰能把自己的靈魂抽走，突然換了另一個？尼采怎麼突然變成了瑞伊？」這問題也同樣困擾著其他大膽擁護《悲劇的誕生》的信眾。但是尼采在面對這些懷疑時，堅定地回答道：「我才不想要擁護者呢。」[17]

有個匿名讀者從巴黎寄了一座伏爾泰胸像給他，上頭還附了一張紙條，寫著：「伏爾泰的靈魂向弗里德里希．尼采致敬」[18]。這禮物也許出自美麗的路易絲．歐特，也就是尼采在拜洛伊特音樂節邂逅的那位女子。在歐特回到巴黎丈夫身邊後，他們還寫過一次對彼此念念不忘的書信。但也可能是華格納派人從巴黎寄了這座胸像。畢竟他就是喜歡開這種玩笑。

這本書在四月二十五日寄到了華格納的無妄堂。書封上獻給伏爾泰的字樣讓華格納他們吃了一驚。快速瀏覽過一遍後，華格納覺得假裝自己從沒讀過這本書也許對作者會顯得比較仁慈些。不過寇希瑪倒是詳細讀了。她說這本書裡「充滿了憤怒與怨氣」，還有一種甚至比伏爾泰的影響更糟糕的東西，也就是猶太人試圖控制歐洲這份陰謀的縮影。保羅．瑞伊是個猶太人，這件事她在索倫托一見到他沒多久就嗅出來了。寇希瑪對《人性的，太人性的》的解釋是「以色列終究是以非常狡猾、非常冷酷的瑞伊博士形象從中做了手腳，受到〔尼采〕主宰，雖說尼采其實比他更聰明──具體而微地呈現出了猶太與日耳曼的關係。」[19]她還誇張地叫人將尼采的信都燒了。

華格納本人則是在《拜洛伊特新聞報》（*Bayreuther Blätter*）這份他剛成立的報紙兼廣告刊物裡做出了公開回應。尼采先前拒絕擔任這份刊物的編輯後，華格納便指派漢斯・馮・佛佐根（Hans von Wolzogen）接下這職務。佛佐根是個反閃族主義者，也是個二流的知識分子，靠著在無妄堂附近蓋了座奢華的莊園和對華格納逢迎拍馬混進了無妄堂這圈子。儘管尼采鄙夷報紙文化，也拒絕了這項職務，但是他其實十分嫉妒馮・佛佐根當上了編輯。這確實是個有力的職位。

華格納的文章表面上是全面考察德國的公眾與藝術之間的關係，但實際上則是為他自己和叔本華主義辯白，要捍衛形上學概念，尤其最重要的是要守住藝術天才這一觀念，畢竟他自認自己就是全歐洲的第一典範。他嘆惋科學知識的興起，也埋怨科學家過度重視化學和那些晦澀難懂的方程式。他說就是這樣造成愈來愈多知識分子疑神疑鬼，拋棄形上學就導致了大家質疑包括天才在內的所有人類事物，要否定天才擁有觸及現實之神祕內在本質的獨特能力根本是無理取鬧，科學思考永遠無法建立起與此類似的直覺連結，以通往人類精神。[20]

尼采這時還沒發現華格納與他的醫生之間那封可惡的信件，所以並未公開回應。他只有私下表示那篇文章相當惡毒、十分傷人，而且盡說歪理。這讓他覺得自己彷彿一件從理想世界寄出的包裹般無處安身。接下來這整年裡他的健康狀況更是江河日下。他能勉強起身的時候，就信筆寫下些反駁字句，後來放進了〈意見與格言雜集〉（A Misellany of Opinions and Maxims）和〈漫遊者和他的影子〉（The Wanderer and His Shadow），集成了《人性的，太人性的》的第二卷。尼采寫這些材料時，實在倍感挫敗，苦惱萬分：

「這些東西——除了少數幾句之外——全都是在散步時想出來的，用鉛筆草草記在了六本筆記本上，但我總是在準備好要寫下正式稿本時身體不適。我必須略去大約二十段的漫長思考過程，而且還是關鍵步驟，因為我找不出時間從恐怖的鉛筆塗鴉裡整理出來……而在這其間，思緒之間的連結就從我腦海裡溜走了；我只能從這受盡折磨的大腦裡偷一時片刻的所謂『腦力』來用。」[21]

在有薪休假一年後，尼采回到巴塞爾大學準備繼續執教。他覺得自己若不幹點有用的事，大概就活不下去了。

巴塞爾大學這時新聘了一位醫生魯道夫·馬西尼（Rudolf Massini）。馬西尼醫師在諮詢過埃瑟醫師後，認為不該排除麻痺性失智症（dementia paralytica）的可能。他預測尼采可能會失明，而且禁止他這幾年從事閱讀寫作。馬西尼這麼做不啻於判了尼采死刑。

尼采之前有柯瑟利茲來幫他讀寫，又有伊莉莎白操持家務，要繼續教學工作相對容易，但是現在柯瑟利茲搬去維納斯追求作曲家的夢想了，而伊莉莎白也不打算過來他身邊幫忙了。

伊莉莎白因為《人性的，太人性的》裡公開反基督宗教而感到受辱。這本書是家族之恥。現在她哥哥還打算放棄教職，這分明是要陷他自己於貧困低賤之中，況且，這還會熄滅教授職位映照在他母親和她身上的光芒。在瑙姆堡這個壓抑的父權社會裡，尤其在這麼傳統的社群中，尼采這麼做對她的婚姻大事可是一點幫助也沒有。

該是時候換個盟友了。自己可以從其他地方借點光芒來，也許就從正如日中天的華格納與寇希瑪他們身上沾光。自從尼采在翠碧仙山莊將伊莉莎白介紹給寇希瑪後，伊莉莎白就一直設法讓自己在許多小地方都能派上用場。這兩位女性都相當講求物質享受，也十分重視宗教。寇希瑪寫信給伊莉莎白，坦言自己認為尼采這本書既無顯著才學，在道德上更是可惡可惜，在風格上則是既惺惺作態又敷衍馬虎。寇希瑪相信，她幾乎在每一頁上都能發現「膚淺言詞和幼稚謬論」。尼采的背叛無庸置疑。他拋下了他們，投向了「兵強馬壯的敵對陣營」，也就是猶太人那邊。

伊莉莎白衷心支持這觀點。她開始和在拜洛伊特結識的本哈德・佛斯特（Bernhard Förster）這個反閃族主義的領導分子通信。佛斯特的民族主義和反閃族主義比尼采的歐洲主義和瑞性主義更對伊莉莎白的脾胃。伊莉莎白不想當個自由的靈魂；相反地，她十分珍惜將她牢牢繫縛於社會和傳統的重重鐐銬。她哥哥在巴塞爾的朋友圈雖然有不少單身漢，但是她在那群人裡卻開不出桃花來。現在是住回瑙姆堡，考慮自己終身大事的時候了。

沒了伊莉莎白打理家務，尼采這下就只能深居簡出了。他賣掉了所有傢俱，搬到城郊一間靠近動物園的簡陋屋子裡。門牌上寫著巴赫萊騰街十一號表示到巴塞爾大學要走上好一段路，但尼采還是想辦法堅忍不拔地繼續到校上課。他一人獨居，「痛得半死也累得半死」，天天仔細記帳，還做了份像在福達中學時期的日程表，試著在接下來的四年內維持學術創作並控制預算。

一八七九年五月二日，尼采正式辭去教授一職，理由是健康不佳。他希望那些醫生說教學與寫作有害他身體健康的說法確實沒錯，他自己覺得還要加上華格納的誘人樂聲。「我那些大有問題的思考和寫作一直以來都害我病個不停，我真正當個學者的時候也很健康；但是後來音樂就出現了，破壞了我的神經，何況還有形上學哲學以及擔心那千百件根本與我無關的事……。」[22]他現在既然放下了這兩項重擔，想必能夠重拾健康。

六月三十日，巴塞爾大學接受了他的辭呈，還提供他每年三千瑞士法郎，一共六年的離職津貼。尼采在瑞士還沒有連續住滿八年，所以也無法取得瑞士公民的資格。他自己倒是對無國籍這件事很看得開。這是個能夠理解普世道德的好立場，可以根據對生命的全新評價來重塑善惡，而不必被動借用接受任何主張。也許這總算讓他成了真正自由的靈魂。

他想要仿效小時候的英雄赫爾德林，於是搬進了瑙姆堡一座舊塔樓裡，當個園丁儉樸度日。但是才不過六個星期，他就了解當個園丁需要強健的體魄，更需要清晰的視力。自此之後，尼采就展開了他的流浪歲月。

Chapter

11

漫遊者和他的影子

我在阿爾卑斯山上不問攻訐，何況我只有獨自一人，除了自己之外別無敵人。

——致瑪爾維達·馮·梅森布格，一八七七年九月三日

尼采賣掉了所有東西，只留下他那些書和幾幅畫。他把打理財務這件事交給他信賴的好友法蘭茲·奧佛貝克，還把自己的便條和筆記本交給伊莉莎白保管（這個彌天大錯代價非凡）。他自己只留下兩箱捨不得離開身邊的書。這兩箱書也隨他循著新鮮牛奶與空氣療法的行程，繞遍了阿爾卑斯山：達佛斯（Davos）、格林德瓦（Grindelwald）、因特拉肯（Interlaken）、羅森洛伊泉（Rosenlauibad）、瓊翡爾（Champfèr）與聖莫里茲（St. Moritz）。他就像普羅米修斯（Prometheus）一樣在高地間漫遊，經常一天走上八到十個鐘頭，心思則專注在宇宙那不可知的目的上，在思索不可盡知的廣大領域中獲得了無比的澄淨領悟。他沿著山中石徑盡量爬得愈高愈好，但是他總是必須放棄登上最高峰，因為那上頭的永凍冰雪所反射的亮光會在他寫下新書點子時，像一把把利劍般戳刺著他的眼睛。

「各位在這本書裡會發現一個辛勤工作的『地底人』，不停挖掘著大大小小的隧道孔洞。各位會看到——假設各位能夠看到這本書的深邃之處——他緩緩地前進，小心翼翼、堅忍不拔，絲毫無懼長時間欠缺光亮與空氣所導致的痛苦；各位甚至可以說他是心滿意足地在那片黑暗中工作。這看起來難道不像是有某種信仰引領著他，給予他某種慰藉嗎？不過，他說不定渴求這片漫長的黑暗，渴望無人理解、無人察覺、保持神祕，因為他知道自己也能藉此獲得他自己的黎明、他自己的救贖、他自己的晨曦呢？……這個看似特洛佛紐斯（**Trophonius**，太陽神阿波羅之子，被土地吞噬之後在地底活了下來，成為預言之神）的人，這個地底人，一旦再度『變成為人』，他就會告訴你他自己的準則。如果我們像他一樣在地底隧道裡當了那麼久的鼴鼠，那麼我們也會完全忘記什麼叫做沉默。」[1]

這段文字出自《晨曦》序言，也是他在這段修煉期間（**Wanderjahre**）的寫照，這個半盲的前語文學家、往日的鼴鼠在歐洲各個山巔海濱流浪的這段漫遊歲月裡，變化成了肉眼雖瞎，心眼卻能看見廣大將來世界的預言家。

掘洞的鼴鼠在樹蔭底下最是自在，樹頂華蓋遮蔽了刺眼的陽光，化成了一片綠蔭。更重要的是，這片綠蔭能為他遮蔽雲翳，擋住雷電和對他持續不斷的無情迫害。自從班傑明．富蘭克林在一七五二年靠風箏實驗從雷雲中引出雷電後，人認為自己是電的導體就不再顯得那麼突兀了，只不過現在會把從大氣中吸收雷電的想法當作是精神疾病的妄想症狀，往往與思覺失調有關。

尼采從小就對雷雨暴感受特別強烈。就讀福達中學那時起，身邊朋友都注意到他最激昂、最狂放的文字創作與即興演奏都是在雷雨暴中生出來的。戴奧尼索斯的父親宙斯曾經化身成一道閃電，而隨著尼采愈來愈覺得自己與戴奧尼索斯相似，他也愈來愈相信自己大概就是世上最能夠感受到雲霧中雷電力量的人了。他想過要去巴黎，在當時巴黎電力展上把自己當作樣本展示出來，但他後來認定電力對他健康的危害會比華格納的音樂更甚，便打消念頭。

「我是那種會爆炸的機器之一，」尼采寫道：「……雲朵中的電力型態和風力效應：我相信有百分之八十的我受到了這些力量的影響。」[2]尼采現在發病時經常有連續三天的劇痛和嘔吐，伴隨著半身麻痺的感覺，而且還會覺得暈眩噁心，一句話都說不出來。但是儘管如此，在高山上稀薄的空氣中，尼采卻偶爾會感受到自己突然湧出一股極端強烈，而且前所未有的極致幸福感。他覺得自己好輕盈，好透明清脆，讓他感覺自己在地上行走的時候就像是被某個更高等的力量拿在手上的新筆在紙上塗鴉亂畫一樣。他開始以在一望無際的天空下，樹蔭能夠遮蔽自己身形多寡的程度來替各個山頭分出等級。

充滿傳奇色彩的條頓堡森林（Teutoburg forest），是日耳曼部族擊敗羅馬軍團的場景，也提供了尼采最幽謐的黑暗和最大的滿足。他在昏暗的陰影中徐行，以他所謂「該死的電報風格」寫滿了十二本口袋大小的筆記本——這是他在陣陣頭痛發作期間唯一能記錄下靈光一閃的方式——不過他的出版商早就寫信告訴他，電報式簡短格言的市場已經飽和了，他實在應該換個寫作風格，才能夠吸引到讀者。

儘管出版商做此建議，尼采還是寄給許麥茲納〈意見與格言雜集〉與〈漫遊者和他的影子〉這兩份各收錄幾百則格言的文集，當作《人性的，太人性的》的附錄。他還寄了一本共有五百七十五句格言的新書《晨曦》（*Morgenröte*），副標題是「關於道德偏見的想法」。這本書的內容也是包山包海，從拍狗的道德談到尼采最念茲在茲的那些題目：華格納、自由意志、個人自由、宗教和國家。

《晨曦》沿著唯物主義的路子進一步深入。尼采在寫這本書的時候正對當時的科學思辨感到興趣，而且還開心地發現了十七世紀猶太哲學家斯賓諾莎（Spinoza）的思想。「我的孤獨如今是兩個人的孤獨了！我真是太驚訝、太開心了！我有個前輩了！」他寫了一首詩要獻給斯賓諾莎，因為他看到斯賓諾莎身上映照出他的「否定自由意志、目的、邪惡、道德世界秩序以及非利己主義的那一套……〔我倆〕當然差異甚大，但這些差異都是時代上、文化上、知識領域上的差異。」[3] 他讀了羅伯特．邁爾（Robert Mayer）的《熱的機制》（*Mechanics of Heat*）、博什科維奇（Boscovich）關於非物質原子的理論和唯物主義醫學博士路德維希．畢西納（Ludwig Büchner）的《力與物質》（*Force and Matter*, 1855）。畢西納這本暢銷書裡宣揚了「現代的研究與發現再也不能教我們懷疑人儘管具有和擁有這一切（無論是心靈的或身體的），但是人終究和所有的有機生物一樣，是自然的產物」。蘭格（F. A. Lange）在《唯物主義史》（*History of Materialism*, 1866）中主張人只是普遍生理現象中的一種特例，而思想也不過是生命在物理過程中的一串特殊鏈結。尼采後來回顧這一年，並在一八八八年遊走清醒與瘋狂之間時寫進自傳《瞧，這個人》裡，說他自己這時正瘋狂著迷於生理學、醫學和自然科學。這就是他在《晨曦》裡打算探討的東西：人是否只是個有機體，而其精神、道德、宗教信念和價值都可以用生理學和醫學角度解釋。當時有種大行其道的想法，認為人可以藉由飲食來控制自己的演化發展，並進而控制未來。前幾年才剛過世的哲學家兼人類學家費爾巴哈（Feuerbach）總結了這種想法：「假如你想改善民眾，那就給他們更好的食物，而不是譴責罪惡。居移氣，養移體嘛。」[4]

不過，《晨曦》也帶入了與這種想法正相矛盾的思索，思考關於倫理道德史上那些瘋癲狂喜、神魂超拔有何意義。尼采主張，在千年來風俗的駭人壓力之下，唯一能夠衝撞突破的方式就是「透過令人害怕的辦法：幾乎每每都是癲狂為新觀念鋪妥了道路，藉以打破傳統做法與迷信的魔咒。你明白為何非得是癲狂才能如此嗎？癲狂就是完全的自由，是神靈發言的號角。如果癲狂不是上天所賜，就一定是假冒的。

所有一心拋棄任何道德桎梏，打造全新道德的那些高等人，若他們並未真正癲狂，就只能使自己發瘋或是假裝瘋癲……人如果不發瘋，又不敢裝成這模樣，那要怎麼癲狂呢？……啊，上天啊，賜我癲狂吧！或許只有癲狂，我才終究能相信自己！讓我精神錯亂、抽搐痙攣，感到忽明忽暗，用人間未見的冰霜和火焰使我恐懼，用震耳欲聾的聲響和昏暗形影，將我嚇得有如野獸匍匐在地哀號哭泣：這樣我才可能相信自己！我疑心重重，我扼殺了法律，法律使我氣惱，就像是死屍令活人苦惱一樣：如果我並未勝過法律，那我就是所有人之中的至惡。」[5]

這本書的結尾更是對眾人的明白挑釁：

我們這些精神的航空員哪……這股比什麼快樂都更值得的強大渴望要將我們帶向何方？為什麼在所有人的太陽如今都已沉墜時，還是朝著這方向去？是不是也許有一天人家會說我們也一樣向西航行，盼抵印度——但我們卻命定將在無垠涯際中墜毀呢？或是如何呢，諸君。或是如何？——

敢用「或是如何？——」當作一書結尾的作者著實稀罕哪。

尼采的病就是他自己像亞歷山大大帝一樣遠征印度的旅程，是他自己衝撞無垠涯際的方式。每次劇痛發作都是在測試他不被擊倒的能力，每次復元都是一次價值重生，肯定折磨受苦就是獲得啟示的代價。從死亡邊緣（無論是想像中的或是實際的）康復點燃了他灼熱的創造力，日復一日過去，孤身一人的尼采也漸漸逼近了父親過世的年紀，那個他也一直認為自己會同樣因為「大腦軟化」而雙眼失明、神智不清而死去的歲數。

回顧一八七九這年，他記下自己劇痛重病的日子共有一百七十八天。在面對死神塔納托斯（Thanatos）之際，自己可有什麼成就嗎？幾篇不像樣的文章、失敗的教職，還有兩本書：《悲劇的誕生》，這本書沒有帶來改造文化世界的重大衝擊，只討好了華格納，而他如今已經超越了他這位精神上的父親；還有《人性的，太人性的》，這本書背負著尼采不惜羽翼融化，粉身碎骨，也要使精神像伊卡魯斯（Icarus）逐日摶升的期望。但這本書只獲得了三個人的賞識，不僅沒有書評，還只賣了區區一百本，氣得出版商警告他以後出版只印尼采自己扛得動的量。

他決定自己在精神上的孤立要完完全全地反映在他的外在生活上。他不要其他人陪伴，甚至連抄寫員都不要。不准讓任何東西來稀釋這份主體經驗。如果這就是知識的聖杯，那麼冒著發瘋的風險也必須一搏。

隨著聖誕節這個令人心悸的節日接近，尼采也回到了瑙姆堡，打算在城裡一座塔樓獨居度日。但是他身子實在太虛了。母親和妹妹將他架回了凡恩加滕鎮的童年老家床上。這個自由的靈魂被困在了床上，床邊四周不停進行著各種煩人的瑣碎儀式，以確保一切仍如往昔：教會禮拜、萬年青、蛋糕、節日華服、溫吞的情緒，以及對理性分析的強烈反對。戴奧尼索斯重塑心靈的酩酊狂宴不可能靠阿波羅的溫和理性平靜下來，但是尼采可沒辦法指責「新教要我們從小就相信這套虛假的歷史建構」[6]，事實上，他也根本沒有辦法採取任何倫理道德立場，因為十二月二十四日那天他整個人病垮了，整整昏迷了三天。他醒過來之後那星期，病情也沒轉好，因為他母親一直叨念著他重拾希臘文。他這時開始對朋友招認自己其實很討厭母親和妹妹的惱人話聲。有她們在自己身邊時，尼采總是在生病。他避免和她們起任何衝突口角；他覺得自己知道怎麼應付她們，但是並不覺得有必要這麼做。

一八八〇年二月十日，尼采總算有力氣逃離家中了。他跳上了一列火車，叫忠心耿耿的幫手柯瑟利茲在加爾達湖（Lake Garda）畔的湖濱村（Riva）等他，這樣就可以把尼采在筆記本上草草記下的凌亂筆記整齊地謄寫出來，然後將這份能看得懂、可供付印的稿子寄給許麥茲納。

尼采用了奇怪的一招來控制柯瑟利茲這個自我懷疑的作曲家，他給柯瑟利茲取了個新名字，叫他「彼得．蓋斯特」（Peter Gast）。柯瑟利茲馬上就接受了這名字，而且奉之不渝。這個名字的由來其實是道謎題，揉合了趣味、正經和象徵性的意義。「彼得」是指耶穌基督的大弟子聖彼得，基督曾對他說：「我要把我的教會建造在這磐石上。」[7] 蓋斯特則是「客人（guest）」之意。這兩個字合起來就是「石頭客人」，也就是莫札特歌劇《唐．喬凡尼》（*Don Giovanni*）中的關鍵人物騎士長（Commendatore）。騎士長，也就是石頭客人，在故事中扮演的是復仇之神這個角色。把自己比喻成唐．喬凡尼是尼采自己經常一再使用的小招數之一。他很清楚地說自己不是風流成性的唐．喬凡尼，而是「知識上的唐．喬凡尼」，探索知識的禁地，願意犧牲自己的不朽靈魂，永無止境地承受地獄烈火，只為獲得奧祕啟示。在原本劇中，當唐．喬凡尼最後終於突破界限時，是石頭客人現身將他打入地獄，付出那無盡折磨的代價。尼采給柯瑟利茲取了彼得．蓋斯特這個名字，就是要他扮演最初的門徒和最終復仇之神的這雙重角色。不過最終復仇之神這個角色，對一個在尼采身邊好幾年，無酬擔任祕書與抄寫員的溫順夥伴來說，實在是太不合適了。

彼得．蓋斯特始終熱切無比地信奉尼采的書，而尼采也反過來全心全意地支持蓋斯特的音樂創作。蓋斯特就是尼采自己原本可能成為的那個作曲家。尼采向朋友誇讚蓋斯特的天賦，還追著他們要錢來資助蓋斯特的喜劇《祕婚記》（*Il matrimonio segreto*），劇中的音樂毫無一絲華格納那種死寂而耽美的形上學迷霧。三月中，他們倆離開了湖濱村，前往威尼斯，因為蓋斯特在威尼斯已經有了房子。看起來尼采到威尼斯是要敦促蓋斯特完成歌劇，但實際上他倒老是令這朋友分心，去做蓋斯特所謂的「善心義舉」（Samatarian work）。這包括了每天大聲朗讀兩次給尼采聽，並替他抄寫謄錄，還得經常在尼采因為身體上的小毛病或是什麼小意外發生時幫他一把。

在威尼斯有錢好辦事。尼采在貝倫迪宮（Palazzo Berlendi）租了一間十分寒冷空曠的房間，要沿著一座雕琢精美的大理石階梯拾級而上，從房間窗戶看出去，更是對無論尼采當時或後世幾代人都有著重大意義的特殊景致。

「我要了一間能看見死者之島（Island of the Dead）的房間。」[8]尼采寫道。

看見喪葬場景必定對於新一代人具有某種彌補傳統幻象崩潰的意義。尼采住在這裡的那一年，象徵主義畫家勃克林（Böcklin）也畫了一幅「死者之島」[9]，這幅畫後來陸續出現在列寧、史特林堡（Strindberg）、佛洛伊德與希特勒的牆上，而且正如納博科夫（Nabokov）所說的，這幅畫就是一八八〇年代到一九三〇年代每個柏林知識分子掛在牆上的文化勳章。華格納也為勃克林對那瞬間氣氛的掌握十分折服，所以邀他來拜洛伊特替自己的新戲《帕西法爾》設計場景。勃克林推辭了這項邀約，所以這齣戲的場景設計後來就由保羅・馮・祖科夫斯基（Paul von Jukowsky）操刀。

尼采那扇窗看得見勃克林畫中送葬船划過那柔和閃亮的河水，載著亡者前往陵墓島上森森墓園的景象。高聳陰森的柏樹從墓園牆上探頭而出，彷彿直指著天空，而底下的墳裡則埋葬著未知的神祕。這景象讓尼采寫下了〈墳頭歌〉（The Tomb Song），這是他最美的一首詩，講到這島上墓地裡埋葬著他的青春、他溫和卻奇怪的愛情記憶，以及鳴唱他往昔心願的報音鳥。

威尼斯愈來愈熱了，處處蚊蚋叢生。尼采頭也不回地離開了這座水都。彼得・蓋斯特總算能夠鬆一口氣，回去工作了。

尼采再度流浪了兩年。每到一個新的地方，他都覺得這次總算找到了他的理想國（Arcadia）。各地的不同景色都美到令他顫抖，讚美土地恣意揮灑如此豐富大能，彷彿體驗在英雄詩歌或田園詩裡四處漫遊的那種希臘英雄的生活是再自然不過的事了。「而吾身在理想國……這就是那些個人要真正活過的方式，這就是他們一直感受自己活在這世界裡，而這世界也存在於他們心中的方式……」[10]

但是他最後總會發現每個新的理想國裡都有某種無法忍受的缺陷：不是太高就是太低，或是太冷、太熱、太濕，或者是地點不對，位在朗朗天空和雷雲之下。漫遊者要繼續流浪永遠不怕找不到好理由哪。

到了夏天，尼采又到了清涼的阿爾卑斯山區去，但是等到山上變得太冷，潔白的初雪刺痛了他的眼睛，他就又開始冒險搭乘火車（不是搞丟行李，就是眼鏡不見，再不然就是迷路亂走）到溫暖的法國蔚藍海岸或是義大利去。到了一八八一年七月，他在席爾斯－瑪麗亞（Sils-Maria）又找到了他的理想國，這是位在聖莫里茲山區恩加丁北部（Upper Engadine）那片迷人景色中的一個小村。尼采這回可不像在威尼斯那樣，是真的深深愛上了席爾斯－瑪麗亞。「我大概要到俯瞰太平洋的墨西哥高原上才能找到類似的地方（比方說，瓦哈卡（Oaxaca），而那裡的植被當然都是熱帶植物。」[11]他這封給彼得・蓋斯特的信寫得亂無章法，信裡接著又告訴蓋斯特他的祕書工作很快就會結束了，因為聽說有個叫做丹恩（Dane）的人發明了一種新的打字機，而尼采也已經寫信去問那個發明家了。

瑞士觀光熱潮才剛開始。席爾斯－瑪麗亞有幾間樸素的旅館，但還是太貴，而且太需要跟人打交道了。所以尼采在村長吉安・杜里許（Gian Durisch）的小屋租了樓上的單人房，樓下就是村長開的雜貨店，院子裡還養著雞和豬。這裡的房租每天一法郎。[12]他這間臥室兼書房的東面窗戶外有一棵高大的松樹，正好遮住陽光，只透了點綠色進來。這對他的眼睛真是再好不過了。

尼采之所以愛席爾斯－瑪麗亞倒不是因為他在這裡沒生病。恰恰相反，他在七月和九月各發了一場大病，幾乎就要死了；「我沒救了。疼痛正在摧毀我的生命和意志……我還叫了五次醫生求死。」[13]但他的病況愈是淒慘，精神就愈是昂揚；「思緒以我未曾見過的方式紛然呈現……」他說自己就像是一部將要爆炸的機器，八月初的時候，他也確實體驗到了自從提出戴奧尼索斯／阿波羅這項區分後的首次爆炸性想法。席爾瓦普拉納湖（Lake Silvaplana）的岸邊有一塊金字塔形，後來被尼采命名為「查拉圖斯特拉之岩」的龐然巨岩，尼采就是站在這塊巨岩旁邊，想出了「永恆歸返」（eternal recurrence）：

「要是在某一天或某個夜裡，有個惡魔在你最孤單寂寞的時候潛入，對你說：『你從過去活到現在的這生活，將來還得繼續再過下去，一次又一次；永遠不會出現任何新事物，你這輩子的每個傷痛、每個歡笑、每個思緒、每個哀嘆，無論大小的一切都必定會回到你身上，照著同樣順序不斷重演……存在的時光沙漏不停翻來倒去，而你只不過是其中的一顆沙塵罷了！』」[14]

這念頭真是太可怕了，但卻又這麼重要，使得尼采趕緊提筆在紙片上記下他是在「海拔六千呎，高居人類之上」時想到的。

這念頭也許和他一直在讀的那些科學書籍有關，他在筆記上寫道：

「在力的世界中並無所謂的消滅，否則在無盡的時間中，力終究會減弱，直至消亡。力的世界中不存在中止；否則這一點早已到達，而存在的時光沙漏也早已停下。這個世界能夠出現的狀態必定早就出現過了，而且不止一次，而是無數次。就拿這一刻來說：這一刻早就一次又一次地出現過了，而且將來還會帶著與現在同樣的力道再次回歸：所以說這一刻就代表了誕生這一刻的時刻，也是這一刻所生出來的新生時刻。人哪！你的這一生將會像個沙漏一樣重新翻過，而這又會持續到時間到了——直到在這世界不停循環中，所有孕育出你的一切條件出現的那重要一刻來臨。那時你就會發現所有一切都整套重來：每個傷痛、每個歡笑、每個朋友、每個敵人、每個希望、每個錯誤、每片樹葉、每道陽光。這個環一回又一回地閃耀光芒，而你僅是其中的一個小點。而在所有人類的這個環裡永遠都有一個時刻，會出現最強大的思想——首先是一個人想到，然後是許多人，接著是所有人——也就是萬物永恆歸返的思想：每個時刻對人類來說都是日正當中的那一刻。」[15]

尼采將「人的存在」看成一個環，藉以表達「人的一生」這個觀念並非巧合。華格納不僅寫出了《尼貝龍根的指環》，而且還刻意精心地安排成一個環狀架構，是一套永恆的回歸，一個時光沙漏不斷翻來覆去的循環故事。

這也是尼采頭一次寫下查拉圖斯特拉這個名字，就記在他席爾斯—瑪麗亞記事本裡，不過只寫了名字而已。永恆歸返和查拉圖斯特拉這兩個想法還要再過幾年才真正成熟。

一八八一年到了十月，席爾斯—瑪麗亞也變冷了。「我像個瘋子一樣跑去熱內亞，」尼采最後落腳在那邊的一間閣樓。「我得爬一百六十四階才能進到屋裡，因為這房子蓋在一條高樓華廈的陡峭街道上頭。這條街真陡，而且盡頭還是那麼長的階梯，所以整條街上安靜極了，只有綠草從石縫中探頭出來。我的身體狀況糟透了！」[16]尼采這時很省吃儉用。這通常表示他連著好幾天都只靠水果乾度日。房東太太有時也會好心幫他煮一頓吃的。他也負擔不起房間的暖氣，所以他會走到附近的咖啡座坐下取暖，但是等到太陽一出來，他就會走到海邊的一道峭壁下遮陰，像條蜥蜴一樣躺著一動不動。這有助他消除頭痛。

尼采通常不太在意他給人留下什麼印象。在四處漂泊的這些年裡，大家多半記得他的安靜被動、他的輕聲細語、他窮酸但乾淨的打扮，會記得他對每個人都彬彬有禮，對女性尤其如此，還有他在滿臉大鬍子和藍色（或綠色）眼鏡底下的木然表情，而他那整張臉更是被頭上的綠色遮陽板蓋在了陰影之中。但是儘管如此，他可不是個沉默的影子，沒有人會不注意到他，他整個人在那一身別來碰我（noli me tangere）的氣勢中反而更加顯眼。尼采發現到：「假如有個最溫和、最講理的人留了個大鬍子，坐在陰影底下自得其樂——那他通常就只會被當作是那一大把鬍子的附屬品，也就是被當成好勇鬥狠的莽漢——而且也會被當成這種人來對待。」[17]

一八八二年二月保羅・瑞伊來到熱內亞，還帶了打字機來。莫林─漢森書寫球（Malling-Hansen Writing Ball）這種新發明是半球狀的，看上去像一頭銅製的豪豬，但身上那些刺的尾端是不同字母。這部機器在巴黎展出時，引來了不少注意。尼采滿心期待這部機器能夠讓他靠觸碰打字，好省點眼力。但這願望並未馬上實現。「這部機器就跟一條小狗一樣脆弱，還容易惹出一堆麻煩。」這是因為機器在運送過程中受損了，沒辦法正常運作，不過即使等到修好之後，要尼采看清打字機上的字母按鍵也還是不比拿筆寫字輕鬆多少。還好在至少這段時間裡還有保羅・瑞伊能幫得上忙。

他們一起上劇院去看莎拉・柏恩哈特（Sarah Bernhardt）演的《茶花女》，但是女神般的莎拉表現就和那架打字機一樣：她在第一幕結尾時整個唱不下去。後來觀眾等了整整一個小時才等到滿臉怒容的她回來。但是她那副精緻面容和趾高氣揚的模樣，倒是勾起了尼采心中對寇希瑪的甜甜回憶。

時序進入三月，瑞伊搬到了羅馬去找瑪爾維達・馮・梅森布格。瑪爾維達也把她那座「自由靈魂學院」從索倫托搬到了羅馬，現在改叫「羅馬俱樂部」。某天晚上，瑞伊闖了進來，滿臉苦惱，身無分文，原來他在蒙地卡羅賭博，輸了個精光。顯然在賭場裡有個好心的服務生借了他一點錢，他才有辦法回到這裡。瑪爾維達急忙付錢給還在外頭等著的馬車，而瑞伊則進到屋內和其他的自由靈魂見面談談，他頓時被盧・莎樂美（Lou Salomé）[18]的特殊氣質吸引住了，這個芳齡二十一歲，有著一半俄羅斯血統的優雅女孩是個世界主義者，身上有一股無比的魅力、創意和聰慧。盧．莎樂美與母親四處旅行，表面上是為了她的身體求醫，但其實是為了讓她能夠有比在俄羅斯更多接觸知識分子的機會。盧．莎樂美的父親生前是在與拿破崙作戰時立功受爵的俄國將軍，在父親死後，盧．莎樂美就和母親從聖彼得堡一路旅行到蘇黎世，好完成她的學術志向。她在蘇黎世大學聽過幾堂課，但是後來她開始咳血，看來天意是要她們繼續南行。她憑著一封介紹信進了瑪爾維達的羅馬沙龍，她也在這裡當起了聰明過人的禍水紅顏——這不是頭一次，也不是最後一次。盧．莎樂美漫長的一生魅惑過無數頂尖知識分子，其中還包括了詩人萊納．馬利亞．里爾克（Rainer Maria Rilke）和心理學家佛洛伊德（Sigmund Freud）。

尼采的名字在羅馬俱樂部裡讓瑞伊和瑪爾維達說得像是神明一樣。想當然耳，盧．莎樂美會表達出想見他一面的強烈願望。尼采這時還待在熱內亞，盧．莎樂美則很快地就與他的好友瑞伊過從甚密。每當瑪爾維達的文學沙龍半夜關門後，瑞伊就會送盧．莎樂美回家。過沒多久，他們倆就總在每天半夜到兩點之間在大競技場附近的大街小巷閒逛亂走。這種舉動當然嚇壞了莎樂美的母親，就連瑪爾維達這位進步的女性主義者也出聲抗議。「這讓我發現，」盧．莎樂美不安好心地寫道：「意識形態在這種事情上會對追求個人自由有多大干預。」[19]她從不避諱扮演賽倫女妖（siren）或女巫珂耳刻（Circe）這種魅惑男人的角色。她自己也承認，她從小就立志無論何時都要照自己心意做事。她認為說實話是一種「過分的吝嗇」，永遠不該阻撓她追求主要目的。「我在家裡被寵壞了，老覺得自己無所不能。家裡處處不能沒有我的影子。」她在回憶錄中如此寫道，但是儘管她在回憶錄裡對自己的性格脾氣能看得一清二楚，談起其他事實時卻是無比的籠統草率。

瑞伊喜不自勝地寫信告訴尼采這個「活力四射、機敏過人，卻又帶點嬌氣，甚至是孩子氣的……俄國女生，你絕對絕對要認識一下」。[20]

尼采嗅到了一絲瑪爾維達安排的相親機會，半開玩笑地從熱內亞回信說如果這是要他結婚，那他可以配合兩年，可是不能拖得更久。尼采不知道的是，盧·莎樂美其實也跟他一樣不想結婚。終其一生，莎樂美都寧可同時周旋在兩個男人之間。事實上，五年之後她確實結了婚，但那是因為對方一刀戳進了自己胸膛，以死相逼，她才點頭。他們倆的婚姻維持了四十五年，彼此忠貞相愛，但兩人始終不曾圓房，莎樂美也樂得讓管家當她丈夫長年的情婦，而她自己則是忙著哄自己的追求者快去結婚，首當其衝的就是瑞伊。

尼采在熱內亞頭一次看了歌劇《卡門》（Carmen）。他隨即又買了張票再看一次。他這輩子一共看了大約二十次。《卡門》取代了《崔斯坦與伊索德》在他心中的地位。比才（Bizet）的音樂，搭配上普羅斯佩·梅利美（Prosper Mérimée）小說改編的劇本，《卡門》這齣戲並未打算成為超凡入聖的作品。這齣戲和華格納的戲不一樣，沒有什麼靈魂的冒險，甚至可以說是物慾橫流的一部作品。《卡門》不需要超大型的管弦樂團伴奏，劇中的曲調幾乎人人都能琅琅上口。劇情不長，也不管什麼玄妙哲理，既不談神怪傳說，就連國王皇后這類角色也沒有。這齣戲講的就只是下層階級之間庸俗的情愛故事。故事主角唐·荷西（Don José）只是個沒沒無聞的軍隊下士，他的人生路線原本已經規劃妥當，誰知道竟碰上了宛如戴奧尼索斯化身，水性楊花的菸廠女工卡門。卡門是個按照自己心意勾三搭四的禍水紅顏（就跟盧・莎樂美一樣）。她撩起了唐・荷西難以自制的無名情慾、嫉妒和占有慾，最終卻無可避免地導致他在一陣戴奧尼索斯的瘋狂中刺死了她。

盧・莎樂美先前說了自己想到熱內亞去見見尼采，但沒想到尼采竟說他不會待在那兒等自己來，真是氣煞佳人。尼采決定離開熱內亞去梅西納（Messina）。就尼采的健康情形來看，到梅西納去實在沒什麼道理。如果說熱內亞三月的天氣對他來說太熱，梅西納所在的西西里島肯定更熱才對。但是根據尼采最近幾年在山區避暑的經驗，他覺得高海拔會讓他太靠近雲裡的雷電，不利他的健康。所以他要反其道而行，這一年的夏天就去一個離天空最遠的地方：到海平面去。況且，《卡門》這齣戲勾起了他想要到南方去的渴望。

「在南歐各種事物裡都不可或缺的低俗元素……沒有放過我，但也沒有惹惱我，就像在龐貝城裡走上一遭會看到的那些低俗玩意兒〔這裡可能是指龐貝城裡的色情壁畫〕，或甚至是在讀任何古書時基本上都免不了的橋段一樣。為什麼會這樣呢？這是因為這一點也不羞恥，而所有低俗的事在這裡都那麼充滿自信和驕傲，就像同一類音樂或小說中所出現的那些高貴、可愛、激情一樣嗎？『禽獸』也有其權利，就和人一樣；就隨它自由去吧——我親愛的各位同胞，說穿了，你們也同樣是動物啊！」[21]

梅西納對尼采的另一項吸引力則是華格納，他當時正和寇希瑪在那兒過冬。尼采與華格納已經三年不曾聯繫彼此了，但是尼采還是經常夢見他和寇希瑪。他的夢裡充滿了友情，還是同樣無憂無慮。他想再去見見他們。

尼采寫了八首輕鬆的小詩，合稱《梅西納牧歌》（*The Idylls of Messina*），內容大多在講那些船啊羊啊牧羊女的。尼采還勇氣十足地搭船去梅西納，結果暈船暈得太厲害，到西西里時，他整個人根本站不起來，而此時華格納與寇希瑪卻已經離開這島上了。華格納在巴勒摩（Palermo）胸痛發作了好幾次，便趕緊回去了。從迦太基海岸吹來一陣陣焚風，這焚風是出了名的令人精神萎靡，而且還帶著細不可見的沙塵刮過各種表面與縫隙。尼采這趟西西里之旅唯一堪可慰藉的就只有看見了斯特龍柏里火山（volcano of Stromboli），後來尼采也把這裡群鬼飛舞的傳說納進了他查拉圖斯特拉的故事裡。

瑞伊寄來了一大堆卡片和信件，不停誇讚盧·莎樂美有多麼聰明。就連瑪爾維達也寄了一封近乎傳喚的信給尼采：「她真是個了不起的女孩子！（我相信瑞伊已經跟你提過她了。）……在我看來，幾乎和你在哲學思考上得出了同樣的結果，也就是拋棄一切形上學假設、不在乎形上學問題解釋的實用唯心主義。瑞伊和我都希望你能見一見這個別樹一格的奇女子……」[22]

離開西西里的船班還是晃得尼采暈頭轉向。等到總算康復之後，他便搭上了火車前往羅馬。

Chapter

12

哲學與愛慾

女人懂得，那最美味的——微肥一些，微瘦一些——噢，有多少命運繫於這如此的些微！

——《查拉圖斯特拉如是說》第三部分，〈論沉重的精神〉第二部分

在真正見過尼采之前，盧．莎樂美就已經決定要與他和瑞伊組成三人家庭（**ménage à trois**）了。她想像這會是一個神聖三位一體（Heilige Dreieinigkeit）的關係，由三個哲學思考的自由靈魂所組成，「充滿了幾乎要滿溢出來的靈性與聰慧」。

在尼采抵達羅馬之前，瑞伊每天半夜都帶著盧．莎樂美在大競技場周遭閒晃，一邊夸夸大談哲學，一邊不停對她吹噓自己那位朋友有多聰明時，盧．莎樂美的這份幻想就已經逐漸成形了。

「我要誠實招認，」她寫道：「一開始是一個簡單的夢讓我相信我的計畫有可能實現，不會在所有社會規範面前付諸流水。我在那個夢裡可以看見一間可愛的書房，擺滿了書跟

花朵，兩旁各有一間臥室，而我們就在這些房間裡走來走去，一同工作，形成一股歡樂與真誠的羈絆。」[1]這三間房裡的兩間臥室要怎麼分配，她倒是不曾言明。

莎樂美並未對瑪爾維達隱瞞她這離經叛道的計畫，瑪爾維達直呼這幻想實在太過火，開始擔憂了起來。莎樂美的母親看女兒屢勸不聽和花招百出，便說要找她自己的兄弟來阻止這敗壞門風的計畫。真的是人人皆曰不可。莎樂美說，就連整個一頭栽進愛情裡的瑞伊也「有點搞糊塗了」。他們才認識三週不到，瑞伊就向她求婚了，而且還提出無性婚姻這麼不尋常的提議，因為瑞伊覺得性交十分噁心。莎樂美對性事也極為反感，起因是她還在聖彼得堡的少女時期的受辱事件，當時她十分信賴一位處處開導她的荷蘭牧師，對方不僅已婚，還有個和她一樣年紀的女兒，但某天他竟直接硬上了她。要是莎樂美真的在乎名節，那麼瑞伊提出的「空白婚姻」（mariage blanc）應該正投她的脾胃，這無疑是表示對她的尊重。但是莎樂美才不甩名節這套玩意兒。她這一輩子最愛的就是驚世駭俗（épater les bourgeois）。

一八八二年四月二十日，尼采搭乘貨輪離開梅西納，二十三日或二十四日那天抵達了羅馬。他在豪華的馬太莊園（Villa Mattei）接受瑪爾維達殷勤照顧了幾天後，總算從航海的不適中康復，可以跟莎樂美見面了。他們約好在聖彼得大教堂碰面，這地點對這群相信無神論的自由靈魂來說還真是挺妙的選擇。

這是尼采頭一次到羅馬來，但是沒有哪本旅遊導覽手冊能教他怎麼從瑪爾維達在大競技場附近的莊子走到他和這神祕女郎約好的聖彼得大教堂。他就像忒修斯（Theseus）跟著亞里阿德妮留下的線索走出了牛頭人迷宮一樣，沿著貝尼尼（Bernini）巨大的托斯坎納柱廊底下的陰影前進。但是進了香煙瀰漫的大教堂後，他卻很難認出她來。雖然莎樂美之後會打扮得極其奢華，就像茱蒂絲．高提耶那樣一身綾羅綢緞、皮草褶邊，但是她這時候還是一副近乎修女般純潔的哲學家學徒裝扮：高領長袖的暗色長裳，衣服底下的緊身馬甲束出了沙漏型的身形。她暗金色的頭髮向後梳齊，寬臉高顴，一臉標準的俄國美女長相。她的眼睛是藍色的；大家都說她的雙眸總流露出聰穎、專注與熱情。她知道自己有多漂亮，也十分享受美貌帶來的這股力量。

她說尼采最先吸引她的就是他眼中的力量。那雙眼睛太迷人了，看起來好像會把人吸進去而不是從眼裡向外望一樣。儘管雙眼半盲，卻沒有一絲刺探或畏縮的模樣，也沒有近視眼那種死盯著瞧的凝視眼神。「最重要的是，他那雙眼睛就像是守衛一樣，保護著他的寶藏——那些沉默的祕密——不肯讓人輕易瞧見。」[2]

這一定是她後來才做的結論。尼采在聖彼得大教堂的時候戴著他的墨鏡，要是拿下來就什麼也看不見了，而莎樂美也絕不可能看到藏在厚重鏡片和教堂裡朦朧香煙後的那雙眼睛。

莎樂美形容尼采的凝視是「深入遠方」。這或許也是她的自照，描述的是她自己的眼神。其他人都說莎樂美的雙眼有種奇特的疏離感，彷彿總望著遠方。這特質使他們總想彈一下手指，引起她注意，觸碰她內心深處，逼迫她看看眼前的現實世界。她身上那股魯莽輕率的激情和這雙淡漠疏離的眼睛之間的這份矛盾，使她特別容易令人敞開心房。她就像一面鏡子般聆聽別人，原原本本地將對方心中所思映照回去。她話雖不多，但這份被動卻更引人滔滔自陳。她也是後來佛洛伊德唯一同意為他女兒安娜（Anna Freud）進行精神分析的人。

尼采向她打了招呼，而且顯然事先已演練過了：

「我們是從哪顆星球來的，竟在此地相遇的呀？」[3]

她的回答平凡得很：「蘇黎世。」

尼采一開始覺得莎樂美的俄羅斯口音很刺耳。莎樂美也同樣在一開始就有些失望。她原本期待會看到一個氣勢非凡的男人，和他的思想一樣炫目新鮮，或者至少也要是個有些威嚴模樣的男人吧。但眼前這人實在很平凡，毫不起眼，著實可笑。身材瘦小、舉止斯文、衣著整齊、一頭棕髮梳得服服貼貼；感覺上他是故意要打扮得盡量不顯眼。他說起話來輕聲細氣，幾乎聽不見話聲，就連笑也笑得很安靜。他給人的整體印象是謹慎小心，講起話來會微微聳肩，彷彿是要把那些話擠出口來一樣。他讓她有種不舒服的感覺，好像有一部分的他就站在一邊旁觀著。

這真的就是瑞伊告訴她的那個打倒偶像，自誇每天至少要砍掉一個信念才算認真度日的人嗎？這個安靜的孤高之士是對莎樂美的一項挑戰。她想知道在他將這世界與真實自我隔開的這段安全距離後方究竟埋藏著什麼。她覺得自己被他「精緻文雅的舉止」騙了。

尼采精緻文雅的舉止顯然也和先前的打招呼一樣事先演練過了，先前那番招呼立即將他們倆提升到宿命因緣的層次，將他們的認識放到了永恆歸返的轉輪上，還用上了尼采在

第二篇《不合時宜的觀察》裡的段落：「……當天體星系回到重複的位置時，同樣的事情，無論大小，都會在地球上重演：當這顆星星與另一顆形成某種關係時，就會又有一個斯多噶學派的人和另一個伊比鳩魯學派的人一同去刺殺凱撒，而當那兩顆星星形成另一種關係時，哥倫布也會再次發現美洲。」[4]

莎樂美和尼采在聖彼得大教堂裡談話時，瑞伊其實正趁著香煙瀰漫，躲在一旁的告解室裡，表面上是為了認真做筆記，但其實明眼人都看得出來他是來偷聽的。莎樂美在書中暗指她和尼采直接就開始討論起將來三人行的生活，還談到要住在哪裡，不過她後來退縮了，這說法和她先前的夢彼此矛盾，因為她先前說自己夢見神聖三位一體時，是尼采自己硬生生插入了她和瑞伊兩人永享智性相伴的生活裡。但是不管他們在羅馬結識的頭一週裡發生了什麼事，他們仨無疑開始安排要三人共同生活了。尼采也是興高采烈地在這計畫裡摻了一腳。他想重溫學生生活，想到索邦大學（Sorbonne）聽課，為他永恆歸返的想法尋求科學上的證據。莎樂美和瑞伊也對搬到巴黎十分開心，因為這樣一來他們就可以更進一步認識屠格涅夫（Ivan Turgenev）了。

在聖彼得大教堂那次會面實在太過耗神，尼采回來後不得不在瑪爾維達莊園裡的床上歇上幾天，而瑞伊和莎樂美也一齊前來探望了。尼采興致勃勃地為他們倆朗讀吟誦自己正在撰寫的新書《歡悅的智慧》（*The Gay Science*），他那份手舞足蹈、欣喜若狂的樣子，簡直就像準備要出門冒險一樣。他在導論中說這本書不過是在漫長的匱乏和無力之後的一點消遣，是表達他突然重新有所期待、迎向海闊天空，對明日重新燃起的那份信心。他在熱內亞那時候受到了《卡門》直來直往的肉慾吸引，被卡門這個人描繪出來那份永恆的女性氣質吸引，也被羅馬有個叫做盧・莎樂美的聰明美女到處告訴人她想要見見自己的這個撩人消息吸引，便開始提筆撰寫這本書。現在他們見了面了，而接下來還要一同往巴黎去。

儘管莎樂美表現得無比傾慕，但是她先前從沒讀過尼采的任何一本書，不過這倒無妨：她的熱情魅力、聰明才智和嚴肅認真都已經深深烙印在尼采心上了。

大家都說尼采厭女，而他這臭名也得來不冤。他這一輩子寫過不少咒罵女人的文章，都是在他覺得被母親和伊莉莎白造成的鎖鏈病殘害拖累時寫下的。但是在尼采人生中的這段時期裡，他對女人的同情以及對女性心理的精準洞悉在當時堪稱無人能出其右。

《歡悅的智慧》裡關於女性的格言尤其正面體貼。更重要的是，他提出了一個革命性的想法，指出在上流階級女性那充滿矛盾的教養過程裡有一種十分了不起卻又相當可怕的東西。在上流階級女性的教養裡，對於情愛之事懂得愈少愈好，大家會告訴她們這是污穢邪淫、最見不得人之事。接著她們又會以迅雷不及掩耳的速度奉命成婚——而且臣服於恐懼與傳宗接代的責任之下，而這偏偏是她們最愛、最尊敬的男人一手造成的。她們要怎麼應付這麼突如其來的兩極要求，一會兒宛如神明、一會兒又是野獸？「這麼一來，」尼采說得洞徹：「可就打上了一個無比難解的心結了。」[5]

這段描述的也許就是莎樂美與她那個年長的牧師家教之間的關係，他突然從神變成野獸的性慾攻擊，在莎樂美心裡留下的難癒創傷。

聖彼得大教堂會面後的那一星期裡，莎樂美對尼采愈來愈著迷。她覺得尼采就是個不擅長戴好自己面具的人。她看得很清楚，尼采一直扮演著一個試圖融入世界的角色。他就像某個從高處降落凡塵，自荒野中出現的神明，穿上了人的衣裝要混入人間。神必須戴上面具遮蓋面容，以免凡人見到了祂的炫人目光後就死去。這也使得莎樂美捫心自忖，她從來沒戴過面具，從來不覺得需要戴上面具才能有人懂得自己。她認為尼采的面具是一道緩衝，是來自他的善良和對別人的憐憫。她還引了尼采的格言說：「思考深刻的那些人會覺得自己在和他人的關係中就像個喜劇演員，因為他們都得先裝出個模樣來，才能受人理解。」[6]

尼采建議她考慮他自己決意終生奉行的原則：「為自己而寫」（Mihi ipsi scripsi）和品達的「既明爾身誰，當成汝所是」。這兩條原則她畢生奉若不渝。

莎樂美發展出她對尼采心理的一套解讀，而且寫了不少文章和一本書細細詳談。[7]她特別強調尼采的病就是他創意的泉源。尼采根本就不需要任何炫示，不必大肆張揚他的天才，正因他有病在身。這讓尼采彷彿在一生中就已經活了好幾輩子。莎樂美注意到他的人生陷入了一種大致的型態：規律的重複發病將他的人生區分出了不同階段；每次病發都是一次死亡，遁入冥界幽域；而每次復元也都是一次欣喜復活，重獲新生。這種存在模式使尼采得以不斷振作。用尼采自己的話，就是「重新品嚐」（Neuschmecken）。在每次短暫的復元期間，世界都綻放出嶄新的光芒；而每一次的復元也不只是他自己重獲新生，也是整個全新世界的誕生，有著亟需尋找全新解答的全新問題。這就像是神明讓土地每年更新的地力循環。只有透過這艱苦難熬的過程，他才能獲得嶄新洞見。而在每次痛楚的大循環期裡頭，還有每天的小循環。尼采的心靈模式就像是不停拍擊海岸的波浪一樣，不斷前進，又不斷後退，一直處在這種可怕又永不停歇的恆久運動之中。「因思想而病，因思想而癒」；莎樂美十分肯定，「他就是他自己致病的原因」。[8]

尼采打從一開始就對三人行的同居生活十分認真。他調皮地將他們仨的關係重新命名為不神聖的三位一體（unholy trinity），但他又同時覺得有必要照社會習俗保護莎樂美的名譽，所以便向她求婚；「我覺得自己有不讓你受流言中傷的責任，所以打算娶你為妻……」他請瑞伊幫他送這封求婚信。

要瑞伊接下這任務也很妙，因為瑞伊自己也早就跟莎樂美求婚了，他在這段感情裡陷得比尼采更深。莎樂美收到尼采的求婚信後，十分擔心他們兩人會為了爭風吃醋而毀了這整個智性實驗。這整件事無疑是受到情慾的力量所推動，也必須如此，但是絕不能成為實際的肉體關係。她叫瑞伊代替她拒絕，要他向尼采解釋基本上她並不想為了原則而結婚。不過，她還加了一條實際的理由：如果她結了婚，就無法再領取俄羅斯貴族女兒的年俸，而這可是她唯一的收入來源。

羅馬這時開始變得濕熱髒亂，尼采也已經臥病在床好一陣子了。如果要他康復，就需要沁涼新鮮的空氣。他決定和瑞伊先到義大利的北阿爾卑斯山地區去。莎樂美喜孜孜地想要加入他們的行列，便求著瑞伊做好行程安排。

「最高高在上的盧小姐呀，」瑞伊回她：「明天早上大約十一點，尼采會拜訪令堂，我則隨他同去致意……尼采沒辦法說他明天身體會不會不舒服，不過和我們在湖邊碰頭之前，他想先去向令堂自我介紹。」

莎樂美的母親講得很明白，要尼采小心自己女兒。沒人治得了莎樂美，她太危險了；她就是個狂野的幻想家。但是他們還是按計行事。莎樂美和她母親在五月三日離開羅馬，瑞伊和尼采則在次日出發。五月五日，他們在歐爾塔湖（Lake Orta）集合，隔天，尼采和莎樂美趁其他兩人不注意時偷溜去爬歐爾塔聖山（Mount Sacro），這座山峰就和彼拉多峰一樣充滿傳說色彩和特別的象徵意義。

尼采說，他和莎樂美一同登山這段經歷是他人生中最最美好的體驗。

歐爾塔湖在歐爾塔聖山的半山腰上，這片寧靜的湖水和這附近更大、更美、更有名的瑪喬雷湖（Lake Maggiore）和盧加諾湖相比，顯得相當微小。但是這裡的景色之美無庸置疑，在宗教歷史上的陰森地位更是無可匹敵。這裡是中世紀義大利第一起有案可查的焚燒女巫之地。當地傳說那名女巫冤魂不散，一直在這地方鬧事作祟。在特利騰大公會議（Council of Trent, 1545-63）前夕，羅馬教廷在一面抵擋新教改革派，一面對抗興起之勢銳不可當的伊斯蘭之際，在歐洲指定了幾處聖地，其中之一就是歐爾塔聖山。由於在十字軍運動後，虔誠朝聖者前往聖地耶路撒冷的路線遭到截斷，教廷便指定了這些新定聖地供信徒朝聖禮拜。

一五八〇年，官方宣布歐爾塔聖山為「新耶路撒冷」，登上聖山就和前往耶路撒冷朝聖同樣能令靈魂獲得救贖。這次變革進行得熱鬧非凡，這亦是米開朗基羅為梵蒂岡構築聖彼得大教堂圓頂的時期，歐爾塔聖山這座小山因而成了巴洛克風景畫家眼中通往天堂的階梯。人稱聖道（via sacra）或苦路（via dolorosa）的曲折小徑沿著山勢盤旋而上，路旁還特意種滿了神聖橡樹，透過枝葉之間可以看見底下若隱若現的靜謐湖面，或是向上仰望白雪皚皚的阿爾卑斯山。爬上聖山的路程就像是在野外進行苦路巡禮，或是一趟堅信之旅。每拐一個彎，蔽天綠蔭就會豁然開朗，露出一片令人流連忘返的景致。這條朝聖之路上錯落著二十一座小巧精緻的矯飾主義風格石造教堂，每座小教堂都裝飾著各式靈性符號與圖樣：小魚和貝殼、太陽與月亮、百合、玫瑰與星星等。小教堂內部畫滿了濕壁畫，還擺滿了林林總總、栩栩如生的陶像，訴說著耶穌與諸多聖徒的生平故事。

自那時起到尼采與莎樂美登山的這三百年間，歐爾塔聖山逐漸成了乏人問津的世外桃源。蓊鬱的林木處處叢生，原本的迷人美景如今半遮半掩。古樹斷折，半埋入土，似乎應和著基督教信仰的衰退，莎樂美和尼采並未因此嘆惋，但對於此地靈性不再卻是唏噓不已。

他們在登山途中的對話一直環繞著年輕時對上帝信仰的掙扎角力。莎樂美開始相信尼采就和她自己一樣，也是天生就有宗教傾向。她也同樣早早就失去了堅定的基督信仰。他們倆都發現自己談到了一種從未獲得滿足的深刻宗教需求。這一點將他們倆拉得更近，卻和瑞伊對立起來，他們都有些受不了瑞伊那種堅稱毫無靈魂的唯物主義。尼采還給莎樂美來了場哲學考試，詳細盤問她的知識與想法，他聽了之後覺得她的回答中肯貼切，而且聰敏機智，所以，照尼采後來說的，他當時就和她分享了自己還沒告訴過任何人的哲學想法。不過尼采並未告訴我們他當時究竟講了些什麼。也許他是在闡述他永恆歸返的理論，畢竟這占據了他當時大部分的心思；他也許也提到了先知查拉圖斯特拉，說不定當時已經窺見自己將來會託查拉圖斯特拉之口來訴說；他也可能是細談他另一個祕密想法，也就是在他正要出版的新書《歡悅的智慧》裡所提到的「上帝之死」。

尼采後來寫信給莎樂美，說道：「當初在歐爾塔那兒，我想過如何帶你一步步走到我哲學的結論——你是我頭一個認為合適的人選。」[9]

這一趟歐爾塔聖山之行，讓尼采深信自己一直尋尋覓覓的門徒就是莎樂美。她會是一個無敵的女祭司，也是使他思想永遠流傳的捍衛者。

而這趟路也讓莎樂美預期到這個世界將會認為尼采是一門新宗教的先知，專收英雄人物拜入門下。

他們倆都提到了彼此對事物的想法和感覺有多麼相似，彼此之間又有多麼談得來。他們彷彿將言語字詞當作食物一樣，彼此餵哺。兩人幾乎融為一體，對方的話還沒講出口，自己就能知道對方的心思。

他們從山上下來後，尼采悄悄告訴她：「多謝你成全我這一生最美妙的夢。」

但是看見他們倆走下山來，一副容光煥發，彷彿曾在山上翻雲覆雨的模樣，實在教莎樂美的母親怒不可遏。瑞伊也被嫉妒沖昏了頭，不停逼問著莎樂美。但是莎樂美只用滴水不入的一句回答就打消了他那小心眼的刺探：「他那個笑容就是答案。」

接下來的這幾年裡，儘管尼采和莎樂美歷經了不少風風雨雨，但他們倆都不曾否定在歐爾塔聖山上那次才智靈性深深交融的重要性，只不過他們也的確都不曾對外解釋。

後來在莎樂美漫長的一生中，時常被人問起她和尼采在歐爾塔聖山上可曾親吻過？這時她總會閉起那雙迷濛的眼睛，答道：「我們在歐爾塔聖山上有親過嗎？我不記得了。」但是從來沒有人問尼采同樣的問題。

尼采從歐爾塔離開後就逕自前往巴塞爾，要去拜訪好友法蘭茲・奧佛貝克和他妻子伊達・奧佛貝克（Ida Overbeck），據伊達的說法，尼采這時曬得黝黑，看起來朝氣十足、滿臉幸福。他在他們家住了五天，這期間連一次神經痛都沒發作過，不過倒是去找牙醫仔細看了兩次。照伊達所說，尼采唯一苦惱的是他自己讀得太少、懂的太少。他每次出書之後都希望大獲好評，想要被街上群眾擁上天去，想要有一堆追隨者和門徒。這一切都從未發生過，但他深信只是遲早的事。他告訴奧佛貝克夫婦，他在莎樂美身上發現了另一個自己：宛如他的另外半個腦袋。他對他們說，他現在要更加入世了，會少點獨處，對人對事都會更加開放。

他住在奧佛貝克家這陣子，在大談光明未來之餘，他還會突然跑到鋼琴前彈些曲調。到了晚上，他們更對尼采竟然熬夜熬到三更半夜大吃一驚。法蘭茲和伊達都對尼采這顯而易見的快活感到開心。他們是他最堅定的朋友。尼采把一切財務都交給法蘭茲打理，而伊達則是親自幫尼采處理所有雜事，令尼采深深感激在心。

尼采在五月八日抵達奧佛貝克家，當天他就馬上發了封短箋給瑞伊：「未來已是定局，但絕不黑暗。我真的必須再和盧小姐說句話，在獅子園（Löwengarten）好嗎？不勝感激，尼采上。」

琉森的獅子園有一尊刻在石壁上，精美非凡的垂死獅子雕像。這是要紀念法國大革命期間在杜樂麗宮暴動中殉難的瑞士衛隊所表現出來的忠勇精神。這尊紀念雕像上方刻著的「忠勇」（**fidei ac virtuti**）也許隱含著與莎樂美見面的某種弦外之音。

尼采五月十三日搭車到了琉森車站，莎樂美和瑞伊已經在月台上等他了。尼采和莎樂美又撇下瑞伊，一塊兒跑到了獅子園去，據莎樂美所說，尼采又再次向她求婚，但她也再次拒絕了。但我們從尼采這邊能得知的，就只有他後來發瘋後在精神病院裡畫的一幅小畫，畫面裡頭可以清楚看到那尊獅子雕像，底下還有兩個人正在緊緊相擁。

等到他們和瑞伊會合後，三人便去了照相館，拍下了著名的那張相片。後來這張相片，說是也對，不是也對，竟然總連結到尼采在《查拉圖斯特拉如是說》裡藉一老婦人之口說出的那句話：「你要去女人那裡嗎？別忘了你的鞭子！」也許這張俏皮的相片是莎樂美的主意，但也可能是尼采的點子，不過顯然不是瑞伊想出來的；瑞伊討厭拍照，而且照片裡在尼采身旁穿得一身整潔的他看起來十分尷尬。這兩個男人站在一輛農場馬車的車轅之間，擺出拉車馬匹的模樣，而莎樂美則在車上靠著廂邊，半玩笑半認真地提著鞭子朝他們倆揮舞，她還特別在鞭子上綁了紫丁香花裝飾。尼采在畫面裡一副相當得意，促狹又狡猾的樣子，彷彿很喜歡這個玩笑。

從攝影棚出來後，他們又走了好長一段路到翠碧仙山莊。尼采和莎樂美又再次甩開了瑞伊，尼采帶著莎樂美逛了逛他的極樂仙境，引領她進入這份神祕之中。莎樂美後來說，尼采帶著無比的深情在談華格納。

尼采試過要導引這個奇女子的生活方向，因為他確信她的命運註定要與自己的命運緊密相連，於是安排了讓她和她母親一起搬到巴塞爾來，和奧佛貝克家住在一塊兒。尼采說不定覺得法蘭茲和伊達會讓莎樂美母女感受到尼采傑出的人格、忠實與美德，但是莎樂美對這個搬家計畫實在不感興趣。與其花時間跟樸實的神學家夫妻相處，倒不如去結交巴塞爾最有名的學者雅各・布克哈特。莎樂美在這短暫拜訪期間裡的一舉一動讓伊達・奧佛貝克認為，儘管尼采一心希望在莎樂美身上找到另一個自我，但是莎樂美卻不願「消融在尼采之中」。

尼采寄給莎樂美他的《人性的，太人性的》，然後又寄了首莎樂美寫的詩〈致傷痛〉（An den Schmerz）給人在威尼斯的彼得・蓋斯特，要蓋斯特譜成一首歌。

「這首詩呢，」尼采在隨詩附上的信裡說：「對我有一股魔力，讓我無法讀的時候不哭出來；它彷彿說出了我從小就一直等待聽見的心聲。這是我的朋友莎樂美寫的，你還沒聽我介紹過她。莎樂美是一位俄國將軍之女，芳齡二十〔原文如此〕；她聰穎如鷹，英勇似獅，卻又還是個嬌嬌少女，說不定命恐難永……她是最能接受我思考方式和我想法的人。親愛的朋友，請你千萬別將我倆的關係誤會成在談戀愛。我們是朋友，我會與她友誼長存，這點我矢志不渝。」[10]

Chapter 13 哲學家的學徒

巴黎還是首善之都，不過我有點受不了噪音，想知道外面天空夠不夠安寧。

——致法蘭茲·奧佛貝克，一八八二年十月

莎樂美和母親在奧佛貝克家那段日子，尼采直接從琉森回到了瑙姆堡準備將《歡悅的智慧》手稿給出版商。他雇了一個破產的小販負責記錄，由伊莉莎白負責讀稿，這也是尼采頭一次正式宣告上帝已死。他在稿子中寫道：

「各位難道不曾聽說有個瘋子在大白天裡點著油燈，在市場裡邊跑邊叫個不停：『我要找上帝！我要找上帝！』但是他周遭站著的那麼多人都不相信上帝，便不免惹得眾人大笑。有人問，敢情上帝是走丟了嗎？另一人問，是不是像小孩一樣迷路啦？還是祂躲起來了？是怕我們嗎？祂出海了嗎？是移民出去了嗎？……那瘋子跳到他們中間，狠狠盯著他們。『上帝在哪裡？』他大聲喊道：『我告訴你們！我們殺了祂——就你們跟我！我們都是凶手。但是我們是怎麼幹的？我們怎麼能喝光海水？有誰給了我們海綿，讓我們能抹去整個地平線？我們將這地球扯離它原本的太陽時，究竟是在做些什麼？這地球現在是要去哪兒？我們要去哪兒？遠離所有太陽嗎？我們這不是不停墮落嗎？……接下來還有起伏可言嗎？我們這豈不是好像一路偏向無窮的虛無嗎？對著我們吹息喘氣的不是虛空嗎？這不是變得更淒冷了嗎？……諸位沒聽到埋葬上帝的挖墳人發出來的聲音嗎？聞不到神明腐敗的味道嗎？——眾神也同樣腐敗分解啦！上帝死啦！上帝死了好久啦！我們殺了祂呢。我們怎麼安得了心哪，最凶殘的凶手！這世界上最神聖、最偉大的事物在我們的刀下流血至死啦：誰會為我們拭去血跡？……我們這一票會不會幹太大了？我們為了配得上這大事，不也就必須成為神明嗎？世上沒有比這更大的事了——以後的人將會因此而屬於比我們現在更高的歷史！』」

大家一臉疑惑地瞧著他，那瘋子說：「這件事對那些人（非有神論者）來說，比最遠的星星還更遙遠——但是這卻是他們自己動的手！」他丟下油燈，照亮了地面。他離開了市場裡的群眾，奮力打開一條路趕往座落在他路上的那些教堂。他在每一間教堂裡都為上帝的靈魂唱了首鎮魂歌，用字遣詞就像是為死者安魂的那些鎮魂曲的瀆神諧仿。其他人雖然已不再相信上帝，卻都被他此舉惹火了，便將他轟出了他們的教堂。

「這些教堂現在還有什麼用？」他問他們：「除了當上帝的墳墓之外還有什麼用？」[1]

在這本書後頭，尼采也開始醞釀在他後來哲學中發揚光大的另一個觀念：神死後，祂的雕像還是會在洞窟中擺上幾百年，祂那巨大又嚇人的影子仍會在洞壁上繼續張牙舞爪。上帝是死了沒錯，但是尼采預言道，有鑒於人類的習性如此，上帝所定出的道德陰影還是會存續上千年。精神勇士要剷除這道陰影的任務就和消滅上帝同樣艱鉅。2

這兩則故事都為十九世紀的理性主義者（例如瑞伊）背上添了一副重擔，因為儘管他們殺死了上帝，卻似乎還不明白沒有了基督教神學就難以維繫基督教倫理道德的這個後果。理性的唯物論者必須說明後續啟動道德力量的原理，而這裡頭又暗藏著將會帶給人類巨大災難後果的可能性。尼采在這整段話的最後做了預言：「悲劇潛伏」。而潛伏在一八八二年夏天的這個悲劇事件，就是拜洛伊特音樂節。這場音樂節上要首次搬演《帕西法爾》，華格納創作這齣戲的靈感來源是茱蒂絲・高提耶而不是寇希瑪。尼采既然是拜洛伊特贊助團（**Patronatsverein**）的創始成員之一，當然就有資格購票觀賞。莎樂美非常想跟著去。拜洛伊特已經成了當時的文藝聖地，是七、八月裡全歐洲名流聚集的時髦景點。

《帕西法爾》是關於基督教聖杯傳說的重新演繹。聖杯就是傳說中基督在最後的晚餐所使用的杯子。安佛塔斯國王（**King Amfortas**）被選中要主持聖杯儀式，只不過他的品德並不足以堪此大任。他受到女巫坤德麗（**Kundry**）的美色所誘惑，被一柄長矛嚴重刺傷了他身體一側。（安佛塔斯在初稿中其實是生殖器受創，但後來則改成較貼近基督受難的位置。）傷口流血不止。聖杯騎士團中有誰能夠止住聖血呢？帕西法爾！這個傻瓜因為基督悲憫而開了竅（這個情節在鄙視愚蠢和悲憫的尼采看來實在毫不足取）。尼采對這劇本早已滾瓜爛熟，而且也知道自己其實並不想到拜洛伊特去聽這齣歌劇。

我們這裡先回頭談談五年前，尼采和瑪爾維達待在索倫托的盧比納齊莊園，而華格納也剛好正在附近的那個時候。當時華格納十分為尼采的健康擔憂，所以寫信問了尼采的醫生這病況是不是過度自慰所致。伊莉莎白後來捏造了兩人最後一次在索倫托散步時吵架決裂的故事，但事實上儘管他們倆確實因理念不合而冷淡下來，卻並未真正決裂，就連在一八七七年要邁入一八七八年那時，尼采都還寄了《人性的，太人性的》給了華格納，而華格納也寄了剛完成的《帕西法爾》劇本給尼采。這兩件包裹幾乎是同時在郵局交錯而過。尼采也把這件事比喻為兩把長劍在空中交擊。

尼采不喜歡這份劇本的原因不少。「這更像是李斯特而不是華格納，充滿了反改革的精神……太基督教、太侷限在一時一代了……沒有具體的肉，卻有了太多的血。這簡直是東施效顰。」[3]

華格納也同樣覺得《人性的，太人性的》討厭得不得了。華格納變得愈來愈虔誠，而尼采則甩開了那些「暗地裡傳教的哲學家」，尤其是叔本華，偏偏華格納至死都是死忠的叔本華信徒。他們倆在理念上是再也無法破鏡重圓了。

一八八二年拜洛伊特音樂節開幕前幾週，也就是《帕西法爾》首演前那陣子，尼采仔細研究了一下這齣戲的樂譜。他覺得十分迷人銷魂。住在拜洛伊特的這位巫師法力並未消逝。尼采想要聽聽那些音樂，但他的自尊不容他在沒有華格納親自邀約的情況下到拜洛伊特去。要他點頭出席，除非他獲邀搭著華格納的馬車到歌劇院去，就像先前奠基典禮那次同車共騎那樣。他滿心盼望收到請柬，但是左等右等，就是等不到那封邀請函。

莎樂美在準備參加這場音樂節時，也總算擺脫了她老媽。她母親回聖彼得堡去了，而且我們大概可以想像得到，她多少省了些操心。但是在她離開之前，她倒是十分正式地將監護這倔強女兒的責任交給了瑞伊的母親。瑞伊老太太將莎樂美帶到了他們家在斯蒂博（Stibbe）的豪華鄉間大宅。瑞伊也跟著去了。但是他一心想將莎樂美占為己有，所以十分堅定地跟尼采說他們那房子裡沒有空房給他，不讓尼采打擾他和莎樂美兩人的生活。

既然尼采沒來，現在瑞伊和莎樂美講起話來就像小孩子一樣，她是他的「小蝸牛」（schneckli），而他則是她的「小房子」（Hüsung）。他們還一起寫「鳥窩本本」（共同日記），紀錄他們在斯蒂博這「小鳥窩」的生活點滴。瑞伊的母親說起莎樂美就像是自己收養的女兒一樣。我們不難想像她說這話時那副咬牙切齒的模樣。

尼采並不打算把他那兩張拜洛伊特音樂節的戲票讓給瑞伊和莎樂美去，留他自己一人孤單。所以他反而將票給了妹妹伊莉莎白和莎樂美。這份共同體驗應該能拉近這兩個女人，說不定能讓她們建立起深刻的姊妹情誼。尼采懷著這心思，便又邀了她們倆在音樂節後一起和他到多恩堡（Dornburg）附近一個風景如畫的小村陶騰堡（Tautenburg）過個小節日。但是瑞伊並不在受邀之列。

正當尼采等著實行這美妙計畫時，莎樂美從斯蒂博大宅寄了幾封勾人心弦的信來。她不無諂媚地誇他和瑞伊是「關於過去與未來的兩位先知……瑞伊定了神明的罪，而你則是滅掉了諸神的餘暉」。她還暗示性地說尼采寄給她的書是她在床上的最佳良伴。尼采回給莎樂美的信也愈來愈放蕩不羈，他承認自己在獨處時常常會大聲念出她的名字，就只為了聽到這名字時的那份快感。

她回信寫道，自己願意跟尼采和伊莉莎白一同去陶騰堡過節，尼采頓時樂不可支：

> 陶騰堡，一八八二年七月二日。
>
> 如今我頭上是晴空萬里啊！昨天中午我還以為是我生日呢。你寄信來說好，這是我現在收到最可愛的禮物了；我妹妹寄來了櫻桃；陶伯納（Teubner）寄來了《歡悅的智慧》（*Die fröhliche Wissenschaft*）的前三頁校訂稿，而最重要的是，我剛完成了最後一部分的稿子，也因而完成了這六年來（一八七六年至一八八二年）的工作，也就是我的整套自由思考（Freigeisterei）……噢，親愛的朋友，每思及此，我都激動不已，不知道自己何德何能竟能成功完成——我現在心裡滿滿都是自我疼惜和勝利的快感。因為這確實是項勝利，而且是大獲全勝——因為就連我的身體也重新健康起來了……所有人都跟我說我看起來年輕多了。老天不讓我去做些蠢事——但是從現在起！——無論你說什麼，我都會好好聽進去，不必害怕……
>
> 全屬於你的，弗里德里希·尼采

這裡說他健康好轉恐怕是願望多過實情，而一個三十七歲的人對一個二十一歲的說自己看起來一臉年輕恐怕更是吹牛成分多些，想要表現出他在這場爭奪主控權的哲學與愛慾之間的三角關係中贏過了瑞伊。

伊莉莎白和莎樂美約在萊比錫碰面。兩人都急著想給對方留下好印象。到抵達拜洛伊特時，她們倆已經會親暱地彼此互稱「你」（Du）了。伊莉莎白先前已經在同一家旅店替他們倆訂好了兩個房間，這下子不可能不親密起來了。

無妄堂每天晚上都有招待兩三百人的酒會宴席。伊莉莎白喜歡把自己當作是寇希瑪的密友，但是卻痛苦地發現自己替他們持家的長處根本就不夠資格讓注意力都放在上流社會的寇希瑪看得上眼。事實上，這裡根本沒有多少人對尼采這個有點年紀了的妹妹感興趣。

「我還沒遇到太多熟人，」她酸溜溜地寫信告訴母親：「但是晚宴真的很有趣，只是真的太貴了。開個玩笑，我們明天都要去吃素食桌了吧。」[4]

相對於此，人們對莎樂美倒是十分感興趣。她年輕貌美、貴族出身、活力十足、富有大方、自信豪爽，而且還是瑪爾維達那些飽讀詩書的「自由的靈魂」之一。莎樂美很快就讓人明白，她這個自由的靈魂可不只是嘴上說說，而是真的要按照那種危險的學說來過生活。她公開大談今年冬天將在沒人看管的情況下和瑞伊與尼采一同研究思考，拜洛伊特的眾人聽了莫不倒吸一口涼氣。她甚至還拿了那張執鞭在那兩名哲學家寵物身上揮舞的照片給大家看。這真成了整個音樂節裡絕佳的嚼舌話題。但是醜聞八卦還不只如此，更火上添油的是華格納和埃瑟醫師在五年前的書信內容不知怎地竟外洩出來了：尼采居然是個自慰狂！這消息之所以走漏，可能是因為華格納這個習慣把事情交代出去的大忙人把自己和埃瑟醫師之間的某些信件交給《拜洛伊特新聞報》的總編輯漢斯·馮·佛佐根處理。[5]馮·佛佐根是個積極的華格納信徒和反閃族分子，他滿心嫉妒地認為尼采就是個背叛大師的臭小子，竟敢變節拋棄我們這派的哲學家（叔本華）和這份神聖的事業（拜洛伊特），而且現在還明目張膽地勾搭這個放蕩女子（莎樂美），跟「以色列人」（瑞伊）恐怕還有不正當性關係。至於對他，尼采更是從不掩飾自己瞧不起不學無術的馮・佛佐根。

莎樂美和伊莉莎白之間終究沒有發展出姊妹情誼。莎樂美拿出那幀可笑的相片不僅毀了她自己的名聲，也毀了哥哥尼采的聲望。莎樂美真是個無恥的騷貨，不管見到哪個男人都要挑逗幾下。她那引人遐想的身材肯定是靠那對「假奶」撐出來的。

誰都不懂伊莉莎白在面對過去朋友聽到哥哥那種性癖後對她露出一臉噁心或尷尬時的那份困惑。獲邀在無妄堂自由進出的莎樂美說，華格納一聽到尼采的名字就氣沖沖地離開房間，還下令不准在他面前再提到這個名字。這擺明是做了虧心事的標準反應。

莎樂美靠著自己對當時男人的準確直覺，很快就跟有趣的保羅・馮・祖科夫斯基打得火熱。這位替《帕西法爾》設計舞台的三十七歲樂天藝術家也和莎樂美一樣，有一半德國血統和一半的俄羅斯血統。他們也同樣對招魂術感興趣，這一點尤其有趣，因為莎樂美深信自己的命運之所以與眾不同就是因為有鬼纏著她，還會透露神祕訊息給她。

馮・祖科夫斯基能在無妄堂裡有地位，是靠著前一年以華格納家的孩子為模特兒，畫了一幅十分庸俗的聖家像（the Holy family）。齊格飛扮耶穌，女孩兒們則扮演馬利亞和天使，而馮・祖科夫斯基自己則是約瑟。當畢克林拒絕了替華格納《帕西法爾》設計舞台和「裝飾」後，這份工作就馬上交給了馮・祖科夫斯基。他的種種設計都滿足了華格納的偏好，充滿了綾羅綢緞，還有成千上萬的花朵和粉紅色的閃電。事實上，這整套設計確實大獲成功，在拜洛伊特上演的兩百多場演出都還一直沿用，直到一九三四年整個垮了才換掉。馮・祖科夫斯基也知道華格納那些信件的祕密。無論是他透露給莎樂美，還是她從別處聽來的，我們都無從得知，但是從各方面來看，莎樂美都不可能錯過這條消息。

另一個輕輕鬆鬆就拜倒在莎樂美石榴裙下的是海恩里希・馮・史坦因（Heinrich von Stein）。馮・史坦因取代了尼采，成了小齊格飛的家庭教師。他也是個狂熱的叔本華信徒（所以才獲得這職位），所以一開始與莎樂美在哲學上有不同見解，但最後卻跨越了這些歧見，甚至還邀請莎樂美到哈勒來找他。

總而言之，在拜洛伊特的這一週對莎樂美來講十分美好，但對伊莉莎白則是生不如死。伊莉莎白把滿腔的怒火、挫折與對莎樂美的嫉妒全都寫進了她唯一的一本小說裡。[6]小說裡甚至幾乎不掩飾人物的身分：莎樂美就是波蘭來的「馮・蘭姆斯坦小姐」（Fräulein von Ramstein），有著不可思議的豐胸細腰，而且顯然是靠一大堆胸墊撐起來的。她有著一雙凝視著遠處的眼睛，一頭鬈髮，臉色略黃，那張血盆大口上的鮮豔紅唇總是半開半閉。儘管如此，她對男人卻總具有致命的吸引力。她那份自負不凡的醜樣迷倒了故事裡的男主角蓋歐格（Georg）——誰都看得出他就是尼采。貴族出身的蓋歐格天真無知，信了馮・蘭姆斯坦小姐的花言巧語，和她那套哲學與自由思考。但他卻不知道這個詭計多端的女子也拿同樣的話和同一套辦法去拐了「文法學校的一名老師」（瑞伊）。幸虧蓋歐格及時醒悟，最終選擇與諾拉（Nora）共度一生，而這個有著薩克森美麗樣貌，性格溫和愉快的善良姑娘諾拉，當然就是作者得意的自我寫照。

這實在稱不上什麼文學佳作，但是我們不得不承認驅動這整個故事發展的那股怒氣其來有自，莎樂美在拜洛伊特的這段時間裡，還一直寫信給瑞伊，告訴他這裡發生的大小事情。瑞伊變得十分嫉妒尼采和馮．祖科夫斯基。他告訴莎樂美，自己甘願為她欺騙尼采或任何想和她一親芳澤的人。「你會發現我是你這輩子見過最會吃醋的人了。」[7]

莎樂美並不算對音樂一無所感，但是尼采卻無比熱切地想要她也有像自己一樣的激情。他堅持要她多待一陣子，看看《帕西法爾》的第二次演出。這要求對莎樂美來說正中下懷，但是在第二次演出之前，伊莉莎白可是真的受夠了莎樂美的放蕩行徑。壓倒駱駝的最後一根稻草，是莎樂美叫馮．祖科夫斯基跪在她腳邊幫她摺好她正穿著的裙襬。怒不可遏的伊莉莎白馬上拍了封電報給尼采，接著就直接到陶騰堡去了。尼采趕忙到陶騰堡車站接她，希望聽到她對莎樂美的好話，沒想到卻只見她數落個不停。

馮．祖科夫斯基和海恩里希．馮．史坦因都反對莎樂美到陶騰堡去和尼采與伊莉莎白會合。他們勸她留在拜洛伊特。瑪爾維達也勸她留下，因為瑪爾維達已經預見了這三個人湊在一起只會惹出麻煩來。莎樂美因此就留在了拜洛伊特，跟尼采說自己得了風寒，得臥床調理。他回信祝她早日康復。既然尼采沒提到伊莉莎白或任何其他煩心事，莎樂美覺得那就大可不必裝病了，於是又寫了封信衷心感謝伊莉莎白在拜洛伊特這陣子的照顧，讓她這三週來的哲學學徒之旅沒有任何阻礙。

對伊莉莎白來說，她除了照計畫走之外也別無選擇。如果她現在就抽身不顧監護身分，那可就把尼采家的最後一點面子都丟光了，啥也不剩。

夾在兩人中間的尼采只能寫信求莎樂美：「你一定要來。讓你受苦實在太令我難受了。但只要我們見面，就能撐得過去。」[8]

莎樂美在八月六日或八月七日到了陶騰堡，來接她的是伊莉莎白。但是莎樂美從拜洛伊特搭火車來的路上，卻偏偏與伯納德・佛斯特（Bernhard Förster）搭了同一節車廂，這位佛斯特校長就是伊莉莎白下了苦功，一心想要結婚的對象。伊莉莎白現在不僅嫉妒莎樂美搶走了她哥哥，就連她的情人也想搶走。兩個女人為此大吵一架。莎樂美你怎麼可以這麼水性楊花，誰都勾搭？你怎麼可以這樣糟蹋尼采的可敬名聲？莎樂美「放肆大笑」答道：「是誰先笨到安排我們一起去學習？又是誰因為得不到我別的東西才說要展開精神友誼？是誰想到要同居？就是你那高貴純潔的哥哥！男人都只想要一種東西，而且才不是什麼精神友誼！」

伊莉莎白也大聲回嗆：這種事情大概在平凡的俄羅斯人之間稀鬆平常，但是要說與我純潔的哥哥有什麼關係真是太荒謬可笑了。她要莎樂美不准講這種難聽話。莎樂美說自己平常跟瑞伊說的還更難聽，而且還說尼采曾講過假如娶不到她，那就寧可一起組個「狂野婚姻」（wilde Ehe），要是伊莉莎白以為莎樂美設計圈套給尼采跳，那可就錯得離譜了。莎樂美可以和他同房共寢一整晚都還坐懷不亂。這番猥褻的粗話把伊莉莎白嚇得噁心吐了，趕緊用濕手巾摀住口鼻。[9]

尼采安排了這兩位女性同住在陶騰堡教區牧師的房子裡，他自己則謹守禮節地住到附近農家。大吵之後隔天，他們三人總算湊齊了。尼采當面問了莎樂美他從伊莉莎白那裡聽來的背叛舉動，而她則是一概否認，說這些從沒發生過，伊莉莎白這番指控根本就是子虛烏有。伊莉莎白說莎樂美接著就鬧著要離開，但是卻又裝病，躺回了床上。

伊莉莎白為了展現自己高人一等，便說要到附近的美麗森林來一趟振奮身心之旅，讓「蹦蹦跳跳的可愛松鼠」幫她平衡下來。尼采這時則忙著在牧師家裡的樓梯上跑得嘎吱作響，震耳欲聾的腳步聲讓莎樂美認為是纏著她的那些鬼魂在作祟。她不讓尼采進房裡來，所以他只好從門縫下塞了字條進去給她。最後尼采總算獲准進房安慰他「淘氣的」莎樂美，還吻了她的手。沒多久，她就可以起身下床了。

接下來的三週裡，伊莉莎白都在追著松鼠，對牠們又急又羨，同時也寫信跟人家哭訴自己的犧牲竟然遭人如此取笑，不僅被她哥哥奚落，連地位都被莎樂美取代了。尼采和莎樂美兩人則一起在安靜陰涼的陶騰堡森林裡愉快地漫步健行，尼采戴上了綠色眼鏡，打著陽傘遮陰，而莎樂美則戴了帽子和一條紅色絲巾。等到他們回到尼采住的那間農舍時，莎樂美還將油燈用絲巾圍起來罩住，免得尼采眼睛不舒服。他們一直聊到半夜，還繼續聊個沒完。這惹得租房間給尼采的農夫老大不爽，因為他得熬夜護送莎樂美回牧師房子去，而且天一亮還得照樣給乳牛擠奶。

他們倆都說那天一口氣就聊了十個小時。尼采愈來愈相信自己找到了另一個自我，另外半個大腦。他們之間唯一真正的落差在於書寫風格不同。莎樂美寫起東西來還是像個吱喳喳的女學生一樣漫無邊際，而尼采的行文風格則結合了精簡扼要與驚人活力。他自認是德文界的三大文豪之一，另外兩個則是馬丁．路德和歌德，而他這想法也確實沒錯。

尼采為莎樂美擬了份寫作指南：

風格要活潑。

下筆前先知道自己要講什麼。
配合讀者修改風格。
長句子容易矯揉造作。呼吸夠長的人才有資格寫長句子。
最後，「讓讀者無從反駁算不上精明的妙招。真正好的絕妙招數是讓讀者自己講出我們智慧中的結晶。」[10]

而莎樂美則說他們在陶騰堡那三個星期裡的對話，基本上，除了上帝之外沒談別的。她說尼采因為不信神反而變得更加虔誠，而且就是這份痛苦成就了他的哲學。尼采的思想發展完全是源自他的信仰喪失以及他面對上帝之死而生的情感。他汲汲營營就是為了尋找替代已故神明的任何可能。

她說尼采談到了達爾文主義。他解釋道，在古早以前，我們會把在人身上的那種莊嚴感受歸諸神聖來源。但這條進路如今已然頹圮，「因為在那入口站著一群恐怖的動物，正居其中的一頭大猿齜牙咧嘴，彷彿說著：『此路勿近！』」所以人類只好不停往反方向的其他路子走去，盼望能證明自身的莊嚴意義。[11]人要衡量人類的偉大程度，就看他能擺脫掉多少動物性，而最終目標則是希望能不再被視為動物的一員，或者至少也得是高等動物，是能辯證、會講理的存有者。[12]

人類這種咄咄逼人的理智主義有可能會斲害自己幸福的能力。人類甚至可能會因為這種對知識的熱愛而滅亡。但又有誰不是寧可人類滅亡也不願知識倒退呢？[13]

他向她解釋，他希望檢視這種人類中心主義的謬誤，說不定還能加以擺脫。自然現象不該用這種短視、狹隘的人類視角來看待。為此，他已決定願花數年光陰——也許是十年——在維也納或巴黎的大學裡研究自然科學。從此刻起，哲學結論必須建立在經驗觀察與實驗之上。

他們也談到了永恆歸返。他告訴她，他想學著如何對存在於事物之中的必然性視而為美。「這樣我也會是一個創造美麗事物的人了。這就是命運之愛（Amor fati）啊，從此成為我的愛吧！我不想對醜惡釁戰，我也不想提出指責，我甚至不想指責提出指責的人。就讓轉頭不看成為我唯一的否定做法吧！還有，最最重要，重中之重的是：我希望總有一天成為一個看什麼都樣樣好的人！」14

要愛你自己的命運，接受它、擁抱它，就是要去愛和擁抱永恆歸返這道理。尼采調皮地說，這不是要擁抱被動的那些迷信占卜或是匍匐在東方那種宿命論之下，而是一旦當人了解了自己、成為自己，那他就必定要擁抱自己的命運。假如一個人具備某種品格，那那種品格的典型經驗也會同樣重複出現。假如人生是一條從過去延伸向未來的漫漫長線，而我們就處在這條線上的某一個點，那我們之所以會在這個點上都是我們自己的責任。這使我們的靈魂有個明白的責任要對這一刻說好，而且要準備好為這一刻在時光之輪中不斷重複出現而感到欣喜幸福。

我們必須腳步靈活，必須跳起舞來。人生並不是單純。假如有一天，人敢異想天開地以靈魂本性的模樣來興建一座建築，那建築師大概就必須以迷宮當作範本參考。要生出舞蹈明星，內心之中就必須蘊含混沌，務求不一致、心猿意馬和渴望流浪。固定的意見就是死見解，確立的心志就是死心眼，比一隻蟲子都還不如；必須一腳踩死，徹底消滅。

莎樂美對這三個星期的描述，即使是在十二年後才回首重提，也仍然十分有價值。能得到尼采親自花了三週時間教導他的哲學的，沒有別人了。

三個星期下來，莎樂美也撐不住這強度了。八月二十六日，尼采陪她到了車站準備離開。這時莎樂美送了他一首詩：〈向人生祈禱〉（Gebet an das Leben）。尼采為這首詩譜了配樂，對她表示希望這會是他們倆最終能一起踏上的一條小徑——而其他道路也仍舊可行。

尼采興奮得少了根神經，竟委託在首屆拜洛伊特音樂節上與他陷入愛河的路易絲．歐特替他和瑞伊與莎樂美這三人組在巴黎找房子住。尼采幻想著等到大家都到了巴黎，就能齊聚一堂，圍著鋼琴聆聽路易絲夜鶯般的歌聲，唱出由他作曲、莎樂美作詞的那首〈向人生祈禱〉。

莎樂美逃離陶騰堡之後，就逕奔斯蒂博的小鳥窩找瑞伊去了。她一直都靠「鳥窩本本」讓瑞伊知道近況發展。莎樂美最後的結論是她已經看進了尼采心裡的深淵，發現在那裡頭是改名為戴奧尼索斯主義的基督教神祕主義，而且基本上就是一張掩蓋著身體肉慾的面具。「就像基督教（和所有）神祕主義會在最狂喜興奮之際獲得最原始的宗教感受一樣，愛最理念性的形式也總是會回歸到感性上頭。」她想，這會不會是人性中的動物性對人的靈性所進行的某種復仇，而是不是這一點才使得她遠離尼采，投向在性方面毫無威脅的瑞伊呢？

莎樂美離開後的那個星期天，尼采搭火車回到了瑙姆堡的母親家中。伊莉莎白拒絕跟他一起回去。她說她的眼睛哭得太腫，不敢回去嚇到媽媽。

尼采一回到家就開始扮演起了乖兒子。一切都看似風平浪靜，直到伊莉莎白的一封信把所有事情全都說了出來為止。法蘭琪絲卡氣得痛罵尼采是個騙子、是懦夫，丟盡了父親的臉面，使父親身後蒙羞。她罵到把一個母親能說出最惡毒的話全講了出來。尼采一輩子都忘不了。

他馬上逃到了萊比錫去，一邊苦澀地想著他果然還是被他自己所謂的「鎖鏈病」所苦：這種情感依附只會在你成為自己的路上不斷扯你後腿。

「首先，人很難從自己的鎖鏈中解放自己；而且，人最終也必須要從這份解放中解放出來！即使打破了鎖鏈，但我們每個人都必須歷經這鎖鏈病的折磨，只不過方式萬千不同。」[15]

尼采為了迎接莎樂美和瑞伊來到萊比錫，特別安排了他們參加一場降靈會。他們倆都對這種事情嘖嘖稱奇。尼采打算，在表演過後，他就一舉揭穿這種通靈人裝神弄鬼的花樣，要讓他們目瞪口呆。但是這個靈媒她真的什麼也不會，反而讓尼采精心演練過的論證根本什麼也打不著。

這三人組一同過了冷淡平凡的幾個星期。他們去聽了幾場音樂會，但是大多數時候都是圍坐著想些巧妙格言。尼采還是不停挑剔和修改莎樂美的文章，而她的文章也總是（而且之後也都還是）不免過分誇張、過度渲染。他現在會直接在文章空白處直接叫他給她取的小名：「魅仙」（Märchen），這意思是「童話故事」，但也有「鬼扯淡」的意思。

他們仨寫了一些巧話妙句來描述彼此。講莎樂美的是這句：「女人不會因愛而死，卻會因為沒有愛而虛度青春。」講瑞伊的：「最大的痛苦就是自我厭惡。」講尼采的：「尼采的缺點：超纖細。」也有一句專門描述這整個三人組：「若要拆散兩好友，莫若添成三人行。」[16]

叔本華講過，一群天才會形成能夠跨越成長（becoming）這條湍急河川的一道橋梁，但是這三人組卻沒有一個打算過橋。沒有一個老實行事，也沒有一個坦誠直言。他們每一個人的「成長」都是奠基在其他兩人身上，但是他們每個人都在瞞騙與假裝之中愈陷愈深。神聖的三位一體如今已經變成了虛偽的三位一體，沒有誰還是自由的靈魂。

那一年稍早，尼采還興高采烈地跟奧佛貝克夫妻宣布自己會更加入世、更親近人。結果卻是證明了即使在三個人這麼小、這麼理想，由所謂自由靈魂組成的團體裡，唯一成功的就只有把每個人都困在由情緒、怨憤與義務打造的新鑄枷鎖之中。任何的新依附關係都會生出新的鎖鏈病來。

十一月五日，莎樂美和瑞伊突然失蹤了。尼采完全不知道發生了什麼事，更是莫名所以。他不停在信箱前徘徊，不知道接下來的命運如何，卻什麼信都沒收到。過了十天，他逼著自己離開萊比錫，回到巴塞爾，因為他已經答應了要來替好友法蘭茲·奧佛貝克慶祝他四十五歲的生日。但到了巴塞爾這裡，他還是天天將信箱當作世界中心轉。今天有沒有我的信？他不停地問伊達·奧佛貝克。她會不會忘了什麼？是不是什麼東西搞丟了？她有沒有瞞著自己什麼？尼采離開那天，伊達完完全全被他道別時那份絕望嚇壞了：「所以我是真的徹底孤獨了。」

過了幾個星期，心機深沉的瑞伊寄了張明信片來，劈頭就罵尼采居然棄他們而去。總是心軟、不斷忍讓的尼采回了表達原諒的一句話給莎樂美：「高貴的靈魂」永遠不去責備呵斥。他希望她能繼續她「撥雲見日」的任務，雖然他覺得自己此生任務的尊嚴已經因為她的所作所為而搖搖欲墜了。

從十一月到二月之間，尼采一直不斷寫信給她。有些寄出了，但有些草稿還留著。他們以各種不同方式來愛、恨、輕視、控訴、原諒、責備和羞辱彼此。她有著「貓兒獵食取樂的欲望」。她寫了一堆充滿恨意的信。她是頭怪獸，是個只有些許靈魂的大腦。有她那樣的精力、意志和創造力，她註定能夠成就一番事業；但靠她那樣的道德良心，最後恐怕不是坐牢就是被送進瘋人院。

尼采從此再也不曾見過莎樂美和瑞伊。他們沒去巴黎，就跟尼采猜的一樣。他們在萊比錫躲了尼采幾天之後，就到柏林去了。他們在柏林找了間公寓，格局就像莎樂美想像過三人行生活時的樣子：兩間臥室，中間隔著一間沙龍。莎樂美模仿瑪爾維達弄了個文藝沙龍，但文人墨客沒來多少，倒是引起不少桃色糾紛。瑞伊還是在努力抵抗賭癮，也努力避免半夜之後在街上和年輕人起衝突。莎樂美在沙龍裡受人尊稱為「閣下」，而瑞伊卻被人叫做「女僕長」。

莎樂美帶到柏林的還包括了尼采送她的那本《人性的，太人性的》，尼采在書裡還寫了首詩：

親愛的——哥倫布曰——永遠
別再信任熱內亞人！
他總凝望著鹹水那端，
橫跨廣大的深藍海洋！

他所愛的人遠遠勾引
穿越了時空無涯無垠——
天上的星星毗鄰閃耀。
永恆在我們身邊咆哮。[17]

Chapter

14

吾父華格納已死，我兒查拉圖斯特拉出世

還有什麼可創造的，假如眾神——存在過？

——《瞧，這個人》，〈查拉圖斯特拉如是說〉第九節

一八八二年十一月，尼采離開巴塞爾，要前往熱內亞，曾經橫跨茫茫大海去尋找全新世界的哥倫布就在這裡出生。哥倫布令人著迷的其中一點就是他其實並不知道自己找不找得到陸地。事實上，尼采在大談要學古代的戴奧尼索斯和亞歷山大大帝那樣遠征印度時，也同樣茫然。而既然他長期容易暈船，顯然他說的遠征是一種譬喻，要發現的是在人內心裡的未知之地。

他整個人的健康狀況在一八八二年至八三年的這個冬天格外惡劣。他服用大量鴉片，希望能昏沉睡去，麻痺莎樂美離去造成的情傷，想舒緩他自己所謂最後一次的死亡劇痛，卻只是徒勞無功。他在十二月中旬寫了一封信，希望能引起莎樂美和瑞伊注意，他說自己

服了大量鴉片，而且「……即使我哪天因為激動或什麼緣故結束自己生命，大概也沒什麼好傷心的……。」[1]他寫給奧佛貝克和彼得．蓋斯特的信裡也同樣提到了鴉片過量和自殺的事，好比「現在想到手槍槍管對我來說還比較容易令我開心」[2]，諸如此類的。他那些老朋友早就都知道他可能會自殺，但是他們也都知道自己無論如何插手，大概都既不會也不能影響結果半分。

尼采到了熱內亞時，這位新的哥倫布才發現他原本屬意的旅館已經客滿，所以他只好搬到海邊，在拉帕洛（**Rapallo**）找了個便宜的小旅店。這項改變完全不影響他豐沛的想像力。這名精神勇士可以成為從拉帕洛前往美洲的哥倫布，也可以是自拉帕洛出發遠征印度的戴奧尼索斯或亞歷山大大帝，反正在他的想像中，這裡可以是熱內亞，也可以是古希臘。

「想像在希臘群島中有一座島，島上遍布著山丘樹林，某一天因為意外而被沖上了大陸，而且也沒辦法再回到海裡。在我左邊的熱內亞灣盡頭有座燈塔。那座燈塔肯定包含了某些希臘元素……某種關於海盜、充滿意外與冒險味道的東西……我從沒過著魯賓遜這種真正遺世獨立的生活這麼長的時間。」[3]雖然這間小旅店相當乾淨，但是伙食實在糟透了，他到現在都還沒吃過像樣的一塊肉。

他在拉帕洛待了兩個月，母親寄了封充滿濃濃瑙姆堡風格的聖誕卡來，氣得尼采回信說以後寄來的信他看都不看。是時候從鎖鏈病中掙脫了，他這決定必定還包括伊莉莎白在內，他特別要所有朋友都別讓他家人知道自己的新住址。「我再也受不了她們了。真恨不得早就跟她們斷個乾淨！」

他獨自一人過了聖誕節。也許是受到了這個紀念出生與重生的日子激勵，他寫下了一封展望未來的信，寄給奧佛貝克。「我現在真的毫無信心，」他在信中坦言：「除非能夠找到什麼點石成金的神奇妙方，不然我實在是徬徨無依。現在是我向自己證明『天生我材必有用，千金散盡還復來』的最好良機！」[4]

只有準備好在無垠無涯中粉身碎骨的孤獨勇士，才能夠點石成金。「孤獨有七層皮；沒有任何事物能穿透……」[5]而最後得出來的黃金，就是《查拉圖斯特拉》（*Also sprach Zarathustra*），這本書是精神在現代道德世界中充滿狂喜、詩意與預言的一場漫遊。這本書就和格列佛遊記、辛巴達奇航或是奧德賽迷航一樣，是一篇針砭當前時代的長篇寓言。古代的波斯先知查拉圖斯特拉在上帝這個概念死後，從山上走了下來，為的是要指出人類若能奮起面對，那麼只要人能誠懇、堅定、勇敢地徹底刮除超自然信仰在洞壁上留下的陰影，或許在這神滅之後的世界裡，道德仍能繼續存在。

《查拉圖斯特拉如是說》並不是查拉圖斯特拉這位波斯先知在尼采著作中的首次登場。他前一本書《歡悅的智慧》就是以一段標題為〈悲劇開始〉（The tragedy begins）[6]的長篇韻文做結尾。尼采在這段中不知何故介紹了一位人物，名叫查拉圖斯特拉，但這人名在整本書裡從沒出現過。「查拉圖斯特拉三十歲那年，他離開了家鄉與烏爾米湖（Lake Urmi），遁入了山裡。」這是《歡悅的智慧》全書最後一段的開頭。烏爾米湖是在什麼地方啊？他這裡說的山到底在哪裡？這個查拉圖斯特拉又是誰呀？

「他在那裡，」《歡悅的智慧》裡繼續說道：「享受著他自己的精神與孤獨，十年不覺厭倦。但他終究改變了心意──某個早上，他在東方亮起魚肚白時醒來，走到太陽面前，如是說道：

『大哉天體！若你無物可照，又有何喜？十年以來，你日日自我洞前爬過，若不曾照耀過我身、我的鷹、我的蛇，定也厭倦你的光輝與此路徑；然而我等日日在此等候，得你廣施富饒，並為此替你祝禱。看哪，我已受夠此身智慧，猶如蜜蜂採了過多花蜜；我需要有人伸手；我要四處分送餽贈，直到人群中的智者能愛自身之愚，窮人能愛己有之富。為此，我必須向下深探，一如你每晚沒入海面，照耀地底世界啊，富哉天體！我亦如你，必當沉步就下，正如我所欲降臨之人間之謂。』」

這裡的「沉步就下」指的正是尼采自己在寫《歡悅的智慧》時的「沉步就下」，他當時正滿心喜悅地自孤寂的高處下來，打算將他滿腔的觀念想法分享給莎樂美，藉以分送他的「花蜜」（即是他的智慧）。他寫到這裡時，還相信莎樂美就是自己的第一個門徒。

這段文字接著寫道：「『所以為我祝禱吧，你這顆能夠看到這無比歡愉卻不起妒心的平靜眼睛！祝福這只杯子，讓它滿溢出來的水閃耀著金光，處處都映照出你的喜悅！看哪，這只杯子又要空啦，查拉圖斯特拉要再成為人啦。』查拉圖斯特拉便自此沉步就下。」

這就是一八八二年《歡悅的智慧》的結尾。

我們今天讀到《歡悅的智慧》的版本，加進了尼采一八八七年的修訂內容，包括一篇新的序論、新增三十九條格言的第五節，還有幾首詩。但是他在一八八三年開始撰寫《查拉圖斯特拉如是說》第一部分時，其實就是接續著原本一八八二年版《歡悅的智慧》的結尾來寫。在寫這兩本書之間的這段期間裡，他失去了莎樂美，失去了他選定的門徒。退而求其次，她原本要承擔使尼采永垂不朽的重責大任就交給查拉圖斯特拉來辦吧。在生活中，尼采更經常說，查拉圖斯特拉就是他的親兒子。

尼采為什麼選了查拉圖斯特拉呢？查拉圖斯特拉，也叫做瑣羅亞斯德（Zoroaster），是大約活在西元前六至十二世紀之間某段期間的一位波斯先知。查拉圖斯特拉留下的神聖經典《波斯古經》（*Zend-Avesta*）[7]說當時的古波斯人所信奉的神明都是惡神。查拉圖斯特拉因此留下了一把鑰匙，得以解決相信上帝全能全善的猶太教、基督教和伊斯蘭都束手無策的「惡的問題」。在祆教中，代表光明的善神名為阿胡拉·馬茲達（Ahura Mazda），又名奧姆茲德（Ormuzd），祂一直在對抗代表黑暗的惡神安格羅麥紐（Angro Mainyu）與祂手下的天使（daevas）。到世界末日時，阿胡拉·馬茲達將會獲得最終勝利，但是在那之前，祂並不能控制事物發展。因此，祆教與信奉上帝的三大宗教不同，避開了「全能全善的上帝竟使得那麼多人承受不必要的惡」這個悖論。[8]

查拉圖斯特拉從三十歲到四十歲在山裡獨居的這十年，也許代表了尼采到巴塞爾後這十年間獨立思考歷程，畢竟他經常在山上構思出了這些想法。查拉圖斯特拉要下山「進入人群之中」的時候是四十歲，正是作者尼采此時年紀。查拉圖斯特拉從山上帶了火下來，就像希臘神話中的普羅米修斯帶來改變了文化與文明的火種一樣，也像是聖靈在五旬節（Pentecost）顯示火舌的聖蹟那樣。火焰會帶給受揀選（亦即受到啟蒙）之人能夠「說起各國方言」，也就是能夠說出人人能懂的話。火就是智慧與啟示的同義詞。查拉圖斯特拉的火焰具有一種特殊能力，能夠在上帝已死之後的無意義人生中烙進意義。只有他（透過尼采）才頭一次有人說出了虛無主義，講出了在十九世紀的物質主義脈絡中，道德生活面臨到的那種絕望與毫無價值的危機。

查拉圖斯特拉向大家開示，所有眾神皆死去，如今我們要超人活著，我來教你們什麼是超人：「人類是應當被超越的。」[9]

人是什麼？是一種介於植物與鬼魂之間的混合物。那超人是什麼？就是象徵著仍然相信世人之人的意義。超人不相信提供超越世俗希望的那些人，因為那些人都是鄙夷人生的人，終究會自我毒害而亡。

超人知道，這世上看起來殘酷、隨機或災難性的一切都不是某一隻在天上永恆的理性蜘蛛對這塵俗網中的罪人施加的懲罰。沒有理性蜘蛛，也沒有永恆的理性蛛網。相反地，人生是供神聖事件翩翩起舞的舞池。[10]唯有透過對在舞池中發生的神聖事件勇於說「好」，才能夠發現意義所在。

查拉圖斯特拉對村民說，人是一座橋，而不是目的。這就是人的榮耀。人類是一條橫越深淵的繩索，繫在動物與超人之間。

聽到這裡，查拉圖斯特拉的第一個徒弟就從人群中走了出來，要從這條繩索上走到深淵的另一頭去。他才上去沒多久，就跳出一個小丑用力甩動繩子，他一個重心不穩就落地摔死了。查拉圖斯特拉扛回了走鋼索的徒弟屍首，準備好好安葬。周圍群眾紛紛嘲笑他。儘管如此，查拉圖斯特拉仍要讓他們看看那座彩虹橋——不是通往眾神所居的英靈殿，那是華格納的彩虹橋通向之處——而是通往變成超人的狀態。

他搭橋的方式是向眾人傳授他的寶訓（一共十八條；耶穌基督給了八條）。這些寶訓不是誡命，而且無比神祕。第一條寶訓說：「我愛那些除了身為墜落者之外無以為生的人，因為他們是跨越者。」最後一條則說：「我愛所有像沉甸甸的雨滴的人，一滴滴自高懸於人類之上的黑雲落下——它們宣告閃電來臨，並且作為宣告者而毀滅。」[11]

日正當中，查拉圖斯特拉享受著與他的動物相處的時光。他那頭老鷹是「太陽底下最驕傲的動物」，而那條蛇則像只戒指般環繞著老鷹的頸子。蛇是「太陽底下最聰明的動物」。尼采經常將老鷹比作自己，而蛇則是代表著莎樂美（這是條母蛇，所以尼采用 klügste 這個字來同時表示莎樂美的精明和蛇的靈巧）。這兩隻動物對查拉圖斯特拉的意義愈來愈重大；牠們讓人想起許多象徵，其中也包括了阿波羅透過蛇來詛咒和尼采一樣擁有預見未來能力的卡珊卓（Cassandra），藉以預告特洛伊將會淪陷（也代表任何學說或文明將要消滅）的神諭。阿波羅對卡珊卓所下的詛咒，也和尼采遭到的詛咒一樣，是沒有人願意聽她的話，順從她的指引。

故事說到這裡就停了，尼采接下來反而給了我們二十二篇格言，主題從個人品德、什麼是犯罪，一直談到如何能得善終。底下就是這二十二篇的主題：

論精神三變

論道德講席

論信仰背後世界的人
論蔑視肉軀者
論快樂與熱情
論蒼白的罪犯
論閱讀與寫作
論山上的樹
論死亡的宣教者
論戰爭與戰鬥民族
論新神祇
論集市之蠅
論貞潔
論朋友
論一千零一個目的
論愛鄰
論創造者之路
論老嫗與少婦
論毒蛇之嚙
論孩子與婚姻

論自由的死
論餽贈的道德

透過尼采的分身查拉圖斯特拉那種古老的聖典用語，這些格言錄讓我們了解尼采對這些主題有些什麼樣的想法。

從尼采近期生活來看，也難怪他現在對女人的說法十分嚴厲，跟《歡悅的智慧》中那種體貼諒解真是天差地遠。他問道：落在一個殺人犯手裡豈不好過掉進一個放浪女子的夢中嗎？當然，還有最出名的那句：「你要去女人那裡嗎？別忘了你的鞭子！」[12]

〈論自由的死〉大概是尼采那個時代最具顛覆性的一篇了。基督教在教誨中主張結束自己的生命是一項不可饒恕的罪過。自殺的人死後只能葬在教會牆外的不潔土地中。這象徵著他們的靈魂將永遠被拒於天國之外。但是尼采說，對於處在難以忍受的痛苦之中、明白自己生命品質蕩然無存，或是有感死期將至的那些人來說，自願的安樂死或許也是種選項。他建議應該讓這些人能自願結束生命，勿加之罪或永予譴責。

這二十二篇的每一篇都告訴我們如何真誠可敬地按照超人這種不談信仰、獨立自律又有創造活力的理想而活，而每一篇也都以「查拉圖斯特拉如是說」作結。這本書的結論是一段積極歡樂，卻也照舊曖昧模糊的提醒：

「那是偉大的正午，在那裡，人類站在他那介於動物與超人之間的道路中點，並且將那條通往夜晚的路途，當作他最高遠的希望那般慶祝——因為這是一條通往嶄新早晨的路途。

在那時候，墮落者將為自己賜福，盼望成為跨越者；而其智識之太陽，將為他於正午高掛。

『所有眾神皆死去——如今我們要超人活著』——終有一天，這是在偉大的正午之際，我們最後的志願！——

查拉圖斯特拉如是說。」

這本書並不長，頂多百來頁。充滿了詩歌般的抑揚頓挫，重複、迷幻、短促而有勁。尼采說自己是在靈興逸飛與如獲啟示般的十天裡寫下了這本書——或者說讓這本書寫出了他。不過事實上他花的時間要更久一點，大概將近一個月。

一八八三年二月十四日，他把這本書的稿子寄給了出版商許麥茲納，並在隨稿附上的說明函中說這是「第五福音」。他特地從拉帕洛到熱內亞去寄這份稿子，也許是想要以這個有象徵意義的地方當作開始，也說不定是因為熱內亞的郵遞運送較為便利。尼采到熱內亞時，從報紙上看到了華格納在前一天過世的消息。他認為這是一個預兆，是一項超自然的關聯：這又是一對長劍在空中的交擊。儘管與事實略有出入，但尼采認為全書最後一節完成的那個時刻就是華格納在威尼斯仙去的那個神聖時刻。

華格納的靈魂加入的是另一支精神勇士號的冒險旅程。華格納也同樣曾經裹在有遠見的先知那七層孤獨的外皮之中。如今哲人既萎，總算可以重新發揚華格納早期純淨的精神了。因此，尼采有資格將《查拉圖斯特拉如是說》稱作新生的《尼貝龍根的指環》。他的父親華格納已死；換成他的兒子查拉圖斯特拉出生了。

尼采在華格納死後一星期寄了封信告訴法蘭茲・奧佛貝克，自己其實早已知道華格納跟他醫生之間的書信往來內容了，而這也顯示出了尼采的謹慎與寬大精神。「華格納是我至今認識的人裡最完善的一個，而正是因此我才必須推卻一件大事長達六年之久。但是我們之間卻出了件十足過分的事；要是他再活久一些，也許還會發生更可怕的事吧。」[13]四月二十一日那天，他對音樂家彼得・蓋斯特說得更白：「華格納滿肚子壞水，他跟別人（甚至與我的醫生）通信，四處說他相信我思考方式改變是自瀆過度的結果，甚至還暗示我搞雞姦，你除了這樣講還能怎麼說？」過了幾個月，七月時，尼采也對伊達・奧佛貝克提到自己早在去年就已經聽到一次「挾怨復仇，落井下石」了。

落井下石和公開羞辱不是沒有，但並不只華格納如此，這麼做的還有莎樂美和瑞伊。

收到《查拉圖斯特拉如是說》時，尼采的出版商並未為了收到了第五福音書振臂歡呼。事實上，他看起來根本沒有打算出版的跡象。尼采寫信問他時，許麥茲納還支支吾吾地推說是印刷廠那邊耽擱了。尼采這下乾脆諷刺地說，許麥茲納要是沒把錢浪費在出版那些反閃族主義宣傳冊上，現在就有錢可以叫印刷廠做事了。這番話當然催不出什麼好結果來。

尼采失望透了，只覺筋疲力盡，一身孑然。除此之外他還營養不良，因為總在鎮上點最便宜的東西吃，而且他肯定用藥過度。他還以「尼采博士」之名開立處方箋，替自己注射危險藥品。義大利當地的藥師也都看他要什麼就給什麼。

尼采感到極度自我厭惡；「比方說，我沒有一刻忘得了母親說我丟盡了先父的臉面……我整個人生在我的凝視下崩潰碎裂：這整個萬分詭異、刻意孤絕的隱密人生，每隔六年才前進一步，而且我其實只想要讓在踏出這一步時，其他一切事物、我所有的人際關係都是在跟我的面具打交道，而我則始終都是活在完全隱藏起來的人生之中。我一直都遭逢最殘酷無情的巧合——或者倒不如說，是我每次都把巧合變得殘酷無比……我走上了歪路。我身邊又是無盡黑夜了。我覺得，假如有道閃電打了下來……我絕對會被電得粉身碎骨，除非還有什麼事發生——而我完全不知道那會是什麼事。」[14]

他找不到生活的意義，卻又覺得不得不起身像老拉歐孔（Laocoön）那樣搏鬥，要戰勝那些纏繞他身上的巨蛇。但即使要活下去，他也不想與人打交道。就算是住在小旅店或是農舍角落裡，他都嫌太麻煩。「我需要身邊無比安靜、高傲、孤絕，才能聽到我內心的聲音。我想要有夠多的錢，在附近蓋間理想的狗窩——我的意思是，弄個有兩間房的小木屋，就蓋在席爾斯湖上方半島原本羅馬碉堡的位置。」[15]

尼采半夜不是冷醒就是熱醒，不停發燒又長期疲倦，食不知味，沒有胃口。「頭痛這老毛病」每天早上七點到晚上十一點不停困擾著他。由於找不到暖氣放在房裡，尼采只得從拉帕洛搬回熱內亞。他內心隱隱期待有誰能把他拖出歐洲，他的身心疾病全都是這片土地的風水氣候害的。他仍然視自己為「天地動盪下的受害者」，現在還把先前怪罪到雲中雷電的問題怪到了埃特納火山上。就是因為在這座火山竄流的能量不停翻騰滾湧，彷彿隨時要爆發一樣，才使得他那些症狀時好時壞。[16]這樣一想就舒心多了，他可以不必把自己的不幸怪罪在任何一個人身上。

他也是在這心疲體弱的狀態下，才接受了伊莉莎白笨拙的安慰。她很快就讓他信了自己對近來事件的那套花言巧語：尼采就是那條俄羅斯毒蛇和「猶太人瑞伊」手下的無辜受害者。尼采告訴她，自己已經準備好「把我現在一團混亂的人際關係導回正軌，就先從你開始。至於打字機，就跟弱者握在手裡的每個東西一樣，出了毛病，不知道是機器還是莎樂美的問題」。[17]

他還在等許麥茲納出版《查拉圖斯特拉如是說》，所以他叫伊莉莎白去催一催。伊莉莎白不像尼采，一催就成，這可能是因為許麥茲納知道伊莉莎白也同樣是反閃族主義者。現在輪到伊莉莎白發號施令了，她勸服了尼采加入她極令人厭的計畫，向政府當局投書，要將莎樂美逐出德國，以淫猥人物的身分送回俄羅斯。結果始料未及的是，這個計畫竟使得莎樂美成了一名作家。莎樂美很清楚，自己一旦要是被烙上了淫猥人物的標籤，她那筆俄國的撫慰金大概就不保了。由於這是她唯一的收入來源，所以她決定靠寫作來掙錢。她寫了一本影射自己的小說（**roman-à-clef**）《為上帝奮鬥》（*Im Kampf um Gott*）。書中將尼采寫成一個又要貞潔又好女色的苦行僧；莎樂美本人則是一位上流交際花，「受她放肆的低等本性所驅使」；瑞伊則是她的守護者「伯爵」。這本書的結局是她服毒自盡。書中令人想入非非的各種描述之間則夾雜了各個人物的哲學嘗試，試圖在塵世中尋找某種宗教性或非宗教性的意義。幾年後尼采讀到了這本小說，馬上就認出「這處處迴響著我們在陶騰堡的那些對話」。[18]莎樂美甚至還把書中女主角取名為「魅仙」，就是尼采給她起的小名。

伊莉莎白要將莎樂美趕出德國的計畫並未成功。但是她不折不撓，繼續計畫著如何將哥哥與「以色列人瑞伊」拆開。尼采早已從他的哲學中剔除了瑞性主義（Réalism）。他從瑞伊身上學到了編寫格言的技藝，但是他已經離開了瑞伊的唯物論了。如今瑞伊在尼采眼裡就是個沒有理念、沒有目標、沒有義務也沒有直覺的人，他樂於當莎樂美的夥伴，或者該說甘願做她的奴僕。

伊莉莎白為了拆毀他們的情誼，告訴尼采其實都是瑞伊在對莎樂美說他們三人行的計畫只不過是建立在尼采想要「狂野婚姻」這種低級好色的目標上。尼采信了她的話，一想到瑞伊背叛了這份友誼，在莎樂美面前揶揄尼采的哲學，拉著莎樂美反對自己，尼采就痛苦萬分。他開始自憐自艾，滿腹疑心。他寫信給瑞伊，說他是個見不得人、陰險卑劣的傢伙，把莎樂美當作傳達他想法的可怕傳聲筒。莎樂美是個災難，是一頭乾癟骯髒、腥臭不堪又戴著假奶的母猿。（我們可以認得出這假奶一詞是出自伊莉莎白的手筆。）尼采的瘋狂控訴引來了瑞伊的哥哥蓋歐格（Georg）怒斥誹謗，要尼采跟他來一場手槍決鬥。還好，這場決鬥始終沒有下文。

「我之前從沒這樣恨過一個人，」尼采寫信給伊莉莎白：「就連對華格納也不曾如此，而且他背信棄義的程度還遠遠超過莎樂美幹的。我一直到現在才真正覺得遭到了羞辱。」[19]

Chapter
15
置之死地而後生

我在〈《查拉圖斯特拉如是說》的〉第二部分裡幾乎就像個特技小丑一樣翻滾跳躍。裡頭涵蓋了無以數計只有我才明白的個人經歷與折磨——甚至有幾頁我都覺得是用鮮血寫成的。

——致彼得．蓋斯特，寄自席爾斯—瑪麗亞，一八八三年八月底

儘管瑪爾維達是自由靈魂的鼓吹者，但她也不能原諒莎樂美的如此惡行。她為了表示和尼采站在同一邊，邀請了尼采到羅馬來散散心，也見見她。尼采收拾了他沉重的書箱，這口箱子現在已經重達一百零四公斤，而且還有了名字：「義肢」。一八八三年五月四日，他抵達羅馬，與伊莉莎白會合。伊莉莎白一直都在努力和哥哥重修舊好。

伊莉莎白和瑪爾維達從未將彼此視作敵人。接下來這個月裡她們倆對尼采無微不至地照料，總算讓尼采不必再靠水合氯醛滴劑來治療失眠。瑪爾維達出錢帶著尼采到羅馬附近的坎帕尼亞（**campagna**）平原暢遊，欣賞春天美景，看看遍地的野花、簡陋的農家，還有

零落殘破的廢墟。喀噠作響的馬車載著一行人回到了羅馬參觀博物館，尼采看了館裡大大小小的文物，最令他感動的是布魯圖斯（Brutus）和伊比鳩魯這兩尊胸像，還有三幅克勞德・洛蘭（Claude Lorrain）[1]令人緬懷黃金時代的風景畫。這些畫作的靈感就是來自畫家本人在坎帕尼亞平原的遊歷。

尼采宣稱上帝已死，卻在羅馬教會的堡壘中得到精神滋養，這份荒謬並未讓尼采感到迷失。他偶爾會說自己是反基督，著實嚇到了身邊兩位女士。他看到有人跪著爬上聖彼得大教堂的階梯時，還是會覺得十分噁心，而且認為這情況就是宗教白痴的象徵，也寫進了《查拉圖斯特拉如是說》的第二部。[2]

六月到了，羅馬又陷入一成不變的溽熱之中。尼采想要到伊斯基亞（Ischia）避暑，就跟古羅馬人一樣；但是結果他和伊莉莎白卻到了米蘭，接著兩人就在此分手，因為尼采還要繼續到席爾斯－瑪麗亞去。改變行程是個幸運的決定，因為伊斯基亞不久後就發生了地震，有兩千多人罹難。

尼采在空氣清新的地方最能思考。環境對他來說至關緊要。他一回到最愛的高山小村就又大發讚嘆：「我的繆思就在這裡……這地方就是我的血肉，甚至比血肉更親。」[3]這也使他開始描述起靈感出現的過程，對他來說，靈感的出現與對於地方的感應有著密不可分的關係：

「十九世紀末有人清楚強盛時期的詩人所謂的靈感嗎？倘若沒有，我願略加描述。——假如你心中仍有一絲迷信的殘餘，就很難抗拒一種念頭，認為有的人就是某種超越力量的化身、傳聲筒或媒介。所謂的啟示，就是某種東西突然變得看得見、聽得到了，而且這份信心和細膩之處還無從說起，這東西會將你重重摔落，讓你深深震撼——這就是對啟示的真實描述。你會傾聽，不會左顧右盼，你會照做，不會問是誰號令；那念頭一閃即至，確切無疑，鮮明俐落——我始終沒有其他選擇。這份喜悅的無比張力有時會逼出淚水，有時會催促你加快手腳，有時又令你放慢速度；是一種不是你自己的完美狀態……這一切完全不由得你自主，而是就像一場自由、不受拘束的行動、力量、神聖的情感風暴般突然發生……這就是我的靈感經驗；我一點也不懷疑你會想要回到千百年前，找找看有誰會說：『我也一樣。』——」[4]

《查拉圖斯特拉如是說》第二部分的靈感在一八八三年六月二十八日到七月八日這十天裡乍然湧現。「每個部分都在強行軍似的；勢不可擋，就好像每個念頭都自己跳了出來一樣。」[5]

第二部分和第一部分一樣，分成幾個簡短濃縮的章節，這樣尼采才能在四到六個小時的散步期間整理，並在沒有別人幫忙的情況下謄寫到筆記本上。他的靈感來自環繞著席爾瓦普拉納湖與席爾斯湖的路線，碧綠的湖水晶瑩閃爍，映著高聳陡峭的雪白山峰。尼采就在這自給自足的桃花源裡繼續述說著查拉圖斯特拉的故事。查拉圖斯特拉原本住在烏爾米湖邊，後來入山獨居，之後也將自己的格言諭示比作山巔峰頂。

尼采在《查拉圖斯特拉如是說》第二部分中幾乎就是他自身理想的典範：藉由把「就

是這樣」轉變成「我願如此」來摒棄嫉妒心與報復心的「贊同者」。《查拉圖斯特拉如是說》第二部分處處都在影射莎樂美與瑞伊。書裡偶爾會突然爆出尼采的敵人要謀害自己的指控，但是在整本書的敘述脈絡中實在沒什麼道理。

在〈論毒蜘蛛〉（Of the Tarantulas）這一節裡，尼采很明顯地用身上有著三角形標記的毒蜘蛛來指莎樂美與瑞伊。毒蜘蛛有如「如神般地堅定與美好」，卻狠狠咬了他一口，吸走了他的魂魄，使他的靈魂暈頭轉向，只想報復。[6]

寫到這裡尼采又插入了三首詩。第一首〈夜歌〉（The Night Song）是尼采先前在羅馬，坐在馬車上跨越坎帕尼亞平原那片迷人風光時，興起一股未能趕上英雄時代的感嘆，嚮往過去、嚮往愛情所寫的詩。

在第二首詩〈舞歌〉（The Dance Song）裡，查拉圖斯特拉看到了少女在草地上翩然起舞。他心中沉睡的邱比特醒了過來，還跑去與女孩兒們共舞。生命對他訴說著莎樂美過去曾對尼采說過的話語，對他說自己只是個女人，而且還不是個好女人。她告訴他，女人天生就反覆無常、狂野善變，而且女人就愛這樣子。但是男人卻要女人深奧、忠實、神祕，所以他們就要女性具備這些品德，渴望女人是他們想像中的模樣。

他痛斥她道，自己向她傾吐自己最大的祕密時，她竟不屑一顧。「所以在我們三者間就有了齟齬……她善變又固執；我經常看見她咬著嘴唇、梳著頭髮來反對。說不定她就是邪惡又虛偽，在各方面都是個徹底的女人；但是偏偏在她說自己不好的時候，卻是最誘人的瞬間。」

第三首也是最後一首詩名為〈墓歌〉（The Tomb Song），開頭就是尼采在威尼斯住處向窗外看著死者之島的景色。在那墳頭裡埋著他的青春，也葬著他「愛情的溫柔故事」與「唱我心願的鳴禽」。

他咒罵敵人斬斷了他的永生、偷走他的夜晚，詛咒他飽受夜不成寐的折磨。

這本書寫成之後，尼采才愕然發現書裡寫的竟然都是自己。他對這書中的字字血淚頗感訝異，但他十分肯定只有自己才能看得出來。[7]他在下一本書裡便要探究是不是所有的哲學（不只是他自己的）其實都是自傳。

莎樂美希望能一起見個面，但是她不敢貿然行動。獲悉尼采在席爾斯－瑪麗亞後，他和瑞伊就在那附近的小村切萊里納（Celerina）也租了個房子。與他們同來的還有一個新認識的年輕人，名叫斐迪南．滕尼斯（Ferdinand Tönnies），他對自己能成為三人行中的第三人還興奮得不知所措。滕尼斯後來成了德國的社會學之父，但這時候他離那些著作與榮耀都還遠得很，他現在就只是個對於能在這占得一個房間感到無比興奮和驕傲的稚嫩青年罷了。

尼采從沒見過滕尼斯，所以莎樂美和瑞伊就派他到席爾斯－瑪麗亞去遞出橄欖枝。但是當滕尼斯看見尼采穿戴著那一身抵擋陽光和閃電的重裝備在戶外憩息，渾身上下還散發著「我以蒼藍的孤寂在身邊畫出的神聖邊界」時，他根本就不敢上前攀談。這個夏天就在和解不成中過去了。

但是時光已經減消了尼采對莎樂美的怨恨。他已經為她敞開了大門，也已經讓她看見了那條繩索。只可惜她沒有勇氣攀上那條繩子。儘管她並未通過最終的挑戰，但她仍已經是最接近領悟的人，也是他所見過最精明的動物了。如果尼采確實相信他自己的永恆歸返這個觀念，要求自己在回顧過去時把每個「就是這樣」變成「我願如此」，那他對莎樂美的臨陣脫逃也必然要說「好」，並仍然珍惜。

要是尼采真的按照自己的理念當個贊同者，接受自己的命運，那他也必定會明白自己在伊莉莎白與莎樂美之間的戰爭中所扮演的角色。他原本對莎樂美的不滿與怨憤現在已經轉成了對伊莉莎白的恨意，因為他已搞清楚了她是怎麼樣操弄著自己。她的惡意、謊話和謠言把他拖進了對莎樂美和瑞伊漫長又丟臉的報復之中。但是比起受她的刺激所寫下那封愚不可及的信以及騙他相信的那些謊話，更糟糕的是伊莉莎白居然成功地令尼采欺騙自己。他又再次屈服在了鎖鏈病之下，屈服在感情用事、怨憤以及對丟臉過往的愚忠愚孝之下。

他恨的是伊莉莎白竟能在他立志要拋棄一切羨慕嫉妒、報復心和懲罰念頭，成為一個肯定一切，不求事物有所不同的人時，卻將他推落了不停不休的怨憤之中。伊莉莎白自己的怨憤、她漆黑的嫉妒心蒙蔽了他的大腦，使他充滿「邪惡、黑暗的感受；其中還包括了對我妹妹的真實恨意，她拐了我整整一年不去做那超越自我的卓越舉動……使得我最後成了尋求報復這份殘酷欲望的囚虜，而且就在我內心深處棄絕了所有復仇與懲罰計畫的那個時候。這場衝突一步步將我逼向癲狂——我感覺得到這恐怖的結局……說不定我與她的和好就是整件事裡最要命的關鍵——我現在明白了，就是這樣才使得她相信她有資格向莎樂美小姐報復。原諒我！」[8]

伊莉莎白寄了封得意洋洋的信告訴他，她有多麼享受這場「開心又快活的戰爭」。這讓尼采無比消沉地說自己實在無法跟任何人為敵，就連對上伊莉莎白也是一樣。

他先前已經斷了跟母親和伊莉莎白的所有聯繫。如果他再這麼做一次，那就又是一種否定之舉，是一種說「不」。所以尼采反而要以一種中性的方式保持聯絡，寫信回家報告生活近況，要他們寄一點例如香腸之類的小東西過來。這就會是一種說「好」的表現。他會守住自己的立場，但維持著彼此聯絡的假象。

不過，這種表面和諧很快就被戳破了。九月時，他收到法蘭琪絲卡的急電，要他趕回瑙姆堡。伊莉莎白這頭固執的小駱馬嚷嚷著要到巴拉圭去，孤注一擲地把未來全押在反閃族主義領導分子伯納德・佛斯特身上。

法蘭琪絲卡可不想失去負責打理家務的女兒。尼采也嚇到了，他最厭惡這種大吼小叫的煽動分子的道德觀與政治觀，結果妹妹居然打算和這樣的人共度未來。更何況，這顯示出伊莉莎白去年與他和好果然還有另一層圖謀：從在羅馬假惺惺的和好到後來這段期間裡，她一直都瞞著自己，和這個她知道尼采瞧不起的下流種族主義分子過從甚密。「我沒有他對『日耳曼事物』的熱忱，更沒打算要讓這『光榮的』種族維持純淨。恰恰相反，恰恰相反——」[9]

伯納德・佛斯特比尼采還大一歲，是個英俊挺拔，軍人模樣，衣著筆挺，強調本土血統的愛國分子。他體毛十分茂密，一頭尤其濃密的棕髮，從V字形的高聳前額往後梳攏；

雙眉突出，細細的鬍子修整成水平模樣；下巴留著一口好似舊約聖經中先知那樣的鬈曲長鬚，但他肯定不愛這種閃族類比；他那雙眼睛令人不安，瞳孔彷彿是透明的一樣，是冰川的那種寒蒼色。理想主義者的眼睛總凝望著遠方。他瘋狂地鼓吹戶外健行、素食、體育的好處，也反對飲酒和活體解剖。與其說他是個聰明人，不如說他有著強烈的信念，他也像尼采和華格納一樣夢想著要改造德國，只不過尼采和華格納想要透過文化手段來達成目標，而佛斯特則訴諸種族主義。猶太人是日耳曼民族身上的寄生蟲，我們一定要使血統恢復純淨。

佛斯特和伊莉莎白已經從彼此的母親那邊聽過對方好幾年了，兩位老太太同樣在瑙姆堡寡居，也都是教會裡的支柱。伊莉莎白原本沒有結識佛斯特的道理，但自從她無法繼續在巴塞爾替哥哥打理家務之後，她只得回家來，不能再將未來寄託在哥哥身上，也不可能嫁給他的那群朋友了。在她面前等待著的是照顧年邁母親的枯燥未來。而一個乏人問津的老小姐，無論有多少美德，在瑙姆堡這地方就註定是無權無勢。她必須馬上找到一個人嫁了才行。

她在一八七六年的拜洛伊特音樂節上見過佛斯特。回到了瑙姆堡之後，她也開始設法去迷惑他了。她寫了封信表達自己對他一番志業的熱情支持。「我所有的知識只不過是您高超心靈的淺薄倒影……我的才能在實務方面。這就是為什麼您那些計畫和偉大觀念如此令我激動的原因：這一切全都能付諸實踐。」[10]

打從她開始寫這封信起，到她在信裡裝出一副開心、勇敢又衝動的女孩性格，愈來愈對佛斯特和他的政治志向傾心不已，其中變化之迅速實在頗耐人尋味。但他還是一板一眼的正經模樣，絲毫看不出到底現在是怎麼回事。最後伊莉莎白還得靠寄錢支持反閃族主義行動和談起自身財產多少才吸引到他注意。饒是如此，他也花了好久才明白，原來她是在說自己的嫁妝夠支持他實現夢想。

一八八〇年五月，佛斯特寄給她一份準備呈給俾斯麥的反閃族主義連署請願書，並要她幫忙找人連署。她找人連署可十分賣力。這份連署書上請求政府剝奪「摧毀德國」的猶太人的投票權，禁止他們從事法律及醫療行業，停止批准猶太移民，而未歸化的猶太人則要以人類種族淨化與重生及保存人類文化之名驅逐出境。最後一共獲得了二十六萬七千人簽名連署。他們用馬匹拖車載著連署書，浩浩蕩蕩地穿過柏林街頭要呈給俾斯麥，但俾斯麥拒絕收下。過了一年，氣惱不平的佛斯特在柏林電車軌道上辦了一場反閃族主義演講，結果引發現場血腥互毆，他也丟了自己在文理中學的教職。佛斯特先前在學校裡組織了日耳曼人民黨（Deutscher Volksverein），是一個鼓吹民族主義又誤用演化論的暴力種族主義黨派。德國的土地已經被亞伯拉罕和膜拜金牛的那群人的子孫徹底污染了。人民黨要建立起新德國，要在一塊未曾受到種族玷污的土地上建立純種亞利安人的殖民地。他花了兩年在南美洲流浪，尋找理想的殖民地點。

伊莉莎白定期與他保持通信。他告訴她，五千馬克就能在巴拉圭這裡買下一大片土地，她馬上就如數匯出，還靦腆地說希望這麼一點錢不會辱沒了他。而且她怕他在巴拉圭的日子太過辛苦，還給了他八百馬克，讓他雇個傭人。「中世紀時，大家會把十分之一的財產奉獻給教會，當作是對最高理念的尊崇。您又何必拒絕接受我的奉獻呢？」她繼續告訴他，她自己大約有兩萬八千馬克的財產。而且為了怕佛斯特還搞不懂，她又說自己是個務實的女人，也會是個絕佳的妻子，事實上，就是個英勇先鋒最合適的配偶人選了。她猜得沒錯。她的財產是還不足以支持整個冒險計畫，但是可遠遠超過其他追隨者至今所捐的了。

佛斯特回到了德國，召募了一群殖民者。他寫了一些宣傳手冊，在德國境內四處奔走。他到處演講，而他的講稿就跟善於鼓譟的滋事分子寫的稿子一樣，總會在適當的地方出現「鼓掌！」或「熱烈鼓掌！」這種橋段。

華格納拒絕在佛斯特的請願書上連署。儘管華格納有自己的反閃族偏見，但是他並不輕賤猶太人本身，只是覺得他們討厭、沒文化又不聰明。但是這並非拜洛伊特那些人的普遍看法，尼采的宿敵——《拜洛伊特新聞報》總編漢斯·馮·佛佐根就很樂意提供佛斯特一個平台刊載他那些荒謬主張（其中有一篇談教育的文章竟說等到他們人民黨上台，頭一天就會動用警力關閉所有女子學校）。這份新聞報會發送給全德國上下拜洛伊特的贊助社團。因此也就成了佛斯特最主要的宣傳網絡，讓他有源源不絕的鼓掌部隊為他叫好。

一八八三年九月，瑙姆堡家中的氣氛十分不開心。一方面是尼采和母親聯合起來勸說伊莉莎白打消在佛斯特身上孤注一擲的念頭，但另一方面尼采的母親和伊莉莎白又站在一起叫尼采別再繼續搞那套褻瀆上帝的哲學思考，回到大學教書，過個令人尊敬的生活。而且，拜託他可不可以別再跟那些「不太好」的人繼續來往呢？

在法蘭琪絲卡和伊莉莎白的左右掣肘下，尼采根本阻止不了伊莉莎白要嫁給可怕的佛斯特的決心，他這整個月都在忍受她那套惱人的種族主義和充滿偏見的自以為是。該是離開的時候了。

十月五日，尼采前往巴塞爾，住在那兒的奧佛貝克夫婦一直都能對關於伊莉莎白和財務的問題提供完善建議。

在略得慰藉之後，尼采又再次渡海過冬去了。儘管他還是念念不忘哥倫布發現新世界這件事，但是他這次回到熱內亞只稍事停留，很快就又離開了。尼采說他的理由是（顯然不是實話）這座城市裡有太多人認得他了，害他沒辦法享受創作所必須的那份「蒼藍的孤寂」。

他搬到尼斯（Nice），在聖德田小巷（rue St Etienne）中一間樸素的日內瓦民宿（Pension de Genève）住了下來。他喜歡尼斯後方山丘上的強風，稱讚這風是俗世重擔的救星。他有時會搭乘軌道電車，沿著海線行經聖讓卡普費拉（St Jean Cap Ferrat）與濱海自由城（Villefranche），爬上崎嶇的山頂，放眼眺望（或者想像自己能看見）在茫茫大海中畫出一抹深藍的科西嘉島。尼采認為自己竟和拿破崙有同樣緩慢，一分鐘固定跳六十下的脈搏速率一定有著重大意義。在這令人心曠神怡的景色中，加上拿破崙取代哥倫布成了精神勇士的新象徵，尼采又再次靈感有如泉湧。而這次的靈感也同樣在大約十天之內就讓他寫出了《查拉圖斯特拉如是說》的第三部分。

查拉圖斯特拉從極樂島乘船渡海，最後抵達了他在第一部分中就到過的小鎮，但這小鎮卻沒了原本的寬和與富饒。於是他再度回到他的洞穴，細思擴充了永恆歸返這個觀念，認為這是對人生的最大肯定，足以在當下生出無比的快樂，並得以藉此克服虛無主義。他覺得這應該是談查拉圖斯特拉的最後一本書了，便諧仿改寫了新約聖經最後一篇（聖人約翰的啟示錄）當作結尾。他稱之為「七封印」，是一篇一共七節，充滿神祕狂喜的詩作，要祝賀他以重複歸返為婚戒與永恆成婚。這七節詩的結尾都是同一句話：

「我還從未找到我願與其生子的婦人，除了我愛的這婦人——因為我愛你，噢，永恆！因為我愛你，噢，永恆！」

一月十八日，尼采寫完了這本書。半個月前，有一位年輕的威尼斯猶太人動物學家朱利烏斯．潘內特博士（Dr. Julius Paneth）來民宿拜訪他。潘內特讀過尼采的書，這次是特地來向作者致意的。潘內特原本以為自己會看見一位急躁憤怒的先知、先覺、預言家，但是他和莎樂美一樣意外發現原來尼采是個十分溫和樸素而友善的人，身上察覺不出一點先知的氣息。他們一聊就聊了六個小時，尼采一直泰然自若，安靜、和善而謙虛。雖然他十分莊嚴，卻也同樣幽默，也很懂人家的幽默。他們一開始先從天氣和下榻處這類平凡無奇的話題聊起，雖然後來的話題逐漸轉到尼采的思想和著作上頭，尼采的態度卻不曾變化，始終平易謙沖。他告訴潘內特，他總覺得自己有個使命，而且他一閉上眼睛就能看見十分鮮明，卻又不停變換的影像。這些影像頗能激發靈感，但是當身體不適，例如生病的時候，這些影像就會變得相當醜惡、嚇人、可怕。[11]

尼采在寫完《查拉圖斯特拉如是說》第三部分後幾個月，又認識了另一位新朋友。她也證實了朱利烏斯・潘內特說的，尼采確實是謙沖自牧的一個人。這位有錢的二十九歲女性主義者瑞莎・馮・沈霍佛（Resa von Shirnhofer）[12]剛在蘇黎世大學上完第一學期的課，到尼斯來旅行。蘇黎世大學是世界上第一批收女學生的大學，一切順利的話，瑞莎會寫一篇比較謝林（Schelling）與斯賓諾莎哲學體系差異的博士論文畢業。她聽了瑪爾維達・馮・梅森布格的建議到尼斯來旅行，顯然瑪爾維達還沒放棄幫尼采找個對象的念頭。

瑞莎聽到瑪爾維達的介紹時有種複雜的情緒。她很喜歡《悲劇的誕生》，但是她也看過了尼采和瑞伊當馬任憑莎樂美驅使的那張醜聞照片。莎樂美在一八八二年的拜洛伊特音樂節上亮出照片時，人在當場的瑞莎對這張照片實在不敢恭維，這也使得她對於要和尼采見面覺得有些尷尬，但是她這份疑慮在「他正經的學者形象」和他的真誠無欺下馬上就煙消雲散了。她從一八八四年四月三日到十三日待在里耶維拉（Rieviera）的這段期間裡，他們幾乎形影不離。

這時《查拉圖斯特拉如是說》的第三部已經寫好，正在出版付印。尼采也許本來只想談談他自己和自己的作品，但是結果他反而好像對她的讀書計畫更感興趣。他建議她讀讀一些法國作家：龔固爾兄弟（the brothers Goncourt）、聖西門（Saint-Simon）的歷史著作、泰納（Taine）的那套法國大革命，還有斯湯達爾的《紅與黑》（*Le Rouge et le noir*）。他告訴她，斯湯達爾「言之鑿鑿」地預言了自己在四十年後會揚名天下，尼采希望自己也能夠如此。

無論這位哲學家與這名新徒弟之間的心靈有多大差距，她都覺得尼采真的十分親切、自然、幽默而且富有人情味。他在各方面都對每個人彬彬有禮，對女性更是不分老幼都是如此。這使得尼采在日內瓦民宿裡十分受歡迎，大家都叫他「親愛的半盲教授」，而且都會多少幫他點忙，讓他過得舒適一些。瑞莎覺得跟尼采在一起十分自在，所以幾乎什麼事都吱吱喳喳講個不停。她告訴他，自己有時會做一些很有意思的夢，尼采一臉正經地建議她睡覺前在手邊準備好紙筆以便記錄，他自己就是這樣。尼采十分重視夢境與夜裡思緒的意義，「既然我們在夜裡常會出現十分罕有的想法，那就應該在半夜醒來時立刻記錄下來，因為我們白天可能就忘了這些想法，任它們隨著夜幕振翅而去。」[13]

雖然他倆打得火熱，但這段關係也就僅止於此。尼采對瑞莎並沒有當初見到莎樂美那樣的激情，瑞莎和尼采之間的論辯也稱不上勢均力敵。他們之間是有一份情意，卻沒有同樣的才智。她引出了尼采身上那份喜歡在公開課程上啟迪年輕心靈的教師魂；他會認真但小心地對她說話，避免過度要求。他們在談到客觀性這個問題時，他諄諄告誡，要免除偏見是不可能的事，要她永遠要記住這點：拋棄某些偏見，只不過是落入另一堆偏見之中。

尼采送了她整套《查拉圖斯特拉如是說》，還簽上了「靈魂帶向新事物」（In nova fert animus）。他還帶她登上了博弘山（Mont Boron），沿著他在撰寫《查拉圖斯特拉如是說》第三部分時的靈感路線健行。但即使在這裡，尼采也並未擺出靈媒或教師的樣子。當他們走過花叢之間，成群的蝴蝶有如雲霧般翩然飛起。往他們腳下望去，尼斯那片碧綠的天使灣點綴著點點白帆。他說，他們倆可以一起搭船去科西嘉島。

就在快到山頂時，駐紮此地的法國士兵擋住了路，要他們回頭下山。他們只得設法繞路，穿過三百年來見證了法國與義大利邊界爭端的阿爾班山堡壘（Fort du Mont Alban）。尼采玩這場官兵抓強盜的遊戲玩得很開心，而當一陣西南風吹散了頭頂的雲朵與雷電，露出整片朗朗晴空時，尼采的興奮之情更是溢於言表。他帶著她到山下的一間小咖啡廳，請她喝了生平第一杯苦艾酒。看著她皺著鼻子淺啜的模樣，尼采笑著吟起了打油詩，描述他們在身邊這荒唐世界中的小小冒險，開頭就先從那座重兵駐守的山頭（bewachte Berg）講起。

他邀瑞莎陪他去看尼斯的鬥牛。她原本有些矜持，但尼采向她保證，這裡的鬥牛有正式規定，不准用馬、禁止殺牛。在鬥牛場接連上場的六頭公牛似乎也都和鬥牛士一樣明白這些規定，所以在場上溫和的近身搏鬥很快就變得像是鬧劇一樣，逗得兩人哈哈大笑。這時場中的樂隊突然奏起了《卡門》的配樂，尼采彷彿被電到了一樣，瞬間從歇斯底里地大笑變成了無比狂喜。他讓她注意到了旋律的脈動，也明白了音樂對他的威力。這曲子也使她熱血沸騰，她後來寫道自己很訝異竟然連她這麼愛好動物的人，也會因為這曲子興起一股想要見識刺激又殘酷的正宗西班牙鬥牛，見證英勇戰死的戴奧尼索斯式讚詠。

尼采抄了一份〈墓歌〉給她，還請她朗誦那首描述查拉圖斯特拉唱著歌，而邱比特則與少女在草地上翩翩起舞的〈舞歌〉給他聽。她後來寫道，她在那首詩裡看見了「由憂鬱的絲線編成了一張透明的網，戰戰兢兢地懸掛在渴望死亡的黑暗深淵上方」。

她念完後，尼采哀傷地靜默了好一陣子。

他們在一起一共十天。瑞莎離開尼斯一週之後，尼采就啟程前往威尼斯。海恩里希・

柯瑟利茲（即彼得・蓋斯特）還一直待在這裡，在尼采的錯誤鼓勵下努力鞭策自己微薄的音樂才能，試圖寫出一齣歌劇。尼采讀了他的樂譜後，給了幾乎和當初馮・畢羅對他那樣嚴厲的批評，但是蓋斯特十分謙卑地接受了尼采這番言論，甚至還依照尼采的建議改了劇本的標題和用語，把原本用義大利文的《祕婚記》（*Il matrimonio segreto*）改成以德文寫的《威尼斯之獅》（*Der Löwe von Venedig*）。對無辜的蓋斯特這樣無端施壓，也許其實正顯示出了尼采自己在整套《查拉圖斯特拉如是說》付印後的信心崩潰。

尼采的出版商對這一套三冊都興趣缺缺。即使是對前兩本深有體悟，評價非凡的雅各・布克哈特，在尼采問他對第三冊有何想法時，也只能尷尬地模糊問尼采是不是想試試自己寫劇本的功力？

夏天過後，尼采的健康情況一落千丈。他的眼睛痛得不得了，而且還連續吐了好幾天。各家醫生對他的眼睛、孱弱的胃腸和難以入睡的情況都束手無策。所以尼采最後還是只能靠自己配藥，靠著大量的水和氯醛藥粉這種強力安眠鎮靜劑來減輕失眠和舒緩焦慮。這種藥的劑量要是出錯，會導致噁心嘔吐、出現幻覺、神智模糊、全身抽搐和呼吸心跳失調；而事實上，這些就是尼采原本想靠藥物治療的症狀。

滿心的絕望又將尼采帶回了他鍾愛的席爾斯—瑪麗亞，還自掏腰包在村長吉安・杜里許那間房子樓上房間裡貼上他喜歡的翠綠、紅棕和藍色花樣的壁紙。[14]這房間要說有多狹小簡樸就有多狹小簡樸：低垂的天花板、窄小的窗戶、單薄的床鋪、擺在窗前的鄉村小桌，還有一架當時經常掛著他靴子的脫靴器。房間裡實在沒什麼地方放他那箱一百零四公斤重的「義肢」了。

八月時，瑞莎．馮．沈霍佛到席爾斯—瑪麗亞來找他。她大學的暑期課程結束了，現在要和一位同學一同從蘇黎世回到故鄉奧地利。瑞莎見到尼采的樣子真是嚇壞了，從上次在尼斯見面之後，尼采整個人的身形和講起話來的內容都有了戲劇性的轉變。

尼采在她到訪的這陣子病得十分厲害，但是他有那麼一刻能夠站得起來，帶她從吉安．杜里許的房子走上四十五分鐘，去看看那塊查拉圖斯特拉之岩。嚴格說來，尼采這時整個人已經全變了樣，說起話來又快又急，「狂放不羈地傾吐一大堆的念頭和景象」；瑞莎仔細地強調，儘管尼采說話的樣子改變得令人訝異，但他卻絕非在自吹自擂。他講起話來帶著無比天真的驚訝語氣，彷彿連他自己也搞不懂這些話，是超越他所能控制的力量所致。他告訴瑞莎，這股力量讓他整個人充滿了蓬勃的活力。

他們離開查拉圖斯特拉之岩，穿過樹林要回家時，一群母牛從山丘上往他們衝了過來。瑞莎怕得要命，拔腿就跑；尼采則舉起了他著名的好夥伴——隨身帶著的那柄雨傘，朝著牛群前後揮舞，而這動作竟把牛趕跑了。尼采哈哈大笑，惹得瑞莎對自己的膽小十分羞愧。她向他解釋，她五歲那年，她和她媽媽曾經被一頭公牛追趕著，好不容易才逃過一命。尼采立即正經起來，開始闡述幼年的震撼經驗往往會對人產生一輩子的漣漪效應。

隔天，瑞莎沒見到尼采。他又病得下不了床了。過了一天半，瑞莎到吉安．杜里許的房子來，說要照料尼采的健康。杜里許帶她進屋，讓她在天花板低垂，木板隔起的窄小餐廳裡稍候。

突然間，餐廳門被人一把推開，尼采探出頭來。他看上去十分疲憊、蒼白、不舒服，整個人得靠在門框上勉強撐著。他馬上講起自己的病況有多麼糟糕，抱怨自己不得片刻安寧；他一閉上眼睛就會看見整片不停變換形狀的恐怖叢林，多到嚇人的奇花異草不停旋轉扭動，形成一個迅速生長又隨即萎靡凋零的漩渦。瑞莎讀過波特萊爾的著作，她懷疑尼采不知道是吸了鴉片還是大麻。

尼采一邊靠在門框上，一邊虛弱又迫不及待地問她：「你難道不相信這就是即將癲狂的症狀嗎？我父親就是死於大腦病變啊。」

她一時之間感到既困惑又驚恐，答不出話來。尼采整個人焦躁到不行，不停重複逼問同樣的問題。嚇呆了的瑞莎不知如何是好，一句話都說不出來。

Chapter
16

他偷襲我！

順道一提，這整套《查拉圖斯特拉如是說》是蓄積了幾十年的力量一鼓作氣爆發出來。而造成這場爆炸的始作俑者很容易就能炸死自己。我經常希望如此。

——致法蘭茲．奧佛貝克，一八八四年二月八日

尼采對《查拉圖斯特拉如是說》抱著無比信心，雖說只賣出了寥寥數本，而他最死忠的支持者奧佛貝克和彼得．蓋斯特也都應和出版商的說法，勸他別幹了。他們都覺得他的查拉圖斯特拉已經寫得夠多了，而且這種韻文格言風格也夠了。大家對這題目跟風格已經沒了胃口了。但是查拉圖斯特拉還不肯放過尼采。他還是繼續寫更多筆記。感覺上他已經養成了一種模式，從聖誕節到過年這段期間都會湧現出關於查拉圖斯特拉的靈感。他在一八八四年十二月到一八八五年四月之間又寫成了《查拉圖斯特拉如是說》的第四卷，恰與第三卷隔了一年。

許麥茲納告訴尼采他拒絕出版這本書，讓尼采嚇了一跳。尼采和許麥茲納兩人在政治

與意識形態上的差異在先前幾本的寫作及出版期間就不斷拉大。作者與出版商之間的互不信任哼著慢板節奏逐步漸強，每一次出版都變得愈來愈困難。

尼采原本對於《查拉圖斯特拉如是說》第一部分排在五十萬本教會讚美詩集後付印還覺得有點好笑，但是當他知道許麥茲納還出版《反閃族新聞》（*Antisemitische Blätter*）這刊物，而且這還是許麥茲納自己的政治立場時，可就沒那麼有趣了。

《查拉圖斯特拉如是說》第三冊是許麥茲納替尼采出版的第十一本書，他們倆都沒因為這本書賺到錢。許麥茲納每一版都只印一千刷，但是《查拉圖斯特拉如是說》每一冊都賣不到一百本。這就怪不得他不願意出版了。

而尼采自從離開巴塞爾大學後，對自己的財務狀況就幾乎不曾在意，也不曾了解。他那份固執天真使得出版更是困難重重。他主要的收入來源是巴塞爾大學的離職津貼，每年共三千瑞士法郎（約二千四百馬克）。一八七九年，滿腔熱血的尼采委託出版商拿他總額約一千六百馬克的薪水及津貼存款去投資。尼采另外還繼承了祖母鄂德慕特、羅莎莉姑姑和繼叔父的遺產。這些錢都在尼采的母親看管下進行了謹慎的長期投資。法蘭茲．奧佛貝克也幫他在瑞士存了一筆錢。尼采要是有時開銷太大，就會跟奧佛貝克要點瑞士法郎，或是向許麥茲納拿些馬克來用。有時他也會要奧佛貝克匯些錢給許麥茲納。非到萬不得已，他不願向母親討錢，因為每次總會被他母親叨念太過揮霍，警告他小心財務末日。

許麥茲納對尼采交託的財務十分老實盡責，但是《查拉圖斯特拉如是說》第三冊出版時，尼采才發現自己還有五百瑞士法郎的欠債要付，主要是在一家二手書店買書的書錢。

許麥茲納答應尼采會在一八八四年四月一日付款。但是日子到了卻無聲無息，使得尼采愈來愈焦慮。許麥茲納現在手上大概有五千或五千六百馬克，是尼采將來生活的一大保障。巴塞爾大學的離職津貼一共會給付六年，給付期限是一八八五年的六月。尼采十分擔心等到這筆錢沒了之後該怎麼過活。許麥茲納寫信告訴他：「我真的很抱歉在金錢方面有了困難，不過一個人窮跟一個人有錢卻得花在房子和出版生意上是兩回事——我意思是這些事情其實賺不到錢……」[1]

他對尼采說，如果真是需錢孔急，他可以把庫存裡尼采那些賣不出去的書用兩萬馬克出清，那就有錢付給尼采了。這真是一記徹底的警鐘。沒有哪個作者會希望自己的書落到要削價出清。

結果，根本就沒人準備要收購那九千七百二十三本庫存書。一八八五年的元旦過去了，許麥茲納還是付不出來。尼采找了一位「十分精明的律師」，是他母親的遠房親戚，叫做伯納德．戴克索（Bernhard Daechsel）的人來幫他出面。戴克索覺得情況並不樂觀。許麥茲納答應六月付錢，結果還是無法履約。到了八月，尼采想，他索性強制拍賣那些庫存，順便標下自己想要的書，這樣才能重新出版。他只想要《人性的，太人性的》、兩篇補篇〈意見與格言雜集〉、〈漫遊者和他的影子〉以及《查拉圖斯特拉如是說》的前三冊。

八月稍後，尼采要律師提出強制拍賣許麥茲納的整間出版社。發現自己被鎖在自家公司外頭的許麥茲納，嚇得趕緊在十月湊出了五千六百馬克給尼采。這表示許麥茲納不必賣掉出版社，也不用清掉尼采著作的庫存。這對許麥茲納來說是個好消息，但對尼采卻是個壞消息，因為他覺得自己的書現在永遠都埋在「這個反閃族主義的坑裡」了。[2]

他付清了他在萊比錫那間二手書店的欠債，然後又出錢擺闊，贊助了一場愛徒彼得·蓋斯特那齣《威尼斯之獅》序曲的特別私人演出。他也出錢用大理石翻修了父親的墓碑，這讓他母親相當開心。就我們所知，墓碑上的題字確實出自尼采之手，完完全全遵照了基督教的傳統：「安息主懷，卡爾·路德維希·尼采，呂肯、米許利茲、波斯費德教區牧師，生於一八一三年十月十一日，卒於一八四九年七月三十日，幼子路德維希·約瑟夫生於一八四八年二月二十七日，卒於一八五〇年一月四日，隨父同葬於此。愛是永不止息。哥林多前書第十三章第八節。」

尼采寫了封信給卡爾·馮·葛斯朵夫，請他捐錢私下助印二十本《查拉圖斯特拉如是說》第四冊。[3] 馮·葛斯朵夫連回都沒回。還好，巴塞爾大學這時決定再多付他一年離職津貼，所以尼采決定乾脆自己出錢私下出版。

《查拉圖斯特拉如是說》第四冊讀起來就像是長篇的復仇故事，要報復從上帝一直到醫生放在他頭上吸血的水蛭這些使尼采這輩子受苦受罪的罪魁禍首。

查拉圖斯特拉和他那些動物一起住在山洞裡，那些動物一直鼓勵他登上山頂。到了山頂，查拉圖斯特拉陸陸續續遇見了許多開創文化的「更高等的人」，展開了對談。這些更高等的人包括了許多國王、教宗、叔本華、達爾文、華格納，甚至還包括了尼采自己。

查拉圖斯特拉一個個邀請他們到自己的山洞裡來，讓他們發現智慧。等到查拉圖斯特拉回到山洞時，發現眾人竟然都在膜拜一頭驢子。沒有了神明，人就會崇拜任何事物。查拉圖斯特拉請眾人吃了一頓最後的晚餐，席上他對這些更高等的人（花了極長篇幅）講述何謂超人。他警告眾人不要強求超越自己能力之事，也不要相信他能將他們自己做不好的變好。他拒絕將閃電引開，反而帶來了震怒之日（Dies Irae），亦即充滿怒氣的審判日。他最終勝過了所有人。

華格納「這位魔法師的音樂能用最甜美的方式唱出危險，唱出直覺、信仰和良心的破滅」，他拿起一把豎琴，試圖靠他的歌曲將查拉圖斯特拉的弟子全都拉攏過來。漫遊者的影子竄出來奪走了他的豎琴，還大聲唱出了一首又長又怪的歌，同時還爆發出各種大小變換不同的影像：有可憐兮兮的小母貓，有滿頭金毛的獅型怪獸，還有種種不計其數的詭異幻象，一點也不輸山繆．泰勒．柯立芝（Samuel Taylor Coleridge）在鴉片酊影響下寫出來的那些詭譎怪象。這一段究竟有多少是尼采那些安眠藥的作用，有多少是對聖約翰啟示錄的諧仿嘲弄，恐怕永無定論。還有些人甚至認為這指的就是他年輕時在科隆妓院裡的那段經歷。

這首詩的敘述者就是在棕櫚樹下的一個歐洲人。他像一頭道德雄獅般在沙漠民族的女兒面前怒吼。他展現出了西方人對東方人的那種複雜反應，卻在欣羨棕櫚樹的隨風搖曳中迷失了自己。他想要如同棕櫚樹那樣，於是就跟著做了，結果卻跌斷了腿。但他毫不氣餒，靠著一隻腿前進，一邊把鼻孔撐得像酒杯一樣大，呼吸甜美無比的空氣，發出了陣陣吼聲。最後查拉圖斯特拉離開了他的山洞，渾身發光，充滿力量：「就像從黑暗群山之中升起的一輪朝陽」，這就是他所謂「這整篇水手故事最活潑大膽」的結局。

尼采自認《查拉圖斯特拉如是說》是他最重要的作品，而且儘管如此神祕複雜（也或許正因如此），這套作品也成了他最受歡迎的著作，只是並未在他生前為他帶來任何名氣。《查拉圖斯特拉如是說》發展出了尼采成熟時期哲學的關鍵主軸：永恆歸返、超越自我，以及透過逼迫我們思考自我的那些既熾烈又令人困惑的景象，使我們最終變成為超人。

尼采最令人受不了卻又迷人的一項特質，就是他謹守著不干預我們自由思考的分際，拒絕向我們指出通往變成超人的路途；而且其實他從頭到尾也沒告訴我們究竟超人是什麼。我們知道尼采認為超人是屬於未來的強人，是救治歐洲在教會宰制下幾百年來不停墮落所造成的道德與文化侏儒化的解毒良方。超人是在儘管上帝已死的世界中，仍不屈服於懷疑論與虛無主義的人；他擺脫了信仰，反而因此強化了人生。他不甩宗教信仰，也同樣拒絕投向信奉科學。超人不需要靠信仰來獲得世局安穩的感覺。

但超人是如何達到這境界的呢？尼采並沒有告訴我們。他對這件事最接近的描述還是同樣疏闊，而且抽象得令人惱火。在《瞧，這個人》裡對超人的描述是好比從木頭中劈出來的那樣堅硬、溫和又芳香；他會找出如何修復傷害的方法，將缺陷轉成優點，而且也知道如何遺忘；他強壯得能將萬物化為己用，而凡殺不死他的，都會使他更強壯。[4] 而在《人性的，太人性的》裡，超人則是知道自己是個朝向不存在的目的地前去的旅人。但是儘管目的地不存在，他的人生卻並不因此憔悴，恰恰相反的是，他的解脫就在於享受這份不確定，享受這種瞬息萬變。他會歡喜迎接每個破曉，因為每個新的一天會帶來思想的進化。他對於人生在世的這份存在焦慮，在沒有理想、沒有神明的情況下仍能得到紓解。[5]

尼采通常就是在這些段落裡啟發我們朝向更高的事物，但他卻不立下任何規矩。尼采總愛說自己是個精神的勇士，說自己是個關於「或許」的哲學家，他從不指明任何人類境況的特殊問題，但是他對於超人的疏闊描述卻鼓舞了我們自行獨立設法解決這些問題。

在萊比錫康斯坦丁·瑙曼（Constantin Naumann）私下印製的四十本《查拉圖斯特拉如是說》第四冊一共花了尼采二百八十四馬克又四十芬尼。到一八八五年五月總算印製完成後，尼采還是緊緊抱著整批書，不讓任何人評論或公開。他的理由是「公開」或「公共」這些詞在他耳裡聽起來和「窯子」與「妓女」沒有兩樣。[6]他只寄出了七本樣書，送給馮·葛斯朵夫、奧佛貝克、彼得·蓋斯特、保羅·威德曼（Paul Widemann）——一開始陪著蓋斯特到巴塞爾來找他的那位朋友，還有一位叫做保羅·蘭斯基（Paul Lansky）的新仰慕者。蘭斯基說他要寫本關於尼采的書，但是他卻惹火了尼采，因為他長得就像個修鞋匠，而且三不五時唉聲嘆氣。尼采沒寄給布克哈特，但是寄了一本給伊莉莎白。怪的是，他也寄了一本給伯納德·佛斯特。

尼采一直不想回瑙姆堡去。伊莉莎白就快要三十九歲了，她一直建議佛斯特趕在一八八五年三月回德國來，這樣他們倆才能來得及在五月二十二日華格納生日那天結婚。這份恭維的心意，連拜洛伊特那邊張羅音樂節大小事務的寇希瑪也注意到了。寇希瑪一直都比華格納更具反閃族主義傾向。如今她華格納遺孀的身分更讓這態度肆無忌憚，而遍布德國各地的華格納社團網絡更成了散播種族偏見的迴聲室。

尼采接到伊莉莎白正在籌辦婚禮的消息時十分冷靜，態度不冷不熱。他明白表示自己不會參加他們的結婚典禮，也不打算跟未來的妹夫見面。伊莉莎白要他送她杜勒一五一三年那幅《騎士、死亡與魔鬼》版畫當作結婚賀禮。尼采愛死了那幅畫。他在翠碧仙山莊時曾送過一幅給華格納，當時他們倆都認為畫中的騎士就代表了他們兩個，要去解救德國文化。而他自己收藏的那幅版畫則是他在離開巴塞爾時少數未變賣的財物之一。他四處流浪的那幾年，他將這幅畫託給了奧佛貝克保管，這麼脆弱寶貴的畫作可沒辦法和他那些書一同塞進「義肢」那口箱子。他請奧佛貝克將畫寄到瑙姆堡，恰好在婚禮時送達。這對新婚夫妻對他感謝再三，這讓尼采覺得自己已經盡了在這種場合大方送禮的習俗要求。他回信告訴兩位新人，希望他們將來的生活能過得比畫中景象更加稱心愉快。

這封家書寫得圓融溫和，但尼采實在忍不住對小駱馬多講兩句。佛斯特暱稱伊莉莎白為「伊莉」（Eli），但是他們倆知不知道這個字在希伯來文裡表示「我的上帝」呀？尼采還問，像佛斯特這麼激進的素食主義者能不能找到一塊殖民地？英國人對殖民最拿手了，而他們的成功好像幾乎都是靠著冷靜和烤牛肉得來的。尼采說，徹底素食會造成易怒和沮喪，恰是從事這項任務最該避免的。他自己的上一餐就幾乎只吃肉、蛋黃、米、大黃、茶、干邑酒和摻了水的烈酒。他建議他們也吃這套飲食，能有效地靠最少材料獲得最大量養分。

但是儘管他如此玩世不恭，當伊莉莎白他們要出發時，尼采仍寫了一封認真嚴肅的信給伊莉莎白，這是他自從在學時代回答信仰問題以來最嚴肅的一封信了。他告訴她「我的某種人生故事」，說自己這輩子在他看來就是一連串試圖融入錯誤環境背景的無奈嘗試。

「幾乎我所有的人際關係都導致我飽受孤立之感……我心裡裝載了成千上萬個在這種脆弱時刻無法再繼續忍受孤寂的羞慚記憶……我身上有某種既遙遠又陌生的東西，所以我使用起文字來會帶著與其他人不同的色彩……我至今寫過的東西都是引人注目的前景；但對我來說真正實在的事情只在轉瞬間發生……這些事物是我的休閒興趣，但更重要的是，也是我的藏身之處，讓我能夠坐下來靜一會兒。

所以啊，親愛的小駱馬，別覺得我瘋了，也請特別原諒我沒參加你的婚禮——這麼『有病』的哲學家可不是送別新娘的好人選哪！獻上我最深切的祝福。哥哥弗里德里希字。」[7]

婚禮當天，尼采去了威尼斯的麗都沙灘，和從巴塞爾來的一家子人玩水洗浴。他那封沉著內斂的家書以及對這場婚禮表現出來的平靜態度，似乎確實為長期以來說他對妹妹有不當情愫的流言蜚語給了最後的致命一擊。

但是真正的關鍵在於他信中的請求：「別覺得我瘋了。」在席爾斯—瑪麗亞時，尼采嚇得瑞莎．馮．沈霍佛以為他有遺傳性的瘋病。而他在與瑞莎談話時，還提到了達爾文的表弟，優生學之父法蘭西斯．高爾頓（Francis Galton）所寫的那本《人類官能及其發展探究》（*Inquiries into Human Faculty and Its Development*, 1883）。

一八五〇年左右，尼采年紀還小的那年代，一向被視為開始理解遺傳疾病如何傳遞的萌芽期。這也促成了「劣等」、「壞種」血統的觀念興起。有鑒於父親和族中成員都有或多或少的瘋病，加上當時這種準科學的思潮，尼采實在擺脫不掉自己也帶著這種心智敗壞傾向的念頭。這種理論在尼采有生之年也日漸擴充，到了一八九二年，麥斯．諾爾道（Max Nordau）出版的暢銷書《墮落》（*Degeneration*）更是集其大成，這本書紅極一時，主張可怕的種族主義觀點，迎合人類渴求確定性的欲望，宣稱血統決定的宿命無可違逆。尼采在《查拉圖斯特拉如是說》中也談過，他說我們不但必須對抗死觀念、死信仰的幽魂，還要抵抗祖先在我們血脈中所種下的因子。只有這麼做，每個人才能夠實現潛能，成其所是。

在和瑞莎的同一次談話中，尼采特別強調遺傳並非必然註定命運。對外來文化的同理心、對「他者」的理解都可能在實際的人生中扮演要角。瑞莎提到，尼采的外貌也好，心地也好，在她看來都不像是典型的德國人。他的額頭讓她想起自己在維也納一間畫廊裡見過的一幅肖像畫，而畫那幅肖像的波蘭畫家楊．馬帖可（Jan Matejko）可是以畫波蘭歷史英雄人物而聞名。

尼采興味盎然地接受了這個想法。從現在起他可以自由地對別人說自己不是德國人，而是波蘭人了。他是波蘭貴族尼茨基（Nietzky）一家的後裔。這位曾經的語文學家喜孜孜地推測這姓氏的字源，而照他所說，尼茨基這個詞在波蘭文裡就是「虛無主義者」的意思。

這實在是太棒的一副偽裝了。他馬上就因為血統和文化傾向變成了好歐洲人。這也讓他能和瑙姆堡那種道德風俗以及新婚妹夫四處滿口宣揚的德國民族主義劃清界線。

說到那對新婚夫妻，他們並未立即啟程前往巴拉圭。法蘭琪絲卡提議道，在一切塵埃落定之前，佛斯特最好留下來當家族家庭教師，去教伊莉莎白父親曾短暫教過的阿爾滕堡三位公主之一的孫子。法蘭琪絲卡希望最好是亞力山卓公主（Princess Alexandra），她現在可是俄羅斯康斯坦丁女大公了；亞力山卓公主的女兒是希臘王后，有七個正當學齡的兒子。為了促成這安排，法蘭琪絲卡自告奮勇要居中牽線，不過她自己也承認多少會有些語言障礙，佛斯特更陰沉地說，何況還有默默滋長的猶太勢力。

伊莉莎白則提出了比較實際的建議，說讓她丈夫發動募款，繼續在德國境內招募殖民者，不用千里迢迢跑到巴拉圭前線去，這樣會有利得多。這倒是千真萬確，所以佛斯特就在婚後到前往巴拉圭之前這九個月期間裡，在國內四處奔波宣傳，對象不只那些只把自己當作第一波殖民奠基者的華格納社團，還包括了自覺不適合擔任前鋒的各類農夫、木匠、工匠等下層組織團體。

佛斯特希望能招募到二十個家庭前去。每個家庭都要提供一百到一千馬克的資金。募到總共十萬馬克的目標金額後，就能夠「買定」適合的大片土地，再分給參與的各個家庭。各家庭在自己的土地上想栽種什麼都行，也能傳給後代，就是不能把這塊土地賣掉。這也就難怪志願殖民者興趣缺缺了。大多數在這地位的良工巧匠都能夠以更簡單、更便宜，也更無條件限制的方式移民美國，這件事讓佛斯特不禁哀嘆：「一有德國人成了北美佬，人類就損失一分啦。」

正當佛斯特在四處鼓吹之際，伊莉莎白則忙著將瑙姆堡娘家變成丈夫志業的宣傳中心。至少這能讓她一展雄心，發揮她的組織才幹。她認識的每個人都接到了她寄來的信，滔滔不絕地訴說此刻正是投資巴拉圭的大好良機。她也幫忙準備出版佛斯特的書：《巴拉圭拉普拉達北部地區的德國殖民地》（*Deutsche Colonien im oberen Laplata-Gebiete mit besonderer Berücksichtigung von Paraguay: Ergebnisse eingehender Prüfungen, praktischer Arbeiten und Reisen 1883-1885*）。這本書還附了一張圖片，把巴拉圭描繪成了農業女神德米特（Demeter）的莊園，整片紅壤肥沃富饒，彷彿幾乎不費吹灰之力就能夠大大豐收。簡而言之，這地方就是在物質上和精神上都富饒純淨的古老德國，是外來者用他們低劣的血統污染這片父祖之地，把德國從父祖之地變成了繼父之地前的美好模樣。古德國不僅能夠，也絕對會在巴拉圭的土地上重生再起。一百位純淨種族的殖民者，不受外來血統和觀念污染，將有大好機會把德國價值與德國美德傳承給後代。

但就在準備出版這本書的時候，伊莉莎白逾越了做妻子服從的本分。她不僅改了丈夫蹩腳的文章，連他的序言都重新寫過。佛斯特可不喜歡這樣，尤其當她找她哥哥當編輯顧問時就更不開心了。佛斯特原本打算在這本書的封面插圖放上一張自己的冷峻肖像，再打上一句激勵人心的標語：「堅守崗位，克服萬難！」尼采對伊莉莎白說，這實在是浮誇得可笑。佛斯特聽了氣得要死，這張相片可是描繪他具備了率領人民橫渡半個地球的男子氣概的必要工具呢。他們這些信件火藥味十足。伊莉莎白埋怨佛斯特小看了她做的判斷，佛斯特則罵她居然背叛自己，站在哥哥那邊反抗他。這是他們第一次吵架。但最後成書還是附上了那張相片和標語。

伊莉莎白十分希望能在前往巴拉圭之前讓丈夫和哥哥見上一面。最後尼采挑了一八八五年十月十五日，自己四十一歲生日當天見面，因為他覺得母親和妹妹在這天見到他應該會很開心。他在瑙姆堡待了兩天。這是這兩個男人平生第一次，也是唯一一次碰面。他們握了握手，也敬酒祝福彼此長命百歲，平安順遂。尼采覺得佛斯特本人沒自己想像中可怕，鬆了口氣。看來他本人沒那麼討人厭嘛！為了小駱馬好，看到佛斯特這顯然能順利成功的健康體魄確實令人放心不少。

見過佛斯特的兩天後，尼采寫信給法蘭茲．奧佛貝克，說自己在瑙姆堡這兩天一直覺得身體不舒服，但是他一直搞不清楚這種感覺究竟是內心影響，還是外因導致。他說他原本希望這次討厭的慶生會是他這輩子最後一次回瑙姆堡了，但即使在提筆的這時候，他也知道大概不可能會是如此了。等到小駱馬出國去了，瑙姆堡的鎖鏈病又會針對他而來，而且恐怕有增無減。至於與佛斯特的會面，尼采對奧佛貝克說，倫敦《泰晤士報》上對他妹夫的描述可說是十分中肯。報紙上說：「這個男人就像他許多同胞一樣充滿了理想，而這理想就是德國是德國人的德國，不是猶太人的。」[8]尼采確認自己看清了佛斯特專注在反閃族主義上的這份偏執。但是這件事他其實老早就知道了；他並不打算在這件事上尋釁，好設法改變什麼，所以他決定自己最好能讓這次見面有些用處：評估佛斯特的心智能力。尼采最後得出了結論，佛斯特實在不是個值得尊重的人，不只是因為充滿偏見又誇耀自負，而且還魯莽急躁、心胸狹隘。而佛斯特看尼采也同樣充滿了不屑，是個典型不食人間煙火的教授，身虛體弱，絕不是自己需要的殖民者類型。聽到伊莉莎白說尼采婉拒了與他們一同去巴拉圭的邀約時，佛斯特真是鬆了一口氣。

Chapter 17 獨嘯虛空

我所理解並據以生活的哲學，是自願活在冰雪高山之間——追尋一直以來都被道德驅逐出去的各種奇怪可疑的事物。

——《瞧，這個人》，前言第二節

接下來兩年，尼采一邊在歐洲最美麗的地區流浪漫遊，棲身便宜的旅館民宿之中，一邊愈發深入自己的內心世界。他安靜有禮、駝背圓肩，愈來愈不起眼，其他客人很容易就忽略了他。他們只要說聲「早啊，教授」或「用餐愉快啊」，就不必繼續多聊了。在公共食堂裡他更遠離其他饕客，只吃點粗茶淡飯，大約都是喝點淡茶、蛋和肉，偶爾更是只吃水果，配點牛奶喝。他希望這種自我克制能夠讓他的腸胃別再成天鬧騰，但是他確實沒有什麼辦法能避免嘔吐、痙攣、胸口灼熱的痛苦折磨，而且還可能連續腹瀉七天。被困在床上苦不堪言的尼采，生活只能完全仰賴陌生人的善心了。

不過儘管健康欠佳，尼采在夏天時還是花了幾個小時爬上了阿爾卑斯山高處，在筆記本裡記下靈感。到了冬天，他就搭乘火車沿著法國和義大利的曲折海岸邊找地方住宿，不停尋找能夠鬆暖筋骨卻又不至於耀目刺眼的乾燥天氣與陽光。尼采喜歡佛羅倫斯「溫和乾燥的空氣，令人想起馬基維利」，但沒多久就開始討厭起大街小巷處處都在研磨咖啡的聲響。

這樣的日子算是一帆風順，直到一八八七年二月二十三日，他的墨水瓶突然好像有了生命般在書桌上跳個不停，活像隻跳蚤一樣。整棟房子開始搖晃不停，吱嘎作響，附近的房子不是全倒就是半毀，衣衫不整的人們紛紛跑到了四分五裂的街道上。尼采從沒親眼見過恐慌爆發是怎麼回事。在整片慌亂中唯一不為所動的是一個虔誠的老太太，她相信全善的上帝絕不會傷害她。這場地震摧毀了尼采在日內瓦民宿寫出《查拉圖斯特拉如是說》第三、四冊的那個房間。這使得他加倍痛感世事無常，連他自己不久之前的過去都不得倖免。

1

尼采為自己身上財物列了一份財產清單，裡頭包括了幾件襯衫、褲子、兩件外套、拖鞋、皮鞋、刮鬍用具、書寫工具、書箱義肢，還有一只從伊莉莎白當初送他到現在都沒拿起來過的平底鍋。他出了十五本書，最近這本還賣了上百本。他靠天主教大學給他的離職津貼過日子。隨著他著作中愈來愈明顯的反宗教論調，尼采心想，這份津貼大概隨時會被收回也不一定。

照他自己估算，他的視力現在只剩下八分之一了。明亮的光線總會使他感到格外刺痛。他的視野一片模糊，而且眼前不時有黑點跳動，他只能靠這些線索來猜測自己看到的究竟是什麼東西。

若跳出來看，尼采在一八八六年到一八八七年這期間過得相當平靜無害，但其實這位備受忽略的閒散先知正是在這段期間裡，怒火中燒地檢視我們種種道德與智識傳統的基礎，拿起鐵鎚一鎚一鎚地鍛進他成熟時期的哲學著作中。

尼采哲學中的肯定面已經完工了。《查拉圖斯特拉如是說》已經為我們的人生道路設下了路標，指向成為贊同者，成為在宗教不再的世界中準備自己承擔世上種種懷疑、不一致和恐怖的人。但是現在還沒有人聽見查拉圖斯特拉的呼號。接下來的新書必須寫得「盡量清楚」：要平白直敘地闡述查拉圖斯特拉的呼喚。

這一次尼采不打算用諧仿聖經或假扮史詩英雄的方式來表述自己的思想。他也不打算將這本新書藏諸名山。既然沒有出版商願意幫他出版，那他就乾脆自己來出版。他打算自己出錢找人印刷，總共六百本。如果這本新書能賣到三百本，他就回本了。而這當然不是不可能的難事吧？

《善惡的彼岸》（*Jenseits von Gut und Böse*, 1886）的副標題是「未來哲學之序曲」。這本書和《查拉圖斯特拉如是說》不一樣，不僅是本將近兩百頁的厚書，而且即使寫了這麼多，尼采都還覺得需要再寫另一本書來釐清這本用來釐清《查拉圖斯特拉如是說》的書。所以他在《善惡的彼岸》之後又寫了另一本《道德系譜學》（*Zur Genealogie der Moral*, 1887），並以「對本人前書之澄清及補充」為副標題。

尼采現在扮演的角色是一個關於或許的哲學家、一個關在良心洞穴中的牛頭怪，所以他要讓自己站在一個憤怒的對立面，對抗社會上明明已經不再相信宗教本身，卻仍然緊抓著猶太—基督宗教道德教條的這種懶散、溫良的道德冷感。這根本就是活在虛偽和謊騙裡頭！根本就活得像是個只有四分之三的基督徒嘛！

上帝死亡的一百年後，尼采預測，祂的影子還是會繼續投射在洞壁上頭。洞穴中的牛頭怪將要冒險探究那些危險的「或許」，而目的為的就是要清除牆上的影像，重新定義何謂善惡——假如真有善惡存在的話。要做這種檢視就需要對文明本身進行批判，要批判現代性的基礎，批判現代科學、現代藝術與現代政治的種種根本。既是如此，那也就是對尼采所謂的「現代性的墮落」說「不」。而這個「不」要能夠成立，就必須先從真理檢驗起。

[2]

「我們姑且假設真理是個女人吧，」《善惡的彼岸》序言一開頭就十分驚人：「誰說不行呢？既然所有哲學家都是教條主義者，難道我們沒有理由懷疑他們根本就從未真正了解過女人嗎？」

那我們拿真理做什麼用呢？當作歐洲思想的高尚門面。但是它們都奠定在教條主義者這塊礎石之上，而教條主義者自古以來的理論基礎則是混合了民間迷信（例如關於靈魂的迷信）以及只拿人性的、太人性的有限經驗來以偏概全的某些大膽說法。

人不能不靠這些謊騙而活。人要生活就受不了不靠哲學、占星術和宗教這類純粹的虛構體系來衡量現實。這三頭怪物千百年來一直在世上肆虐，我們則是依它們的形象來建造迷信的信念殿堂。人原本是自由的，卻將自己封進了信念的磚牆裡，瘋狂地築起祆教的天象台、希臘羅馬的神殿、埃及的金字塔和基督教的教堂。人選擇了建立起恐懼與敬畏的大廈，而其基礎就是害怕死亡可能就只會通向遺忘。我們使自己成了牧師、占星術士和哲學家的奴隸。他們造成了嚴重無比的影響，對人的心靈更是充滿危害。

我們必須質疑善惡是否真如我們所以為的，是永恆絕對而非流俗化成的概念。而質疑的起點就是灌輸我們他那套花稍觀念，說有絕對真理存在的人：柏拉圖。

在過去兩百年裡，所有錯誤中最綿亙難纏的就是柏拉圖創造出來的純粹精神。柏拉圖憑藉著這說法，用一張單調冷酷又灰澀無味的概念之網罩住了感官的彩虹風暴——他管這叫感官的烏合暴民。[3]

在柏拉圖著名的洞穴寓言中，人們被鎖鏈固定在牆上，既不能轉頭，也不知道自己在洞穴壁上看見的東西其實只不過是真實事物透過背後熊熊火光投射出來的影子，而這寓言真的能找出真理的模樣嗎？被矇騙的眾人都把那齣影子戲碼當作現實或「真理」。柏拉圖就是靠這說法使表象與實在不同的這個觀念壓在了我們心頭。柏拉圖的理型論預設了有一個萬物仿效的理型存在。從紅色的理型一直推到正義的理型，顯然最終會有一個能作為所有事物與性質的標準，但終不可知的理型。叔本華用柏拉圖這套理型論來發展出自己意志與表象的理論，而尼采在《人性的，太人性的》裡早已擎起伏爾泰光燦奪目的理性火炬，讓那眩目耀眼的光輝將在洞壁的影子一掃而空，徹底駁斥了叔本華的理論。[4]

哲學家其實只不過是捍衛自身偏見的奸巧辯駁者，是他們自己稱為「真理」的那些觀念的狡猾代言人而已。[5] 哲學家就是靈魂的賣藥郎中。他們的學說差不多都是強要教人自虐本性。哲學永遠都按著自己的形象來創造世界；它也無別計可施。哲學就是對普遍化的讚頌。哲學就是強詞奪理，總是設法令所有事物依照哲學自身的形象存在。哲學是一股「暴虐的驅力，是最汲汲於追求力量、追求『創生世界』、追求第一因的意志。」[6]

至於科學呢，也相去無幾。這些知識顯微家的說法也不比哲學家提供更多真理。科學的本意並不是宗教。但是不知怎地，科學竟成了宗教的替代品。現代世界是錯將科學理論當成了道德教條。

「現在才開始大約有五、六個人察覺到物理學也只不過是對於世界的一種詮釋與安排（要我說，就是按照我們自己的想法來詮釋和安排！），而不是關於世界的一套解釋。但是既然物理學建立在關於感官的信念上，那麼長此以往，就會有愈來愈多人，而且還會一直有更多人接受這就是對世界的一套解釋。物理學把我們的眼睛手腳變成了盟友，有視覺證據和觸覺感受當作靠山。這就使得物理學能夠用一套基本上粗俗不堪的品味來魅惑、說服和取信整個時代。」但是它解釋了什麼呢？只有看得見、摸得著的東西而已呀。[7]

「達爾文主義者與反目的論者」對世界所作的詮釋使得尼采從先前將柏拉圖理型論罵到體無完膚的立場稍微軟化。畢竟柏拉圖的理論至少還能給我們「某種享受」，而不像科學家那樣拚命要以「極致的愚蠢」和「最微不足道的力量」來討好「那些堅實勤奮的未來機械工和搭橋匠」。[8]

儘管人類瘋狂擁護著自然律，但他們其實真正想要的卻是反轉關於自然天生的那套理論。「活著——不就是想要變成與現在不同的另一種模樣嗎？活著不就是一直在評估不同、偏愛不同、對待不同、受限於不同、想要變成不同嗎？」[9]

尼采在四面八方都種下了警戒懷疑的種子後說道，探索危險的哲學家說不定會認為謊騙這個觀念就跟真理這觀念同樣有意思。為什麼不從各種不同視角來檢視真理呢？比方說，從青蛙的視角來看如何？[10]照尼采先前告訴我們的，由於真理就像女人的天性一樣神祕，所以就又回到了女人永遠無法懂得真理這一個主張，因為「真理對女人哪有什麼用！沒有什麼比真理更從頭到尾徹底令女人覺得奇怪、討厭、仇視的東西了，——女人的絕技是撒謊，她們最關心的是外表和美貌。」[11]

所有的真理都只是個人的詮釋。我們也只不過是存在於我們所屬社會中關於我們的記憶與關於我們的心靈狀態——這正是上個段落最後一句話所肯定的事。尼采的後期哲學真是仇厭女性到了極點。莎樂美過去曾以自己是個自由的靈魂為由，拒絕了尼采的數次求婚，但最近竟然聽說她和弗瑞德・安德烈斯（Fred Andreas）訂婚了，這無疑又給了尼采一記重擊。尼采一直沒回她信。他除了在一封寫給瑪爾維達的信裡不屑地提到「誰知道這安德烈斯是誰啊」之外，所有的感情心事全都藏進了自己心裡頭。[12]

《善惡的彼岸》在檢視過了真理的本質之後，接下來要檢視的就是自我的本質了。尼采這裡採用的辦法是檢視「我思考」這句話會產生什麼樣的後果，這段大膽的文字解構了笛卡兒著名的那句「我思故我在」，深深撼動了西方思想的基石。

「大家都說『我』是個限定的條件，而『思考』是個述詞，是受到條件限定的動作——思考是一種活動，而主體則必定被認為是此一活動的原因。」可是要是反過來才是真的呢？

要是「思考」是限定條件，而「我」才是受條件限定的東西呢？這樣一來，「『我』就會是只有透過思考本身才能夠產生出來的綜合體了。」[13]我們不可能確定有一個「我」在思考，也不可能確知必定有某個東西存在才能思考，更不能確知思考就是以某個實體為其原因的活動與運作。我們不可能知道我們所謂的「思想」是早已被條件確定的東西——不可能知道我自己知道思想是什麼。「我」難道真的不是思考所產生出來的綜合體嗎？

無論是誰，若是膽敢馬上就拿某種直觀知識來回答這些形上學問題，比方說：『我一思考，就知道至少這件事是真的、實在的、確定的』——那他就會發現今天的哲學家會面帶微笑，回他兩個問題。『親愛的先生喲，』我們這位哲學家說不定會幫他一把，讓他想通：『你不太像沒被騙的樣子，況且又何必堅持這是真的呢？』」[14]

我們在夢裡經歷的一切在我們靈魂中的整體分量就和我們「實際」經驗到的一樣多。讓世界有道理的關鍵是人的心理，而不是教條。[15]

在質疑了自我的本質和宣稱客觀真理只是不可能存在的虛構事物之後，尼采卻又繼續逗趣地指出：說客觀真理是虛構事物也是在陳述一個客觀真理，因而這句話本身也必定是虛構。

這就使我們留在了不停彼此映照的鏡子前凝望，而那些令人眼花撩亂的鏡子映照著的是——是什麼呢？——是真理嗎？——又或者是無窮無盡的各種不同視角觀點？我們只能靠自己回答這問題了。尼采不相信所有建構體系的理論家，也同樣堅決不肯為我們建立任何體系來回答。他喜歡在觀念世界裡牴觸自己，強迫我們成為獨立於他的自由靈魂。

為了確定我們是否已經準備好獨立，我們就必須不依附於任何東西，就連自己的疏離感也不行。沒有多少人能夠做到這種獨立。這是那些膽識近乎魯莽的走鋼索者才擁有的特權。

尼采不再思考關於自由靈魂的事，轉頭再談宗教，照樣以他一貫的強悍開場引起注意，他一開頭就挑釁地說，我們在過去這近兩千年來一直在看著理性如何透過將宗教教義強加在個人身上的方式來緩慢自殺。在親身經歷過宗教教義中自我實現與自我否定之間的衝突後，尼采覺得自己夠格定下一個結論：人為宗教做的第一項犧牲，就是犧牲自己的真實本性。

我們怎麼會自願接受猶太—基督宗教的價值，把我們自己變成聽話的牲畜呢？為什麼我們會接受那套尼采所謂的奴隸道德呢？尼采之所以用這個詞，是因為史實上的猶太人與基督徒都是奴隸，先是巴比倫的奴隸，後來則是在羅馬帝國為奴。這些奴隸既然無法將自己的意志加諸世界之上，只能渴求權力，終究會被他們自己對於主人的怨憤給吞噬。他們唯一能做的報復就是反轉價值，將他們的種種不滿融入宗教之中，讚頌他們自己悲慘受苦的處境。[16]

性慾和權力慾遭到了妖魔化。「富人」與「當權者」成了邪惡的同義詞。基督教就是把否定追求生活的意志變成一門宗教。基督教厭惡生活也厭惡人性；這宗教藉由否定人性現實來毒害全世界，把什麼事情都變成「應然」與「實然」之間的衝突。在奴隸制中孕育出來的道德也只會助長奴隸制，為受壓迫者的虛無主義提供延續下去的意義。

尼采特別選了法文中的「怨憤」（ressentiment）一詞來描述奴隸道德的基礎。怨憤的意思不只是怨恨與嫉妒，而是一種精神病，要使自己和他人都同樣受苦。怨憤包含的對象是滿心怨恨卻無權無勢，缺乏（或樂在缺乏）報復手段以解消怨恨的那些人。因此，怨憤就會使奴隸將自己的軟弱吹成力量，將從前講求力量與卓越的道德反轉過來，反而鼓吹受難者在道德上更高尚，歌頌受壓迫者的美好，藉此來「報復羅馬與其貴族和他們可有可無的容忍」。

正如奧古斯丁（St Augustine）所言，怨憤就像是自己喝下了毒藥，卻又同時希望別人也死掉。

這詭異的價值反轉是怎麼發生的呢？禁慾主義又是怎麼贏過了肯定生活的那些價值呢？

尼采雖然在《善惡的彼岸》中提出了這個問題，也做了一些回答，但他可沒就此罷手。一八八七年六月，他開始撰寫《道德系譜學一論》（*On the Generalogy of Morals, A Polemic*），還取了這樣的書名，特別顯示當時這個後達爾文時代對系譜傳承問題有多麼沉迷。一如以往，尼采寫得飛快，大約四個星期就完成了。這本書一共三篇文章，主旨是要深究道德譜系傳承的根柢，說要一路追溯回比猶太—基督宗教更古老的時代，要追究到人類離海就陸的那個時代。

尼采猜想，在某個史前時刻，有人做了某種會害了整個社群的事情。因此也就帶來了懲罰。這就是建立起道德的時刻；這就是我們的本能首次受到懲罰性社會約束的時刻。光陰荏苒，懲罰帶來了內省，而內省則帶來了良心。

所以說，良心其實是社會架構的價格，是當猶太—基督宗教的禁慾傳統以及他們那套「汝不可……」將我們最自然的本能埋葬在罪惡感這份要命重擔下時對靈魂造成的殘害。無法向外抒發的本能就因此內化了。由於我們背負著這種帶著罪惡感的良知，我們也就會在原罪故事和牧師對禁慾主義的推波助瀾下悲慘地自我反對、自我嫌惡。雖然所謂關於存在的精神病這種概念要到後世才出現，但無疑就是尼采描繪現代人「雖沒有外敵外患，卻會撕裂自己、迫害自己、齧咬自己、使自己不得安寧，就像一頭在自身牢籠上不斷鞭笞自己肉身的動物」這一景象。[17]那我們要怎麼從禁慾教士所打造的這座罪惡良知與自我厭惡的牢籠中掙脫出來呢？要治癒奴隸道德的解毒藥方，就是超人的道德：就是自由、肯定、獨立的精神。這種高等人類的道德表現動力是來自他的生命力，來自他追求權力的意志。雖然尼采認為演化論描述的只是一種無關道德的保命方法，但是他的「權力意志」顯然脫胎自達爾文的「適者生存」，只不過他更進一步而已。尼采的權力意志既是人之潛能的一道象徵，也是訴說超越自我重要性的一則寓言。

有機生命沒有僵固不變的部分。我們打從嬰兒時期起就不斷追求著權力。所有的有機生命都一直處在創生與消亡這種動態的混沌狀態之中，不停超越與被超越。樹根能貫穿基底岩石是權力意志；冰塊膨脹能破開山壁、重劃海岸是權力意志。權力意志就在宮殿屋頂瓦片上苔蘚的微細孢子之中，一旦增生成整片綠苔，就得動用一大批士兵提水清除——甚至壓垮屋頂或整個王國。權力意志永不休止。它是每個人際關係以及所有團體關係、國際關係那種不停變化的動態。

尼采說權力意志是一種情感，一種發號施令的情感。所謂的意志自由基本上就是勝過某個必須聽命於己的東西。但是這個東西未必要在我們自己以外。尼采也談自我主宰。「立定意志的人會從發號施令中感到快樂，也會從順利成功中得到快樂，還會從有用的『下等意志』或下等靈魂身上得到快樂——畢竟，我們的身體就只是一個由許多靈魂組成的社會罷了。」[18]

主宰自我的人能夠在各種「或許」觀點所播下的不確定性中屹立不搖。有了能夠拋棄確定性的勇氣，任何「結果」或「結論」觀念都只是汰餘的累贅。所以「高等人」或「自由靈魂」、超人、「未來的哲學家」、「『或許』的哲學家」或「精神勇士」——隨你怎麼稱呼他——總是快活的。人生不再是一張法規表，而是一支伴奏著「如果……？」配樂的舞。對我們自己以及對我們周遭世界的這份覺察，都建立在「我們終究並不了解自己和這世界」的這一概念上。凝望著虛空的人會發現虛空也回望著他自己。這絕不是一個舒服的所在。但是只有當你沒有勇氣按照「如果……？」這原則而活時，你才會痛苦不幸，因為那樣的你就只是「末等人」其中之一，是四分之三個基督徒，只會攫著過時的確定性，眷戀著懶散舒服的宗教。

世上唯一的真理，就是沒有真理——或許吧。

在《道德系譜學》這本書裡，金毛野獸（die blonde Bestie）偷偷登場了。尼采之所以聲名不佳，大概就是因為用了這個詞（和其他詞）吧。金毛野獸如今已經被當成是一種種族類別，一種具有政治目的的生物：尼采的亞利安種超人預告了希特勒在一九三五年以日耳曼榮耀與日耳曼血統為名而制定的種族法律。但是這真是天大的謠傳。尼采的書中一共有五處講到了金毛野獸，而談「金毛野獸」的段落一共三段，但是這裡頭沒有一個跟種族類別有關，更遑論主人種族的觀念了。

在第一個段落中，尼采探討的是「好」、「壞」、「邪惡」的概念在早期文明中如何出現。他描述了最初的國家形式如何從史前迷霧中浮現出來。他並沒有說自己在談的是歷史上哪個時代，甚至也沒說出現在世上的何處，但是卻讓我們確信建立了首批國家並在其中發號施令的金毛野獸就是所有種族共同的野蠻遠祖：

「我們在這所有高貴種族的中心絕不會錯過那頭獵食的野獸，那頭雄偉的金毛野獸虎視眈眈地繞圈徘徊，成功捕獵；這個隱密的中心需要自由，必須時不時地將這頭野獸釋放出來，必須回到荒野之中：——羅馬人、阿拉伯人、日耳曼人、日本的貴族、荷馬史詩中的英雄、北歐的維京人——他們都同樣有這需求。正是這些高貴種族在他們行經的路上留下了『野蠻人』這概念；即使是他們最高等的文化，也遮掩不住他們明白這一點並引以為傲的事實。」[19]

這裡把阿拉伯人、希臘人和日本人都包括進來顯然表示尼采把「金毛」和「野獸」這兩個詞併稱在一起毋寧說是因為好聽，而不是對種族類型的具體描繪。而這個段落接下來的說法就更危險了：「歐洲在看到金髮的日耳曼野獸肆虐幾世紀這種無可遏止的恐怖景象之後……我們大概更有理由害怕每個高貴種族中央的那金毛野獸，時時警惕防範了。但是在經過幾百次之後，有誰不會寧可同時又羨又怕，也不願選擇不會害怕，卻也因此永遠擺出一副失敗者、受欺凌者、荒廢者和受毒害者的噁心嘴臉……也就是如今歐洲開始厭惡的那副疲病交加、要死不活的模樣……」[20]

提到金毛野獸的第二個段落，出現在《道德系譜學》的第二篇文章裡。尼采此處同樣是在思考世上最初國家的型態。「我用了『國家』這個詞；這個詞指誰實在再明顯不過了——是一群獵食的金毛野獸，一隻征服與主宰的種族，採行戰爭編制，也有力量組織安排，肆無忌憚地將它的無情鐵爪壓在那儘管數量遠遠更多，卻尚未定型、不停變動的群眾身上。『國家』就是這樣出現在地球上的。」[21]

這支征服者與主宰者的獵食大軍沒有任何道德感或責任感。對他們來說，對臣民的罪惡感以及對臣民的責任感或體貼心就像是靠契約維持承諾的觀念一樣毫無意義。

也許是潛意識作祟，尼采對於由像獅子一樣的金毛野獸統治的世界所描述的心理樣態，活像是華格納在《尼貝龍根的指環》裡對那個神話世界與其中神明和英雄的道德及心理摹寫。華格納的眾神與英雄在他們那原始天地中遊走的模樣，就和尼采的金毛野獸如出一轍：四處燒殺擄掠，無視法律和契約。華格納那些眾神統治天地時才不守道德界線，也不靠社會或個人的良心良知。但是整套四部曲看下來，華格納展示出了即使在純粹利己的框架下，他那批萬能的金毛野獸也會發現凡是行動就必定導生後果，而後果又生出法令規定，法令規定生出懲罰——只不過無論華格納也好，他《尼貝龍根的指環》中的眾神與英雄也好，都從來不曾進展到信守契約或發展出良心的地步。

提到金毛野獸的第三個，也是最後的一個段落，出現在尼采最後的《偶像的黃昏》（*Götzen-Dämmerung*, 1889）中。尼采在這篇充滿怒氣的〈改善人類〉（Improving Humanity）中，又再一次把怒火對準了牧師與哲學家，淨講些根本不存在的東西。他們的道德是違反自然天性的，而他們的學說也只是一套安撫工具，要馴化人類這頭野生的金毛野獸，畢竟人類要文明化，就得自己付出龐大代價。

「說一種動物被人馴化是一種『改善』聽起來簡直是在說笑。知道動物園裡在搞什麼的人都會懷疑這些野獸到底有了什麼『改善』。牠們變弱了，變得比較不具傷害性了，在痛苦、傷害、飢餓與恐懼所造成的沮喪效果下變差了。——同樣的事情也發生在被牧師『改善』的馴化民眾身上。在中世紀的早期，教會基本上就是一座動物園，而『金毛野獸』這種優秀的品種則處處遭到獵捕，——像條頓人貴族這樣的人也被迫『改善』。但是一個『改善』了的條頓人在接受教會教誨後看起來是什麼模樣呢？他看起來就像是幅對人類的諷刺畫，活像個怪胎：他變成了『罪人』，被困在了囚籠裡，被各式各樣的恐怖觀念囚禁了起來……他就躺在那兒，病懨懨、可憐兮兮的，充滿了對自己的惡意，憎恨生活的動力，對所有仍健壯快樂的一切滿腹狐疑。簡言之，就是個『基督徒』……教會一直知道這一點：它一直在摧毀人民，一直在弱化他們，——可是它竟說自己『改善』了他們。」22

上述這些就是在尼采出版著作中提到金毛野獸的段落。這些段落絕不是在說金毛野獸代表了日耳曼這支主宰種族充滿了權力意志，要將人類踩在它的長靴跟下。話說回來，這些段落裡無疑也包含了某些能夠進一步發展出種族主義和極權主義的醜惡元素。完全無視這些元素是那些學說的思想家當作廣為散播的起點，也未免太過天真。

《聯盟日報》（*Der Bund*）編輯兼文學評論家魏德曼（J. V. Widmann）[23]在寫《善惡的彼岸》的書評時，竟未卜先知地以「尼采最危險的著作」當作標題，他當時肯定是想到了這一點。

「興建哥達隧道（Gotthard Tunnel）時所使用的炸藥堆上都插著一面黑旗，表示有致命危險。我們說哲學家尼采的新書是本危險的書時，也只講這意思。這個說法並不是要呵責作者或他的著作，正如黑旗也同樣並不代表對炸藥的呵斥一樣。我們更不是打算要藉著說這本書有危險性，就把這孤獨的思想家丟給演講廳裡的那堆烏鴉和講道台上的那群白嘴鴉。心靈的炸藥，就像物理上的炸藥一樣，都能夠發揮極大用途；這些炸藥都不是非用在犯罪目的上不可。只有用得好的人才會把這些炸藥存放在哪裡說清楚，『炸藥在此！』尼采就是找到出路的第一人，但這條出路卻如此駭人，實在令人毛骨悚然……」[24]

總算被人注意到自己是個強大而危險的思想家實在太爽了。書評刊出來不到一週，尼采就馬上抄了一份（考量到他的視力，這過程可絲毫不輕鬆），寄給瑪爾維達。這是這麼長時間以來對他作品的頭一篇評論，也讓這本書到當時只賣出一百一十四本這件事顯得無關緊要了。

Chapter 18 駱馬國

我妹妹就是一頭睚眥必報的反閃族母鵝！

——致瑪爾維達・馮・梅森布格，一八八四

一八八六年二月，伊莉莎白和伯納德・佛斯特帶著他們那一小批純種反閃族的愛國分子從漢堡搭上了航向巴拉圭的烏拉圭號（Uruguay）。尼采只有在握手那次見過他妹夫一面。他也沒到碼頭邊上送他們離開。在離別之前，伊莉莎白給了尼采一枚刻著自己和丈夫姓名縮寫的戒指，還一直催他趕緊加入這場殖民事業，如果他願意來，她還會以他的名字為一塊土地命名。尼采苦澀地說：還不如叫駱馬國呢。[1]

尼采看出建立這個新日耳曼所依據的原理就是奴隸心態的當代表述。祖國主義、超級愛國主義、反閃族主義都只是為了掩飾無能力者的那份嫉妒又充滿報復心的怨憤。從這批人的心態來看，尼采把他最新的那本著作寄給伊莉莎白還真是十分詭異。

一八八七年十月十五日，尼采四十三歲生日那天，他又到了威尼斯旅行，這個月除了來聽音樂之外，還要和始終對他忠貞不二的彼得．蓋斯特重聚。尼采的視力愈來愈差，他現在的字跡都變成了象形圖案。蓋斯特是如今唯一一個能看懂這些字跡打字的人。在這座華格納因為又迷上了一位英國來的年輕女高音而與寇希瑪大吵一架，不久後就過世的城市裡，尼采想起了當初他撰寫《悲劇的誕生》時那段在翠碧仙山莊的美好時光。也許是呼應這段往事，他草草勾勒出了一篇戴奧尼索斯與亞里阿德妮的故事劇本。

但是他更在意的是當下，所以他也做了關於心理學的一些筆記。他列出一份符合了我們人生欲望各種變化狀態的清單。在這份清單中打頭陣的是性慾，接下來是飲酒、進食和青春。他在筆記本裡坦言，一旦某個目標（例如天堂）消失了，而且最高的價值也都崩潰了，那麼虛無主義就會是常見的基本立場。[2] 他也寫到了大家對主人道德的強烈疑慮：「誰都得認清這一點：可怕也屬於偉大。」[3]

尼采這個生日唯一收到的祝賀是母親寄來的。他回信告訴她一件能令她開心的消息：她這封生日祝賀寄到時，他正在寫「一封短信給人在南美的小駱馬」。伊莉莎白寄回來的家書上有一張她那片殖民地蓬勃發展的相片，尼采雖然對妹妹的理想支持不下去，但還是為她的成功感到十分欣慰。[4]

在啟程前往巴拉圭之前，佛斯特的召募活動只吸引到了十四個家庭報名參加。他們大多都來自薩克森，也就是孕育出了理查．華格納和伊莉莎白．尼采的那個省份。在這群眼神凶惡的殖民部隊心中，那份對古老祖國血親土親的懷舊之情濃烈得化不開，展現出了尼采筆下受到怨憤所驅動的種種奴隸道德模樣。這一小撮憤怒的民族主義者裡包含了農民、工匠，還有覺得遭社會拋棄的小販，他們原本的生活在無情的工業、經濟、社會及政治發展都變得毫無價值。這群人裡沒有一個藝術家或知識分子。

搭乘最便宜的船班前往南美這一整個月的航程既艱辛又惡劣，接著還得繼續聽從一名冷淡的棕膚船員指揮，在巴拉圭河（Rio Paraquay）上驚險前進。這些單純的德國鄉下人聽不懂這裡人說的話，也辨識不出天上的星象，更認不得這地方的花草樹木。在植被中一閃而過的各種奇怪生物更令眾人倍感忐忑。他們開始發起不明高燒、出現幻覺，不僅被太陽曬得起水泡，身上也滿是蚊蟲叮咬的腫包。隊伍中的一個小女孩終究撐不過去，夭折了。大家在河邊找塊地草草埋了，接著就又急急忙忙地繼續上路。

最後，眾人總算抵達了巴拉圭的首都亞松森（Asunción）。對德國人而言，「首都」這個詞意味著能看見各種單位與政府機關的石造建築；但是在這裡的泥巴路上就只有土夯的屋子，還有成千上萬投機取巧而且不怎麼友善的泥巴膚色人群。長年的戰爭把僅有的幾棟石造建築轟出了好些大洞與裂隙。總統官邸和機關單位屋舍都有著誇張的外觀和浮誇的雕飾。高聳的樹木直接從大廳地板上長了出來，無數的藤蔓則像觸手般盤繞遮蔽了建築上的石膏裝飾。

一八八六年，巴拉圭還正陷於漫長的三國同盟戰爭（War of the Triple Alliance, 1864-1870）之中，英勇地抵抗巴西、阿根廷與烏拉圭聯軍，但終究不敵戰敗。根據當時資料來看，巴拉圭在戰爭前的人口有一百三十三萬七千四百三十九人，而戰爭結束後僅剩下二十二萬一千零七十九人。[5]

伊莉莎白一行人抵達之前，巴拉圭的戰爭英雄柏納迪諾・卡巴雷洛（Bernadino Caballero）已經掌權六年。由於當時背負的國際債務將近五百萬英鎊[6]，帶著資金前來的殖民者就成了國家的重要經濟命脈，也是在大片空曠土地上重新繁衍人口的重要來源。

一八八六年三月十五日，三十九歲的伊莉莎白下船上岸，一副活像是要辦一場教會野餐的瑙姆堡風格打扮。在溫室般的炎熱天氣下，她還穿著一身黑色長袍，梳了高髮髻，戴上了帽子和眼鏡。（伊莉莎白的斜視一直比尼采嚴重，但是她的眼睛從未像尼采那樣疼痛。）後頭還跟著汗流浹背的當地工人，努力地將她的鋼琴從狹窄的橋板上扛了下來。接在愛妻身後出場的是來征服此地的英雄：佛斯特穿著漿得硬挺的高領襯衫，罩著一身黑色長大衣，一口大鬍子懸在胸口閃閃發光。他的外表十足展現出了領袖氣概，完全就是他書上封面的那副模樣，也就是尼采說太過浮誇的那張照片裡的樣子。在這對耀眼夫妻和他們的鋼琴後面，則是一小批拖著腳步，疲憊不堪的文化戰士，個個滿頭大汗、面黃肌瘦，這幾個月船上生活真把他們的腸胃給整得死去活來。

誰都不知道他們的新日耳曼在哪裡。佛斯特夫妻帶著同胞來殖民開墾一個概念、一個幻想、一個什麼都沒有的無名之地。

佛斯特和伊莉莎白這輩子都從來沒做過商業買賣，他們遇到了一個叫做齊瑞里歐・索拉林德（Cirilio Solalinde）的企業家，他自稱擁有坎波卡薩洽（Campo Cassaccia）這片大約六百平方公里（約二百三十一平方哩）的土地，就在亞松森北方大約一百五十哩遠。

照索拉林德所說，這塊地種滿了耐用的樹種，而且處處沃壤，只要搭船沿著巴拉圭河就能輕鬆抵達。他打算用十七萬五千馬克的價碼賣給他們。但他們實在付不出這麼多錢。所以索拉林德又自己做了筆交易：把這塊土地用八萬馬克賤賣給巴拉圭政府，而巴拉圭政府則允許佛斯特用兩千馬克當作頭期投資，買下在這塊土地上的殖民權，只要佛斯特能在一八八九年八月底前成功在這裡成立一百四十個家庭，土地就歸他所有；若不能達成這個殖民目標，就全都收歸國有。這些條件並未公告周知。伊莉莎白和佛斯特一直都自稱是新日耳曼的擁有者或統治者。

伊莉莎白在亞松森苦苦等了兩年，這些殖民者才蓋好一幢適合她住的房子。一八八八年三月五日，房子總算完工了。

「我們像國王王后般地抵達了這片新家園，」她寫了封得意洋洋的長信告訴媽媽，接著還描述自己就像古代北歐女神一樣，威風凜凜地坐在六頭公牛拉的車上，而且沿路上都還能見到在自家土夯小屋前「歡聲雷動」的那些殖民者盛裝招呼。大家一見到她出現，就會掀起一股半宗教式的愛國狂熱，紛紛送上鮮花與雪茄，還會把孩子抱起來求她祝福。突然間，不知道從哪裡出現了八名帥氣的騎士，領著佛斯特那匹裝飾著紅白黑三色愛國花圈的愛駒前來。佛斯特靈活地跳上了馬鞍。民眾自發形成了一長排隊伍，跟在伊莉莎白的牛車和佛斯特的盛裝駿馬後頭前進。這對皇家夫婦後頭是騎在馬上的騎士，之後則是「長長的人龍」。不過，伊莉莎白老實告訴母親，在這麼一堆風光場面中，就可惜沒有禮炮相迎，只有不絕於耳的「禮槍」相隨。他們現在已經造好了一輛「迷人的小馬車」，插上了棕櫚葉裝飾，車上還有一張紅色的王座讓她坐著。這聽起來根本就是馮．祖科夫斯基替華格納在拜洛伊特音樂節打造的場景。

整個隊伍一路遊行到佛斯特羅德（Försterröde）——這是他們為殖民地首都起的名字。這時一位帶頭的殖民者艾爾克先生（Herr Erck）站出來發表了一篇莊重的歡迎演說，之後就帶他們到了規劃的城鎮廣場，這裡此時已經架起了一座歡迎拱門，許多美麗的少女上前獻花給伊莉莎白，眾人紛紛表示心悅誠服，民眾高呼：「殖民地之母萬歲！」這些殖民者竟然先向她歡呼致敬——然後才輪到佛斯特，這令伊莉莎白有點受寵若驚。在眾人合唱「德國，德國，高於一切。」（Deutschland, Deutschland über Alles）之後，他們又穿過了第二道歡迎拱門，來到佛斯特殿（Försterhof）前方，這座豪宅就是她和佛斯特的家。這時又來了更多人演講歡迎，又有更多的獻花少女。伊莉莎白坦言，這座豪宅的外觀十分醜陋（有照片為證），但是裡頭卻有無數的豪華裝潢：挑高的天花板、掛著門簾的寬敞房門、柔軟的椅子、舒服的沙發，當然還有她那架鋼琴。她說，她擁有了「五座小莊園和三座中型莊園」、上百頭的牲畜、八匹馬、一間商品價值上千馬克的店面，還有二十個他們可以高價雇用的僕人。她誠心地責備自己，竟擁有了這麼多的俗世財物。

法蘭琪絲卡滿意極了。寇希瑪也許能在拜洛伊特當女王，但是伊莉莎白可是整個殖民地的皇后呢！伊莉莎白在世上舉足輕重的地位，哪是她那沒沒無聞的哥哥能比！她那一長串財富可要羨煞死他了！瑙姆堡的街頭巷尾都開始流傳佛斯特幾乎篤定成為巴拉圭下一屆總統的傳聞了。

伊莉莎白還是不停催促尼采也投入這份壯舉。何必死守著那種呆板、安全的舊世界債券，而不投入她這新世界，等著豐富回報？但是奧佛貝克建議尼采別這麼做。而這件事，連同先前奧佛貝克對莎樂美的態度，都讓伊莉莎白恨得牙癢癢的，一輩子都看奧佛貝克夫婦不順眼。尼采試著幽默打圓場，笑說他不能支持「從我身邊跳開，一頭栽進反閃族分子裡的小駱馬」。但這句話大概讓她笑不出來。她真的想辦法從法蘭琪絲卡忠實的老女僕愛爾溫（Alwine）身上搾了一筆錢，而這位可憐的老太太從此就再也沒見過自己的棺材本了。

到了一八八八年七月，只有四十家人來這裡殖民，而且其中還有一些已經打包回德國去了。透支情況愈來愈嚴重，貸款利息也岌岌可危。伊莉莎白的嫁妝和殖民者的頭期投資款全都打了水漂。這裡沒有任何道路、衛生等基礎建設，就連可以喝的清水都付之闕如。

伊莉莎白知道地契的條款內容。從她搬進佛斯特殿那天開始，她有十八個月的時間可以招募一百四十個殖民家庭前來。她寫信邀自己認識的每個人過來，就連不認識的也寄了不少。各式信件和請願書不停發給德國的各個殖民社團，因為他們一向都在組織和支持這種殖民事業。但是她最成功的是在《拜洛伊特新聞報》上的報紙宣傳。也正因如此，伊莉莎白才發現自己有著民粹家的才能。這令她眼界大開，明白這種民粹文宣能造成多大影響、訛傳消息又有多麼容易變成傳奇故事。新日耳曼的傳奇故事就是一次成功的練習，之後她還會拿這招來替她哥哥打造更精彩的傳奇。

伊莉莎白魅惑人心的文章裡，把這地方描繪得像是歡樂的黃金國一樣，處處都有樹木吊掛著色彩斑斕的吊床。她承認這些吊床上都還掛著蚊帳，但是這蚊帳的用處與其說是拿來抵擋十分稀少的蚊蟲，更不如說是為了擋掉夜間的露水所必須。當地的原住民被叫做「土人」。種族主義者不必害怕這些「土人」，他們是優秀的僕人，開朗、服從又勤奮；主人一站到門口，他們就會忙著跑過來聽憑指揮；他們就像小孩子一樣喜愛禮物，只要幾支雪茄或幾塊剛出爐的麵包就能要他們爭先恐後地滿足主人的要求。在新日耳曼這裡的生活就像神仙一樣。他們的早餐有美味的咖啡、麵包和糖漿，吃飽之後就去看看自己栽種的各種蔬果，而這些蔬果也都各自蓬勃生長，這塊土地真是飽受祝福的沃土啊。伊莉莎白的「幾百頭牲口」其實是別人在三國同盟戰爭開打前豢養的牲畜，只不過這些牲口原本的主人在戰爭中死了，這些殘存下來的牲口就四處流散。只要好好馴養，這些母牛可以為種植蔬果的殖民地提供牛奶、奶油與乳酪，只不過那些還沒閹過的公牛到處亂竄確實還是挺棘手的問題。

一八八八年三月，伊莉莎白的剋星來了，這個農家出身的裁縫叫做朱利烏斯·克林白爾（Julius Klingbeil）。他是認真相信佛斯特那套話，花了五千馬克特地前來追隨他的英雄偶像。

克林白爾一到巴拉圭，就發現這裡的一切都跟伊莉莎白在文章裡講的情況完全不同。這裡的天氣十分酷熱，蚊子更是凶猛無情；熱帶的蟲子還會散播不知名的可怕高燒；文章裡誇上天的沃土根本就貧瘠乾硬得要命；巴拉圭僕人懶惰、不耐煩、愛記仇、不聽話，成天就愛到處閒晃，個個都愛喝巴拉圭冬青茶。每個殖民者分到的土地都離鄰居有一哩遠，這使得眾人容易變得孤獨、無聊、沮喪、容易生病和營養不良。他們的人生失去了意義；

許多人的生活就像恐怖電影一樣，不時會聽到花豹、山獅、貘、野豬、野牛、吼猴和許多不知名動物的吼叫尖鳴，嚇得他們膽破心驚。一條條的大蟒蛇就盤踞在樹上；可惡的蚊子聚如雷雲，不停追著眾人的汗水氣味而來。河水裡有鱷魚、不知名的尖齒魚類，還有多到數不清的蚊子，甚至據說還有一條長達八碼的水蛇。[7]要有清水就得掘井，而且往往要挖得極深才能找到水脈。熱帶的暴雨總會將叢林中的道路變得泥濘不堪，而剛開闢好的那些土地則都變成了巧克力湖。

所有的一切都是佛斯特夫婦在掌控。每個殖民者都得簽署一份不在殖民地外交易買賣的同意書。所有的小生意，比方說賣奶油、乳酪或是木工藝品，都得交由佛斯特商店經手。佛斯特的店也是大家唯一能購買生活物資和藥品的地方。大家移民出來時都知道自己如果打算回德國的話，繳交的入股費用會退還回來，但是佛斯特不太可能有辦法照合約還錢。這些殖民者既無權無勢又得不到正義伸張，那對統治殖民地的黑心夫妻才不理會眾人面臨的困境。

克林白爾和所有新來的殖民者一樣，都被叫到了佛斯特殿來晉見他心目中的英雄，也被勸著真的花錢買下了他原本那五千馬克就已有開墾權的土地。克林白爾原本期待能看見書本封面上那個一臉冷峻、充滿貴族氣息的亞利安英雄，結果卻看到了一個憂心忡忡、惶惶不安的大個子。佛斯特根本沒辦法好好坐著，一直躁動不安。他具體表現出了那種沒辦法直接認真看著你眼睛的良心不安。[8]克林白爾立刻就醒悟了。他總算知道原來其他殖民者告訴他的都是真的：伊莉莎白才是這塊殖民地的主人。

伊莉莎白一身優雅打扮，滔滔不絕又不容置疑，她一直在桌子邊遊走，還把一張地圖推到了克林白爾面前。這張地圖上標明了新日耳曼劃分的殖民區塊，每塊土地上都寫了一個名字，只有一塊土地例外。她假惺惺地告訴他，除了他那一塊地之外，每一塊地都已經有人買走了；如果他可以馬上照土地售價付清的話，就可以留下這塊土地。但是克林白爾心裡透亮得很，他一下就看穿了佛斯特夫婦根本就沒有這塊土地的法律所有權。

克林白爾很快就回德國去戳破這對詐騙鴛鴦的謊話，最後甚至還出了一本兩百頁的《揭露伯納德．佛斯特博士巴拉圭新日耳曼殖民地真相》（*Revelations Concerning Dr. Bernhard Förster's Colony New Germany in Paraguay*）。[9]這本書揭穿了佛斯特夫婦是詐欺犯、騙子、江湖郎中和暴君的事實。他言之鑿鑿地指明伊莉莎白就是在背後操弄她那個軟弱丈夫的真正主謀。去那邊殖民的殖民者過得比德國這裡最窮的臨時工還差。他們在那邊受苦受難，可是那對高傲的夫婦卻坐在歐洲傢俱上喝著酒，甚至還不顧殖民地的素食規矩，在亮晶晶的餐桌上大啖肉塊。

伊莉莎白從沒怕過與人起衝突。事實上，她還樂在其中。她馬上就發文反擊：克林白爾是個叛徒、是個騙子，是耶穌會安排來搞垮殖民地的暗樁；她的丈夫是個光榮的領袖，是個充滿理想的天才，不眠不休地為了追求人類更大幸福的無私理想而努力；她和佛斯特犧牲了自己的一切，都是為了他們忠誠又勤奮的工人。

馮．佛佐根還是繼續在《拜洛伊特新聞報》上刊載她的美麗童話，但是其他人可就敬謝不敏了。現在已經沒人相信伊莉莎白，就連開姆尼茲殖民團（the Chemnitz Colonial

Society）也不替她出版辯白了。

回說巴拉圭這頭，佛斯特大概是真的崩潰了。他大部分時間都待在聖伯納迪諾的一間旅館裡借酒澆愁，把殖民地的未來都交給他能幹的妻子打理。

「巴拉圭的情況真是糟透了，」尼采在一八八八年聖誕節寫給法蘭茲・奧佛貝克的信裡寫道：「被拐到那邊去的德國人開始叛變，要求還錢——但是〔伊莉莎白〕他們根本就沒錢。已經有人開始動粗了；我擔心最糟的事情還沒發生。」[10]但是伊莉莎白自欺欺人的功力實在深不見底，她寄回來的家書裡還是不停向哥哥炫耀自己的榮耀與聲望，硬是要讓尼采顯得可憐卑微。

尼采這時懂了，她在新日耳曼做的這一切和她對莎樂美所做的根本如出一轍。

法蘭琪絲卡還是相信著自己的女兒。尼采把克服同情算入了高貴的品德之一，克服鎖鏈病也是，他還說憐憫就是他內心的敵人。但是儘管如此，他還是不忍心戳破母親的幻想。他在寫給奧佛貝克的信裡頭說：「我媽到現在都還被蒙在鼓裡——這全是我的傑作。」[11]

Chapter 19 我是炸藥！

我的志向就是用十句話講完別人要用一本書來表達的事——以及他們整本書裡講不出來的事。

——《偶像的黃昏》，第五十一節

一八八七年底的冬天，尼采又回到了尼斯，在大地震過後，那間日內瓦民宿已經重新裝潢過了。民宿老闆讓他挑選「他的」房間要用什麼樣的壁紙，這讓尼采樂得像個小孩子一樣。他選了紅棕色的壁紙，上面還綴有條紋和圓點。老闆在他房裡擺了一張躺椅和一張床。尼采知道，他們只收這位「親愛的半盲教授」一天五塊半瑞士法郎房租，而其他人每天則得付八到十瑞士法郎的房錢。這實在「有損我的尊嚴」，但是又能怎麼辦呢？他也已經很勉強才能付得起房租了。他現在要處理自己出書的經費，而且還發現自己愈來愈常叫奧佛貝克把他的離職津貼和投資報酬匯過來。

這年冬天，尼斯的天氣格外不好。大雨如注，一下就是十天，而且還冷得要命。面南的房間會比較暖和，但是尼采可住不起。這日子冷到到手都凍僵了，尼采開始擔心起自己的筆跡就只有能夠解讀他的思想的人才能看得懂。蓋斯特送他一件溫暖的晨衣，法蘭琪絲卡寄了一個小暖爐來，總算讓他的雙手恢復血色。尼采給這暖爐取名叫火焰偶像，還繞著這小暖爐蹦蹦跳跳地跳起舞來，好加速自己的血液循環。從此以後，這個小暖爐和那一英擔重的燃料就一直跟著義肢那箱書陪尼采四處旅行。

他寫了首曲子搭配莎樂美那首叫〈向人生祈禱〉的小詩，並改名為〈生之讚歌〉（Hymn to Life），[1]彼得・蓋斯特則幫著把這首曲子改成了合唱與交響樂曲。這是尼采唯一出版的樂譜，他付了一大筆錢給弗里茨許請他印得漂漂亮亮的，還加上了花體字和其他的一些小裝飾花樣。他和蓋斯特把這份樂譜寄給了他們認識的所有指揮家，甚至還鼓起勇氣寄給了馮・畢羅。但是沒有任何一位指揮家想演奏。不過，尼采還是很高興這份樂譜至少出版了。他說他希望將來這首曲子能夠在大家想起他時演奏，這大概是指在他的喪禮上演奏吧。他還說了好幾次，至少透過這一點點努力，他和莎樂美總算共同有了個傳世之作。

自從魏德曼將《善惡的彼岸》稱為炸藥之後，尼采現在終於對自己的著作能否流傳後世樂觀看待。受此激勵，他又送了六十四本出去。相較於他上一本書《查拉圖斯特拉如是說》第四冊只送出七本，而且他還在這七本上神經兮兮地標註要收件人對書中的祕傳智慧保密，以免洩漏天機，這次送書的量實在是多得有些誇張。如今他最渴望的就是他的書有人看、話有人聽。

魏德曼再度捎來了好消息，說作曲家約翰尼斯・布拉姆斯（Johannes Brahms）對《善惡的彼岸》很感興趣，而且開始讀起了《歡悅的智慧》。尼采看到有機可乘，趕緊把《生之讚歌》寄了過去。他希望這份樂譜也能讓布拉姆斯注意到彼得・蓋斯特苦心孤詣的歌劇《威尼斯之獅》，但是布拉姆斯對這種套路實在太熟悉了，簡簡單單地回了一封官樣文章說自己已經收到了。

雅各・布克哈特收到《善惡的彼岸》時相當驚惶。他對《查拉圖斯特拉如是說》的結尾頗感不安。尼采接下來又打算幹什麼了？這位住在烘焙坊樓上的沉默男人總是盡量小心翼翼地保持距離；我們完全可以料想得到，他又要開始說他對哲學了解不深來當作對這本書的回應了。但除此之外，他還誇了尼采的論證精妙，竟能透過禁慾的牧師將人群圈養成奴隸心態來指出當代社會是如何墮落的。

布克哈特對民主沒有好感。尼采描述中那個必須打造未來的強人，正符合了布克哈特對義大利諸多君王那種自私、貪婪、暴力與殘酷的刻畫，在這些君主的權力意志下，文藝復興取代了中世紀，諷刺的是，卻也因此推動了接下來五百年左右的自由人文主義。

尼采也寄了最近幾本著作給法國文學評論家兼歷史學家希波利特・泰納（Hippolyte Taine），因為泰納特別喜歡透過環境因素來詮釋歷史。泰納也和尼采跟布克哈特一樣狠狠痛批過法國大革命。泰納的回信十分熱情，直說自己把《查拉圖斯特拉如是說》放在床頭當作睡前讀物呢。[2]

《龔固爾期刊》（*Journal of Goncourt*）第二卷這時才剛出刊，這份期刊是彬彬有禮的龔固爾兄弟對巴黎上流生活，以及定期戲劇宴會與餐會的報導，尼采羨慕不已地說，就是

「最聰明、最多慮的人」在巴黎的聚會報導。泰納也是餐會的座上嘉賓之一，另外還有文學評論家聖伯夫（Sainte-Beuve）、小說家福樓拜（Flaubert）與特奧菲爾・高提耶（Théophile Gautier）。屠格涅夫有時也會參加。尼采十分嫉妒這些精彩宴席間能有「惱人的悲觀主義、犬儒主義和虛無主義，間雜著數不清的笑談與幽默」。[3]他說，他在那種場合裡一定能如魚得水。要是有什麼機會讓他參加這樣的場合就好了。

由於尼采沒什麼能一塊兒聊天吃飯的圈內好友，他便啟程去拜訪在萊比錫求學時期的老朋友爾文・洛德。洛德現在已經是一位哲學教授，再過不久就要當上海德堡大學的校長了。但是這次見面卻鬧得兩人不歡而散。尼采抱怨洛德講不出半句聰明機智的話；洛德則說他感覺到尼采身上透著一股難以言喻的莫名古怪，彷彿剛從某個無人國度跑出來的一樣。洛德是第一個察覺到情況不對勁的人。他毫不在乎尼采那番新創的空話，什麼天降大任於他身上，什麼他是這時代的第一位哲學家，是「承載這兩千年間毀滅宿命的決定性角色」。[4]聽在洛德耳裡，這實在是太過夜郎自大了。所以他的反應是劃清界線，從此不回尼采的信，就連尼采繼續將新書寄過來他也不發個回條。洛德覺得這些書愈來愈胡言亂語、愈來愈不切實際。這兩個朋友自此再也沒見過面了。

不過另一方面也有令人振奮的消息，作家兼評論家蓋歐格・布蘭戴斯（Georg Brandes）[5]從丹麥寄來了一封信。尼采先前曾經寄給他《人性的，太人性的》與《善惡的彼岸》。但一直要到一八八七年十一月布蘭戴斯收到《道德系譜學》時，才收到他快速而熱情的回音。

蓋歐格・布蘭戴斯是北歐首屈一指的文學評論家。他在政治上和宗教上都是個激進分子，甚至還創造了「憤慨文學」（indignationslitteratur）這個詞，這個詞專指一八八〇年代好丈夫不讓妻子女兒看、教會主教會在寶座上大聲譴責，而且往往遭到取締的那些禁書。布蘭戴斯是「危險的」自由靈魂翹楚，就像齊克果、易卜生、史特林堡、克努特・漢森（Knut Hansum）、巴爾札克、波特萊爾、左拉、杜斯妥也夫斯基和托爾斯泰一樣。他一直被政治宗教當局當作是抨擊的對象，甚至說他就是惡魔之子反基督。

布蘭戴斯在英國的朋友是蕭伯納與約翰・彌爾（John Stuart Mill）。他在一八六九年把彌爾那篇〈婦女的屈從〉（The Subjection of Women）[6]譯成了丹麥文，對斯堪地納維亞地區的女權運動產生了推波助瀾的功效，也反映在易卜生的戲劇上（易卜生的妻子蘇珊納也是個積極的女性主義者）。在俄國，他則是革命家克魯泡特金（Kropotkin）[7]的友人，更將普希金、杜斯妥也夫斯基與托爾斯泰的作品進一步推廣到俄國之外。他所寫的《十九世紀文學主流》（*The Main Currents in Nineteenth-Century Literature*）一共洋洋灑灑九大冊，使他獲得了舉世推崇。他也在巴爾幹半島、波蘭與芬蘭等地演講授課。到希臘演講時，他就住在希臘首相官邸裡；到了美國風風光光地巡迴演講時，更是不停接受各界送上的桂冠榮譽。各地作家紛紛呈上自己作品請他點評。有時候他甚至一天就收到三、四十封信。能得到布蘭戴斯青眼有加，就能讓異議分子和無名作家一夕成名。

布蘭戴斯在一八七七年到一八八三年住在柏林時，曾見過保羅・瑞伊和盧・莎樂美。他們一定有談到過尼采，但是當時布蘭戴斯並未寫下任何關於尼采的事。尼采在《查拉圖斯特拉如是說》的寫作方向勾不起他的興趣。那種古代聖經詩篇作者用語和書中怪誕的宗教—神祕主義，都不符合布蘭戴斯那種崇尚自然流露的原則和現代文學的潮流。然而，《人性的，太人性的》與《道德系譜學》卻與此截然不同。布蘭戴斯在十一月二十六日寫信告訴尼采，他覺得尼采身上「有一股嶄新而原創的精神。我尚未完全理解讀到的內容，也捉摸不到您要談些什麼議題。但是卻處處與我的想法和感覺不謀而合——對禁慾理念的鄙夷、對民主庸俗的深刻憤怒，還有您的貴族激進主義……」

貴族激進主義！十二月二日，尼采既興奮又潦草地回信，說這是他見過對他自己最一針見血的評論了。他對布蘭戴斯大談自己的獨居生活，還引用了笛卡兒墓碑上刻的奧維德詩句：「善於生者善於隱」（Bene vixit qui bene latuit）。但是他馬上就又矛盾地繼續說自己期盼有朝一日能夠與布蘭戴斯見面。在信末署名底下，他有些猶豫地加上一句：「附註：我已是四分之三個瞎子。」[8]

布蘭戴斯必須有辦法到尼采的山洞來才行！尼采吩咐弗里茨許把自己所有著作的最新版本，包括新加上的序言，全都寄給布蘭戴斯。他甚至還叫彼得．蓋斯特寄一本印量稀少的《查拉圖斯特拉如是說》第四冊過去給人家。

布蘭戴斯預告來年春天將在哥本哈根大學辦一場關於尼采的演講。這樂得尼采鋪天蓋地地寄信過來，訴說每本書背後的真相，有些挺有用的，但也有些根本徹底無關。例如：《人性的，太人性的》是「書中一切都是在千山萬水的跋涉中想出來的，是靈感上身的完美榜樣。」而《悲劇的誕生》是「寫於盧加諾，我當時和毛奇元帥一家住在一起。」

尼采最後還附上了一份罕見的簡短履歷。

「我生於一八四四年十月十五日，就在呂岑（Lützen）那塊戰地。我聽到的第一個名字是古斯塔夫．阿道夫（Gustavus Adolfus）。[9]我的祖先是波蘭貴族（尼茨基）……我在外國常被認為是波蘭人，這個冬天尼斯這邊的遊客名單還把我登記成『如波蘭人』（comme Polonais）。據說我的臉曾出現在馬帖可的畫作裡……一八六八年底的冬天，巴塞爾大學請我擔任教授一職，我當時甚至還不是博士呢……從一八六九年復活節到一八七九年，我都在巴塞爾任教；我不得不放棄德國人身分，因為我原有（機動砲兵團）軍官的身分會經常受到徵召，而這會大大干擾我的學術責任。我還精通兩種武器，軍刀與火砲……從我到巴塞爾開始，我就和理查．華格納與寇希瑪．華格納有了難以描述的親密關係，他們當時還住在翠碧仙山莊，就在琉森附近，彷彿過著獨居島上的生活，完全斬斷了過去的一切羈絆。那些年我們事事無論大小都心若靈犀，相契無間……在這些關係下我也結識了一大群人（和『大人物』），基本上都是在巴黎和聖彼得堡認識的。到了一八七六年左右，我的病況愈來愈惡化……一直演變成慣性復發，最嚴重的情況是當時我一年有兩百天都飽受病情折磨。這個問題一定完全是環境因素造成的，因為在神經方面完全沒有任何的病因可尋。我從沒有過精神疾病的症狀，既沒有發燒，也不曾頭暈。我當時每分鐘的脈搏數慢到跟拿破崙一世一樣（每分鐘六十下）……報紙說我進了瘋人院（而且死在裡頭）。真是一派胡言……畢竟，我的病對我有著莫大的用處。這身病反而釋放了我，讓我有勇氣做我自己……我是一頭勇猛的動物，甚至是一頭好鬥的野獸。您會問，那我是個哲學家嗎？——不過是不是又怎麼樣呢！」[10]

一八八八年四月，布蘭戴斯在哥本哈根大學以「尼采：論貴族激進主義」（Friedrich Nietzsche, En Afhandling om aristokratisk Radikalisme）為題的兩場演講中就用這篇簡歷當作開頭。這兩場演講是一般大眾都能參加的公開演講。布蘭戴斯的權威與名氣吸引了超過三百人來聽他談談這個名不見經傳的哲學家。

「我注意到他的主要理由，是因為北歐文學似乎已經在過去這十年裡推動和討論的觀念裡生活得夠久了，」布蘭戴斯最後一講這樣說：「東一點達爾文主義、西一點女性解放、一點幸福道德、一點自由思想、一點民主崇拜，諸如此類的。偉大的藝術在特殊性、在獨立性、在反抗性、在貴族的自我超越性上，都需要能代表得起當代思想最具個人個性的知識分子。」

整座演講廳爆出如雷掌聲。這些掌聲肯定不是為了布蘭戴斯而響，布蘭戴斯這樣告訴尼采。這實在是褒美至極。這也讓尼采開始思索丹麥人對主人道德這個觀念的理解是不是來自他們對北歐神話的熟稔。

他寫信給他所有的朋友，告訴大家這個天大的好消息。他也告訴了伊莉莎白，但伊莉莎白從巴拉圭寄回來的信裡還是無比輕蔑，說她以為自己的哥哥也會想要功成名就，像她一樣，而且說實在的，透過像蓋歐格·布蘭戴斯這樣四處「拾人牙慧」[11]的猶太雜碎而出名，還真是好事一樁咧。

她靈敏無比的鼻子早就嗅出了蓋歐格·布蘭戴斯是個猶太人。這個猶太家族就跟丹麥的許多猶太家族一樣改了姓氏，把原本的柯亨（Cohen）改成了聽起來比較像丹麥話的布蘭戴斯。這樣要混進社會就容易多了。

尼采回信告訴伊莉莎白，在讀了她的來信好幾次之後，他覺得自己不得不永遠跟她斷絕關係。寫這封信雖然痛苦心疼，但長痛不如短痛。尼采在信裡還試著解釋他覺得自己背負的重責大任與殘酷天命，那鏗鏘的響亮樂音在他耳裡不停盤桓，註定將他帶離人人平等的庸俗平凡。這不是他自己的選擇，而是他的命運就是要靠他駭人聽聞的控訴來挑戰全體人類。「我這名字背負多少罪名早已經數不清了。」最後尼采還懇求伊莉莎白繼續愛他。他在信末署名：「你的哥哥。」但他始終不曾寄出這封信，至今仍是匣中草稿。[12]

魏德曼、泰納、布克哈特與布蘭戴斯對自己著作的關注更令尼采陷入他在寫給伊莉莎白那封信裡提到的那份掙扎。洛德說得沒錯，尼采確實覺得自己是從無人國度來的。那年夏天他就覺得不對勁了。他的生理時鐘亂得一塌糊塗。尼采是個嚴格恪守飲食和時程表的人——他靠這種方式來控制自己病情的反覆無常——但是他發現自己居然會在半夜醒來穿衣打扮和寫字工作。他寫道，正當他自己準備好承擔這即將來臨的天大責任——就是要徹底無情顛覆人類至今一直敬愛的一切——他也歷經了劃時代的重大變化。他打算再寫幾本書，大概是四本吧。這些書能夠完成他從《人性的，太人性的》與《道德系譜學》所展開的，使所有價值發生價值轉變的大工程。他正在構思這本書的標題：《權力意志：一切價值之重估》（*The Will to Power. Attempt at a Revaluation of All Values*）。這次他將要拆掉整片虛矯的門面，而不是只拆一部分。他要推翻一個又一個的哲學家、打倒一個又一個的教師、顛覆一個又一個的宗教。

他首先必須找個地方住下來寫。他現在又面臨了春天要搬到哪裡的年度問題，法國和義大利里維耶拉的陽光這時已經太過刺眼，但是他鍾愛的山麓地帶卻還在冰封之中。他問了還住在威尼斯的彼得．蓋斯特有什麼建議。蓋斯特也許是出於自保考量，建議尼采不妨去杜林看看。

從尼斯搭火車到杜林算是相對輕鬆的旅程了。尼采要在薩沃納（Savona）換車，但是就要找薩沃納那邊的腳夫來幫他推送行李。他把這事情辦妥，看著行李安全上了火車之後，覺得自己鬆了口氣，可以到處逛逛看看了。等他回來又上了火車後，才發現這不是他該搭的車。這列火車上沒有他的行李，而且一路開往熱內亞去，恰恰是杜林的反方向。這麼一番折騰下來，他不得不找間旅館躺在床上休息兩天，拚命地發電報出去求救。最後總算解決了這場混亂。四月五日，尼采終於到了杜林，也找回了他的行李。

他一直惦記著蓋歐格．布蘭戴斯的那句「貴族激進主義」。杜林這座城市恰恰符合了這個描述。尼采對這裡的第一印象是優雅、莊重而嚴肅。杜林是薩伏依公國的首都，這裡的步調緩慢有禮，是徹徹底底的「歐洲」都市，沒有義大利各個城市那種花枝招展的模樣。這地方太適合他住下來了，正合他所謂的「不合時宜」：超脫時間的限制。他覺得杜林這座城市融合了貴氣、冷靜與安寧。尼采誇讚這裡的典雅與和諧，甚至連這裡的建築用色也都一概採用櫻草黃、陶土色，一直到他最愛的紅棕色。每個一塵不染的廣場上都有潺潺的噴泉或是採取古典風格的英雄銅像，巍巍不朽地矗立其中。

往杜林的西北角看過去，就是一片雪白的山峰，是尼采最愛的景色。他相信那些山脈的影響無遠弗屆，能為他送來如同席爾斯－瑪麗亞的乾爽氣息。乾爽的空氣能令他感覺十分舒適，腦袋也格外清明。席爾斯－瑪麗亞有靜謐蓊鬱的森林，能為他遮蔽強光，而杜林則有長長的拱廊——共有一萬零二十公尺長，尼采如此相信。這些拱廊在晴天時能夠提供這頭半盲的鼴鼠適度的光線出外活動，一方面用心思考，一方面寫成筆記。要是遇到下雨，他也能在長廊間滴雨不沾地漫步幾個小時。杜林滿足了尼采在季節變換時的居住需求。他決定把杜林當作在尼斯和席爾斯－瑪麗亞之外，他在這世上的第三個家鄉。

尼采在這一年裡歷經了一陣一陣的興奮期。他初抵杜林的經驗就掀起了一股狂喜浪潮。他的信裡不停描述著杜林有多好多好：從冰淇淋的口感到空氣的品質，都是最棒的；路上的咖啡攤是他見過最美的，冰淇淋是他吃過最好吃的；食物更是可口得不得了。就連杜林這裡的小餐館也能提供世上最物美價廉的營養餐食！他在這裡真是胃口大開，來者不拒。

尼采在城中心找到了住所，位在卡洛．阿爾貝托廣場路六號的三樓。從房間窗戶看出去的景色絕佳，從美輪美奐的廣場可以一路看到卡里尼亞諾宮（Palazzo Carignano）粉紅色與白色間雜的巴洛克式大殿正面，國王維多．艾曼紐埃二世（Victor Emmanuel II）就是在這裡出生的。尼采十分得意地寫信告訴大家這個消息。

尼采住的公寓緊鄰著山下畫廊（Galleria Subalpina），這棟由玻璃與鋼鐵築成的龐然大物大約落成於十年前，正是國際間興起玻璃帷幕建築熱潮的全盛時期。山下畫廊的長廳相當於一座火車站大小，但沒有火車的惱人煩擾。長達五十公尺，高達三層樓的山下畫廊，是杜林要跟宿敵威尼斯的聖馬可廣場（St Mark's Square）競爭全歐洲最大公共畫廊的賭注。在這整片玻璃天頂下方，蒐藏了所有悠閒的資產階級所渴求的事物。畫廊裡有棕櫚樹盆栽，有樂隊，有無限供應冰淇淋和飲水的咖啡攤，還有看不完的珍本古書店。最令尼采心動的是這裡的音樂廳。他只要打開房間窗戶，就能免費聽見底下悠悠傳來的整齣《塞維亞的理髮師》（*The Barber of Seville*）。他不禁心想，要是他們也能上演《卡門》就好了。

杜林這座古老的公共劇場讓尼采能夠完全不受干擾地獨居生活。這裡沒有在威尼斯時隨時隨地跟在他身邊的好人彼得．蓋斯特。這裡沒有在席爾斯—瑪麗亞時不停關照他的好心夏日遊客。這裡也沒有在尼斯那樣體貼他視力與財力的慈善好人。他在杜林這裡可以真正當個不受他人同情所束縛的自由靈魂了。

讓尼采苦惱的，是生活中的種種矛盾。他對法蘭茲．奧佛貝克和彼得．蓋斯特吐露他擔心自己對自己的判斷太過嚴厲、太過苛求了；他擔心自己長期以來虛弱的身體反而養成他過度嚴厲的性格。他擔心這種脾氣會將自己拖入怨憤的深淵之中。不過，他可不能就此放棄在重估所有價值時所必須的嚴格態度。他現在就像先前在他寫《不合時宜的觀察》時打算對道德評價重新評估一樣的壯志凌雲，他打算在新書中不斷來回省思他的想法，而這份重新評估將會針對《善惡的彼岸》與《道德系譜學》所闡述過的內容徹底擴充。他在筆記本中對「歐洲進入了悲劇時代」這個想法底下畫了好幾條線強調。這個想法又和永恆歸返這個觀念有關。

不過，他首先得先寫另一本關於華格納的書。儘管這位作曲家已經辭世五年，但是尼采還是不肯讓他安息。他花了幾個星期，寫出了《華格納事件：音樂家的毛病》（*Der Fall Wagner. Ein Musikanten-Problem*）。

這本小書篇幅約僅三十頁，講的是他不斷想掙脫華格納對他感官所施展的魔法卻終究功敗垂成的絕望掙扎。這本書沒有什麼融貫的論證。整本書都在談他對於自己的情緒受到華格納的音樂所操弄而產生的怨憤，以及他如何試圖從這音樂的強大控制中奪回自己自由意志的努力掙扎。

在《華格納事件》的一開頭，尼采大大稱讚《卡門》是比才的完美傑作。尼采說這才叫盡善盡美，還發誓說每聽一次，就讓尼采自己變成更厲害的哲學家。從這裡他就直接開始攻擊整個德國的浪漫主義音樂，尤其是華格納。

華格納將聽眾帶入激昂情緒的可怕魔力絕非好事。這是一種墮落。有時候是準宗教性的墮落（例如《帕西法爾》），有時是民族主義式的墮落（如《紐倫堡的名歌手》）。華格納就是個墮落的藝術家。華格納真的是人類嗎？他難道不是一種疾病嗎？難道不是他的音樂使人類病了嗎？成為華格納門徒就必須要付出沉重的代價，必須要認知所有的現代音樂都是病態的。墮落無止境啊。[13]

但最後尼采也承認，跟華格納相比，其他的現代音樂家全都算不得什麼，[14]只是拜洛伊特音樂節完全誤解了這位奠基者：這完全成了一樁蠢事。

這本書的架構十分耐人尋味。尼采在最後還加了兩篇附註，而且總算在其中承認自己對《帕西法爾》有多麼推崇。這是華格納的最高傑作。「我喜歡這部作品，多希望這部是我自己寫出來的。」[15]

六月五日，尼采離開杜林，到席爾斯—瑪麗亞度過夏季，同樣還是住在吉安・杜里許家樓上的老房間。但是瑞士這一年卻遇上了暴風雨頻頻的夏天，又溼又冷。天氣每三小時一變，尼采的心情也隨著起伏不定。這個夏天甚至還下了一陣雪，可是還是照樣有不少遊客前來，在那些登山客之中也照樣有不少賣弄自己假學識的女人。不過這一年倒還來了一對優秀的音樂家夫妻。尼采吃飯都到阿爾卑斯杜鵑旅館（Hotel Alpenrose）去吃，只要從他住的地方過個橋就到了。要是這天一早天氣就沒辦法出門，他就會待在旅館的「聊天室」裡聽曲子，跟人家討論音樂。

瑞莎・馮・沈霍佛沒來席爾斯—瑪麗亞，但是尼采今年仍十分享受有聰明女性相伴，這位女性是尼采四年前在蘇黎世認識的梅塔・馮・沙利斯—馬許林斯（Meta von Salis-Marschlins）[16]。梅塔是一位充滿貴族氣息的棕髮美女，是瑞士富有的貴族馬許林斯家族最後一人。但是她的腦袋跟決心比她的富貴身分還要了不起。她比尼采年輕十歲，是一名新女性，也是深受瑪爾維達・馮・梅森布格的獨立智性生活榜樣所鼓舞的女性主義者。她在蘇黎世大學研究法律與哲學，去年成為了瑞士的第一位女性博士。梅塔寫詩、著書，也推動女性平等機會的運動——雖然她並不是主張開放給所有女性同樣的平等機會。她所立下的女性主義標竿可以說是貨真價實的貴族激進主義。她對大眾幸福（Herdenglück）不感興趣，但追求要讓貴族女性和無論出身但才智出眾的女性也享有各種公共權利。這種做法會使世界變得更傾向貴族統治而非民主。她這原則並不限定於女性，男人也一體適用。她在關於尼采的回憶錄中就將尼采歸為英才（Elitemensch）一類：這種人的高貴思想蓋過了身上的卑微血統。

他們聊到了杜斯妥也夫斯基，梅塔是在娜塔麗・赫爾岑（就是尼采原本想過可以求婚的對象，只是她家太窮了）的推薦下才讀了他的作品，尼采則是在上書店時偶然發現了《地下室手記》法譯本才認識了這位作家。尼采二十一歲時也是意外讀到了叔本華的書，後來到了三十五歲時則偶然讀了斯湯達爾的作品，這次買書偶然讀到杜斯妥也夫斯基的書也讓他驚為天人。杜斯妥也夫斯基的文字「就是一首曲子，非常有異國風情，是非常不德國的風味」，而他洞悉人心的能力更是舉世無雙的天才。[17] 尼采讀完了他第一本就忍不住要繼續找下一本。他接著讀了《死屋手記》，同樣是讀法文譯本。杜斯妥也夫斯基敘述自己流放和囚禁在西伯利亞的那些歲月時直言不諱，令人動容，對尼采造成了極大影響。尼采曾經高呼：「把你的房子蓋在維蘇威火山旁邊。」而杜斯妥也夫斯基就是這麼做的。杜斯妥也夫斯基就是一個真理的惡魔、一個神智清晰的惡魔、一個凶猛的野蠻人、一個精神勇士，就和尼采自己一樣飽受折磨。杜斯妥也夫斯基在長期監禁中所遭受的屈辱，絲毫不下尼采在長年纏綿病榻與沒沒無聞中所忍受的污衊。

杜斯妥也夫斯基在這方面和尼采一模一樣，也同樣和尼采對福音書嫻熟於心。他能夠呈現出原始基督宗教（Ur-Chritianity）那種還沒有因為後世干擾和詮釋而被剝奪原本那份純潔無邪的神聖宗教狀態。他懂得救世主的真正心思根本就與牧師、國教或秩序規矩完全無關，這種心思與奴隸道德的報復心絲毫無涉，更甭提要為這種心思提出任何「科學」證明了。基督宗教就是被這些東西玷污了的。尼采覺得他們倆都認為基督宗教是被自己所遺留下來的所謂「宗教」污染了。基督宗教苦於要在塵世中生存下去而被迫讓步，這項困境逼得他們把救世主變成了神聖的丑角。

這天傍晚，尼采跟梅塔・馮・沙利斯－馬許林斯沿著湖邊朝查拉圖斯特拉之岩散步過去，梅塔在回憶錄中記道，尼采一講到《死屋手記》時，滿眼噙淚地告訴她，這本書使得自己深深詛咒自己心頭所湧起的這一連串強烈情感，但不是因為他沒有這些情感，反而正是因為他有了太多，而且他自己也明白這些情感有多危險，他才會如此。梅塔沒告訴我們尼采說的是什麼情感，但可以猜測他大概是在講憐憫有多麼危險，不只會使人軟弱，對實際情況更是毫無用處。他很快就會寫到這一點了。憐憫是墮落的，是虛無主義的做法，否定人生。雖然憐憫沒有虛無之名，卻把人拉向虛無。憐憫就叫做「超越」、「上帝」、「真實人生」、「涅槃」或者「救贖」。亞里斯多德早就知道這一點；大家都知道他認為憐憫就是一種需要時時從心裡清除掉的危險病變，而希臘悲劇就是這種淨化劑。[18]

梅塔在去年夏天就已經教過尼采怎麼在湖中划船，這時他們就接著開始划船，尼采邊划邊滔滔不絕地講起自己的童年、學生時代，還有他的母親。尼采把自己講成一個奇怪的小孩。他母親則有一雙美麗的眼睛。梅塔這時注意到，尼采身上瀰漫著一股前所未見的哀傷與疲憊。

但是他那調皮的老樣子還沒完全消失。藏身優美山間的旅店總會有業餘藝術家帶著畫架來寫生，想要留下不朽名作。尼采在經過一個對著野花寫生的愛爾蘭女孩身邊時，特別建議了那女孩子要在畫面上畫點醜的東西，這樣才襯得出花有多美。過了幾天，尼采抓到了一隻蛤蟆，順手塞進了褲袋；他去找了那個來寫生的女孩子，還得意洋洋地拿出來獻寶。那女孩子也還以顏色，她知道尼采愛吃甜食，就抓了幾隻蚱蜢放到糖果罐裡。尼采一打開罐子，蚱蜢一股腦兒全跳了出來。整個旅館的夏季旅客全都哄堂大笑，覺得這惡作劇真是妙不可言。[19]

到了七月中旬，尼采完成了《華格納事件》。十七日，尼采將手稿寄給了印刷商瑙曼（**Naumann**），請他印刷出版。但是瑙曼根本看不懂稿子上的字，於是又整份寄了回來。尼采只好再寄給具有無比耐心的彼得．蓋斯特，而蓋斯特也還是老樣子，擱下了自己的工作來幫尼采的忙。最後，這本書總算在九月付梓出版了。

尼采估算每一本書的成本大概是一千法郎，而巴塞爾大學給他的津貼則有三千法郎。梅塔聽懂了，巧妙地給了尼采一千法郎幫他出書。而同樣在這個七月裡，尼采又收到保羅．竇以森寄來的兩千法郎，要贊助他出書；竇以森還寫了張字條，說這份匿名的餽贈是來自「想為全人類冒犯尼采的罪過略表彌補之意的極少數人」，自己只是經手轉贈。尼采猜這筆錢應該是竇以森自己出的，不然就是瑞伊，因為他這時候也在柏林。他算了算自己每年的出版開銷，一八八五年花了二百八十五馬克，一八八六年八百八十一馬克，一八八七年一千兩百三十五馬克。這些友人的餽贈讓他能夠自由地繼續寫作，甚至加速出版，免於後顧之憂。

尼采開始提筆撰寫《偶像的黃昏》（*Götzen-Dämmerung*）。這標題顯然是衝著華格納來的，因為華格納《尼貝龍根的指環》四部曲的最後一部就叫做《諸神的黃昏》。而尼采這本書則打算當作一系列偉大啟示書的頭一本。這本書的副標題是「如何用鎚子做哲學」，這象徵了他要拿起鎚子來敲打所有既有價值，看看究竟它們是貨真價實還是虛有其表，如果它們是真貨，那大概就能夠留下。

但是這本書的開頭跟這個計畫真是八竿子打不著；一開始就直接迸出「警句與格言」，一共四十四條，其中包括了最廣為人知的幾句：

> 人類是上帝的失誤嗎？還是說上帝才是人類的失誤呢？
>
> 凡殺不死我的，使我更加強大。
>
> 如果你對人生有「為什麼？」的答案，就幾乎能處理每個「怎麼做？」的問題。人不會為了幸福而努力，只有英國人才會。
>
> 完美的女人讀書就跟她犯小錯的方式一樣：就像是在做實驗，時不時地四處張望，看看有沒有人發現，而且一定要設法讓人確實注意到自己。

沒有讚揚惡人的歌曲。——那為什麼俄羅斯人有？

你一開始找尋起源，就會變成處處找碴的人。歷史學家總在回顧過去，所以他們最後也都信了過去。

知足能保護你，就連寒冷也不怕。有哪個自知打扮得夠漂亮的女人感冒過嗎？

幸福的要求哪有多少！風笛的聲音就夠了。沒有了音樂，人生就是一場錯誤。德國人甚至想像上帝會歌唱。

我不相信任何系統理論家，更避而遠之。追求系統的意志壓根兒就不老實。

這些句子看起來隨便、簡單，甚至有幾分輕佻；但這些精明的「警句與箭頭」卻能催眠讀者，準備好迎接尼采拿起鎚子來敲碎這本書所要打倒的那些偶像。蘇格拉底、柏拉圖、德國、自由意志和「改善」人類，全都被批評得體無完膚，而他最沉重的那幾鎚則是留給了「病態的織網者」：牧師和哲學家。

在《偶像的黃昏》裡，尼采覺得自己結束了整個循環。他畫出了一個完整的圓，所以他在書末最後說：

藉此，我也回到了我出發的起點——《悲劇的誕生》是我對所有價值最初的重估：如今我又回到了這片孕育我的欲求、我的才能成長的土壤——我，是哲學家戴奧尼索斯的關門弟子——我，是永恆歸返的教師……[20]

Chapter 20 杜林的黃昏

與怪物搏鬥的人，要當心自己別變成了怪物。如果你久久盯著深淵，深淵也會回盯著你。

——《善惡的彼岸》，第四部分第一百四十六節

一八八八年九月二日，尼采完成了《偶像的黃昏》。這是他今年寫好的第二本書了。明天他還要再開始寫下一本。

在八月時，他還在想這下一本大書應該寫《權力意志》。過去這幾個月裡，他已經針對這題目寫下了不少筆記，但是等到九月四日他真的開始動筆時，他又改變了主意，草草寫下他所謂重估所有價值的最終計畫。他這個計畫的目的是要撼動思想的所有根本基礎，一共包含了四本書：

第一本是：《反基督：對基督宗教之批判》。

第二本：《自由的靈魂：對以虛無運動當作哲學之批判》。

第三本：《不道德的人：對道德這種無知的最致命形式之批判》。

第四本：《戴奧尼索斯：永恆歸返的哲學》。

尼采這時一直處在興高采烈、志得意滿、不顧流俗的不穩定狀態之中。從前天氣好壞幾乎可以當作是他心情和能力高低的指標，但他現在甚至完全不在乎天氣是好是壞。

席爾斯—瑪麗亞這裡在一八八八年的夏末天氣真是絕無僅有的惡劣。史無前例的巨量雨水從天而降。尼采在這裡寫第一本書時，也抽空給幾個熟人寫信，信裡頗為自豪地精確記錄了這陣子的降雨量，甚至精準到毫米程度。這七年來他在這邊一直熟悉的湖光山色，如今全變了模樣，宛如變形蟲般不停變化。湖水吞噬了地面，改變了對他影響甚巨的光照程度。他習慣的散步路線現在走不通了。雨水打在樹葉上，匯成了逕流，不斷滴在他的頭上。腳下的小徑堆滿了傾倒的草木，這對一個半盲的人來說實在太過艱險。查拉圖斯特拉之岩先前代表著兩種元素在此交界，一邊是石岸，一邊是湖水，現在卻被大水團團圍住。尼采曾幻想過要在上頭蓋個隱居小屋的那座切斯特半島，如今不再是半島，而是貨真價實的小島了。

尼采自己也是一樣。

梅塔．馮．沙利斯—馬許林斯已經結束了在席爾斯—瑪麗亞的避暑行程；尼采在這裡認識的音樂家朋友阿貝．馮．霍頓（Abbé von Holten）也走了。這代表他已經沒辦法再跟親切的阿貝聊華格納的事了，還虧阿貝他花了一番工夫來研究彼得．蓋斯特的樂曲，好讓尼采能夠聽聽自己好友的作品。尼采花了幾個星期專注在分辨古代詩歌的韻律（他稱為「時間韻」）和後來源自「野蠻」世界，他稱為「情感韻」的詩歌韻律有何差異。他認為，古典世界裡的「時間韻」就像是「浮在水上的油」，是用來控管情緒、約束激情而且在某種程度上要消滅激情的一種辦法。「情感韻」則來自原始部落，在受到教會音樂馴化後變成了日耳曼的蠻族韻律，是用來強化情感的手段。[1]

尼采在九月二十日離開席爾斯－瑪麗亞，前往杜林。這趟路上還是不免有狀況。科莫（Como）附近幾哩地全都淹了大水，火車甚至一度還必須靠有人在前面提燈指示才能度過一座木橋。以往通常這種情況都會讓尼采這個病癆子病上好幾天，但是這次他卻因為洪水的力量而覺得精神得到了解放：水元素此時展現出了權力意志啊。

尼采上次到杜林來的時候，這座城市讓他有一種大氣磅礴、自由驕傲的感覺；這對他的健康和創造力都發揮了源源不絕的神奇功效。如今他舊地重遊，卻發現這地方還激發出了某種更偉大的東西。走在斜影交錯的長廊和波光粼粼的河岸邊上，尼采突然整個人陷入一股強烈的感受之中，自己總算達到了超人的那種肯定一切的精神境界。他覺得彷彿自己一輩子都濃縮在當下這一刻，對這整個循環、對所有過去種種和未來一切，他都心滿意足地說「好」。當下就包含了所有，這一刻燦爛無比。「我現在是世界上最滿懷感激的人……這是我的豐收時刻……一切對我來說都易如反掌……。」[2]

他這時候與朋友間的書信還是像先前一樣，不斷描述杜林這邊的種種事物都是他前所未見的好，不過如今這座城市的貴族氣息更濃了，因為要慶祝身兼阿歐斯塔公爵及前任西班牙國王的阿瑪迪歐親王（Prince Amadeo）娶了自己芳齡二十一的姪女瑪麗亞・雷提西亞公主（Princess Maria Laetitia）——她是拿破崙・傑洛姆・波納巴（Napoleon Jerome Bonapart）的女兒，也就是法國皇帝拿破崙一世的姪孫女。杜林現在每天的日常生活都變得像是拜洛伊特音樂節那樣。波納巴與薩伏依兩支王族成員在這座城市裡的大小宮殿間穿梭來去。路上塞滿了金裝華服、繡花枕頭般的達官顯要，他們夫人侍的絲綢軟闔倒令人不免想起華格納對內衣褲的品味。這座城市已經變成了一座大型劇院，完全不適合多少有些妄自尊大的孤獨尼采。

就在這鋪天蓋地的皇室婚姻報導下，當時的一份報紙[3]竟認認真真地刊出一篇題為「衛生婚姻」（The Sanitary Marriage）的文章，說美國「正在發展多種血統的混合，養出舉世未見的新種族。從我們這裡過去的移民和先到那裡的人混血，生出了比他們腦筋更靈活、脾氣更激進的下一代，達爾文也注意到這些混血兒的軀幹四肢都顯著地比他們的祖先更長……我們應該迅速制定關於婚姻擇偶的法律……因為有些年輕男女確實因為他們身上的缺陷絕不該結婚。」處處都在講優生學。七年後阿爾弗瑞德・普洛茲（Alfred Ploetz）就會出版他關於「種族優生學」的暢銷大作，把他自己對尼采超人概念的胡亂詮釋和達爾文適者生存的主張攙在一起編成一套理由，替他自己那套種族天擇理論背書。[4]

尼采又住回他上次在杜林的住處，卡洛・阿爾貝托廣場路六號的三樓，對面就是宏偉的卡里尼亞諾宮，宮裡還在為了這樁皇室婚姻大肆慶祝。尼采正在永無止境的歡樂心情頭上，特別記下了親切的房東大衛德・菲諾一家老小都歡迎他回來住。菲諾在一樓開了個報攤，也兼賣文具和明信片。他一個月只收尼采二十五法郎房租，還包括幫忙清理靴子和鞋子。這可比尼斯那邊便宜多了，那邊含食宿每天就要尼采花上五塊半法郎，但是在杜林這裡的小餐館吃一頓只要一法郎又十五分錢。這裡二十分錢就能買杯咖啡，而且還是世界上最棒的咖啡！這些小吃店家的老闆個個熱情又親切，可不像尼斯和威尼斯那些死要錢的那樣。這裡的老闆會介紹尼采自家最好的東西，而他也滿懷感謝地接受他們的好心推薦。這裡沒有人要小費，所以尼采就給了一些。只不過十分錢的小費，就讓他得到了宛如帝王一般的享受。

杜林的絕色好景美不勝收。波河兩側的雄偉河岸上整片的樹木在湛藍天空下顯得金黃耀眼。尼采先前那麼愛尼斯真是太傻了！他先前怎麼會那樣誇讚里維耶拉周遭那片蒼白孤寂、毫無綠意的笨拙景色呢？在這裡的生活根本不知年月，某個不合時宜的人就在充滿古代風味的景色中遊走，簡直就是克勞德．洛蘭筆下風景畫裡的永恆居民一樣。就連空氣也是！沒有哪裡有這麼純淨的空氣了。這裡每天都可以見到無限完滿而充足的日照。（事實上，杜林這裡每年平均有一百七十七天會下雨，多數集中在十月、十一月間，而尼采在這期間正在寫信給友人，描繪這裡的完美景致。）尼采所描述的卡洛．阿爾貝托廣場路是一條陰鬱的街道，黑得像汽車輪胎一樣。但是若像他一樣透過各種感官仔細觀察，就會發現這是個超棒的地方，而且連他自己也產生了非凡的變化。他頭痛噁心的症狀倏地消失了，而且胃口大開，什麼都吃得下。除此之外，他還能睡得無比甜美。這是某種成仙的狀態吧。

最令尼采滿意的，就是大衛德．菲諾這幢房子裡還有一架鋼琴。他會在晚間彈上幾個小時的琴。菲諾的女兒也懂音樂，說她聽到隔牆傳來的音樂都是華格納的曲子。

尼采在杜林這段期間身邊沒有任何旅伴，就連訪客也沒有。他這些日子埋首瘋狂工作，緊鑼密鼓地投入他從席爾斯—瑪麗亞就開始動筆的新書。

《反基督》的副標題是「對基督宗教的詛咒」，這本書篇幅短小，用語刻薄，奮力抨擊了基督宗教。「反基督」這個詞在德文裡可以指「反對基督」或「反對基督徒」。尼采始終都對耶穌基督這個人抱持著幾分敬重，但是對於後來打著耶穌名號成立的宗教就罵到了體無完膚。

這本書的內容大多都是他先前在《偶像的黃昏》與《道德系譜學》裡講過的東西。尼采重新講了一次他的想法，認為基督宗教不老實，貶抑了塵世生活，期待虛構的來生。這種喜愛在雲間永生勝過凡間齷齪現實的錯誤偏好就會產生怨憤，而牧師就是靠這種睚眥必報、嫉妒眼紅又自以為是的心態來壓抑著所有人，把所有人都擠進了奴隸道德之中。宗教這整個虛構的世界，其根源是對自然的憎恨與對現實的重重不安。所以後來涵蓋了基督教世界的這整個道德國度其實也無憑無據，因為那一切都屬於這種假想出來的因果概念。基督宗教對現實無比仇視。既然「自然」的概念被當作是與上帝這個觀念相對的東西，那麼整個自然世界也就被烙上了可恥的印記，而其中包括的人類天性，既然尚未獲得基督教改善，當然也就是該譴責的東西。

尼采說得很清楚，他所譴責的只有教會與牧師，不包括耶穌基督這位建立宗教的人物，反而還對他十分崇敬欽佩。

尼采雖然沒有明講杜斯妥也夫斯基，但是在講到基督這位神聖的無政府主義者喚醒了下層人民、社會邊緣人與罪人起身對抗統治階級時，尼采說，在這時代裡，基督大概會被流放到西伯利亞吧。基督之死是出於政治理由而非宗教理由。證據就是十字架上所刻的字：「猶太人之王」就是炸藥。只要猶太人沒有一塊真正自己的領土，這個頭銜就是當局的眼中釘、肉中刺。

基督，這位「帶來大好消息的人」，死時也如祂的生命、祂的教導一樣——不是為了救贖人類，而是要示範做一個人該如何活著。祂遺留給人類的是祂的作為。這一切都展現在祂在法官面前、在士兵面前、在各式嘲諷誹謗面前的舉動之中，最後也展現在了祂在十字架上的表現中。不是去抵抗惡人、抵抗不正義的情境，反而是要去愛；這就是不帶怨憤的最高境界。這就是命運之愛（**amor fati**），是永恆的肯定。

後來的基督教會則是由二流詮釋家聖保羅一手塑造出來的。是他把耶穌的生平典範變成了用最噁心、最野蠻的方式呈現出來的贖罪獻祭故事。用無辜者的鮮血來為罪人的罪惡犧牲——這是多麼凶殘的異教徒手段哪！把焦點專注在對世界與對肉體的怨恨上頭的，也是保羅。就是他抓住了每個機會到處散播怨憤。保羅想出了怎麼用星星之火掀起燎原大焰，想出了用十字架上的上帝這個象徵來聚集羅馬帝國中的所有底層民眾、所有地下反抗勢力、所有世代相承的無政府運動，把他們統合成一股強大的力量，變成了基督教會。[5]

這本《反基督》把基督宗教轉譯成了政治，但書裡最後一節除外，因為尼采在這一節裡扮起了上帝，給予了最終的審判。在他這段時期的大部分著作裡，我們分辨不出他究竟是像喬納森・史威夫特（Jonathan Swift）那樣認真諷刺或是說正經的，又或者這其實是顯示出他神智逐漸不穩定的時間標記。

這本書裡列出了這樣一篇：

反基督宗教法

救贖日通過，西元元年元旦施行

（按錯謬日期計算，為距今一八八八年九月三十日前）

至死也要與邪惡血戰：這邪惡就是基督宗教。

所有牧師都當囚禁起來。

參與教會禮拜就是攻擊公共道德。

從怪獸蛋中孵化出基督宗教來的污穢之地〔是以色列？還是耶路撒冷？〕應當從世上徹底剷除。這塊世上最墮落的地方，當永遠成為後世最害怕的地點。

那塊地上要養滿毒蛇。

宣揚貞潔的人才是真正的罪人。

牧師當遭流放、挨餓，並被趕到各個沙漠中去。

「上帝」、「救世主」、「救星」等字眼當視為指稱罪犯的錯誤用詞。

其餘規定均依上列條目推得。

這就是整本書的最後一頁，尼采在底下還簽上了「反基督」。

尼采寫完《反基督》的那一天是九月三十日，他說這是重大勝利的一天，是第七日（《聖經》上說：上帝花了六天創造世界，第七日休息）。他這一天「就像悠閒的上帝」，在被陽光染成金色的白楊樹下，沿著壯麗的波河河岸閒晃。

刊印完成的《華格納事件》已經送來了。尼采四處廣發。自從蓋歐格・布蘭戴斯在哥本哈根發表那一系列演講以來，尼采就覺得自己現在已經是個國際知名的人物了。他開始對美國感到興趣。整個世界都變成了他的讀者。他不再苦惱該把新書寄給誰、該問他們些什麼問題了。

他寄了一本給比才的遺孀，據說她能讀德文。他也寄了一本到巴拉圭，而這本書果然大大惹惱了他妹夫，因為佛斯特對新日耳曼的整個巡迴推銷靠的都是華格納同好社團的鼎力相助。伊莉莎白也同樣深感冒犯，畢竟要不是寇希瑪的資助，她根本就寸步難行。

蓋歐格・布蘭戴斯的回信就熱情多了，信裡還附上了聖彼得堡某個貴族激進分子的地址。尼采有好幾本書在俄羅斯遭禁，包括《人性的，太人性的》、〈意見與格言雜集〉和〈漫遊者和他的影子〉，主要都是因為這些書裡頭抨擊了基督宗教（直到一九〇六年才解禁）。布蘭戴斯向他推薦了烏魯索夫親王（Prince Urussov）和安娜・狄米崔夫納・泰尼科夫公主（Princess Anna Dmitrievna Tenichev），說他們倆是「了不起的鑑賞家」，能讓尼采的作品在俄羅斯的激進知識分子間更廣為流傳。他這建議確實一針見血。此後在整個一八九〇年代裡，俄羅斯一直都比其他歐洲國家更對尼采感到興致勃勃，從這段期間裡俄羅斯出版的尼采著作數量就可見一斑。[6]

尼采也寄了一本給雅各·布克哈特，而且還誠心地說：「您的隻字片語都能令我無比開心。」布克哈特的意見在尼采心中的分量，遠遠勝過尼采的意見在布克哈特心中的比重。布克哈特安於自己在巴塞爾大學體制裡精心架構出來的那份獨來獨往，對這本書實在找不出一句話能說，所以乾脆沉默以對。

尼采也寄了一本給希波利特·泰納，希望他能為自己「打開通往法國的巴拿馬運河」。而此中關鍵就在於要把尼采的著作翻成法文。尼采不可能負擔得起翻譯費用，所以他除了懇求泰納幫忙翻譯之外，還寄了三本給瑪爾維達·馮·梅森布格，希望她能幫忙。

瑪爾維達在羅馬的公寓裡有一尊巨大的華格納胸像，放在高台上向下睥睨著所有來客。對她來說，一面支持尼采，一面忠於華格納一直不是什麼問題。瑪爾維達這輩子都是走在鋼索上的平衡高手。她幾十年來都一直設法一方面過著既得利益者的優渥生活，同時又保有無政府主義分子的名聲。她的人生寫照也許可以用她坐在舒適的扶手椅這個象徵資產家庭客廳的傢俱上，緩緩吊上了加里波底遊艇來當作象徵。在尼采與華格納這塊戰場上，瑪爾維達一直努力兩面不得罪，但是《華格納事件》一寄來，就逼得她必須從這兩面討好的情況中表態。她回給尼采的信裡指出尼采這次的攻擊如今已無可著力處，但她自己則認為這本書「已是盡量體貼了」。我們可以相信她這番話是真心的，畢竟她向來總是希望息事寧人。

但是尼采的回信卻十分火爆：「我可不會讓人在這些事情上頂撞我。我就是……世上最高的上訴法庭……。」[7]

尼采的信件裡又多了一種音色。這些信件愈來愈挑釁、好鬥而且固執，處處都要指出他自己的神聖性。他開始說些關於自己的地位和權力的胡話。他認為歷史上從未有過如此重要的時刻。人類是無可救藥的不負責任、好高騖遠；人類根本不知道尼采探究了關於價值的大哉問，也解決了這些問題，全都靠他自己一人。

尼采所做的價值重估是人類歷經這麼多世紀以來，頭一次將世界導回了正軌。他的健康好轉就是他有能力這麼做的確切證據，不容置疑。當他望向鏡子裡頭，見到的是一個精神奕奕的年輕人。他看起來從未如此健康、如此生氣勃勃。他看上去比實際年齡還年輕十歲，正處在最有活力的高峰。

他人生中僅有另一次從鏡子中看到了相同的景象，就是他愛莎樂美愛得死去活來，對他們倆共同生活的未來信心滿滿的那個時候。

這時序已經到了一八八八年十月，尼采期盼著生日到來。他覺得自己已經完美準備好迎接這時刻，準備好迎接他身上和周遭世界的美麗秋色。杜林周圍葡萄園裡豐碩的葡萄已經轉成了棕色，才剛入口就迸出無比的甜美滋味。尼采嘴裡的話語也同樣的甜。他已經是個完全成熟的人了。一切事物都妥妥當當。

命運的時刻終於到來，十月十五日，尼采開開心心地迎接了他的四十四歲生日。

這當然是開始寫新書的好日子！為了整個世界好，這個生日他該來寫一本自傳。所以他又推遲了偉大的價值重估大業。但是尼采完全不放在心上。時間充裕得很。他想要把自己的故事全盤托出：他的著作、他的觀點、他的人生經歷，還有他的心思。世界能夠藉此見證他從「就是這樣」到「我願如此」的每一次轉變。人類過去不曾注意到他，如今總算有幸親見尼采揭露自身的光明與恐懼。[8]

尼采認為自己就是已死上帝的繼承者，所以把他的自傳命名為《瞧，這個人》。這個標題取自《聖經》裡的約翰福音，就在羅馬的猶大行省總督本丟・彼拉多下令處死耶穌時所說的話，[9]後來，彼拉多就滿腹懊悔地遠遠逃到了那潭黑湖投水自盡，就在翠碧仙山莊那兒的彼拉多峰上頭。「瞧，這個人。」彼拉多在將囚犯耶穌鞭得鮮血淋漓、綁緊了之後，又戴上了荊棘做的冠冕，交付給眾人審判時，他就這麼喊著，而眾人接著就將這活著的神送上了十字架赴死。

在整本《瞧，這個人》裡，尼采一直將自己拿來與基督比賽——或者把自己當作第二個基督，是另一個同樣被判死刑的活生生的神。在尼采身上，被判處死刑是指遭人漠視、忽略、對他的思想不感興趣。《瞧，這個人》裡有無數的聖經典故與諧仿，開頭第一句就是：「有鑒於我不久之後就要對人類提出他們所面臨過最艱困的要求，我似乎必須說說我是誰。」[10]

書中的一切是一團迷霧、難題、謎語、舞蹈，但最多的是挑釁。「我既然真的背負了人類的命運，那就必須測試我有無能力成為丑角、笑柄……最深沉的人也必定會是最輕浮的，這幾乎就是我的哲學公式之一。」[11]

尼采這調皮鬼在為自傳取了這麼大言不慚的書名之後，還給每一章都取了荒唐至極的標題：「為什麼我如此睿智？」、「為什麼我這麼聰明？」、「為什麼我寫出這麼好的書？」、「為什麼我就是命運？」。而這些章節也真的就是在告訴我們為什麼尼采這麼睿智、聰明，諸如此類的。不過這些章節也是對整個自傳文類的一種嘲諷，它們展現出無論作者如何巧為彌縫，自傳終究大概是最荒謬的一種欺騙行為了。在《瞧，這個人》裡，尼采炸開了以往自傳作者在謙沖自牧的面具以及歷史紀錄的堂皇藉口下的那份虛榮。對於自傳何不像對其他種種事物一樣全新重估呢？自傳為什麼不能拿來誇大和欺騙，在確實發生過的事、未曾發生的事和諸多見仁見智的事情上摻進一點自吹自擂、矜己自飾呢？反正事實並不存在，凡事都只是詮釋嘛。

尼采在第一章〈為什麼我如此睿智？〉一開頭就丟出了個謎語。「像我父親的話我已經死了，像我母親的話我還活得好好的，只是老了。」他兩腳分別站在不同的世界裡。他是誰？不是聖人，也不是鬼魂，只是戴奧尼索斯的一個門徒。他寧可當個丑角也不願做聖人。他寧可打倒偶像也不願樹立新的。他最不願意做的就是當人類的「改善者」。他邀我們看看他的雙腿，也指出它們終究都是塵土塑成的。

他接著講起他健康得不得了的身體。這段就純屬虛構，是一篇醫學幻想。我們現在對他的生平所知仍然不多，讀到這段自我描述時，可能會覺得是在那個梅毒恐慌的年代裡，為了否定那種身罹怪病，加上父親又因「大腦液化」亡故的淒慘模樣而刻意捏造出來的說法。然後他繼續花了許多篇幅來告訴我們他有多麼健壯。沒錯，他是有些健康上的毛病，但是那都只是「某種局部退化」的結果。這種小小的局部退化導致胃腸系統的整體衰竭與極度脆弱，而且他也承認，這毛病一直在測試他肉體與心靈的極限。結果呢，使得尼采發展出一套反轉觀點的技巧與知識。他把自己比喻為一個受了傷的醫生，將自己的病痛轉成為對社會健康的有用關懷。只有他這個受了傷的文化醫生，才能夠重新評估所有價值。

我們猜想得到尼采必定是十分認真，才會再次告訴我們他偉大人性的公式就是生命之愛，不去奢望事物有所不同，無論是在過去或未來，永遠都不會改變。[12]他接著繼續說道，他在看著母親與妹妹時，她們倆本身就讓他十二萬分不願擁抱生命之愛和永恆歸返。「我在尋找與我自己完全相反的一面時，我總不太光彩地直覺想到我的母親和妹妹——一想到我自己跟這種下等人有關係，就覺得褻瀆了我自己的神聖性。直到今天，我母親和妹妹對待我的方式都令人感到難以言喻的恐怖：那是貨真價實的不定時炸彈……我沒有抵擋這些毒蟲的力量……我得承認，在我心底，對於『永恆歸返』最強的反駁永遠都是我的母親和妹妹……人與父母的關係最遠；跟父母保持關係是最庸俗的事。」[13]

接著他又繼續提起那個瞞天大謊，說他是純種波蘭貴族後裔血統，絲毫不摻一點「糟糕的」德國血統在身上。尼采並未表示法蘭琪絲卡和伊莉莎白也有這波蘭血統，但是他還是稱他們「我母親」和「我妹妹」。那當他再三向我們保證自己比任何思想家都更真誠的時候，我們該相信什麼呢？

尼采在接下來的第二章〈為什麼我這麼聰明？〉則不斷強調他的肺和胃就是整個哲學活動的中心。他搖身一變成了飲食運動的導師。你如果不喝咖啡、活在乾燥空氣環境中，就能和他一樣健康。怪的是他在勸人別喝咖啡時，自己卻在杜林享受無人匹敵的咖啡。他建議讀者住在巴黎、普羅旺斯、佛羅倫斯、耶路撒冷或雅典；但最重要的是別住在德國，因為德國的氣候有礙腸胃，就算你原本腸胃健壯得很也一樣。強健的腸胃對哲學家而言，實在再重要不過了。[14]

永遠都別相信你內心浮出的想法。讓心思永遠保持不受任何命令影響，也別試圖要認識你自己。與尼采至今所建議過的一切完全相反，他這裡誠心呼籲，要成汝所是的先決條件就是千萬別對你自己是什麼有任何想法。

「我們這群五〇年代那團混亂中出生的孩子」對德國的「文化」必然是悲觀的，因為當掌管國家的人心胸偏狹時，文明思想哪有存在的餘地？尼采只相信法國文化。他一談到文化這題目，就忍不住又要扯到華格納，這是他人生中的第一口深呼吸。他承認自己自從第一次聽了《崔斯坦與伊索德》以來，就一直在尋找同樣甜美、令人不住顫抖的藝術作品。寇希瑪．華格納是全德國最具高貴天性，也最有品味的人。尼采無論如何都忘不了在翠碧仙山莊的那段歲月。

〈為什麼我寫出這麼好的書？〉則是尼采對自己作品的一一說明。正如他自己對出版商所說的，他也會為自己的書寫書評。以前從來沒有人這樣做過。

〈為什麼我就是命運？〉的開頭寫道：

「我知道自己的宿命。總有一天，一提到我的名字就會聯想到某種恐怖的東西——是世上前所未見的危機，是良心最徹底的衝擊，是反對迄今都為人相信、要求、崇拜之一切事物的決心。我不是人，我是炸藥。」

這些話經常被人認為是關於第三帝國的詭異預言或預示，甚至被當作是對第三帝國的事先肯定。但是〈為什麼我就是命運？〉這麼長一整章的其餘部分卻說得很明白，尼采並不是在預言某種末日事件的到來，而是在描述他給自己的任務就是挑戰所有過去既有的道德。

這本書的最後一句話是：「有人讀懂我了嗎？戴奧尼索斯對上耶穌……」就和尼采的許多其他著作一樣，這本書也用刪節號作結。

尼采在十一月四日寫完了《瞧，這個人》。一共花了他三個星期的工夫。他這段期間一直是完全獨自一人活在這個都是陌生人的城市裡。他們沒人注意到他的瘦小身影走在街上，穿著藍色內襯的輕便外套，手上戴著一雙厚重的英國手套。他現在走在杜林漫長石廊的錯落光影之間時，一直都把頭維持在某個角度。當他寫完時，冬天也快到了，城市景觀後方的那片山脈已經在淡藍色的天空下覆蓋了滿頭白雪。

杜林這時候又再次成了重大國家場合的舞台。皇室婚禮換成了皇室喪禮，白紗換上了黑緞，原本的歡欣鼓舞，如今是一片愁雲慘霧。同一批達官權貴湧進了杜林，只是這次是為了羅碧蘭伯爵（Count Robilant）的肅穆喪禮而來。尼采愛把場面講得盛大無比，所以把羅碧蘭伯爵說成了是卡洛・阿爾貝托國王的兒子，但是其實他只是國王的侍從官。

十一月六日，尼采將《瞧，這個人》的手稿寄給了印刷商瑙曼。他在隨稿附上的說明信中向瑙曼拍胸脯保證，這份稿子是出自尼采畢生絕無僅有、難以置信的幸福感受寫成的。瑙曼必須立即繕打出版。

瑙曼這時還沒轉型成出版商，不過之後確實會走上這行。他這時的工作內容不是編輯修訂，而是收了作者付的錢之後就幫人家打字印刷出來。尼采現在催他送印《反基督》前先趕印《瞧，這個人》，他也只好把《反基督》押後了。《瞧，這個人》是一本宣示性的書，作用就像是施洗者約翰的工作一樣，是為了鋪路。所以書中的文字周圍不可以加上花邊，行距也要拉大。瑙曼建議尼采換上便宜點的用紙，嚇得尼采連連說不。

但就在對瑙曼下完指示之後，尼采又開始改變心意了。尼采又增加了新的章節，要瑙曼把稿子寄回來，然後在一八八八年十二月再寄給瑙曼，說「可以付印了」，還加上了一些詩，但是這時他又再度改變心意，把稿子又改回來了。尼采這陣子掛心的事太多了，但是沒有一件跟他價值重估大業的下一本新書有關。他把自己從一八八三年到一八八八年的九首詩彙整起來，謄寫清楚準備出版。在試過幾個書名後，尼采把這本詩集定名為《戴奧尼索斯狂喜詩篇》（*Dionysos-Dithyramben*）。「狂喜詩篇」（dithyramb）這個字的原意是希臘獻給酒神的合唱讚歌，但是隨著歲推月移，這個字如今的意思擴成了獻給酒神的任何詩篇或讚歌。

在《悲劇的誕生》裡頭，尼采用戴奧尼索斯來表示狂喜放縱，相對於阿波羅的清明自持。而隨著尼采的思想演變，戴奧尼索斯式的神話也變成用以表示追求生命的根本意志。「希臘人用什麼來令自己相信這些神話呢？永恆的生命，生命的永恆歸返；未來由過去得到保證，而過去則致力於實現未來；對生命的勝利歡呼壓過了所有的死亡與改變；真正的生命就是透過繁衍、透過性事的祕儀來延續生命。」[15]

這些詩裡頭跟戴奧尼索斯最明顯直接相關的是〈亞里阿德妮的埋怨〉（Ariadne's Complaint）。這首詩描述亞里阿德妮被忒修斯拋棄在納克索斯島上後，在哀嘆自己的命運時，遇到了酒神戴奧尼索斯。尼采這首詩頭一次刊出是放在《查拉圖斯特拉如是說》第四冊的〈魔法師〉（The Magician）那一章，那章講的正是查拉圖斯特拉徹底擊潰了老術士華格納。

在翠碧仙山莊的那段日子裡，大家都認為華格納是神話裡的戴奧尼索斯，而寇希瑪則是亞里阿德妮，而尼采與馮．畢羅扮演的則是忒修斯，但是如今尼采才是始終公開採用戴奧尼索斯之名的人，而寇希瑪或亞里阿德妮也愈來愈常在他的著作裡頭現身。

這位自封的戴奧尼索斯，已經不再是二十歲出頭時受到規範約束的囚犯了。如今他的情慾橫溢。〈亞里阿德妮的埋怨〉是一篇狂放不羈的幻想，一開頭就讓滿心絕望的亞里阿德妮張開四肢，一邊抖動著身軀，一邊向神明告求。戴奧尼索斯「這個躲在雲朵後頭的獵人」用祂的雷電一下就擊倒了亞里阿德妮。她知道祂就是神明，在祂的冰冷箭矢下顫抖不已，屈下身來，不住扭動，痛苦不堪地臣服在這位永恆的獵人、無名的神祇跟前。祂緊緊地壓著她，鑽進了她腦海裡。她投降求饒，因為狂喜而不住翻滾。但她的這位狩獵之神要她受苦。「回來呀，」她哭喊道：「我的痛苦，我最後的快活。」祂瞬間又出現了。這首詩的最後一句是「吾乃汝之迷宮」。在這句話之前，這對愛侶究竟是誰講了什麼話，是戴奧尼索斯還是亞里阿德妮，一直都很清楚，但偏偏這句「吾乃汝之迷宮」卻毫無線索可循。結論只能說對兩人而言都是如此。

尼采很少以自己的書向誰致敬，但他將這本《戴奧尼索斯狂喜詩篇》獻給了「伊索林詩人」（the poet of Isoline）。這謎底就是卡圖爾．孟岱斯，當年跟著茱蒂絲．高蒂耶一同前往翠碧仙山莊的那個「浸在尿裡的百合花」。

孟岱斯寫了梅薩傑（Messager）歌劇《伊索林》（*Isoline*）的劇本，這齣戲是講妖精之王奧伯龍（Oberon）與妖精王后提坦尼亞（Titania）和巨龍的童話故事，原本準備於一八八八年十二月在巴黎首演。自從在翠碧仙山莊一別，尼采和孟岱斯就沒有什麼聯絡，就連尼采自己心裡也不太記得這個人。尼采是不是打算靠這致敬的方式來拉攏孟岱斯，讓他把自己的著作譯成法文呢？瑪爾維達．馮．梅森布格已經拒絕了尼采的請求。希波利特．泰納也說自己的德文不夠好，推給了讓．布爾多（Jean Bourdeau），而布爾多則以太忙為由推辭了。通往法國的巴拿馬運河至今還遲遲未曾開通。

尼采仗著跟蓋歐格．布蘭戴斯的關係，寫了封信給瑞典劇作家奧格斯特．史特林堡（August Strindberg），請他接下將《瞧，這個人》譯成法文的工作。尼采寫了封如今已成制式的介紹信向史特林堡自我介紹，信裡敘述了他的波蘭血統、他的強健身體、國際聲望以及他如何使德文更加完美；「我講的是全世界統治者所用的語言」。他還進一步對史特林堡保證俾斯麥親王和年輕的德國皇帝都會預先收到這本書「以及一份開戰宣言——而軍人也無法透過武力手段來反擊」。[16]史特林堡此時的精神狀態並不穩定。他身無分文，他與自己偶像的第一段婚姻以災難收場，兩人住在一座傾頹城堡的側廳裡，城堡中處處都是孔雀與惡犬，統治這座城堡的是一位特立獨行的女伯爵和她的伴侶：一個身兼敲詐者、煉金術士、魔法師的小偷。史特林堡就是在這樣水深火熱的環境中寫出了他最棒的劇本《茱莉小姐》（*Miss Julie*），但是即使在這麼錯綜複雜的脈絡底下，史特林堡還是瞧出了尼采有些不對勁。他寫信問布蘭戴斯：尼采是不是瘋了？

史特林堡後來又問了一次，因為尼采後來寄給他的那些信裡顯示出他十分著迷於歐洲淫穢小報上的幾篇報導，包括他自己在杜林讀的和史特林堡在瑞典看到的那些報紙專欄，談的都是些令人髮指的恐怖罪行。第一件罪案是神祕的「普拉多」案（Prado），講的是一名人稱「卡斯蒂龍的林斯卡」（Linska de Castilon）的西班牙人。他在秘魯花光了首任妻子的財產，據稱共一百二十萬法郎，之後就逃到了法國，在當地犯下數起搶案，並謀殺了一名妓女。第二樁案件是亨利・張畢居（Henri Chambige），這個法律系學生謀殺了一名住在阿爾及利亞的法國人的英國妻子。尼采不斷強調，犯罪天才真是太迷人了，是「在自制與機智方面、在精神的活躍程度方面都比他那些法官，甚至比他的律師都高出一截的人」，諸如此類的。恰恰是在這種惡棍手下苟延殘喘的史特林堡完全不懂尼采是什麼意思。一個月後，尼采寫信給雅各・布克哈特，甚至還把自己比擬為上述那兩名罪犯。他現在不只是戴奧尼索斯和反基督，同時也是亨利・張畢居和普拉多，甚至還是普拉多的父親。[17]

他開始無法控制他的面部表情了。他興高采烈地寫信告訴彼得・蓋斯特這件事。這不重要！沒什麼好擔心的！他還開了自己好多玩笑！在音樂會上，音樂大大影響了他，使他控制不住自己的表情。他時而痛哭流涕，時而齜牙咧嘴，甚至有幾次他還無可自拔的在大街上笑了半個小時。十一月二十一日至二十五日這整整四天裡，他發現自己完全沒辦法擺出一副正經表情。他認為達到這種狀態的人必定是已經夠格成為全世界的救主了，兩個月內他就會成為世界上家喻戶曉的名人了。最不得了的就是杜林這裡不分三教九流，人人都對尼采著迷不已。每當他進了一家大型商店或公共場所，所有的人都會轉過頭來看他。他不需要自報名號、不需要靠階級或金錢，大家都會自動優先禮遇他。[18]每道目光看他都像是看待王子一般。大家替他開門的方式也格外非比尋常。以光鮮亮麗、身段優雅為尚的服務生在為他上菜時，就像是在伺候國王進膳一樣。他心裡暗暗記下在他隱姓埋名這段期間裡這樣特別招呼他的每一個人。說不定他還沒點菜，人家就已經準備好上菜了，這也不是完全不可能的事。沒有人把他當作德國人看待。[19]

尼采對奧佛貝克說，那四大冊價值重估的巨作很快就會問世了。他已經攜槍帶械，準備好了。他這個老練砲兵要來對人類歷史開上兩槍，把它轟成兩半。這是個有點冷酷的計畫，尼采似乎對自己這份幽默十分得意，因為時序已經入冬了。但是首先，他還得在十一月二十日之前對華格納再開一槍，因為他決定那天就要離開杜林前往尼斯，或是去科西嘉島也行。[20]

但是去尼斯——或科西嘉島——這個計畫旋即取消了。科西嘉島現在沒有什麼重點可看。島上現在是已經沒了土匪沒錯，但也沒有國王了。[21]

尼采現在的想法就跟旅行計畫一樣方生即滅。他房間裡稿紙堆成的紙山愈疊愈高了。他在紙上寫下的過去和現在就像雪片般從書桌上飄落到地板上，他寫了無數的信件，也從先前的書裡摘取合適段落來拼湊出《尼采對華格納》（*Nietzsche contra Wagner*），這是今年寫成的第四本書——如果連《戴奧尼索斯狂喜詩篇》都算的話，就是第五本了——也是第二本在書名裡出現華格納的書。

他那一箱義肢總算從尼斯運來了。現在他可以讀他自己的書了。這些書太棒了。尼采現在對自己的聰明才智佩服不已。他的思想真的有可以控制外在事件的力量。世上再無任何巧合。他現在只要想著某個人，就會有他們的來信從門縫中客氣地遞進來。他一想到自己從九月三日到十一月四日這段期間裡幹的這些大事，就覺得說不定杜林這裡也很快就會發生地震了。

十二月十五日，他把《尼采對華格納》和《戴奧尼索斯狂喜詩篇》的稿子都寄給了瑙曼。其他稿子都先擱著，現在瑙曼必須放下一切，先把《尼采對華格納》印出來。但是才過兩天，尼采又取消了這項指示。瑙曼收到尼采拍來的電報：「《瞧，這個人》先做。（Ecce vorwärts）」《瞧，這個人》「超越了文學的概念……沒有任何事物能與之相提並論，就連大自然本身也不配；這本書是真的把人類歷史炸成了兩半——這是最猛的炸藥。」

聖誕季節又到了，該是時候寫聖誕祝賀了。

尼采給母親的信如此寫道：

總而言之，您的老寶貝現在是個名聲赫赫的大名人啦：不是在德國，因為德國人實在太蠢太俗，跟不上我高妙的心思，還總是誹謗我，其他地方可就不同了。崇拜我的人全都得天獨厚，全都是有權有勢的人……最迷人的女性，更不得不說到泰尼科夫公主殿下！我對這些崇拜者真的很有影響力——如今沒有誰像我一樣備受敬重……幸虧我現在已經成熟得足夠承擔我的天命所要求的一切了……

您的老寶貝[22]

給伊莉莎白的信：

妹妹……我不得不永遠與你分離了。如今我已確知自己的天命，就更覺得你的字字句句分外尖酸；你壓根兒就不懂什麼才是我最要緊的事，不懂我解開這千古大哉問的天命——我說真的，人類的未來就掌握在我手上……[23]

給彼得・蓋斯特：

好友，我想收回所有的《查拉圖斯特拉如是說》第四冊……無論我是生或死（我過去這幾天又讀了一次，激動得快死了）。如果我晚一點再出版，等到世界危機——戰爭！——過後幾十年再出，到時就應該就合適了。

符號與奇蹟！來自不死鳥的問候[24]

再給彼得．蓋斯特：

馮．卡里尼亞諾親王過世了：這裡要舉辦盛大喪禮了。[25]

致卡爾．福克斯（Carl Fuchs）：

……這世界在接下來幾年裡將會天翻地覆：既然古老的上帝已經退位，我就當從此統治世界……[26]

給法蘭茲．奧佛貝克：

好友……我過不了兩個月就會是世上最有名的人了……

我自己一直在寫一份給歐洲各國的備忘錄……我意思是要替德國穿上鐵甲，催它死戰。我接下來可要空不出手了，直到我能把年輕的皇帝還有他的一切臣民全都掌握在手中為止。這件事你知我知就好！千萬保密！安心吧！去睡上十個小時吧。

尼[27]

給梅塔・馮・沙利斯—馬許林斯：

親愛的小姐……我想從沒有哪個人像我一樣收到這麼多信……從聖彼得堡最頂尖的人士，還有法國！……最不得了的就是杜林這裡不分三教九流，人人都為我著迷……我的文章一時洛陽紙貴。斯德哥爾摩的科法雷斯卡夫人（Mme Kovaleska，她是匈牙利老國王馬迦什・科爾文的後代）……被認為是當世唯一的數學天才。

您的尼[28]

再給彼得・蓋斯特：

……你的賀卡寄來時，我在做什麼呢？……那就是著名的盧比孔河。我已經不知道自己的住址了，就假定我很快就會住在奎里納萊宮（Palazzo del Quirinale）吧。

尼[29]

致奧格斯特・史特林堡：

我已經下令召集諸王到羅馬聚首——我要殺了年輕的皇帝……唯一條件是：離婚……

尼采・凱撒[30]

再致奧格斯特・史特林堡：

呃？……終究還是沒離婚嗎？……

上十字架者[31]

給彼得・蓋斯特：

為我唱首新歌吧：世界變美了，天地都歡欣。

上十字架者[32]

致蓋歐格・布蘭戴斯：

您一發現了我，要找到我就不是什麼難事：現在難的是甩不掉我……

上十字架者[33]

致雅各·布克哈特：

我不辭辛勞地創造了世界。您是我們最最偉大的老師；因為我，連同亞里阿德妮一起只能當作萬物的黃金權衡。

戴奥尼索斯[34]

致寇希瑪·華格納：

亞里阿德妮，我愛你。

戴奥尼索斯[35]

再致雅各·布克哈特：

敬愛的教授：

其實我寧可當個巴塞爾大學的教授也不願當上帝；但是我還不敢自大到不以上帝之名去創造世界。您知道的，人都必須做出犧牲，無論他在哪裡、過的是什麼樣的生活。但是我還是替自己保留了一個小讀書室，對面就是卡里尼亞諾宮（我在那裡出生，後來成了義大利國王維多里歐・埃馬努埃），而這小讀書室還能讓我在書桌前就聽到底下山下畫廊傳來的美妙音樂。我這房錢二十五法郎，還附清潔服務，我自己泡茶、自己購物，還磨穿了鞋……既然我受到詛咒要永遠為後世講冷笑話，我只好在這裡寫作，實在沒什麼能比得上這件事了——這很快活，又絲毫不費力……

別把普拉多案當真。我才是普拉多。我也是普拉多的父親，我還敢說我也是雷賽布〔Lessep，推動興建巴拿馬運河的法國外交官〕……我想要給我所愛的巴黎同胞一個新觀念——一個像樣的罪犯。我也是張畢居——這也是個像樣的罪犯……

至於我帶到世上來的那些孩子，那是我一份體貼心意，也是有點不相信那些進入「上帝王國」的人能不能也離開上帝。這個秋天，我盡量輕裘緩帶地參加了兩次我自己的葬禮，第一次葬禮時我是羅碧蘭伯爵（不對，他其實是我兒子，因為我是卡洛・阿爾貝托，他是我的子嗣）但是我自己其實是安東涅里（Antonelli）。親愛的教授，您應該能看懂我這在說什麼；不過既然我對自己創造的東西沒有什麼經驗，還希望您不吝批評指教……我到哪兒去都穿著我的學生外套；我會拍某個人或另一個人的肩膀，說：Siamo contenti? Son dio, ha fatto questa caricature.（我們高興了嗎？我就是上帝，我創造出了這齣鬧劇。）……明天我兒子溫貝托（Umberto）會帶著瑪格麗塔（Margherita）過來，不過我還是會穿著襯衣來接待他們。

剩下的是要給寇希瑪女士……亞里阿德妮……我們一直在練習著魔法……

我已經把該亞法〔Caiaphas，力主處死耶穌的猶太大祭司〕上了鎖鏈；我去年也被德國醫生釘在十字架上好久。威廉・俾斯麥和所有反閃族主義分子都該死。

這封信可以隨您使用，反正巴塞爾的人也不會為此更瞧不起我。

恭祝　道安

您的尼采[36]

最後這封信上的郵戳是一月五日。布克哈特隔天就收到信了。同一天下午，他拿著這封信去找奧佛貝克。奧佛貝克立刻寫信給尼采，要他馬上就到巴塞爾來。隔天，奧佛貝克收到了一封署名「戴奧尼索斯」的信，信中說：「我正在對所有反閃族主義分子大開殺戒……」

奧佛貝克趕緊跑到了巴塞爾精神病院，把信拿給院長威勒教授（Professor Wille）看，問他現在該怎麼辦？

Chapter 21 山洞裡的牛頭人

一頭驢子會悲慘嗎？——一個人會因為被自己扛不起或丟不掉的重量壓垮嗎？……哲學家就是這樣。

——《偶像的黃昏》，〈警句與格言〉十一

一八八九年一月三日當天早上究竟發生了什麼事情，我們不得而知。一般說法是大家看到尼采照常走出了在卡洛．阿爾貝托廣場角落那棟大衛德．菲諾的屋子。他們都習慣看到這個哀傷而孤獨的身影沉浸在自己的思考裡，他通常會走在往書店的路上，在書店一坐就是幾個小時，臉幾乎貼在書頁上仔細閱讀，但從來不買。廣場上滿滿都是疲憊的老馬，在貨車和客車的行車路徑間等著上工：這些可憐的老馬被主人折磨得瘦骨嶙峋，渾身滿是傷痕，活像牠們所走過的車痕。當他看到一名馬車夫無情地鞭打馬匹時，尼采整個人忍不住崩潰了。壓抑不住滿腔的同情，尼采哭喊著衝上前去抱住了那匹馬的脖子，整個人癱軟了下來。這是眾人的說法。危機總是一閃而逝，每個目擊證人都有各自不同的真相可說。

不過一定有人認得他是住在哪棟屋子裡，因為馬上就有人把大衛德．菲諾叫了過來。警察也來了。要不是有菲諾在，尼采大概馬上就被拖走，也許就永遠關進了義大利不見天日的瘋人院裡，還好大衛德．菲諾將他帶了回去。

尼采一回到三樓房間裡，就把所有人趕出門外不給進了。整整好幾天裡，他沒日沒夜地不斷尖叫，拉高音吼唱，對著自己不停胡言亂語。菲諾一家人爬上了樓梯，貼在房門外聽著。尼采給了他們幾封信，要寄給義大利國王與王后，還有最後寄給布克哈特和奧佛貝克的那幾封瘋信。他愈來愈對彈鋼琴無比激動，瘋狂地大聲演奏他的華格納樂曲。忽爾砰的一聲，忽爾亂砸東西。樓下的大家無不憂心忡忡地抬眼望向天花板，聽著他在樓上乒乒乓乓的腳步聲。尼采跳起舞來了。他裸著身子蹦蹦跳跳，陷入了神聖的性狂歡，演起了戴奧尼索斯的雜交祭典。

菲諾通報了德國領事，跑去報了警，問了醫生，最後到了一月八日下午，奧佛貝克來了。

「那一刻真是恐怖至極。」這是奧佛貝克的描述。但儘管如此，他還是趁著尼采稍微平靜下來時進了房裡抓住了他。之後這幾天他還會看到更糟糕的景象。

他一進到房裡，就看到尼采縮在沙發一角，看起來像是在校對《尼采對華格納》的稿子。尼采拿著印好的稿子貼在茫然的臉前盯著，就像是個假裝讀書的小孩子一樣。他知道閱讀就是要有這些動作：要把紙放在離鼻子這麼遠的地方，要從左到右，然後再回頭由左看到右。但是紙頁上的那些字對他來說根本沒有意義。

奧佛貝克一踏進來，尼采就飛奔過來用力抱著他，開始哭了起來。然後他又跌坐在沙發上，一邊扭動一邊哭號還一邊顫抖。奧佛貝克向來是個剛毅木訥的人，喜怒不形於色，但是一看到多年老友這副模樣，他的雙腿也不禁一軟，踉踉蹌蹌，差點跌倒。

菲諾一家人也陪著奧佛貝克和尼采待在這房間裡。大衛德・菲諾先前問過了杜林這裡的精神科醫師卡洛・杜林納教授（Professor Carlo Turina），他建議要是病患太過興奮，餵他幾滴溴化物滴劑就可以讓他鎮靜下來。[1]他們早就在桌上放了杯水預備著，這時忙不迭地就餵了尼采幾滴。這頭野獸果然平靜了下來。他茫茫然地描述起今晚要為他召開的盛大酒會。但是這開心的橋段並沒維持多久。他一下子就又開始劈哩啪啦地講些支離破碎的字句，突然又開始做出滑稽、淫穢的樣子，跑去彈琴，又唱又跳的。奧佛貝克對尼采的思想世界十分熟悉，多多少少還能跟上他到底在講些什麼、唱些什麼。尼采說自己就是已死上帝的繼承者，是永恆的丑角，是被扯成碎片的戴奧尼索斯。他在這陣迷亂瘋狂的神聖狂亂中不停扭曲伸展著身體。可是儘管如此，他身上一直都還保有一股純潔的氣息。他不會讓人感到害怕、恐懼，甚至連討厭的感覺都沒有，只有無盡的哀憐。可偏偏正是尼采啊，老是說自己認為克服憐憫才是一種高貴的美德。

當奧佛貝克帶著尼采那些瘋狂的書信趕往巴塞爾精神病院求教時，威勒醫師斷定必須馬上把尼采帶到他的療養院來。但是他提醒奧佛貝克，這可不容易辦，奧佛貝克大概沒辦法獨自完成，必須帶個熟悉哄騙和安撫精神病患的人一起過去才行。所以奧佛貝克雇了一名擅長此道的德國牙醫，陪他一同前去。

在從杜林回到巴塞爾之前的這短暫停留期間裡，奧佛貝克便開始收拾尼采的書籍稿件，方便請大衛德・菲諾稍後寄回。尼采一直躺在床上，不肯起來。那名牙醫唯一能夠騙他起床的方式，就是刺激他的自大妄想。皇室正在等著見你哪！鎮上已經為他準備好各種宴會、遊行慶典和音樂演奏啦！尼采披上了大衛德・菲諾的睡帽，彷彿當作皇冠般戴在頭上，人家要將它拿下來他還動手不准。

杜林熙來攘往的街道上和車水馬龍的火車站裡確實擠滿了不少人，能夠幫他們圓這皇家宴會的謊。尼采就在半哄半騙下，上了火車。

麻煩的是到了諾瓦拉（Novara）的時候，他們必須換車，但是還得等上三個小時才有開往巴塞爾的車。尼采這時想要對群眾發表演講，擁抱他的忠誠臣民，還好經驗老到的牙醫勸他說，像他這樣的大人物，在這種場合最好還是隱匿身分才能明哲保身。

他們只要配合他的妄想一搭一唱，尼采就會乖得像個小孩，但是尼采的心思隨即又飛到另一個地方，馬上又給眾人添亂。要是他們跟不上尼采的思路，他就會暴跳如雷。他們只好用水合氯醛讓他整晚安靜下來。火車行經阿爾卑斯山底下漆黑一片的聖哥達隧道時，奧佛貝克聽見尼采清楚地哼唱著〈貢多拉船歌〉（Gondola Song），這是尼采最近才在《瞧，這個人》與《尼采對華格納》加進的詩作：

我的靈魂，是一把弦樂器，
不見撫觸，隱隱唱給自己聽。

唱首貢多拉船歌，
抖個不停，滿懷開心。
世間有誰聽？[2]

到了巴塞爾，計程車已經等在火車站了。尼采健康的時候認識巴塞爾大學精神病院的弗里德麥特（Friedmatt）和院長威勒教授，但是他這次進來時卻似乎完全不認得這兩人。奧佛貝克擔心尼采要是認出教授和這療養院，就會發現自己背叛了他，所以乾脆也不介紹了。尼采一副高傲的樣子問，怎麼沒有人來介紹這位先生是誰，這樣做很失禮。威勒教授報上名號後，尼采朝他行了個大禮，隨即突然從皇族迷夢中驚醒，清清楚楚地想起了他們倆曾經在七年前曾經交談過，那時聊的是一個宗教瘋子阿道夫．威雪（Adolf Vischer）。

這時醫生就讓奧佛貝克先回去了。接下來要進行的一連串醫療檢查與精神評估沒有他幫得上忙的地方。

「為了你們這些好人，我明天會準備好最可愛的天氣。」尼采在被醫生帶走之前回頭說道。

他早餐吃得狼吞虎嚥。醫生還記錄下了他有多喜歡洗澡。他在診所待了八天，他們替他安排了一系列檢驗，最後整理出了一份報告。

「身體健康，發展健全。肌肉健壯。上胸厚實。心搏聲低沉，正常。脈搏規律，七十下。瞳孔不對稱，右眼較左眼大，對光反應遲鈍。舌苔厚膩。膝反射誇張。尿液清澈，酸性，無糖，無尿蛋白。

患者經常索要女人。主訴身體不適已有一週，經常劇烈頭痛。患者說病情發作了幾次，發作時感覺特別良好與歡悅。患者希望擁抱親吻街上每個人。患者想爬上牆壁。將患者注意力集中在固定事物上十分困難；患者的回答片段殘缺，或者乾脆不答。

無顫抖及言語失調症狀。會不停說話，內容混淆不清，缺乏邏輯關聯。說話行為徹夜持續不停。經常處於興奮狂躁狀態。對性事十分自信。經常幻想有妓女在房間內。

患者偶爾會正常交談，但隨即開始講笑、跳舞，言詞混亂，出現妄想。有時會突然唱歌、尖嘯或吼叫。

一八八九年一月十一日。患者徹夜未眠，一直說個不停，起身刷牙盥洗數次。到上午就累倒了……下午到戶外，患者陷入持續的興奮狀態；不停將帽子丟在地上，有時會在地上打滾。——胡言亂語，有時會痛罵自己是害了好幾個人的元凶。

一八八九年一月十二日。給予朿佛拿（Sulfonal）後，睡了四、五個小時，中間間斷數次。詢問患者感覺如何，回答感覺異常良好，只能用音樂表達。」

過了八天，總算看出了某種型態。尼采在床上的時候會變得比較安靜；起身時各種瘋狂、吵鬧、破壞性行為較為激烈。他人在室內時，那股狂躁表現於言語上：會加強加重。到了戶外，就會展現在肢體上，通常會傾向剝除身上衣物和躺在地上。

威勒教授是治療梅毒的權威。他診所裡有許多病人深受腦部梅毒之苦，這通常是神經性梅毒晚期的症狀。診斷書上記載尼采陰莖上有一道傷疤，而且尼采也告訴他們自己「得過兩次」。大家通常認定尼采指的就是梅毒。但當時威勒教授他們無法取得尼采的醫療紀錄，亦即尼采還神智清醒時，由埃瑟醫師檢驗的結果，尼采當時承認的是自己得過兩次淋病。

到第八天結束時，威勒教授信心十足地斷定尼采是漸進性麻痺（paralysis progressiva）與麻痺性失智，也就是梅毒末期會出現的心智崩潰。奧佛貝克現在得一肩擔起告訴尼采母親她兒子現在住在療養院這個壞消息的苦差事了。

一收到消息，法蘭琪絲卡立刻從瑙姆堡動身，一月十三日就到了巴塞爾。當天晚上她住在奧佛貝克家裡，隔天一早，就趕赴醫院。但是在見到兒子一面之前，她必須先接受醫生面談，交代尼采的家族史和病史。

「母親給人的印象是智力有限，」報告書上寫道：「父親是一名鄉村牧師，從樓梯上摔下後出現腦部病變……母親的一名兄弟在神經療養院中死亡。父親的姊妹歇斯底里，有些古怪。——懷孕期間與分娩過程均正常……」[3]

法蘭琪絲卡對自己的責任跟心意沒有半點懷疑。她就是想照顧自己兒子。醫生不讓她這麼做。法蘭琪絲卡是個瘦小的六旬婦人，平時那種文弱生活使她根本就沒有半點力氣。她這四十四歲的兒子比她還高，骨骼精壯，肌肉結實，喪失理性，行為難料，而且舉止偶爾相當暴烈。

尼采需要的無疑不只是母親的關愛。法蘭琪絲卡並未不遵守男性所給的專業建議，但是她倒是設法斡旋，成功將尼采轉送到了離她瑙姆堡住家最近的耶拿精神病院。

醫生認定尼采這一路上仍需要專業照護。負責這護送任務的是年輕的大夫恩斯特・麥利（Ernst Mähly）。但是他一個人同樣做不來，所以他還有個幫手跟著。麥利是尼采從前在巴塞爾教過的學生，是個「擅長保密與沉默的人，對這位轉變所有價值的神聖先驅、這位《善惡的彼岸》的創造者暗自充滿了敬意」。[4] 他也認識耶拿精神照料療養診所（Jena Clinic for the Care and Cure of the Insane）的院長奧圖・賓斯華格納（Otto Binswagner）。麥利是這趟轉院行程的不二人選；他大概最有辦法瞭解尼采的破碎字句，拼湊出能夠協助賓斯華格納教授治療的線索。這裡附帶一提，恩斯特・麥利最後自殺了，他父親怪罪說都是受到了尼采的不良影響。

當肢體僵硬的尼采好不容易從火車月台爬上了車廂之後，奧佛貝克也上了火車，走到這預約好的包廂跟尼采道別。一看見奧佛貝克，尼采突然大聲哀號，還跳起來緊緊抱住了他。尼采告訴他，他是自己最愛的人。但奧佛貝克這時候必須下車了。

三天後，奧佛貝克寫信告訴彼得・蓋斯特，說這樣對待尼采，讓他心裡一直過意不去。他一到杜林就知道，一切都玩完了。他不該用這麼下流的手段欺騙他的好友。如今他這一輩子都得背負起把尼采永遠丟進瘋人院的這份重擔。他那時候就應該即時即地殺了尼采才對。

這句話從一個向來言輕語軟的神學教授口中說出來實在非比尋常，因為對他來說，殺人確實是犯了天條。但是他所面臨的道德兩難其實還更難得多，因為他和彼得・蓋斯特都想過尼采的癲狂說不定是裝的。他們倆都知道，尼采一直就想摒棄流俗對現實的詮釋，畢生最感興趣的就是癲狂和瘋子，他們也都明白尼采有多麼心儀酒神那份神聖的放肆騷亂。從恩培多克利斯到荷爾德林，再到《查拉圖斯特拉如是說》裡提著燈籠找上帝的瘋子，尼采老是認為只有癲狂這艘脆弱的小舟才能將人心送過盧比孔河，抵達啟示的彼岸。這是必須付出的代價。癲狂是唯一足以移風易俗的強勁引擎。那種「恐怖的樣貌」，是神靈的面具與傳聲筒。柏拉圖說過，唯有透過癲狂，最美好的事物才能來到希臘。而尼采還更進一步。凡是不可自拔要掙脫世俗衡軛的超卓人物，若不是真的癲狂，就只能裝瘋賣傻了。

「我也曾經到過冥界，就和奧德賽一樣，我也還會不時再去；而且為了要和死者對話，不僅要犧牲公羊，還得不吝用我的鮮血獻祭才行。」他曾寫道：「願世人能夠原諒我有時將他們當作影子看待……」

奧佛貝克和蓋斯特一想到他們的好友可能為了一探冥界而戴上了癲狂的面具，不免十分震驚，但他們的這份猜想在接下來這十四個月裡看到尼采被關在耶拿精神病院裡的實際情況，也隨之破滅了。這不是面具偽裝，不是戴奧尼索斯的騙局，不是靈感迸發的歡舞，更不是思想的強大祕儀。他們不再懷疑，自己正看著一個心靈消亡前的最後一抹氣息。

尼采以前也曾經到過耶拿精神病院，那時他才十五歲。他在一八五九年的暑假旅行時就看過這座大型機構，也記錄了下來，這座建築尖銳陰鬱的樣貌讓他在日記裡寫下了不少憂鬱陰暗的念頭。巴塞爾療養院看起來則是棟堅固的鄉紳莊園，而耶拿精神病院雖然在建築風格和大小和華格納的無妄堂相去不遠，卻是一幢高大冷峻、塔尖林立，以亮橘色和黑色磚塊砌成的建築。這座病院裡頭擺滿了各式嚇人的安全裝置，好比掛在各個特殊地點與重重柵欄上的鎖頭和門閂。

尼采被歸類為「二級」收費病患。這雖然在名義上說是法蘭琪絲卡下的決定，但是她肯定曾向奧佛貝克問過建議，而奧佛貝克也一定給了費用方面的提醒。巴塞爾大學的離職津貼已經從三千法郎銳減為兩千法郎了，而他們也不知道尼采可能要在這裡關上多久，所以二級病房應該是最明智的選擇。

耶拿精神病院的院長奧圖．賓斯華格納教授曾在維也納和哥廷根研究神經病理學。他年紀輕輕——甚至還不到三十歲——就被指派為耶拿精神病院的院長了；他同時也在耶拿大學擔任精神病學教授一職。賓斯華格納寫過不少關於腦部梅毒與麻痺性失智的論文；他從小就一直浸淫在精神病與神經病理學的世界裡，確實繼承了他父親的衣缽。這裡無疑是要治療尼采這病況最頂尖的醫療機構之一了。不幸的是，賓斯華格納並未在尼采到院時替他進行檢查；他們直接採用了巴塞爾療養院送來的診斷書，上頭寫著：癡呆與麻痺性失智，失智與漸進性麻痺為第三期梅毒所致。

梅毒這時已經不再被當作是上帝對罪惡性行為的懲罰；心智疾患也不再光送到野蠻擁擠的瘋人院，當作雜耍動物般對待了。雖然這時還沒有治療的方式，但至少已有了人道對待。賓斯華格納的基本診治法就是鎮靜、鎮靜、再鎮靜。尼采在耶拿療養院的這十四個月裡，一直都有服用鎮靜劑，也接受汞軟膏按摩這種幾百年來的療法。這當然沒有治癒或復原的問題，這種病就是絕症，只是在等病人什麼時候死亡而已，而且通常為時不久，大約只有一兩年的時間。

不過，尼采病發後又活了十一年，再加上他沒有第三期梅毒的其他病徵（例如落髮、鼻子凹陷），不免令人遺憾賓斯華格納直接接受了巴塞爾療養院的診斷結果，沒有為尼采親自檢查。[6]

這十幾個月裡，尼采還是不停發神經、出現幻覺、激動暴躁、毫無條理。他會扮出各種鬼臉，會突如其來放聲尖叫。他也還是繼續著妄自尊大的幻覺，以為自己對著各國領事、大臣和僕役說話。他也出現過被迫害的妄想，說他看到有一管來福槍就在窗框外瞄準著他，所以他就一拳打破了玻璃要去抓住槍管。他說「他們」會在晚上詛咒他，還會用恐怖的裝置來對付他，會用那些可怕的機械來攻擊他。他的色情妄想也沒停過。某天早上他說昨天夜裡有二十四名妓女陪著自己。他一直叫守衛長「俾斯麥親王」，有時也會說自己是坎伯蘭公爵，有時則自稱皇帝凱撒。他說他「上輩子」是腓特烈．威廉四世（Friederick William IV），還跟病院裡的人說是他妻子寇希瑪．華格納女士帶他過來這裡的。他時常呼救說有人半夜虐待他。他不睡在床上，而是躺在床邊的地板上睡。他會不停扭動身體，將頭側向一邊。他的食量驚人；到十月時，他已經胖了十三磅。他打破玻璃杯，在身邊灑滿玻璃碎片不讓別人靠近。他大小便失禁，會對著水杯裡撒尿，還會抓起糞便亂抹。有時候他還會喝自己的尿液。他會不斷講話，還會大驚小怪地尖叫呻吟個不停。半夜裡隔了大老遠還能聽得到他的聲音。他右側的鬍子也開始變白了。

在賓斯華格納的課堂上，尼采有時也會被當作教學案例來展示給學生看。尼采不覺得這是什麼羞辱。他雖然不知道自己在那裡是要幹什麼，卻顯然感覺得到自己是個備受重視的大人物。他對這些醫學生彬彬有禮，會不斷向他們致謝，把自己當作是他們這些僕從仁慈的主人。他會感謝他們為他辦了這麼盛大的宴會。他會一次又一次地試著跟醫生握手。他心裡彷彿知道這位醫師的社會地位較高，就和他自己一樣。

賓斯華格納想要顯示病患在行走時出現的狀況時，尼采就走得又慢又拖，讓人看不出他的病徵。「好了，教授先生，」賓斯華格納會開口罵他：「像你這樣的老兵應該還能踏步行軍吧？」一聽到這句話，尼采就開始踏起穩健的步伐繞著演講廳走動了。[7]

犯病期間偶爾也會有平靜的時候。尼采會露出微笑，對醫生說：「給我點健康吧。」

他不知道自己身在何處。有時候他說自己在瑙姆堡，有時說是在杜林。他不太與其他病患交談。他會偷書。他還會把自己的名字寫在揉皺了的紙條上，然後大聲念出來：「弗烈德里希・尼采教授。」每天這麼做上好幾次。

尼采在離開杜林時始終不肯放下大衛德・菲諾的睡帽，現在也一樣一直霸占著一頂診所人員用帽。他每天不分日夜地戴著，不准其他人拿走。大家推測他大概把那頂帽子當作是皇冠了。診所人員會在他散步回來後搜查衣褲口袋，每每使得尼采十分憤怒激動；他就喜歡在口袋裡裝滿石頭和大大小小的各種寶物。

經過六個月的鎮靜療法後，尼采的行為總算夠穩定，能夠讓母親來探視了。七月二十九日，法蘭琪絲卡來了。院方認為最好不要讓他們在尼采房裡會面，但是也不能讓他們在尼采總是整天坐著的瘋人室裡待著，所以最後安排他們在會客室見面。尼采對母親說，這裡是自己對特定群眾演講的地方。會客室裡有一枝鉛筆和幾張紙，尼采一把掃進自己口袋裡，還悄悄對母親笑著說：「這樣我爬回山洞以後就有事情做了。」[8]

又過了六個月，情況並未改變。十二月時，一個叫做朱利烏斯・藍本（**Julius Langbehn**）的騙子找上了法蘭琪絲卡。藍本靠著舌粲蓮花的本事，讓法蘭琪絲卡相信他能治好自己的兒子。但是藍本需要完整控制尼采才能夠醫好他，所以必須讓他在法律上領養尼采。藍本最近才出了一本暢銷書，號稱能為一敗塗地的德國文化提供解方。《教育者林布蘭》（*Rembrandt als Erzieher*）這書名顯然是仿效了尼采的《教育者叔本華》。藍本要解決德國文化危機的辦法是回到基督宗教的根本，就像林布蘭的繪畫中那些善良純真的德國農民所展現出來的靈魂那樣。林布蘭其實是荷蘭人，但這件事對藍本來說根本不成問題。

藍本分析了德國。德國的問題就在於過度教育。教授與專家，還有他們的學者身分和所謂的「專長」都應該停止受人敬重。如此一來，德國精神自然而然就會從原本就善良的德國靈魂中獲得重生。智慧就在土壤裡、空氣中和單純的德國心之中。更不消說，外來的影響自是要排除出去，尤其是猶太人。他的書是一八九〇年最賣座的著作。出版的頭一年就賣了二十九刷。後來他又加上了兩個章節，特別讚頌尼采最厭惡的兩種東西：反閃族主義和羅馬天主教。藍本也寫詩，他覺得自己是比歌德更了不起的詩人。他自詡為「地下皇帝」，擁有能夠使德意志帝國在精神上為之一新的治療能力。俾斯麥也曾接見過他幾次。

若能「治癒」尼采這個自己承認的反基督，就能為藍本再記上一筆偉業。在藍本的看法裡，「雪萊這樣的『無神論者』和尼采這樣的『反基督徒』就只是逃學蹺課的中學生，必須重新帶回教會裡頭。」[9]他準備了一份法律文件要給法蘭琪絲卡簽名：「本人願將吾兒弗里德里希·尼采之法律監護權……」如此這般的。他的盤算是把尼采帶到德勒斯登，讓他更沉浸在自己的皇族大夢之中。有王宮、有扈從，尼采在那裡會被奉若國王，也被當作小孩。藍本相信自己能籌得到足夠的金錢，買下一幢合適的豪宅，裝潢打點那些穿上禮服朝服的大臣（當然是醫療與家務人員假扮）來維持這個皇家謊言。法蘭琪絲卡想要扮成護士進去，藍本勉強同意了，但是她必須遵守藍本的嚴格條件才行。

賓斯華格納似乎就像國內眾人一樣被這個高舉民族主義的民粹分子迷住了。他准許藍本陪尼采進行每日的散步活動。不過藍本鍥而不捨的傳教宣講和幾次試圖驅魔的舉動最後惹火了尼采，氣得尼采直接翻桌，掄起拳頭出聲威嚇。法蘭琪絲卡在奧佛貝克的極力勸阻下，也總算鼓起勇氣，拒絕在領養協議上簽字。這個時刻更可以清楚顯示出藍本確實是個膽小鬼。他逃到了德勒斯登，開始寫些淫詩豔詞，最後也因而被以淫猥罪名起訴。但是他那本熱賣的《教育者林布蘭》仍舊大行其道，成了第三帝國意識形態的初期基石。希特勒的私人圖書室裡也收藏了一本。[10]

一八九〇年二月，尼采的睡眠情況與情緒已經漸有起色，可以讓他母親在他情況較好的日子裡陪他幾個小時。法蘭琪絲卡在耶拿找了間公寓。每天一早九點，她就會打到療養院來說想見尼采。她相信，要是自己能夠照顧她親愛的乖兒子，他就可能變回正常人。耶拿這間公寓的一樓還有另一個房間是奧佛貝克夫婦租下的，他們夫妻倆會輪流待在這裡幫她的忙。

在尼采的日常作息中，每天花四、五個鐘頭散步一向都是極重要的部分。的確，這活動也使得兩間療養院都在診斷書上註記了他的骨骼與肌肉十分強健。法蘭琪絲卡並不經常散步，但是如果這是必要的代價，她也可以勉力為之。她會攀著他的手臂走，或者讓他走在她後頭，跟隨著她的腳步，偶爾停下來在地上用他的筆在地上畫圖，或是撿些小東西放進他的口袋裡。儘管法蘭琪絲卡對兒子這麼聽話覺得十分開心，但是尼采那兩名好友看到他這麼溫順馴良反而嚇壞了。他們在散步的時候總會發生一兩件小意外。尼采會突然大吵大鬧。他會想要追打小狗或是陌生人。他也會試圖跟看起來有些神祕的人握手，這嚇壞了路上的小姐淑女。

他們通常會散步到一棟住著葛策–圖尼森（**Gelzer-Thuneysen**）一家人的房子前面。到了之後，法蘭琪絲卡會叫尼采摘下帽子，進屋裡去。尼采會害羞地站在客廳門口，而法蘭琪絲卡則會走到鋼琴前面開始彈奏。慢慢地，尼采會受到音樂的吸引，開始靠了過來。最後他也開始把手指放在琴鍵上。他一開始會站著彈，這時老媽會把他壓在鋼琴椅上坐下，然後他會繼續彈。她知道這時候自己可以安心走開，讓他自己沉浸在音樂裡頭。只要她還聽得到鋼琴聲，就可以不必和尼采待在同一個房間裡。

一八九〇年三月二十四日，法蘭琪絲卡獲得了兒子的照護權。他們在耶拿多住了六個星期，結果尼采竟然有一天偷溜了出去。他在街上脫個精光，可能是想去游泳吧，結果被一名警察發現了，將他送回了母親身邊。這件事讓法蘭琪絲卡嚇到了，擔心他可能要被送回精神病院去。她說服了葛策家的一個年輕小伙子幫她「偷渡」尼采到火車站，搭上前往瑙姆堡的火車。法蘭琪絲卡忠心的老女僕愛爾溫開心地向「教授」問好。尼采回到了凡恩加滕街十八號，他的兒時老家。

這棟兩層樓的房子十分適合照顧這個如脫韁野馬般的病人：家中的院子不僅狹小，而且還架了籬笆和門；一樓的窗戶裝了堅固的百葉窗。房子的一邊是整片的葡萄園，另一邊則是聖雅各教堂的側牆。

法蘭琪絲卡仍對她的散步療法相當樂觀。通常尼采會安靜地跟在她身後。如果她看見有陌生人走過來，她就會拉著尼采的手轉過身去，指著某個景色來引開他的注意。等到陌生人安全過去後，她就又會將尼采再轉回來。如果他們在路上遇到了熟人，停下來聊天時，她會教尼采把帽子摘下來。在她聊天說笑的時候，尼采就傻傻地把帽子拽在手裡。若是叫到了他，他會一臉茫然地看著對方。等到聊得差不多了，法蘭琪絲卡就會教尼采把帽子戴上，繼續散步。

尼采小時候對自己的泳技十分驕傲，自認在薩勒河裡游得「像條鯨魚」。游泳總是能帶給他極大快樂。法蘭琪絲卡心想，也許這身體記憶能夠幫兒子恢復神智，但是試過幾次後她不得不喊停。游泳實在太令尼采興奮了，根本就使人控制不住他。

如果這個「親愛的孩子」有哪一天特別吵鬧不聽話，他就會被罰關在家裡不准出門。他的尖叫和大吼不會吵到太多鄰居。要是他真的太過吵鬧，法蘭琪絲卡就會往他嘴裡塞點甜食，比方說水果切片。等他開始咀嚼吞嚥，他的注意力就會轉移開來，粗鬧的吼叫也會變成小聲點的咕噥。尼采的食量還是十分驚人。法蘭琪絲卡說自己從未給他服用鎮靜劑。

若此話屬實，那他這真是關上了心門、徹底的退化，而母親則重新完全掌控了她那個心愛、難搞又聽話的小男孩。

Chapter 22 人去樓空

我十分害怕哪一天會有人把我稱為「聖人」。我不想當個聖人，我寧願做個丑角……說不定我就是個丑角。

——《瞧，這個人》，〈為什麼我就是命運？〉

人在巴拉圭的伊莉莎白在一八八九年初就收到了哥哥崩潰的消息，當時滿腹牢騷的殖民者克林白爾正出書揭穿了他們夫妻倆的殖民地謊話。[1]她當然不可能這時候回德國來。她正在為殖民地的生死存亡奮戰，正在《拜洛伊特新聞報》上發表文章駁斥克林白爾的指控，而且還只有她自己一個人在孤軍奮鬥。

這場婚姻已經成了夫妻間的戰場。佛斯特一直在巴拉圭四處籌錢，從聖派卓到聖柏納迪諾到亞松森，他設法以債養債，儘管利率高得令人髮指，但總比破產來得好。而正當他在為金錢糾纏奔波時，伊莉莎白則是待在新日耳曼一方面埋怨丈夫的無能，一方面發揮她的長才，從德國招募更多的殖民者前來。他們必須在八月以前達成答應巴拉圭政府的移民家庭數，不然這整個殖民地就沒了。

收到尼采崩潰的消息時，伊莉莎白覺得他確實可憐沒錯，但是自己比哥哥還要可憐。沒錯，她是拋下了自己對哥哥的責任。那頭可憐的小羊！要是她待在德國的話，他肯定會好得多。但是她得告訴母親——而且不帶誇大——要是她不在這裡，整個殖民地的建設就很可能化為烏有。她除了當個好妻子之外別無他法，誰叫伯納德這個自私鬼把所有的工作都丟到了她頭上，還不管她的死活。[2]

克林白爾的控訴重重地壓在佛斯特心頭上。日復一日地在破產邊緣徘徊的他開始酗酒。到了六月三日，他終於受不了了，在聖伯納迪諾的旅館房間裡吞下番木鱉鹼和嗎啡的混合物自殺。

伊莉莎白趕到聖伯納迪諾時，報紙上已經刊出了佛斯特吞下番木鱉鹼自殺的消息。伊莉莎白唯一想做的就是駁斥自殺這個說法。但她不知道佛斯特其實已經寄了一封相當於遺書的信給開姆尼茲殖民團的主席麥斯·舒伯特（Max Schubert）：「……這是我最後的請求，請繼續發揮您的天賦、力量和滿腔熱血，為了我所開始的這番重大事業繼續奮鬥。說不定沒有我更能讓這事業蒸蒸日上啊。」[3]

伊莉莎白先前就捏造過她父親是在一場村莊火災中英勇救火而身故的故事，這時更用她三寸不爛之舌來說服當地的醫生，把死因改成由於承受不住虛假指控與敵人陰謀的壓力而導致的心臟衰竭。

不到一個月，她就寫信向母親哭訴遺憾自己當時沒有陪在心愛的丈夫身邊，「不然我就能夠用我們習慣的按摩和足浴來避免他心臟病發了。」[4]我們實在很難想像就連伊莉莎白這樣精明的人也會相信用這些方式就能避免心臟病。

這時她也巧妙地開始建構哥哥精神失常的傳奇故事：尼采是在服用了某種無名的爪哇祕藥之後出事，這才發瘋了。

「就我印象所及，一八八四年那時，〔尼采〕他認識了一個荷蘭人，那荷蘭人向他推薦了一種爪哇麻藥，而且還拿了一大瓶出來給他看。那種藥嚐起來有些像烈酒，而且還帶了一股異國的氣味——連名字也很異國風，不過我現在已經想不起來它叫什麼了，因為我們一直都說那是『爪哇麻藥』。那個荷蘭人示範給我們看，只消把幾滴藥劑滴入一杯水裡……後來到了一八八五年秋天，〔尼采〕他才承認他有一次滴了太多藥劑到杯子裡，結果就馬上倒在地上狂笑不止……他在寫給蓋斯特的信裡還講到了他的『笑』，那一定就是喝了爪哇麻藥後出現的古怪笑容。還有，我哥哥也留下了支持這個理論的線索。他在剛發瘋那時，經常自信滿滿地對我們母親說他『喝了二十滴』（但是沒說是二十滴的什麼），然後他的腦子就『出問題了』。他說不定是因為近視所以才不小心滴了太多藥劑，這大概就是整起可怕意外的原因吧。」[5]

伊莉莎白用一張地契抵清了亡夫在聖伯納迪諾的旅館房租（雖然那塊地根本就不是她的財產），然後她就開始準備送這位英勇將士前往英靈殿的喪禮了。她在寫給母親的家書中描述佛斯特的葬禮令人不禁想起她對剛到殖民地時那封得意洋洋的家書：「有十六名騎士跟在棺木後方，末了還在他靈前鳴槍致意。」[6]那些說他是自殺的假消息都是猶太人報紙的胡謅。

伊莉莎白還是留在巴拉圭，努力籌錢想把殖民地留下來，但是最後，到了一八九〇年八月，終究還是無力回天。這塊土地的所有權轉到了巴拉圭新日耳曼殖民協會（Sociedad Colonizadora Neuva Germania en el Paraguay）手上。她在十二月回到了瑙姆堡，又開始遊說支持者，試圖將那塊殖民地重新奪回德國手中。不過法蘭琪絲卡則一直相信她會回來都是為了要照顧她哥哥。

伊莉莎白在聖誕節前幾天回來了。她母親帶著她哥哥到了火車站接她。法蘭琪絲卡挽著尼采的手臂前進，就像帶著小孩走一樣。尼采的步伐僵硬，彷彿是普魯士士兵在踢正步遊行，而懷裡還捧著一束紅玫瑰花。法蘭琪絲卡不停提醒他要把花拿給伊莉莎白。尼采照辦之後，想起了面前這女子是誰，開口叫她：「小駱馬。」那天夜裡，等尼采上床睡覺後，母女倆就開始聊了起來。這時樓上的尼采房裡傳來陣陣猶如野獸般的咆哮聲，嚇了伊莉莎白一大跳。

伊莉莎白在家裡住下來了，她寫了無數信件，向各個殖民社團、政府官員陳情，並痛斥反閃族主義組織沒有支援他們。她發表文章用的署名也改了：從原本的「伊莉．佛斯特」改成「佛斯特博士夫人」。她還出版了她第一本書：《伯納德．佛斯特博士在巴拉圭的新日耳曼殖民地》（*Dr Bernard Förster's Kolonie Neu-Germania in Paraguay*）。[7]書裡駁斥了克林白爾的指控，還求各位德國同胞支持她這個弱小又傷心的寡婦，成立一家公司，從骯髒的外國勢力手中買回那塊土地。這本書在一八九一年春末出版後，格外引得那些在新日耳曼殖民地的殖民者忿忿不平，因為她居然還在重複她丈夫原本那套惡名昭彰的謊話，說殖民地那裡的土壤多麼肥沃，又有多麼充沛的乾淨用水。

她花了六個月寫成這本書，這段期間裡，她哥哥在杜林最後匆匆寫成的最後著作該怎麼辦，也成了一個問題。三月底時，從印刷商開始兼作出版的瑙曼印好了《查拉圖斯特拉如是說》第四冊，也裝訂完成，準備要寄給書店販賣了。他寄了一本樣書給法蘭琪絲卡。法蘭琪絲卡和當牧師的哥哥愛德蒙・鄂勒（Edmund Oehler）在法律上擁有尼采的監護權，但是法蘭琪絲卡對文學一竅不通，於是她過去便一直拜託蓋斯特和奧佛貝克幫忙處理出版事宜。

蓋斯特和奧佛貝克都相信尼采尚未出版的那些手稿十分重要，所以他們催瑙曼趕緊繼續印刷出版。但是當法蘭琪絲卡收到了《查拉圖斯特拉如是說》第四冊後，她和伊莉莎白都被書裡這些瀆神的字句段落嚇壞了。伊莉莎白更進一步恐嚇老媽，說如果放任這本書出版，她就要面臨犯罪起訴了。所以法蘭琪絲卡和鄂勒否決了出版同意書。這下可惹火了瑙曼：現在外頭正迎來新的精神，正在掀起一股前衛潮流，而這股精神潮流可是對尼采的著作深感興趣啊！

一八八八年，德國皇帝威廉一世終於以九十高齡駕崩。十七年前，他在凡爾賽宮的鏡廳裡接受了德國皇冠，這使得尼采深感痛苦，擔心歐洲勢力即將失衡。在位這期間內，威廉一世和他的鐵血宰相俾斯麥靠著工業化、資本主義、無所不用其極的擴張主義、新教教會、藝術上的保守主義與藝文檢查制度，建立起了高度保守而壓抑的第二帝國。這些力量全都融匯成一股龐大而壅塞、僵化又壓抑、信奉民族主義與威權主義式的世界強權——正是尼采擔心會出現的結果。即使是在尼采瀕臨瘋狂的那陣子，他還是放不下他對第二帝國的恐懼。他在杜林最後那場狂妄的幻想亂舞，不就是他以為自己能夠處死德國皇帝、俾斯麥和所有的反閃族主義分子嗎？

這世紀的最後十年理應是樂觀的時期，該是一個藝術創新的時代，就像法國那樣。但是威廉二世新帝即位之初，卻未能令德國遍地光照。就連在一九一四年跟著他投身第一次世界大戰的陸軍軍官也都說，這位新皇帝在一八九一年時「太過反覆、太過善變，尤其是在小事情上更是如此，還會說些太過輕率的話……看起來似乎連他自己想要什麼都不清楚。還有傳聞說他精神有毛病呢」。[8]

除了在政治上不確定，在精神上也同樣隨著世紀之交逼近而起伏不定。哈利・開斯勒伯爵（Count Harry Kessler）當時是萊比錫大學的學生，他問道，打倒偶像的革命分子究竟在哪裡：「我們年輕人之間正發展出一股祕密的救世主風潮。每個救世主所需要的沙漠就在我們心裡頭，但是尼采突然就這麼橫空出世，猶如流星一樣。」[9]對還是學生的開斯勒來說，那些理想破滅的老兵已經顯示出了他們對新皇帝的心性脾氣有多麼缺乏信心。

哈利・開斯勒遊走在整個歐洲最頂尖的社交、政治與軍事圈裡。他們家族有著萬貫家財，而他母親更是豔驚四座：經常有人懷疑他其實是威廉一世皇帝的私生子，但是這個誤會（因為時間對不上）倒也傷不了他。首相俾斯麥和皇帝本人都將他當作是自己這一方最堪寄望的的年輕人。哈利・開斯勒在一戰期間成了密探兼軍官，在一九一八年也出任德國駐華沙大使，後來也成了藝術運動家、藝術贊助者和博物館策展人。他曾和編舞家尼金斯基（Nijinsky）共乘一輛計程車去看《春之祭》（*The Rite of Spring*）首演，也曾在尼采棺木旁為尼采闔上雙眼。他是個貨真價實的世界主義者。假如尼采還能清醒，肯定會挑哈利・開斯勒做他著作文庫的初始信託人。

一八九一年，年僅二十三歲，身材纖瘦得像條獵狗的開斯勒不僅精通多國語言，博學多聞，人脈廣博卻從未當過大領主，嗅到了風向，奠定了將來的尼采主義路線。接下來整整四十年裡，他一直透過歐洲各地的戲院、出版社、藝術家的工作室與貴婦沙龍來推廣這套觀點，直到一九三三年他因為納粹上台而逃離德國為止，不過那又是另話，暫且按下不表。

哈利・開斯勒的學生時代是在一八八〇年代後期到九〇年代初期，屬於「拉斯柯里尼可夫世代」（**the Raskolinikov**）：也就是受杜斯妥也夫斯基小說《罪與罰》影響特別深刻的一代。開斯勒親眼見過有一個上流出身的同學開槍殺了自己工人階級的女友，而這凶手要往自己胸口開槍自戕時，卻因沒瞄準好而活了下來。[10]這種虛無主義的舉動就是由於杜斯妥也夫斯基的小說啟發，杜斯妥也夫斯基的作品對這後基督教世代的第一代有著無遠弗屆的影響。學生之間因為「太煩」（**the great disgust**）這種追求虛無的意志而掀起的謀殺風潮，後來就以杜斯妥也夫斯基小說中的反面英雄命名為「拉斯柯里尼可夫效應」。[11]

在世紀末瀰漫著這種虛無主義、叔本華式悲觀主義、道德絕望、懷疑還有什麼值得為之奮鬥的氛圍中，開斯勒說，尼采所造成的震撼就像詩人拜倫對上個世代的衝擊一樣深遠。

這些有如溺水遇難的人們會迫不及待地想在虛無主義和對平靜的渴望中做出選擇，這整個世代都抓住了尼采，他把人生意義從人生以外的虛幻位置剔除了出去，重新將這意義安回了人生本身。他們尊崇尼采，視他為真正自由的靈魂，獨自倡導個人主義的聲音，是他提供了在信仰衰微以及科學不斷抨擊人類自我的擬人化假設之際的一條出路。尼采為他們開創了一種可能性，接受意義是一種完全個人的東西，而不是約翰・費希特（Johann Fichte）所說，「可以隨意拋棄或拾起的無生命傢俱」。即便信仰已死，哲學也還能因為可以支持人相信、接受自己的靈魂而有其價值。

尼采最令開斯勒感動的書是《善惡的彼岸》，尤其是書中精神勇士在茫茫大海上尋找解讀世界的新方法，還有為現代情境打造的全新道德價值。沒錯，書裡是殺死了上帝，但是卻也將超人抬上了上帝原本的位子。超人就是存在於萬事萬物身上的權力意志在歷經個人心思掙扎後得出來的結果——只不過這裡所說搏鬥未必是指和他人彼此對抗，而是要對抗自己心中的卑劣情緒，比方說，嫉妒和怨憤。

使《查拉圖斯特拉如是說》在這個世紀末被當作邪教著作的並不是權力意志，而是超人這個概念。這本石破天驚的著作為時代先鋒提供了一條突破僵固衰敗困局的嶄新道路。這本書讓這世界變得神聖，卻無須透過天堂和地獄來證明。尼采用希臘諸神的歡舞來對抗對教會的依賴，因為那就是使得整個基督教歐洲的人民墮落、矮化成完美家畜的元凶。永恆之愛懸起了橫跨虛無主義深淵的繩索，跨過了幾百年來一直將個人拉向卑人（Untermensch）的嫉妒與怨憤。

哈利・開斯勒寫道：「我們必須不是為了憐憫同胞而努力，而是為了同胞的歡樂，為了盡可能提升歡樂的總量，進而提升世上的生命力而努力……這個思想就是尼采哲學的基本核心。」[12]離開大學三年後，開斯勒覺得自己總算能說：「如今德國二、三十歲受過適當教育的人，大概沒有一個人會說自己的世界觀不是來自尼采，或者不曾受過他影響的。」[13]

瑙曼看準了這陣風潮，決心趁機換成書籍銷量，所以在一八九一年時出版了第二版《善惡的彼岸》、《華格納事件》與《道德系譜學》。伊莉莎白這時開始接觸法律人士。她還是住在瑙姆堡家裡，一邊幫忙母親照料尼采，一邊推遲回巴拉圭的行程，要等瑙曼簽妥合約，用三千五百馬克的價格買下尼采剩下的著作出版權。伊莉莎白知道彼得・蓋斯特是真正能讀懂哥哥草稿字跡，繕打成書的唯一一人，便指派他擔任編輯，也做了一些尼采全集便宜版本的事先準備，然後在一八九二年七月就又啟程前往巴拉圭處理她在那邊的事務了。

她回到巴拉圭的這件事，加上先前她在新書裡說得天花亂墜的那些話，惹火了在當地的殖民者，氣得他們寫信給開姆尼茲殖民團主席麥斯・舒伯特，也就是收到佛斯特自殺前所寄信件的那個人。這些殖民者耿直地告訴舒伯特，伊莉莎白蜻蜓點水地回祖國待那一下，根本就沒治好她的妄自尊大，反而比以往還更加自負跋扈。

整個新日耳曼都陷入了僵局之中。伊莉莎白和廚子與僕人照樣待在佛斯特殿裡頭，透過第三方團體和報紙專欄與那些殖民者不停彼此攻訐，直到隔年四月伊莉莎白成功把整座宅子賣給了馮．弗蘭肯伯格－呂特維茲男爵（Baron von Frankenberg-Lüttwitz）為止。這樣她至少能撈回一點投進了這份巴拉圭事業裡的嫁妝。錢到手了之後，她便叫法蘭琪絲卡拍個電報過來，說迫切需要她趕回來照顧病重的哥哥。

不久，《殖民地新聞》刊出了一篇相當於驅逐公告的文章：「新日耳曼一切事物要能有效革新的第一要件，就是擺脫佛斯特博士夫人。」還好法蘭琪絲卡的電報來得及時，這篇文章刊出時，伊莉莎白已經離開了殖民地，準備回家盡她溫良小妹的職責了。

一八九三年九月，伊莉莎白從巴拉圭回到了瑙姆堡，自此之後，伊莉莎白．佛斯特博士就變成了伊莉莎白．佛斯特－尼采了。

這是十分重要的一年，尼采的著作在這一年裡風靡了柏林和巴黎的前衛藝術家，影響廣及繪畫、劇作、詩歌和音樂等諸領域。北歐也掀起了一整片尼采的火海：丹麥的文學評論家蓋歐格．布蘭戴斯先前已經用他的演講燃起了星星之火，而且在一八八八年還居中牽線，介紹瑞典劇作家奧古斯特．史特林堡給尼采認識。這最直接的結果，就是在同一年裡，史特林堡就寫出了《茱莉小姐》（*Miss Julie*）這齣戲；這齣戲取代了亨瑞克．易卜生的《鬼魂》（*Ghosts*），成為在歐洲與美國遭禁最多的戲，審查人痛批只准在實驗劇場和私人劇院裡搬演。《鬼魂》把梅毒這主題搬上了舞台，但《茱莉小姐》這齣講述一名貴族仕女與她父親男僕之間的故事，則更教人不安。它並未在故事裡引進像梅毒這樣的生理疾病，而是一種尼采式的心理劇，透過演出戴奧尼索斯式的性衝動，在超人和卑人之間的互相怨憤以及彼此權力意志間的衝突中，抽絲剝繭地摸索出控制與臣服的交錯力場。

一八九二年到九三年間，史特林堡一直住在柏林，而且在一群喧囂放蕩的世界主義者之間散播尼采的名聲，這個小圈子自稱「小黑豬」（Zum Schwarzen Ferkel），這名字來自他們最愛的小酒館。挪威藝術家愛德華．孟克（Edvard Munch）也是這圈子裡的人，史特林堡介紹他讀了尼采的著作，結果孟克深受影響，最後畫出了著名的那幅《吶喊》（*The Scream*）。這幅畫比任何事物都更掌握住了時代精神：孟克創作出了最能象徵人在思索上帝已死的結果以及隨之而來，必須自行尋找人生意義與重要性的這份責任時，所感受到的那份存在主義恐懼。透過印刷與拓版的快速傳播，這幅畫橫掃了整個德國與巴黎的所有藝廊和雜誌。

使尼采聲名大噪的還有第四名功臣，就是盧．莎樂美。一八八九年，奧圖．布拉姆（Otto Brahm）的實驗劇場「自由舞台」（Freie Bühne）在柏林開張，一年後他更開辦了《現代生活的自由舞台》（*Die freie Bühne für modernes Leben*）這份雜誌。[14] 如今已躋身名流的莎樂美，住在布拉姆隔壁，而她筆下諸多關於尼采的文章也往往都首見於布拉姆的雜誌上。莎樂美的文章更進一步引起了大眾對尼采的興趣；到了一八九四年，她出版了《在尼采著作中的弗里德里希．尼采》（*Friedrich Nietzsche in seinen Werken*），是研究尼采生平與著作最早期的主要材料之一。

尼采著作的形式對一八九〇年代的藝術也產生了巨大而直接的影響。尼采的病在他身上造成的效果——他短促、精簡、乍看之下毫無條理又沒有說完的突發警句——被當作是一種直截了當的現代溝通方式。史特林堡的劇本最為人詬病的就是他拋棄了古典戲劇那種時間、空間與行動一體的關係，而且從書面上根本看不出文句之間的邏輯，但是也正因如此，在舞台上反而呈現出了驚人的效果。孟克也不清理顏料在畫面上的滴灑潑濺，還會在畫布上留下完全沒塗上顏料的空白區域。這是畫家他對格言警句那種一閃而逝的強力暗示所做出的同樣表現，也就是尼采最初在索倫托掌握到的那種格言特質，而尼采也正是根據這種特質打造出了「或許的哲學家」這種強烈又異常現代的策略，使他有了膽量與能力用刪節號來結束一句警句、一條思路，甚至是一整本書，讓讀者必須自行做出結論，同時又認知到客觀真理是教人連設想也永遠設想不到的東西，所謂的追求客觀真理只不過是癡人說夢罷了。

一八九三年，伊莉莎白回到瑙姆堡時，發現全世界都突然對她哥哥的著作大感興趣。她做的第一件事就是整理那一大堆的文件。法蘭琪絲卡一直小心翼翼地保存了兒子寄來的信件和著作。除此之外，奧佛貝克從杜林將尼采帶回來的時候，也已經好好整理了一堆準備寄給法蘭琪絲卡的尼采文稿。一看到尼采這些年行李中裝的盡是這些紙張：筆記本、零散的紙條、拼接成長條的草稿、收到的信件、準備寄出的信件，還有始終不曾寄出的信件；老邁的母親不禁悲從中來，潸然淚下。

伊莉莎白找來了人，敲掉了母親房子一樓的一整面牆。她在這個打通後的大房間裡擺上了查拉圖斯特拉身邊動物的雕像，有蛇、獅子與老鷹。這頭老鷹看起來就像是德國的帝國雄鷹一樣。伊莉莎白將這房間命名為尼采文庫，然後又開始動手構築一套新的神話——相較之下，先前她將佛斯特塑造成充滿英雄氣概的先知的故事，只不過是正式登場前的牛刀小試罷了。

她寫信給尼采所有的筆友，要求對方將所有尼采的信件與文稿全都寄回來，還警告他們這些文件的版權統統屬於文庫所有。眾人之中只有寇希瑪．華格納與法蘭茲．奧佛貝克沒有照辦。寇希瑪摸透了伊莉莎白的天賦和想法。伊莉莎白對於尼采和華格納之間往來的故事真相肯定與寇希瑪自己的版本不同。她才不肯幫尼采文庫的忙。伊莉莎白把寇希瑪這反應認定是女人之間的仇怨，也是打算在文庫蒐藏上一較高下，因為寇希瑪一直都還在拜洛伊特有聲有色地打理華格納文庫。

奧佛貝克也不把文件交給她；他根本沒有理由這麼做，畢竟他一直以來都是尼采傾訴自己對鎖鏈病的苦惱和自己對妹妹有多麼厭惡與不屑的忠實密友。奧佛貝克的拒絕令伊莉莎白對他夙怨更深，起初是不肯在莎樂美的事情上幫她，後來又勸阻尼采投資她的新日耳曼殖民地，現在又加上了一樁。奧佛貝克這下成了她的死敵。他「搞不好是猶太人呢」。尼采現在是這個樣子，都是他和法蘭琪絲卡的責任。在尼采剛開始發病時，伊莉莎白除了批評他們的做法之外什麼也沒做：他們當初應該送他去醫院而不是療養院啊！奧佛貝克找來護送尼采從杜林到巴塞爾的那名牙醫還是個猶太騙子（其實他只是半個猶太人）！伊莉莎白連絡上了朱利烏斯．藍本，打算聯手對付她母親。奧佛貝克與法蘭琪絲卡當初應該選擇「頭等」醫療的，不然結果就不會是現在這樣了。

彼得・蓋斯特也熟知尼采過去一切的恩怨情仇。但是他竟傻得向伊莉莎白說自己正打算寫一本尼采傳記。她嚴厲地告訴他，除了她自己之外，誰都沒有資格寫這本傳記，然後就開除了他文庫編輯的職務。至於編輯這個位子，她找了弗里茲・柯格爾（Fritz Kögel）來頂替，這個比她小十四歲的語文學家兼音樂家是她花了一晚上勾搭來的。柯格爾是個英俊的沙龍帥哥，有著浪漫的外表，頂著一頭狂野的亂髮。他看不懂尼采的字跡，但是這並不要緊。最初的那幾年裡，尼采文庫實際上就是伊莉莎白的貴婦沙龍，主編柯格爾只要負責巴結她、挑逗她，一邊彈琴一邊唱歌來娛樂賓客就夠了。沙龍裡的鋼琴上方掛著三張圖片：第一張是尼采的相片，然後是凡・戴克（Van Dyck）的騎士像與杜勒的那幅《騎士、死亡與惡魔》。但是時不時地總有野獸的咆哮聲從樓上傳來，打破這精緻細膩的文明氣氛。

隨著漸進性麻痺的症狀逐漸擴及大腦和身體，尼采的暴怒就愈發猛烈、難以預料，這使得法蘭琪絲卡無法再繼續她帶他出門散步復健的計畫了。一向熱愛徜徉在高山林間的尼采，如今活動的範圍只剩下二樓的兩個房間和一個封起來的小迴廊。他通常都得靠人帶著，才能從臥室走個幾步到小迴廊上；他往往沒辦法靠自己找到通往陽台的路。他過的日子就和被圈養的動物沒有差別。他會在迴廊上來回地走著，母親還在迴廊上放滿了植栽，免得外界看見他。法蘭琪絲卡老是擔心政府當局會發現她心愛的瘋兒，從她身邊將他搶走。

上午時分尼采大多都在睡覺。等到人家帶他盥洗更衣之後，他通常就會待在二樓的另一個房間裡枯坐好幾個小時。他有時候會玩起洋娃娃和其他玩具。母親也會盡量用最大的聲音讀書給他聽。他其實聽不懂那些字詞的意思，但是他喜歡那些聲音。他討厭訪客。不管是理髮師上門來幫他修剪鬍鬚，或是按摩師傅在他日漸萎縮的肌肉上按摩搓揉，他都會激烈反抗。儘管他們都已經是定期前來的熟面孔了，他還是覺得他們是要來傷害自己的。為了讓他們好做事，法蘭琪絲卡都會在一旁細聲安撫他，一面把甜點塞進他嘴裡。有時候她還會唱些安眠曲。尼采偶爾會想起一些片段，然後就跟著哼。尼采在大吵大鬧的時候總令法蘭琪絲卡和忠心的管家愛爾溫感到害怕，但是他們更怕他會被人帶走，所以寧可拚著一身痠痛，也要用盡力氣制服他。

法蘭琪絲卡三不五時就會寫下「我生病的好兒子所說的話」。一八九一年，尼采還記得小時候住在呂肯時的那片果園，還叫得出那些不同種類果樹的名字。他也記得門廊盡頭的書房，還有那次震碎所有窗戶玻璃的爆炸。一想到這件事，他就笑得前俯後仰，然後會一臉嚴肅地說：「小莉莎啊，你那個在洗澡的寶貝，那個小心肝啊，已經獲救了。我已經把他放進我的褲袋了。」但自此之後，法蘭琪絲卡斷斷續續的記載卻顯示出他的記憶逐年混亂散失。僅僅四年時間，到了一八九五年，他就已經再也記不得童年的點點滴滴了。他的思考反應也崩潰了。他母親記錄了一件向來習以為常的事，她問他要不要吃飯，他回答道：「我有沒有嘴巴可以吃呀？我應不應該吃呀？我是說我的嘴巴，我想吃……這個是什麼？耳朵。這是什麼？鼻子。那這裡是什麼？我不喜歡手。」但是在那深邃的內心迷宮裡還是藏著一份即使稱不上是回憶，至少也是對他曾經身分的淡薄印象：如果有什麼東西讓他覺得開心，或者他覺得那個東西漂亮，他就會說那是「書」，而且他還會一直問人家他是不是很笨。「『不笨呀，我的乖兒子，』我這樣告訴他：『你一點也不笨，你的書現在撼動了全世界哪！』『不對，我很笨。』」

天可憐見，這看起來就像是他最接近他曾經擁有，如今卻已喪失的天才時刻了。

一八九四年十月十五日，尼采五十歲生日。瑙曼匯了一萬四千馬克到他戶頭。他的書總算開始大賣了。但是尼采壓根兒也不知道。

他的那群老朋友也都來為他慶生，可是他不知道這些人到底是誰。這些日子以來，他只認得他母親、他妹妹，還有好心的愛爾溫。照奧佛貝克的描述，他既稱不上開心，卻也不是不開心，看起來像是魂飛天外一樣，有點嚇人。保羅．竇以森買了一束生日花束送他。這些花吸引了尼采的注意力，但是才一下子他又渾然忘了這東西。竇以森告訴他，今天他五十歲了，但是他根本聽不懂這是什麼意思。一直到蛋糕上桌，他才又興奮了起來。

隔年一整年則是在令人害怕的敏感易怒、尖叫嘶吼和不時的徹底消沉中度過。奧佛貝克有一次來看他時，正巧遇上了他消沉的時候。他看到尼采就像先前他在杜林看到時的模樣，蜷縮在沙發角落上，兩眼無神。奧佛貝克不由得聯想到動物瀕死的模樣，縮在角落裡，一心求死。

奧佛貝克此後再也不來探視尼采了。伊莉莎白公開指控奧佛貝克偷走了尼采未出版的部分稿件。但是真正的原因是他拒絕把尼采寄給他的信件交出來，伊莉莎白心知那些信裡一定說了些她的壞話，而且恐怕還會推翻她編出來的故事。這些信件最後到了一九〇七、〇八年還是出版了，但那是因為伊莉莎白在法庭上獲得了勝訴，判決結果是要將這些信中的爭議段落隱去，不過這審查機制反而使伊莉莎白落了個不可信的名聲。

回到尼采家裡，母女之間也日漸水火不容。法蘭琪絲卡和愛爾溫在房子樓上照料著無能自理的尼采，而樓下伊莉莎白的音樂沙龍卻是弦歌不輟，兩相對照，實在教人看不過去。

伊莉莎白寫了封十頁的長信，痛斥法蘭琪絲卡根本就照顧不了尼采。她想成為尼采的監護人，把他和那些著作都搬到一間新文庫去。但是尼采家的家庭醫師拒絕支持伊莉莎白對抗母親的說法。

法蘭琪絲卡自然是心如刀割。但是更令她難過的是伊莉莎白竟然在一八九五年出版了第一冊《尼采生平》（*Das Leben Friedrich Nietzsche*）。法蘭琪絲卡看到這本書時，整個人都傻住了。她痛訴這書裡講的沒一件是事實。但是法蘭琪絲卡識字不多（正如耶拿療養院的賓斯華格納所記載的一樣），她根本無力發文反駁女兒捏造的故事。法蘭琪絲卡也沒有任何精通文墨的有力熟人能跳出來幫忙。奧佛貝克雖然挺她，但是他自己也才剛忙著將伊莉莎白垂涎已久的那些信件捐給巴塞爾大學。這是奧佛貝克的典型作風，把一切都留給後世評判。

一八九五年十二月，伊莉莎白擬妥了一份獨占尼采手稿與文件版權的合同。她給母親三千馬克買斷哥哥著作的所有版權與版稅。法蘭琪絲卡無奈地同意了。她其實不想讓女兒完全掌控這些文學財產，但是另一方面，這筆錢確實應該夠保障她自己和兒子將來的生活。

以尼采著作的收入來看，這金額實在不多，畢竟前一年裡就已經賣了大約一千五百馬克了。大眾對尼采作品的崇拜喜愛，讓伊莉莎白根本就不愁籌不到錢。給她這筆錢的是三個富有的尼采迷：一個是尼采的老朋友梅塔・馮・沙利斯—馬許林斯，一個是哈利・開斯勒伯爵，還有一個是銀行家羅伯特・馮・孟德爾頌（Robert von Mendelsson），孟德爾頌是個猶太人，顯然伊莉莎白的反閃族主義並未影響她在金錢方面的盤算。

從這時起，到一九三五年去世為止，伊莉莎白都一直控制著所有尼采著作及往來信件的出版、編輯與版權管道。她霸占了內容審查的權力，一邊隨意塑造哥哥的著作內容與生平故事，一邊坐收那些她允許出版的著作版稅。

一八九七年四月，這對母女之間的恩恩怨怨也到了盡頭。疲憊傷心的法蘭琪絲卡以七十一高齡辭世，死因可能是子宮癌。從此，伊莉莎白不僅掌控了尼采的著作，也控制了他整個人。

首要之務就是把尼采和文庫遷到一個適合的新地點。瑙姆堡太落後了。在伊莉莎白看來，威瑪是個好地方，這裡可以讓尼采名列德國文化的萬神廟。

威瑪自從歌德在一七七五年來了之後，就成了德國的文藝之都。但是威瑪要徹底變成「我們德國的雅典」，都要歸功於黃金時代的文人雅士：費希特、赫爾德、馮・洪堡德、謝林、席勒與維蘭德（Wieland）。一八四八年，李斯特接下了傳承文化的衣缽，成立了一個文化協會——新威瑪協會（Neu-Weimar-Verein）——並且在宮廷劇院導演了華格納的早期歌劇作品，開啟了白銀時代。

歌德與席勒的文庫都座落在威瑪，伊莉莎白心裡盤算著，若能沾上這份光，那尼采文庫就能夠和寇希瑪在拜洛伊特那座令她無比羨妒的華格納文庫平起平坐了。

要賣掉瑙姆堡這間小房子，再到威瑪買間大房子，這可得花不少錢。不過梅塔・馮・沙利斯－馬許林斯樂意出資。有什麼比這方式更能回報尼采從前在席爾斯－瑪麗亞與她共度的那些日子呢？梅塔只不過教會尼采怎麼在席爾瓦普拉納湖划船，而尼采可是教了她女人也可以成為超人呢。

梅塔找到了剛蓋好的席爾伯布利克莊園（Villa Silberblick），[16]這幢有點醜陋、四四方方的磚造大宅位在威瑪的南方郊區。這房子比無妄堂來得小，不過反正也不需要在屋裡設置演奏廳，所以這大小其實恰到好處。席爾伯布利克莊園的優點是在於所處位置；這座宅子的名字來自於它可以一覽無遺的銀白景觀。它座落在緩緩爬升的洪堡德大街（Humboltstrasse）頂端，俯瞰整座城市最美的景色，也是歌德從義大利旅行回來後所列出的歐洲新古典勝景之最。歌德也和尼采一樣愛上了坎帕尼亞這片羅馬周邊的鄉間地區，也同樣喜歡克勞德・洛蘭在畫布上所呈現出來的風貌。尼采回來後，就開始著手將威瑪平原周邊版圖打造成縮小版的理想國。草原改成了仙境農田，蜿蜒曲折的伊爾姆河（River Ilm）沿岸也興建和挖掘了許多神廟、洞穴。從席爾伯布利克莊園的窗戶向外眺望，這令人心曠神怡的美妙景色至少綿延十哩，怪不得曾讓尼采在癡戀莎樂美時寫出了那首〈夜歌〉。

尼采幾乎每天都坐在席爾伯布利克莊園那兩層樓的陽台迴廊上，度過了人生最後的三年。要是他的眼睛還能看見，大概會想起坎帕尼亞，想起和莎樂美一同爬上歐爾塔聖山那段改變他人生路途的沿途美景，平鋪在圖林根平原上，遠方隱隱沒入了漆黑蓊鬱的埃特爾斯森林之中。

對梅塔來說，這裡看起來是最適合她好友的地方。她用三萬九千馬克買下了這整座宅子和土地。伊莉莎白也不跟她說一聲，就開始在這裡大興土木，這邊加個浴室、那裡加個陽台之類的，然後就把帳單全寄給了梅塔。梅塔一看居然要她為這些毫無必要的虛華改裝付錢，氣得七竅生煙。但是令她更氣的是伊莉莎白為了出名，竟然無所不用其極；她在報上讀到一篇文章，那名記者竟然描述了伊莉莎白如何靠展示尼采的生活來牟利：他先是睡覺，然後醒來，接著縮在椅子上，吃一小片蛋糕。這實在太過分了。梅塔自此與她斷絕來往。[17]

一八九七年七月，房子裝修完成後，伊莉莎白安排了一趟廣為宣傳的祕密夜間旅行。尼采坐在輪椅上，搭上由瑙姆堡開往威瑪的火車，然後從威瑪火車站的私人出口離開。這當然是事先安排好的，因為通常這私人出口都只保留給薩克斯—威瑪大公爵使用。從抵達威瑪開始，伊莉莎白的雙腳就不曾沾上這裡的灰塵，她不管去哪裡都要搭馬車，車上還有車夫與男僕跟著。[18]

哈利．開斯勒伯爵是最早來的訪客之一。他八月到這裡來的時候嚇了一跳，因為門口接待的男僕衣服金釦上竟有象徵貴族的五指皇冠。[19]開斯勒是要來談《查拉圖斯特拉如是說》的事。理查．史特勞斯（Richard Strauss）的同名樂曲在去年首演後大為轟動。開斯勒提議可以出一本豪華典藏版的《查拉圖斯特拉如是說》。此外，他也想加快最後那些詩作和《瞧，這個人》的出版作業，尤其是《瞧，這個人》，拖到現在都還沒出版。伊莉莎白不置可否。除了想把《瞧，這個人》裡數落她的段落拿掉之外，她更偏好在由她編寫的哥哥的傳記文章中，釋出少量片段。以此維護她作為守門員的特權地位，成為唯一能夠接觸到這部珍貴自傳的人。這是讓所有可能質疑文庫出版物真實性的人閉嘴噤聲的強大武器（克林白爾事件的陰影還揮之不去）。她把《瞧，這個人》的稿子在手裡多攥了十一年，才讓它出版。而且就算到了那個時候，她也只讓開斯勒出版所謂的「銀行局長版」，這個由凡・德・費爾德（van de Velde）設計的豪華限量版，用黑色與金色墨水印刷，讓她淨賺了兩萬九千五百馬克。

不過，就在哈利・開斯勒頭一次來到席爾伯布利克莊園的時候，伊莉莎白倒是更想和他談談尼采的喪禮要怎麼辦才合適，而她人在樓上的哥哥離死期可還遠著呢。伊莉莎白已經決定，哥哥到時候就該葬在席爾伯布利克莊園，就像華格納也葬在無妄堂那樣，不過市政府那邊卻始終不肯。哈利・開斯勒覺得席爾斯－瑪麗亞的切斯特半島會更合適，但是伊莉莎白卻絲毫不作此想。伊莉莎白反而轉過來邀請他當尼采文庫的編輯。儘管五十一歲的伊莉莎白搔首弄姿地提出了這份邀請，但二十九歲的開斯勒終究還是婉拒了。

伊莉莎白這種愛和只有自己一半年紀的年輕帥哥調情的個性真是個道道地地的維也納人。她後來雇了年輕的魯道夫・史坦納（Rudolf Steiner），這個年輕人後來一頭栽進了布拉瓦茨基夫人（Madame Blavatsky）的神智學邪教，然後又自己根據年輕時所體驗到的幻覺創了「靈性科學」大雜燴的人智學（anthroposophy）。史坦納除了在尼采文庫幫忙編輯工作，伊莉莎白還要他教自己尼采的哲學，但是這實在是對駱馬談哲學，根本說不通。史坦納放棄了，說她若不是學不會，就是讀不懂尼采的哲學。大概兩者都是吧。

開斯勒拒絕編輯這職位，文庫就還得另外聘人。最近從席爾斯—瑪麗亞寄來的信件猶如雪崩般轟然湧至。尼采先前離開席爾斯時還沒料到這竟會是最後一次，所以他在吉安·杜里許家那個房間裡還堆滿了各式各樣的筆記與紙條。他對杜里許說這些都是垃圾，他應該一把火燒了。杜里許費了一番工夫把這些都收進了櫃子裡，但就在他放火之前，尼采迷紛紛到了查拉圖斯特拉這座山上來，都要摸摸那塊岩石。他們把能夠找到的任何東西都當作至寶，不管上頭寫的是「我忘了帶雨傘」[20]，或是記錄思考受難基督與戴奧尼索斯各種不同意義的隻字片語。伊莉莎白一聽到這消息，立刻要求杜里許把所有東西都寄到威瑪來，和在這裡有增無減的文書稿件囤在一起，也就是後來的尼采遺稿（Nachlass）。

最後伊莉莎白還是不得不低頭，找回彼得·蓋斯特來當文庫編輯。他真的是唯一一個能辨識尼采後來字跡的人，這是伊莉莎白計畫的關鍵，有了他才能把一團混亂的遺稿捏塑成伊莉莎白自己的著作，以尼采之名出版。她打算把書名取作《權力意志》（*The Will to Power*），當成尼采的最高傑作，對一切價值的徹底重估。她毫不懷疑自己可以從遺稿的這些斷簡殘篇中，創作出在尼采最後清醒的日子裡曾經提過他在《反基督》之後還想要寫，已經寫了，或是不必再寫的那本書。

尼采一直都不算有錢。他有窮人那種節儉的習慣，會重複用同一本筆記本記事，一直寫到無處可寫為止。所以除非從字跡惡化的程度來判斷，不然根本無從掌握他的記事先後或思想脈絡。有時候他會從前面開始寫到後頭，有時候卻又反過來從後頭開始寫起。各頁各段都有劃掉塗抹或直接蓋過去的字跡。他深邃的思想和瑣碎的購物清單會在同一頁上並陳。

蓋斯特忙著處理遺稿時，席爾伯布利克莊園已經變成了尼采迷的朝聖景點，與尼采的文稿、相片和書籍一同陳列的，還有裱了框的蕾絲頭紗、巴拉圭民俗藝品和宣揚亞利安主義與反閃族主義的殖民先鋒佛斯特博士的胸像。伊莉莎白在週六都會開辦沙龍聚會，週間也會不時舉辦宴會。到來的訪客都很興奮地注意到在他們頭上，「僅有一牆之隔」的，就是他們的偶像尼采—查拉圖斯特拉。特別訪客可以遠遠瞄到樓上的人影，他現在總是穿著一件長可及地的白色麻袍，活像是宗教畫裡走出來的一樣。

這些訪客很容易就會將尼采神化，於是各種半宗教式的傳聞不脛而走。這些故事通常都聚焦在他的眼睛上。這位靈智上人的雙眼有一種神祕的力量，看得透人心最深處的深淵，也看得見誰也不曾到過的絕頂高峰。尼采那雙可憐的半盲眼睛被人說成了兩顆星星、天球，甚至是銀河。「在這時候看到尼采，」魯道夫．史坦納寫道：「看他穿著那身潔白長袍躺著，充滿質疑與謎樣的高貴氣息，還有獅子般威嚴的面容——無論是誰都會覺得這個人絕不會死，而且他的雙眼將永遠帶著那份深不可測的喜悅看著人類與這整個表象世界。」[21] 伊莉莎白找來負責替尼采設計紀念碑的建築師弗里茲．舒馬赫（Fritz Schumacher）也說：「看到他〔尼采〕的人都不會相信自己看著的這副軀體已經沒有了心靈。誰都會相信自己看到的是超脫凡俗的一個人。」[22]

伊莉莎白喜歡在晚餐後展示尼采。她通常會把尼采隔在一層朦朧半透的簾子後頭，就像是降靈會中現身的鬼魂一樣。[23] 很少有人像哈利．開斯勒一樣清楚見到尼采，開斯勒大概是最常見到他的訪客了，因為他若是有事來找伊莉莎白討論，經常會在席爾伯布利克莊園留宿。他說自己會半夜從床上驚醒，因為尼采發出了「粗野的漫長嚎叫，彷彿用盡全身力氣對著黑夜嘶吼；然後一切又復歸平靜」。[24]

開斯勒眼中見到的尼采並不是一個病人，也不是先知或瘋子，反而比較像是一個空信封，一具行屍走肉。尼采露在衣服外頭的雙手浮著一條條的青筋，就像在屍體身上那樣明顯。留到蓋住了整個嘴巴與下頷的鬍子其實是一道精心設計的掩飾，避免人家看到那失控的口唇無法遮掩的空洞愚騃。開斯勒和那些尼采迷不一樣，他在尼采的眼裡什麼也沒看見。既沒有癲狂，也沒有驚異，更沒有靈性。「我會說他的模樣很老實，同時又有些茫然，找不到一點靈敏才智，就像通常在一條雄偉大狗身上看到的那樣。」[25]

尼采在一八九八年夏天第一次中風。隔年又發作一次。一九〇〇年八月，尼采得了感冒，而且演變成呼吸困難。有位目擊者為我們描述了尼采的狀況，不過，也許是害怕伊莉莎白記仇的性格，這名目擊者不願透露姓名，但其描述聽起來似乎是出於長年照顧患者的護士之手。

這名目擊者寫道，尼采在搬到了威瑪之後，既不能閱讀，也無法理解，甚至也沒辦法流利說話，可是當時這位可憐人還接受了不少訪談。這些訪談人幾乎都沒有當面見到尼采。

所有人都是透過伊莉莎白來接洽，所有的訪談內容也都是經由她轉述，尼采則是半癱著躺在這位目擊者所謂的「墓床」上，床緣還架高起來圍著，生怕他跑了。尼采的生理機能也十分糟糕，主要是因為他只要一看見閃閃發亮的東西，就會一把塞進嘴裡。除此之外，他算是相當乖順聽話的病人。他的病況雖然回天乏術，但身體上卻沒受到什麼痛楚。

哈利·開斯勒的說法也支持這份敘述，但是伊莉莎白說的故事卻完全不同：尼采正在讀他最喜歡的書——看起來是莫泊桑吧。照伊莉莎白所說，尼采一直到嚥氣那一刻都還能說話。「他經常誇讚我做得很好。他也經常在我傷心時安慰我。他真的很感心：『你為什麼哭呀，伊莉莎白？』他會說：『我們很幸福呢。』」[26]

對於尼采之死，這兩種版本的說法也大相逕庭。那位匿名的目擊者寫道，尼采死時十分痛苦掙扎，但是並未持續太久；這顯然是出於經常見證臨終時刻的人才會說的話。目擊者接著又描述了尼采的強壯體魄，「即使在棺木裡也顯得相當魁梧」，倘若尼采當時還有意志，說不定還會掙扎更久。[27]

而伊莉莎白敘述的尼采之死則是截然不同的另一則故事：某一天，正當他們倆相對而坐時，瞬間風雲變色，尼采整個表情大變，突然中風昏死過去。（伊莉莎白很喜歡拿中風說故事。）「感覺上這偉大心靈就要在雷電交加中湮滅了，但是到了晚上他又康復過來，試著說話……我在半夜快兩點的時候拿了一杯水給他，當時他把燈罩拿了下來，想好好看看我……他睜大了那雙深邃的眼睛，最後一次凝視著（我的）眼睛，開心地大喊：『伊莉莎白！』接著突然搖了搖頭，閉上眼睛，溘然長辭……查拉圖斯特拉就這樣仙去了。」[28]

一九〇〇年八月二十五日，尼采逝世。

伊莉莎白找來了哈利．開斯勒。此時正當全世界迎接新世紀到來，在巴黎艾菲爾鐵塔點燈，慶賀電力帶來的奇蹟，開斯勒接到消息，趕緊縮減了在巴黎參觀世界博覽會的行程。開斯勒抵達威瑪時，見到尼采已經停柩在文庫書房，周圍擺滿了棕櫚與鮮花。

當時通常都會請雕刻師傅來製作死者的遺容面具。伊莉莎白先前已經問過了麥斯．克林格（Max Klinger）和恩斯特．蓋格（Ernst Geyger），但是他們倆都太忙了抽不出身，所以這工作又交到了哈利．開斯勒手上。他馬上著手進行，還拉了在那邊布置喪禮式場的年輕學徒幫忙。棺木中尼采的頭歪了一邊，他們只好稍微抬起他的頭來，重新擺正。直到大功告成，他們才鬆了口氣。伊莉莎白複製了幾份遺容面具，當作是亡者紀念（memento mori）送了出去。但是沒過多久，她又覺得這份遺容面具不夠令人印象深刻。所以她又叫人做了第二份精緻些的遺容面具，要送給一些特定人物。第二版的遺容面具額頭更高，直逼蘇格拉底的頭像，而且五十五歲的尼采現在還戴上了宛如年輕阿波羅的滿頭鬈髮。

尼采曾明言自己希望以純正的異教徒身分下葬。至於喪禮上的音樂，他希望只要演奏他譜寫莎樂美的那首〈生之讚歌〉。不要基督教儀式，尤其不要找牧師來。

不過，在文庫書房裡最後卻舉行了漫長的基督教喪禮。喪樂則是布拉姆斯和帕雷斯特里納（Palestrina）的曲子。一位名叫柯特．布雷席格（Kurt Breysig）的藝術史學家朗誦了一篇冗長無味的囉唆弔文。有人說，要是尼采聽得到這篇悼辭，肯定會爬起來將布雷席格和那些隨後附和的眾人都丟出窗外。[29]

隔天，這一切都搬到了呂肯重新上演，綴有閃亮銀色十字架的棺木放在埋葬了他父親、母親與幼弟約瑟夫的家族墓中央。伊莉莎白後來又改變了心意，就像先前處理遺容面具一事一樣。她將尼采的棺木從家族墓中央移到了排尾。等到她長眠於此的時候一到，她還是要當這隊伍中央的主角。

尼采死後，伊莉莎白繼承了他總共三萬六千馬克的遺產。尼采文庫正式成形，由哈利·開斯勒擔任信託人之一。他也接下了威瑪大公爵工藝博物館館長，著手打造威瑪新一波的文化時代，發展以尼采為中心的總體藝術，就像先前以歌德為中心的黃金時代那樣。這是再次推動尼采和華格納曾共有的夢想：將所有藝術統合為一，創造全新而融貫的日耳曼文化認同。

開斯勒拉來了亨利·凡·德·費爾德擔任威瑪工藝學校的校長，也將席爾伯布利克莊園內部重新裝潢，改名為尼采文庫（Das Nietzsche-Archiv）。凡·德·費爾德這個開朗的比利時人大力支持當時最新潮的藝術風格，德文裡稱之為青年風（Jugendstil），法文則叫新藝術運動（art nouveau）。他在被開斯勒帶來威瑪之前，就已經為巴黎知名的藝術交易商山繆·齊格飛·賓（Samuel Siegfried Bing）設計了新藝術會館（La Maison de l’Art Nouveau）的內部裝潢。這個齊格飛·賓就是開創新藝術風格市場的推手。

新藝術運動著重自然造形與手工製造，這與尼采認為自然界的無邏輯、非理性力量勝過機器力量的想法不謀而合。德國皇帝曾說，凡·德·費爾德在裝潢上做的那些波浪曲線讓他覺得快暈船了，但是伊莉莎白對於文庫能改造成最當紅的時尚象徵十分高興。代表尼采名字的曲線N字出現在整幢屋子裡裡外外，從扶手到門把上，到處都是。

總體藝術的核心是尼采的出版作品。所以開斯勒請凡・德・費爾德設計一套清新的字體，將尼采火熱的文字從傳統德文黑體字那種古老的歌德風裡解放出來。

凡・德・費爾德負責裝飾藝術方面的工作，而美術方面的事務則由開斯勒處理。開斯勒和巴黎傳奇的藝術交易商安柏斯・佛拉（Ambroise Vollard）和保羅・杜宏—惠爾（Paul Durand-Ruel）相熟。他在威瑪的藝廊很快就成了前衛巴黎的前哨站，展出各種印象派、後印象派與表現主義的作品。他也認識許多藝術家，包括莫內（Monet）、雷諾瓦（Renoir）、竇加（Degas）、波納爾（Bonnard）、魯東（Redon）和維亞爾（Vuillard），還有雕刻家馬約爾（Maillol）。他還想請馬約爾製作一尊象徵超人的巨型裸體雕像，要當成一九一一年尼采紀念大會的一部分。這個紀念大會的委託案顯示出尼采在二十世紀初有多麼廣受歡迎。除了馬約爾之外，參與的還有蕭伯納（George Bernard Shaw）、喬治・摩爾（George Moore）、葉慈（W. B. Yeats）、吉爾伯特・莫雷（Gilbert Murray）、威廉・羅騰斯坦（William Rothenstein）、哈利・格蘭維爾—巴克（Harley Granville-Barker）、艾瑞克・吉爾（Eric Gill）、奧古斯特・羅丹（Auguste Rodin）、莫里斯・丹尼斯（Maurice Denis）、安納托爾・法蘭士（Anatole France）、亨利・伯格森（Henry Bergson）、夏爾・莫哈斯（Charles Maurras）與莫里斯・巴黑（Maurice Barrés）。但是整個計畫隨著第一次世界大戰爆發而付諸流水。

孟克也在一九〇六年被找到威瑪來替尼采繪製一幅身後的「概念肖像」。孟克所用的畫布大小通常反映出他對作畫主題的好惡，而尼采這幅「概念肖像」則是他繪製最大的畫作之一。這幅畫裡的尼采就像在《吶喊》裡頭的主角一樣，站在斜斜畫過整個畫面的扶手前方。[30]《吶喊》畫面裡的扶手是從右下斜向左上方，而尼采像中的扶手則是從左下向右上奔去，這也顯示出孟克對畫面中人的心路歷程的不同觀點。尼采的巨大身影也使得畫面背景裡的教堂十分渺小：孟克也和尼采一樣，從小就在宗教氣氛濃厚的家庭中長大，原本也註定要成為牧師，但是他也如同尼采一般，踏上了截然不同的人生道路。

伊莉莎白和孟克並不對盤。不過她還是希望孟克也幫自己畫張像。孟克挑了一個奇怪尺寸的畫布，然後把她的荷葉邊套裝畫得亂七八糟，還將她的臉畫得有如劊子手般凶神惡煞。[31]

站在這綠色的山丘上，伊莉莎白覺得自己總算和寇希瑪平起平坐了。寇希瑪於一九三〇年辭世，伊莉莎白則死於一九三五年；直到過世前，伊莉莎白全權掌控尼采著作出版的時間已經是尼采本人從出版第一本書《悲劇的誕生》到寫下最後一本《瞧，這個人》這十六年的兩倍有餘了。這段期間裡，伊莉莎白就是盤據在尼采文庫中央的蜘蛛，將兄長的字句編織進她自己的迷網之中，透過把哥哥打造成她自己所信奉的神祕先知來吹噓自己的名聲。

伊莉莎白始終不曾搞懂她哥哥思想中所包含的概念震盪，也一直不明白為什麼尼采會反對所有哲學理論都把世界化約為單一體系的做法。對確定性的堅決反對使得尼采自稱是

「或許」的哲學家，這也讓她一頭霧水。她不管尼采自認是個愛惡作劇的調皮鬼，不管這位哲學家寧可當個丑角也不願做聖人。她不顧他認為真理沒有單一定義，卻可能在不同觀點的問題檢視之下得出豐碩成果的想法。她也不理睬尼采說沒有永恆的理性蜘蛛，只有生命舞池的意外巧合，但人生卻未因此毫無意義的講法。雖然她掌握了他所有的著作，卻根本不了解他智識探索的主要目的：如何在一個沒有神祇或理念的不確定宇宙中尋得價值與意義。

一九〇一年，尼采逝世隔年，伊莉莎白出版了《權力意志》（*Der Wille zur Macht*），這是尼采全集的第十五冊。這本書彙集了從遺稿中選出的四百八十三條格言警句，還有尼采不希望別人見到（更甭提出版成書）的筆記與草稿。尼采一向對於最終出版的成品有點神經兮兮，這從他寫給蓋斯特和出版商的信件中就可以看得出來。伊莉莎白以尼采之名出版的《權力意志》壓根兒就不曾表達出尼采對任何事物的真正看法。到一九〇六年再刷時，伊莉莎白又將這本書的內容擴增了三倍：原本的四百八十三條格言變成了一千零六十七條。伊莉莎白對於編輯遺著這工作真可說是不遺餘力。

要讓尼采成為傳奇，打造形象實在是重中之重，所以伊莉莎白特別請人製作了雄偉的雕像、耀眼的畫像和真的閃閃發光的相片。她甚至讓尼采也戴上像耶穌一樣的荊棘王冠。在出版作品方面，她不僅出了他的書、文章，還出了短篇選集。既然沒有人可以推翻她對過去事件的說法，她更放心大膽地憑著想像寫出了第二本傳記：《孤獨的尼采》（*The Lonely Nietzsche*），也捏造出了《尼采與華格納之通信》（*Nietzsche – Wagner*

Correspondence），還寫了本《尼采與女人》（*Nietzsche and Women*）來發洩她對莎樂美的陳年夙怨。在擴編《權力意志》之後，伊莉莎白得到了一九〇八年諾貝爾文學獎的提名。她之後還會因為她關於尼采的著作而獲得三次提名。[32] 耶拿大學也頒給她一個榮譽博士學位，此後她的署名頭銜就一直都是「榮譽哲學博士伊莉莎白・佛斯特—尼采女士」（Frau Dr. Phil. H. C. Elisabeth Förster-Nietzsche）。

一次世界大戰風雨欲來的那幾年裡，哈利・開斯勒仍發揮了十足的影響力，尼采風潮席捲了全世界的知識分子。受尼采所吸引的評論家、作家和藝術家比哲學家還多。叫得出名字的尼采信徒就有：胡戈・馮・霍夫曼斯塔（Hugo von Hofmannsthal）、施特凡・格奧爾格（Stefan George）、理查・戴莫爾（Richard Dehmel）、理查・史特勞斯（Richard Strauss）、托馬斯・曼（Thomas Mann）、海恩里希・曼（Heinrich Mann）、馬丁・布伯（Martin Buber）、卡爾・榮格（Carl Gustav Jung）、赫曼・赫塞（Hermann Hesse）、保羅・海澤（Paul Heyse）、萊納・里爾克（Rainer Maria Rilke）、麥斯・布洛德（Max Brod）、阿爾伯特・史懷哲（Albert Schweitzer）、安德烈・紀德（André Gide）、舞蹈家瓦斯拉夫・尼金斯基（Vaslav Nijinsky）與伊莎朵拉・鄧肯（Isadora Duncan）、飛行員葛拉夫・齊柏林（Graf Zeppelin）。更早就崇拜尼采的人有蕭伯納、葉慈、H・G・威爾斯（H. G. Wells）、詹姆士・喬伊斯（James Joyce）、溫德漢・路易斯（Wyndham Lewis）、賀伯特・里德（Herbert Read）與T・S・艾略特（T. S. Eliot）。美國最早的尼采迷大概是H・L・

孟肯（H. L. Mencken），然後還有西奧多・德萊瑟（Theodore Dreiser）、尤金・歐尼爾（Eugene O'Neill）、埃茲拉・彭德（Ezra Pound）與傑克・倫敦（Jack London）。法國的尼采迷則包括了希波利特・泰納、尚・波爾多（Jean Bourdeau）、安德烈・紀德、保羅・瓦樂希（Paul Valéry）、阿爾弗瑞德・雅瑞（Alfred Jarry）與尤金・德・霍貝爾提（Eugéne de Roberty）。義大利則有加百列・鄧南遮（Gabriele D'Annunzio）與本尼托・墨索里尼（Benito Mussolini）。

這大概會嚇到尼采，因為他經常說自己最怕的就是收門徒，但是這尼采教的政治立場大概更會令他膽戰心驚。第一次世界大戰的節節進逼，促成了一種好戰形式的尼采教派，把權力意志當成了擁護暴力與殘忍的道德訓誨，把超人當成了最強大的野蠻人，把金毛野獸當成了推動種族優生學的誘因。伊莉莎白發表在報紙上的文章更鼓舞了這些曲解誤讀，拚命把她哥哥說成了是支持戰爭的夥伴。

《查拉圖斯特拉如是說》印了十五萬冊口袋大小的文庫版，發給參與第一次世界大戰的德國士兵，跟歌德的《浮士德》與新約聖經一同攜上了戰場。我們不免懷疑這些士兵會拿這些書來幹什麼，也不免要猜想一直對瀰漫德國的軍國主義那麼反感的尼采面對這種局勢發展又會如何。

「如果我們能夠勸阻戰爭，那一切都會好多了，」他在最後的筆記上寫道：「我想知道歐洲每年花在維持武裝和平的這一百二十億能有些什麼更好的用途；要重視生理學，一定還有除了蓋軍醫院之外的其他方式吧……精挑細選了這麼多強健有力的年輕人，然後全都送到了砲火前面——這真是瘋了。」[33]

第一個了解到怎麼把尼采哲學改造成屬於自己的民族主義與暴力藉口的政治人物是墨索里尼。他在還沒開始掌握權力之前，也是在尼采哲學中尋求希望的那一代年輕人。[34]一九三一年，尼采文庫裡已經滿是納粹分子，墨索里尼也已經成了義大利的法西斯獨裁者，與希特勒過從甚密，他還拍了電報給伊莉莎白，祝她八十五歲生日快樂。伊莉莎白非常喜歡墨索里尼，還著手勸說威瑪國家劇院放映由他與別人共同執導的電影《五月田野》（*Campo di Maggio*）。[35]一九三二年二月上映時，希特勒也帶著衝鋒隊現身劇院，還向伊莉莎白送上了一大把紅玫瑰。他們隔年在紀念華格納逝世五十週年的《崔斯坦與伊索德》演出時又見了一面。此時希特勒已經當上了德國總理。

「我們全都熱血沸騰，因為我們政府的首腦居然是像希特勒總理這樣了不起、舉世無雙的人物，」她滔滔不絕地誇道：「一個民族，一個帝國，一個元首（Ein Volk, Ein Reich, Ein Führer）！」[36]

尼采文庫從兩次大戰間的威瑪共和國時期（一九一八—一九三三）開始，就淪為了納粹營，當時德國正處在一次世界大戰戰敗的屈辱怨憤之中，而且還得面臨經濟大蕭條所帶來的重重危機，惡性通貨膨脹、六百萬人失業、共產主義與國家社會主義等政治極端黨派興起。

在威瑪共和國時期，尼采文庫就處在德國的政治中心，伊莉莎白十分歡迎國家社會主義黨人（即納粹），因為他們激進的民族主義和反閃族主義與她一拍即合。她派表弟麥斯．鄂勒（Max Oehler）擔任文庫館長。鄂勒是個從一次世界大戰戰場上回來的職業軍人，對於德國戰敗耿耿於懷，因此加入了國家社會主義黨。直到希特勒垮台為止，他都一直待在文庫館長這職位上。

伊莉莎白與鄂勒讓文庫裡塞滿了國家社會黨人，讓他們用尼采的名字發表他們的政黨思想。席爾伯布利克莊園變成了罪惡的淵藪，恰恰正是尼采早就預料到，也警告過的：「我的朋友們，我不要被混淆、被錯認。有一些人，他們宣傳我關於生命的學說——而同時他們是平等的宣教者與毒蜘蛛。……『讓世界充滿我們復仇的暴風雨，這樣對我們而言便叫做正義。』——牠們如是互相交談。……他們等同於被鼓舞著——然而鼓舞他們的，並不是心——卻是復仇。若他們優雅而冷靜，使其優雅而冷靜的並非精神，而是嫉妒。他們的妒意也領他們走向思想者之徑；而這便是他們妒意的標識——復仇響在他們的每一聲哀鳴中，在他們的每句讚詞當中，都有著一個痛楚；而成為裁判者，於他們似乎是幸福。然而我如是勸你們，我的朋友們——不要相信任何有強烈懲罰衝動之人！那是出身低微的惡劣民族；從他們臉上，有劊子手與獵犬向外望……」[37]

這些毒蜘蛛，這些達官要人，全都成了尼采文庫的編輯或委員會成員。這群人中的卡爾．奧古斯特．艾姆格（Carl August Emge）是耶拿大學的法哲學教授，是圖林根政府將來的納粹部長，也是在一九三三年三月簽署支持希特勒宣言的三百名大學教授中的要員。另一位文庫編輯是哲學家奧斯華．斯賓格勒（Oswald Spengler），他在扭曲尼采思想中最惡毒的一點就是混入了他對社會達爾文主義的信念：把達爾文「優勝劣敗，適者生存」的演化論曲解成日耳曼人的種族優越性，證成了優生學，而且到最後還拿來支持最終解決方案。超人和「主人道德」這兩個詞對斯賓格勒而言不啻是天賜的大禮。哈利·開斯勒對斯賓格勒這種庸俗至極的人出現在文庫裡，而且還成天不停發明些無聊瑣碎的標語，實在是氣得七竅生煙，痛心疾首。

在德勒斯登與柏林擔任大學哲學教授的阿爾弗瑞德·鮑姆勒（Alfred Bäumler）為了準備出新版尼采全集，又重新整理尼采文稿，同樣也收錄了新一版的《權力意志》，而且也同樣讓人以為這本書裡的都是尼采自己的話。鮑姆勒在阿爾弗瑞德·羅森堡（Alfred Rosenberg）監督全國才智與意識形態教育的項目[38]中負責率領科學及獎學金部門事務，出版的教科書裡教導學生將種族及血統理論當作生理事實。有人說，鮑姆勒就是最該為將尼采與希特勒牽扯在一起負責的那個人。[39]

鮑姆勒也負責監督惡名昭彰的柏林焚書事件。幾天前，哲學家馬丁·海德格（Martin Heidegger）也在掛滿納粹黨徽的公開典禮上加入了納粹黨。鮑姆勒站上發言台高呼支持大學納粹化，也呼籲全國各地發起更多焚書運動。[40]海德格也隨著鮑姆勒成了尼采文庫的編輯，他們在文庫裡根本就不把尼采已出版的著作當回事，因為真正的哲學都在他的遺稿之中，在伊莉莎白為了一己之私而扭曲的那些文稿裡頭。由於遺稿被抬到了聖典的地位，尼采文庫裡的哲學家和編輯就更敢隨意剪貼那些斷簡殘篇，按自己的思想重新編排組合。

哈利·開斯勒十分不悅地看著這一切發生：「在文庫裡頭的每個人，從看門的到當頭的，都是納粹……真令人想哭……我從半掩的門裡還能看到尼采坐過的那張沙發，我最後一次見到他時，他還像頭生病的老鷹一樣蜷在上面……德國真是太神祕、太費解了。」[41]

開斯勒開始逃亡，離開他心愛的德國和心愛的哲學家，曾經表達肯定一切的戴奧尼索斯生命之舞正被德國的新主人變成一場死亡之舞。

希特勒在一九三三年十一月二日到了尼采文庫再次拜訪伊莉莎白。貴為德國總理的他護衛齊全，手裡還拿著慣用的那條馬鞭。他在文庫裡待了一個小時半。等他從文庫裡出來時，手上的馬鞭已經不見了，換成了伊莉莎白獻上的尼采手杖。[42]她也給了希特勒一份一八八〇年當時佛斯特獻給俾斯麥的驅逐猶太人請願書。希特勒派人帶了一些德國的泥土到巴拉圭去，撒在佛斯特的墓地上致意。

希特勒樂得把自己當作是哲學家領袖。他喜歡拋出一堆大頭名詞。我們無法證明他究竟有沒有研讀過尼采，但是大家大都認為沒有。從我們已知他一九二四年坐牢時所擁有的書籍來看，也就是在他寫出《我的奮鬥》（*Mein Kampf*）的那個時候，他手上並沒有尼采的任何著作。[43]當然也有可能當時其實尼采的著作也在其中，只是後來佚失了，不過總之在他後來的藏書中看不到有任何留下翻閱痕跡的尼采作品。拍攝一九三四年納粹黨代表大會的那部影片，標題《意志的勝利》更是刻意模仿了尼采的口吻，但是當影片導演雷妮・瑞芬斯妲（Leni Riefenstahl）問希特勒喜不喜歡讀尼采時，他答道：「不，我真的讀不下尼采……他不是我的指引。」[44]

尼采書裡那些複雜的觀念對希特勒毫無用處，但是裡頭像超人、「權力意志」、「主人道德」、「金毛野獸」、「超越善惡」這一類的精簡口號倒是能胡亂濫用。希特勒御用的鋼琴師恩斯特．漢夫斯坦格（Ernst Hanfstaengl）曾陪他去過尼采文庫，漢夫斯坦格後來曾嚴肅但不失巧妙地說，元首就像是個天才酒保，什麼都能信手拈來加進那杯種族屠殺的劇毒雞尾酒裡頭。[45]尼采也絕非唯一一個遭到如此誤用的哲學家。康德和其他哲學家的理論也都經過精挑細選，找出了支持反閃族主義、民族主義與日耳曼種族菁英主義的說法。漢夫斯坦格說：「羅伯斯比爾對盧梭學說斷章取義的做法，希特勒與蓋世太保也同樣為了政治上方便而用在了尼采那些矛盾的理論上。」[46]

但是即使文庫裡這些宣傳手和標語家篡改了尼采的字詞與意思，納粹黨裡還是有人明白整個黨如此糟蹋尼采有多麼荒唐。恩斯特．柯里克（Ernst Krieck）是納粹的重要思想家之一，就曾語帶譏諷地說，扣除掉尼采既不是社會主義者也不是民族主義者，而且還反對種族主義這些事實之外，尼采應該能當上國家社會黨的頂尖思想家吧。[47]

一九三四年，希特勒三度造訪席爾伯布利克莊園，還帶上了他最喜愛的建築師阿爾伯特．施畢爾（Albert Speer）。施畢爾奉了希特勒指派，負責為第三帝國設計象徵一統天下的勝利建築。令伊莉莎白喜出望外的，是施畢爾也要設計一座尼采紀念館。墨索里尼也送來了一座碩大無朋的希臘戴奧尼索斯雕像以為賀禮。

伊莉莎白如今已年屆九十。她大部分時間都待在床上，要人在床邊大聲朗誦《我的奮鬥》給她聽。在死前九天，她還在信裡提到了希特勒：「若有誰像我一樣那麼熟悉他，就絕不可能不愛上這位非凡的偉人。」[48]

死神對伊莉莎白相當仁慈。她得了流感，數日之後，在一九三五年十一月八日平靜無痛地過世。

伊莉莎白臨死之時就和生前平時一樣，絲毫沒有一點自我懷疑。她自始至終都相信自己想要相信的事物，而且至死都還十分得意地確信自己就是哥哥畢生最珍愛的人。她也真心相信都是透過她自己的偉大才能，才使得哥哥能夠永垂不朽。建立起尼采文庫的不是她哥哥，而是她。獲得諾貝爾獎提名的也不是她哥哥，而是她。獲得歷史悠久的耶拿大學頒發榮譽博士的同樣不是她哥哥，而是她。讓尼采的書大賣的也還不是她哥哥，而是她。與這塊土地上最高元首德國總理本人交好的仍舊不是她哥哥，而是她。

在伊莉莎白遺體供人瞻仰的文庫廳裡，希特勒就坐在最前排的位子上。他獻上了一個無比豪華的花圈，並肅穆聆聽盛讚伊莉莎白的悼文，稱她為永恆德國的頭號女祭司——與寇希瑪．華格納並列。伊莉莎白要是知道，肯定開心極了。希特勒甚少讓人拍下他哀傷的模樣，但是這個場合上卻是例外。

「一想到哪天要是有不夠格、不合適的人拿我的名義招搖撞騙，」尼采寫過：「我就怕得要死。不過這就是每位擔任人類明燈的大師之苦：他早就知道，自己可以成為人類的災星或救星，端憑機緣巧合。」[49]

成為政治理論的源頭從來就不是尼采的本意。濫用他理論的最大諷刺就在於他其實始終都只在乎身為個體的個人，而不是把人當作一個群體——無論是政治群體或宗教群體。

尼采說人是「生病的動物」，是因為人雖然擁有一切，卻仍然渴求永難饜足的虛幻事物。為了滿足這份永恆的無解需求，許多與尼采同時代的人都轉向了科學與達爾文主義，但是正如尼采所指出的，科學的意義並不是成為宗教，而演化更不是一條道德之路。演化上的「善」與「惡」就只是「比較有用」和「比較無用」，但是這與倫理道德一點關係也沒有。

尼采「上帝已死」的說法，是對一個還不願意體認顯見事實的時代道出不可言說的真相：沒有了對神明的信仰，過去兩千多年來在文明世界裡屹立不搖的那些法律就沒有了任何的道德權威。

人哪，要是抹消了自己在文明門面上所刻上的道德律令，會怎麼樣呢？成為從單一的虛幻目的中解脫的人，又是什麼意思？意義會變成一片真空嗎？若是這樣，那又要拿什麼來填補這片真空呢？如果沒有了來生，那麼終極意義就只能存在於此時此地。既然有了不靠宗教就能夠生活的力量，人就必須為自己的行動負起責任來。但是尼采明白看透了他同時代的人還是安於怠惰妥協之中，拒絕檢視自己的虛偽：拒絕拿起鐵鎚敲向偶像好一辨真偽。

這是個徹頭徹尾的現代挑戰。說不定尼采長期以來的呼籲關鍵就在於他不願提供給我們任何答案。如果人生真的有意義、有答案，我們終究必定只能靠自己來尋找：這才是超人的真正成就。

我們可以拒絕信奉科學；我們也可以拒絕宗教信仰本身，卻仍保有道德信念。而首先，我們就必須要成為我們自己。其次是永恆之愛；人必須接受生命帶來的一切，避免誤入自我憎惡與怨憤的歧路。如此一來，人最後就能夠超越自己，找到真正的幸福，成為超人；這樣的人能夠接納自己，在自己的人生勞作中得到快樂，在存在的微薄意義中獲得喜悅，在有限的壽命中感到滿足。

對尼采而言可悲的是，超越自我的這份需求竟被明目張膽地扭曲成了必須超越他人的需求，掩過了他對永恆難題如此正大光明的嗆辣質問。而他對於檢驗真理每個面向的決心，以及絕不提供「或許……」以外回答的堅持，也同樣提供了無數的可能解讀。

如果你今天到席爾伯布利克莊園參觀，可以看到院子裡已經長出了一堆樹，遮住了原本使這宅子得名的優美景觀。但是走到樹木後方的草地上，就能看見尼采也曾在陽台上見過的美景。當你的眼光掃過啟蒙時代的歌德對古典美善的迷人重現，一定會感到無比心曠神怡，驚訝人類竟能運用大自然裡簡單的土石草木，按照自己的崇高理念捏塑出象徵完美世間的絕色美景。眼前是一片綿亙十哩的脫俗景色，潺潺小溪和點綴著綿羊的大片草原緩緩隱入埃特爾斯堡森林的蓊鬱林蔭之中，而沿著森林的地平線盡頭還矗立著新的地標：布肯瓦德集中營（Buchenwald concentration camp）裡燻得烏黑的火葬場大煙囪。

那支可怕的煙囪就逼在這片原本要描繪人間最高文化成就的美景邊上，尼采震古鑠今的言詞也同樣被各種可怕的扭曲誤解遮蔽了光芒。

「我知道自己的宿命，」尼采寫過：「總有一天，一提到我的名字就會聯想到某種恐怖的東西——是世上前所未見的危機，是良心最徹底的衝擊，是反對迄今都為人相信、要求、崇拜之一切事物的決心。我不是人，我是炸藥。」[50]

歷史果然使人心落入了這項預言之中。但是只有在受到後世漫長曲解陰影所遮蔽的想像中，才會把這段預言當成他想要使天下大亂的怒吼咆哮。然而，這其實是他在身處對上帝之死的種種後果無動於衷的時代裡炸出一條通路，炸開了讓無畏的精神勇士通往新世界之路而發出的勝利歡呼。

尼采語錄

最差勁的讀者就是專幹些土匪勾當的那種人：他們只拿取自己用得上的，把剩下的都弄髒搞亂，然後還對一切罵罵咧咧。

——《人性的，太人性的》，第二卷第一百三十七節

大家都會從尼采的格言警句裡認出自己，這種事已經發生了一百多年了。底下是我從尼采著作中挑出大概最能引起當代共鳴的語錄。這些格言警句彼此常有牴牾，這也提醒了我們尼采有多愛挑釁，甚至還自稱是「或許」的哲學家。這些格言的簡潔有力，加上能讓讀者看出其中意義的能力（就像巴布．迪倫的歌詞那樣），表示尼采的許多話都已經滲入了大眾文化裡頭。既然他的想法是透過了各種不同的翻譯而進入了時代精神之中，所以底下所選的段落雖都列出了原本出處，但只列出最普遍通行的英文譯文。

深淵

人類是一條繩索，繫在動物與超人之間——一條橫越深淵的繩索。

——《查拉圖斯特拉如是說》，〈查拉圖斯特拉的序言〉第一部分第四節

與怪物搏鬥的人要當心自己別變成了怪物。如果你久久盯著深淵，深淵也會回盯著你。

——《善惡的彼岸》，〈警句與中場間奏〉一四六

藝術

藝術是最重要的工作，是這輩子真正的形上學活動。

——《悲劇的誕生》，〈理查·華格納〉前言

無聊

即使是神明也不免無聊。

——《反基督》，第四十八節

人生豈不是比無聊短了一百倍了嗎？

——《善惡的彼岸》，〈我們的美德〉第二百二十七節

所有人間事務的目的就是要令人分心，才能察覺不到人生。

——《不合時宜的觀察》，〈教育者叔本華〉第四節

普世皆急躁，因為每個人都在逃離自我。

——《不合時宜的觀察》，〈教育者叔本華〉第五節

基督宗教

基督宗教是給無法自立的那些人的浪漫疑心病。

——筆記（十），一八八七年秋，一二七

天國就只是人心的一種情境——不是什麼「降臨世上」或「死後進入」的東西。

——《反基督》，第三十四節

「基督宗教」這個詞完全是誤會——事實上，只有一個基督徒，而他死在了十字架上。

——《反基督》，第三十九節

改寫路加福音第十八章第十四節——自卑的都想要升為高。

——《人性的，太人性的》，〈道德感受史〉第八十七節

氣惱家人

人與父母的關係最遠；跟父母保持關係是最庸俗的事。

——《瞧，這個人》，〈為什麼我如此睿智？〉第三節

名聲

要不朽的代價不菲；必須在活著的時候就死上好幾回。

——《瞧，這個人》，〈查拉圖斯特拉如是說〉第五節

我不是人，我是炸藥。

——《瞧，這個人》，〈為什麼我是命運？〉第一節

變得偉大的公式

我對人類要偉大的公式是：永恆之愛，愛你的宿命。不想要任何事物有所不同，也永遠不想倒轉或快進。不是只忍受這份必然性——而是要去愛它……

——《瞧，這個人》，〈為什麼我如此聰明？〉第十節

上帝

上帝死了；但是照人類的行事作風來看，祂的陰影還會留在洞穴壁上好幾千年。——而我們——我們也還是必須摧毀祂的陰影才行。

——《歡悅的智慧》，第三卷第一〇八節

上帝死了！上帝早就死了！是我們殺了祂。我們要怎麼安撫自己這殺手中的殺手？世

上最神聖、最強大的存有都在我們的刀下流血至死：誰會為我們抹去這鮮血？什麼樣的水能洗淨我們自己？我們該發明些什麼樣的贖罪祭典和神聖競賽？這豐功偉業對我們來說不會太大了嗎？難道我們自己不該為了配得上這行為而成為神嗎？

——《歡悅的智慧》，第三卷第一二五節

人是上帝所犯的錯誤，或者上帝才是人所犯的錯誤？

——《偶像的黃昏》，〈警句與格律〉第七節

人生

成汝所是。

——《歡悅的智慧》，第三卷第二七〇節

人類是一座橋梁，而非目的。

——《查拉圖斯特拉如是說》，〈查拉圖斯特拉的序言〉第一部分第四節

沒有人能幫你架好橋，讓你跨過必須跨越的生命之河，只有你自己才能。

人生本身就是權力意志。

——《不合時宜的觀察》，〈教育者叔本華〉第一節

危險地過活！把你的城市建在維蘇威火山的山坡上！

——《善惡的彼岸》，〈論哲學家的偏見〉第十三節

得內在先有混沌，才能產生一顆舞動的星。

——《歡悅的智慧》，第四卷第二八三節

我們都想成為自己人生的詩人——尤其是講日常中最渺小的那些事物。

——《查拉圖斯特拉如是說》，〈查拉圖斯特拉的序言〉第一部分第五節

凡殺不死我的，使我更加強大。

——《歡悅的智慧》，第四卷第二九九節

——《偶像的黃昏》，〈警句與格律〉第八節

對人生會問「為什麼？」的人就幾乎能容忍所有的「怎麼做？」

——《偶像的黃昏》，〈警句與格律〉第十二節

人不會為了幸福而努力，只有英國人才會。

——《偶像的黃昏》，〈警句與格律〉第十二節

人對生活應該勇於冒險：凡發生的事，我們都註定會失去。

——《不合時宜的觀察》，〈教育者叔本華〉第一節

人怎麼能認識自己？人是個黑暗又遮掩著的東西；如果兔子有七層皮，那麼人就算剝掉了七十倍的七層皮，也還沒辦法說：「這真的是你，沒有別的外殼了。」

——《不合時宜的觀察》，〈教育者叔本華〉第一節

勝利的人從不相信機運。

——《歡悅的智慧》，第三卷第二五八節

記憶差的好處就是可以享受到同一個美好事物好幾次。

——《人性的，太人性的》，〈人自己獨處〉第五八〇節

美德不再攸關於任何信念了，它已經失去了吸引力。總得有人想出個重新推銷它的法子，或許可以當作是某種特殊形式的冒險與超越。

——筆記（九），一八八七年秋，一五五

婚姻

有些人會為了妻子遭到挾持而哀嘆，但有更多人會因為沒人想挾持他們的妻子而哀嘆。

——《人性的，太人性的》，〈女人與小孩〉第三八八節

數學

數字的法則預設了有同樣的事物，但是事實上根本就沒有任何事物彼此等同。

——《人性的，太人性的》，〈最初與最後的事物〉第十九節

如果人打從一開始就知道在大自然裡沒有直線、沒有完美的圓或絕對的尺度，數學就絕對不可能出現。

——《人性的，太人性的》，〈最初與最後的事物〉第十一節

形上學世界

即使證明了有形上學世界存在，這個知識也肯定和水的化學式對一個遇難水手而言同樣無用。

——《人性的，太人性的》，〈最初與最後的事物〉第九節

怪物

恐怖也是一種偉大，千萬別被騙了。

——筆記（九），一八八七年秋，第九十四節

鬍鬚

最彬彬有禮、最講理的人如果留了把大鬍子，就會安心地任它滋長。大鬍子會讓他給人好勇鬥狠的暴躁印象——人家也會按這印象待他。

——《晨曦》，第四卷第三八一節

音樂

沒有音樂，人生就是場錯誤。德國人甚至想像上帝會歌唱。

——《偶像的黃昏》，〈警句與格律〉三十三

華格納真的是人類嗎？他難道不是一種疾病嗎？他會玷污所有他觸碰過的東西——他讓音樂生病了啊。

——《華格納事件》，第五節

音樂與藥物

你需要大麻才能擺脫承受不了的壓力。這樣的話，我需要華格納。他是所有德國事物的解毒劑。

——《人性的，太人性的》，〈為什麼我如此聰明？〉第六節

民族主義

「德國，德國高於一切。」我怕這就是德國哲學的結局。

——《偶像的黃昏》，〈德國人所欠缺的〉第一節

因為即使我是一個糟糕的德國人，我也始終是個很棒的歐洲人。

——致母親家書，一八八六年八月

哲學

人要獨自過活，就必定活得像野獸或神明，這是亞里斯多德說的。但是你可以兩者皆是——當個哲學家就行。

——《偶像的黃昏》，〈警句與格律〉第三節

柏拉圖無聊死了。

——《偶像的黃昏》，〈我從古人身上學到什麼〉第二節

要是雅典沒有那些俊美的年輕人，就不會有柏拉圖哲學。柏拉圖的哲學最好定義成一種愛慾的辯論。

——《偶像的黃昏》，〈一個不合時宜者的格鬥〉第二十三節

今天的哲學家都愛「不可理解」這條神聖原則。

——《晨曦》，第五卷第五四四節

神祕的解釋總是被認為很深奧；但事實是這些解釋連膚淺都稱不上。

——《歡悅的智慧》，第三卷第一二六節

要發現一切事物的深層意義——這性格實在很麻煩。這逼得人要時時刻刻睜大眼睛，而到最後卻能發現比原本想要找到的更多。

——《歡悅的智慧》，第三卷第一五八節

哲學能給人一個沒有暴君能夠插手的避難所，一個內在的洞穴，一座內心的迷宮——而這可就惹惱暴君了。

——《不合時宜的觀察》，〈教育者叔本華〉第三節

思想是我們情感的陰影——總是更黑暗、更空虛、更單調。

——《歡悅的智慧》，第三卷第一七九節

蘇格拉底的恆等式：理性＝美德＝幸福，這與所有古希臘人的直覺完全相反。

——《偶像的黃昏》，〈蘇格拉底的問題〉第四節

哲學／教學

只當個學生是對老師最差勁的報答。

——《瞧，這個人》，前言第四節

如何毀掉一個年輕人：教他只敬重與他有同樣想法的人。

——《晨曦》，第四卷第二九七節

攝影

我每次攝影時都設法避免在單眼相機前搞砸，但是結果我每次照出來的結果都像是海盜、男高音或是東歐貴族。

——致瑪爾維達・馮・梅森布格書信，一八七二年十二月二十日

政治

道德就是個人心中的群體直覺。

——《歡悅的智慧》，第三卷第一一六節

任何曾建立「新天國」的人都必定只有穿過他自身的地獄才能蓄積他所需的力量。

——《道德系譜學》，第三論第十節

思考重大事物的人不適合與人打成一片：他自身的思考會太快就超出眾人。

——《人性的，太人性的》，〈人自己獨處〉第五七九節

對自身權利最滔滔不絕的就是最在靈魂深處懷疑自己有無權利的人。

——《人性的，太人性的》，〈人自己獨處〉第五九七節

財物

財物往往會減損自制力。

——《歡悅的智慧》，第一卷第十四節

人要有自己意見的方式就和抓到一條魚一樣——也就是說，只要他有個魚塘就行。他只要去釣魚，而且夠幸運——那他就能抓到一條自己的魚，得出自己的意見。我這裡講的是活魚。其他人則是滿足於擁有一整櫃塞滿的死魚——滿足於腦袋裡塞滿信念。

——《人性的，太人性的》第四卷，〈漫遊者和他的影子〉第三一七節

無客觀眞理

信念是比謊言更危險的真理之敵。

——《人性的，太人性的》，〈人自己獨處〉第四八三節

活在腐敗時代裡的人懂得巧言令色：他們知道有刀槍以外的殺人方式；他們也明白把事情說得天花亂墜就會有人相信。

——《歡悅的智慧》，第一卷第二十三節

要搞砸一件事最卑劣的辦法就是刻意用虛偽的論證來為它辯護。

——《歡悅的智慧》，第三卷第一九一節

實境秀

沒有殘酷就沒有慶典：這是人類歷史最悠久、最古老的教訓——懲罰能帶來多大的快樂呀！

——《道德系譜學》，第二論第六節

看他人受苦能讓人開心，但讓別人受苦卻更令人快活。

——《道德系譜學》，第二論第六節

浪漫的英雄

活得不快樂（彷彿過得快樂是一種膚淺、沒有目標、平凡庸俗的象徵）實在太特別了，所以要是人家說：「可是你一定很快樂！」我們通常馬上就抗議。

——《人性的，太人性的》，〈人自己獨處〉第五三四節

對於需要安慰的人而言，沒有比告訴他們這情況無從慰藉更好的安慰了：這會讓他們馬上又覺得自己與眾不同。

——《晨曦》，第四卷第三八〇節

眞理？

世上沒有道德現象，只有對現象的道德解讀。

——《善惡的彼岸》，〈警句與中場間奏〉第一〇八節

一件事情有規律而且可預期地發生並不表示它必然就會發生。

——筆記（九），一八八七年秋，九十一

事物的不理性並非反對這個事物的道理——而是這個事物存在的條件。

——《人性的，太人性的》，〈人自己獨處〉第五一五節

世上沒有事實，只有對事實的詮釋。

——筆記，一八八六年夏至一八八一年秋，第九十一節

性

淫欲——對於所有身穿懺悔服的蔑視肉軀者，這是他們的眼中釘、肉中刺，好比所有信仰背後世界者詛咒「世界」一樣——因為他們譏諷並捉弄所有困惑錯亂的教師。

淫欲——對於流氓而言是一把緩慢燃燒的火焰……

淫欲——對自由的心而言，它是無辜且自由的……

淫欲——但我要在我的思想，也還有我的語言周圍樹立藩籬——好讓那些豬與狂熱者不要闖入我的花園！

——《查拉圖斯特拉如是說》第三部分，〈論三種惡行〉第二節

國家

國家想令人民像從前盲從教會一樣地盲從自己。

——《不合時宜的觀察》，〈教育者叔本華〉第四節

國家以所有善惡之唇舌說謊；凡其所說，皆為謊言——凡其所有，皆自偷竊。

——《查拉圖斯特拉如是說》第一部分，〈論新神祇〉

國家即為一切冷酷怪物當中最冷酷者。它也冷冷地說謊；而這謊言自它的嘴爬行而出：「我，國家，即是民族。」

——《查拉圖斯特拉如是說》第一部分，〈論新神祇〉

旅行補給

就我迄今所理解與體驗到的，哲學就是在冰封高山之中自由自在地活著。

——《瞧，這個人》，序言第三節

即使是再美的景色，我們在其中生活了三個月之後也就難保同樣喜愛，反而遠方才會勾起我們的渴望。

——《歡悅的智慧》第一卷，第十四節

絕不要相信你自己內心的想法。

——《瞧，這個人》，〈為什麼我如此聰明？〉第一節

薪水奴隸

過勞、好奇與同情——這是我們現代的陋習。

——筆記（九），一八八七年秋，第一四一節

積極的人不幸之處在於他們的行動幾乎總是有點不理性。例如說，你不能問一個腰纏萬貫的銀行家他這麼辛勤努力是為了什麼：這是不理性的。積極的人就像顆石頭一樣，照著力學傻傻地滾。

——《人性的，太人性的》，〈高等與低等文化的例證〉第二八三節

自古至今，人都分為兩類：奴隸與自由人。一天裡有三分之二時間不屬於自己的人就是奴隸，不管他幹的是哪一行：政治家、商人、官員或是學者。

——《人性的，太人性的》，〈高等與低等文化的例證〉第二八三節

戰爭

對為了戰鬥而活著的人來說，敵人活著才有好處。

——《人性的，太人性的》，〈人自己獨處〉第五三一節

宗教的大水正在消退，留下了滿地沼澤與腐臭的水坑，國家之間又再度彼此為敵，互相鯨吞蠶食，恨不得將對方吃乾抹淨。

——《不合時宜的觀察》，〈教育者叔本華〉第四節

女人

上帝創造了女人。從那一刻起，無聊就消失無蹤了——但是許多事物也消停了！女人是上帝犯下的第二樁錯誤。

——《反基督》，第四十八節

真男人意欲兩者——危險與遊戲。因此他要女人，作為最危險的玩物。

——《查拉圖斯特拉如是說》第一部分，〈論老嫗與少婦〉

女人懂得，那最美味的——微肥一些，微瘦一些——噢，有多少命運繫於這如此的些微！

——《查拉圖斯特拉如是說》第三部分，〈論沉重的精神〉第二節

你要去女人那裡嗎？別忘了你的鞭子！

——《查拉圖斯特拉如是說》第一部分，〈論老嫗與少婦〉

作家

看到喜歡寫複雜長句的作家總有點好笑：他們都正在出恭。

——《歡悅的智慧》，第四卷第二八二節

肺活量夠大的人才有權利寫長句。

——給莎樂美的寫作指南

用詩來思考。詩人用韻律，呈現其思緒：他們太雀躍，難安步當車。

——《人性的，太人性的》，〈藝術家與作家的靈魂〉第一八九節

如果森林真的日漸稀少，文件書籍可會有當作柴薪的一天？既然大多書籍都是頭腦冒煙才生出來的，也許是該讓它們回歸為煙霧。如果書中沒有一點火花，就該用火焰加以懲罰。

——《不合時宜的觀察》，〈教育者叔本華〉第四節

我是第一個擅長格言警句的德國人，格言警句是永恆的一種形式。我的志向就是用十

句話講完別人要用一本書來表達的事——以及他們整本書裡講不出來的事。

——《偶像的黃昏》，〈不合時宜者的格鬥〉第五十一節

年表

1844

弗里德里希・威爾罕・尼采於十月十五日出生。是牧師卡爾・路德維希・尼采與妻子法蘭琪斯卡（舊姓鄂勒）的長子，出生於薩克森自由邦的洛肯村。

1846

妹妹伊莉莎白・尼采出生於七月十日。

1848

弟弟路德維希・約瑟夫・尼采出生於二月二十七日。

1849

卡爾・路德維希・尼采於七月三十日死於「腦軟化」（中風）。

1850

路德維希·約瑟夫·尼采死於一月四日。全家搬遷至瑙姆堡。尼采進入公立小學就讀。

1851

尼采進入韋伯教授的私立機構就讀。

1854

尼采進入瑙姆堡天主教學校就讀。

1858

法蘭琪斯卡攜弗里德里希與伊莉莎白從瑙姆堡遷至凡恩加滕街十八號。該年秋天，尼采進入福達中學就讀。

1860

尼采與友人古斯塔夫·克魯格和威爾罕·平德成立日耳曼尼亞兄弟會。開始與爾文·洛德交遊。

1864

九月自福達中學畢業。十月進入波昂大學就讀，主修神學與古典語文學。加入弗蘭肯尼亞兄弟會。

1865

離開波昂，進入萊比錫大學就讀。放棄神學。在弗里德里希・里契爾教授指導下專研古典文獻學。初讀叔本華著作。於科隆初遊妓院。

1867

入伍從軍。開始在第四野戰陸軍團第二騎兵營受訓。

1868

騎馬時意外受傷。聽了理查・華格納《崔斯坦與伊索德》和《紐倫堡的名歌手》序曲，深深著迷。對文獻學愈發不滿。十一月與華格納見面。

1869

受聘為巴塞爾大學古典語文學特別教授。放棄普魯士公民身分。至琉森的翠碧仙山莊拜訪華格納與其情婦寇希瑪・馮・畢羅。首次攀登彼拉多峰。撰寫《悲劇自音樂精神中的誕生》草稿筆記。見證寇希瑪為華格納產下一子齊格飛。在翠碧仙山莊度過聖誕節。

1870

升等為全職教授。公開講演「古代音樂劇」、「蘇格拉底與悲劇」和《伊底帕斯王》。七月，德國與法國開戰。在普法戰爭中擔任醫務兵。尼采在救護傷兵過程中感染白喉與痢疾，因而住院治療。回到巴塞爾。開始與批判新教的神學教授法蘭茲・奧佛貝克交遊。華格納迎娶寇希瑪。

1871

申請擔任巴塞爾大學哲學講座教授未果。著手撰寫《悲劇的誕生》。普法戰爭結束。德意志第二帝國成立。威廉一世加冕為德意志帝國皇帝。

1872

與華格納共乘馬車前往拜洛伊特節慶劇院安置奠基石。出版《悲劇的誕生》。《悲劇的誕生》一書遭烏爾里希・馮・威蘭莫維茲—莫倫朵夫大加撻伐，爾文・洛德則為之強悍辯護。尼采冬季開設的希臘與拉丁修辭學無人選修。理查・華格納與寇希瑪離開翠碧仙，前往拜洛伊特。

1873

開始撰寫〈希臘悲劇時代的哲學〉，但始終未完成。結識保羅・瑞伊。八月出版《不合時宜的觀察》第一篇〈大衛・史特勞斯——自白者與作家〉。撰寫聳動的〈告日耳曼人書〉以籌措前往拜洛伊特的旅費。〈告日耳曼人書〉出版遭拒。

1874

出版《不合時宜的觀察》的〈談歷史學對生命的長處與缺點〉與〈教育者叔本華〉。華格納完成《尼貝龍根的指環》全劇，並邀請尼采至拜洛伊特避暑。尼采在黑森林接受健康治療。

1875

開始撰寫《不合時宜的觀察》第四篇：〈華格納在拜洛伊特〉。健康不佳，但仍持續執教。伊莉莎白至巴塞爾照顧尼采。結識畢生支持者海恩里希・柯瑟利茲（即後來的彼得・蓋斯特）。入冬後病情加劇。

1876

趕在第一屆拜洛伊特音樂節開幕前出版〈華格納在拜洛伊特〉。戀慕路易絲·歐特。突然離開拜洛伊特。著手撰寫《人性的，太人性的》。向馬蒂德·川沛達赫求婚遭拒。十月請病假獲准離開巴塞爾。抵達熱那亞，這是尼采首次見到海。偕瑪爾維達·馮·梅森布格和保羅·瑞伊前往索倫托。閱讀伏爾泰及蒙田的著作。最後一次與華格納會面。

1877

待在索倫托直到五月初。遊覽卡布里島、龐貝與赫庫蘭尼姆城。由奧托·艾瑟爾醫生進行健康檢查。視力急遽惡化。秋季恢復教課，由彼得·蓋斯特擔任文書，家中事項交伊莉莎白打理。

1878

出版《人性的，太人性的》。寄送《人性的，太人性的》予華格納。華格納將《帕西法爾》劇本寄給尼采。雙方皆不滿對方著作。華格納在《拜洛伊特新聞月刊》上攻擊尼采。伊莉莎白回到瑙姆堡。與法蘭茲·奧佛貝克及其妻結為至交。

1879

出版《人性的，太人性的》的補述〈各種看法與準則〉。五月以健康不佳為由辭去巴塞爾大學教職。獲得六年三千瑞士法郎的退休金（後又延長撥補）。撰寫〈漫遊者及其影子〉。整年有一百一十八天遭受嚴重偏頭痛之苦。計畫在瑙母堡城牆上的一座塔擔任園丁維生。

1880

至南提羅爾旅行，與彼得·蓋斯特在里瓦的加爾達湖會面。兩人結伴前往威尼斯。勞碌奔波的一年，最後在熱那亞度過聖誕節。撰寫《晨曦》。

1881

繼續前往雷科阿羅、科莫湖、聖摩里茨旅遊。初讀斯賓諾莎著作。首次造訪席爾斯—瑪麗亞；體驗到永恆歸返的啟示。初次構思《查拉圖斯特拉如是說》。出版《晨曦》。回到熱那亞；認同哥倫布。初次聆聽比才的歌劇《卡門》。

1882

開始使用打字機。出版《歡悅的智慧》。撰寫詩作《梅西納牧歌》。至梅西納旅遊。四月至羅馬，與盧．莎樂美和保羅．瑞伊會面；莎樂美提議三人同居，組成自由人的「不聖潔的三位一體」。尼采在奧爾塔山上向莎樂美求婚遭拒。三人在巴塞爾拍攝了由尼采與瑞伊充作馱獸，莎樂美在車上揮鞭驅策的爭議照片。尼采帶莎樂美到翠碧仙山莊，但拒絕與伊莉莎白和莎樂美同往拜洛伊特。尼采與兩人在陶騰堡會面，並向莎樂美展現永恆歸返。與母親和伊莉莎白決裂。「不聖潔的三位一體」預計在巴黎同居共讀，但莎樂美與瑞伊兩人雙雙遠走高飛。尼采以鴉片麻痺心痛，寫下關於自殺的文字。

1883

一月編寫《查拉圖斯特拉如是說》第一部分。華格納於二月在威尼斯逝世。在席爾斯—瑪麗亞撰寫《查拉圖斯特拉如是說》第二部分，到尼斯撰寫第三部分。伊莉莎白宣布與反猶太激進分子本恩哈德．佛斯特訂婚。

1884

出版《查拉圖斯特拉如是說》第三部分。與出版商起衝突，因為尼采的書乏人問津。與梅塔．馮．薩莉絲—瑪希林斯和蕾莎．馮．沈霍佛會面。追認波蘭血統。與伊莉莎白和解。撰寫《查拉圖斯特拉如是說》第四部分。

1885

私下少量出版《查拉圖斯特拉如是說》第四部分。伊莉莎白與佛斯特結婚。尼采為父親重修墓碑。撰寫《善惡的彼岸：未來哲學的序曲》。

1886

私下出版《善惡的彼岸》，往後著作亦都私下出版。出版商恩斯特·弗里茨許買下尼采早期作品的版權，出版新版《悲劇的誕生》、《人性的，太人性的》（並將〈意見與格言雜集〉與〈漫遊者和他的影子〉編為第二卷）及《晨曦》。法蘭茲·李斯特在拜洛伊特逝世。伊莉莎白與本恩哈德·佛斯特至巴拉圭旅行，建立「新日耳曼」當作「種族純淨」的亞利安人殖民地。

1887

在尼斯首次體驗到地震。閱讀法文版的杜斯妥也夫斯基作品。盧·莎樂美宣布與弗里德里希·卡爾·安德列斯訂婚。尼采將莎樂美的〈友誼頌〉編成樂曲，私下以〈生之頌〉之名出版。試圖找人演奏此曲，卻徒勞無功。聽了《帕西法爾》，深受其中音樂感動。出版《道德系譜學》。擴充新版《晨曦》與《歡悅的智慧》。

1888

格爾奧格．布蘭戴斯在哥本哈根對尼采的作品發表演說後，尼采總算聲名大噪。與撰寫「尼采式」劇本的瑞典劇作家奧古斯特．史特林博格通信。尼采造訪杜林，寫下《華格納事件：一個音樂家的問題》。放棄完成《權力意志》。接連完成《偶像的黃昏：或怎樣用錘子從事哲學》、《反基督：對基督教的詛咒》以及他最後的自傳《瞧，這個人：或如何成汝所是》、《尼采對華格納：來自一個心理學家的檔案》。蒐集一八八〇年代的詩作，彙成《戴奧尼索斯讚歌》。從日漸潦草的字跡顯見已經開始崩潰。

1889

一月三日在杜林徹底發瘋。在至交好友奧佛貝克護送下前往瑞士。確診因梅毒感染而逐漸癱瘓。送往耶拿的一所療養院休養。一月廿四日出版《偶像的黃昏》。本恩哈德．佛斯特在巴拉圭自殺。伊莉莎白力圖保留殖民地。

1890

尼采被送回瑙姆堡老家，改由母親照料。尼采瘋狂程度與日俱增，亦日趨癱瘓，逐漸喪失了理性與說話能力。

1896

尼采的作品風靡當世。理查・史特勞斯將《查拉圖斯特拉如是說》編曲並搬演上台。

1897

法蘭琪絲卡・尼采於四月廿日過世。伊莉莎白將尼采與其著作送至威瑪，在該處成立尼采文庫。

1900

尼采於八月廿五日逝世。葬在呂肯的家族墓中。

1901

伊莉莎白出版自己從尼采殘稿中篡改而成的第一版《權力意志》。

1904

伊莉莎白出版大幅擴寫的「確定版」《權力意志》。

1908

尼采自傳《瞧，這個人》總算出版。書中對伊莉莎白的壞話全遭刪除。

1919

伊莉莎白的表親，也是積極的國家社會主義黨人麥斯・鄂勒成為尼采文庫的主要管理人。

1932

熱切崇拜墨索里尼的伊莉莎白說服威瑪國家劇院搬演墨索里尼與人合著的《五月戰場》。阿道夫・希特勒親至伊莉莎白的包廂與她會面。

1933

希特勒造訪尼采文庫。伊莉莎白向希特勒展示尼采的拐杖。

1934

希特勒偕建築師阿爾伯特・史畢爾參訪尼采文庫，並在注視尼采胸像時攝相留念。

1935

伊莉莎白過世。希特勒親赴喪禮，並贈花圈致哀。伊莉莎白生前就將尼采從家族墓中央列中遷走，將這重要大位留給自己。

注釋

Chapter 1 │ 樂音悠揚的夜晚

1. 奧提麗．布洛克豪斯（Ottilie Brockhaus, 1811-1883），理查．華格納的姊姊，印度學教授赫曼．布洛克豪斯（Hermann Brockhaus）的妻子。
2. 威爾罕．羅謝（Wilhelm Roscher, 1845-1923），尼采的同學。
3. 歐多西亞（Eudocia），雅典哲學家雷翁休斯（Leontius）的女兒。西元四二一年，她放棄了原本的異教信仰，嫁給拜占庭帝國皇帝狄奧多西二世（Theodosius II）為妻。
4. 出自自傳斷簡，一八六八年九月。
5. 《回顧我在萊比錫的那兩年》，引自霍凌戴爾（R. J. Hollingdale）《尼采，其人及其哲學》（*Nietzsche, the Man and His Philosophy*），頁三六。
6. 《華格納事件》，第十節。
7. 《瞧，這個人》〈我為什麼這麼聰明〉第六節。本書所引英譯版本為企鵝經典出版社（Penguin Classics），R. J. 霍凌戴爾（R. J. Hollingdale）所譯（二〇〇四），並附麥可．坦納（Michael Tanner）導讀。
8. 見《尼采簡單讀》（*Nietzsche, a Very Short Introduction*），麥可．坦納，牛津大學出版社（二〇〇〇），頁二三。
9. 《瞧，這個人》〈我為什麼這麼聰明〉第六節。
10. 尼采致爾文．羅德，一八六八年十一月二十日。

11. 卡爾・路易・尼采（Karl Ludwig Nietzsche, 1813-1849），妻法蘭琪絲卡・鄂勒（Franziska Oehler）。
12. 見尼采《青年時期作品集》（*Jugendschriften*），漢斯・約阿金・梅特（Hans Joachim Mette）等人編，共五卷，華特・德・格魯伊特及德文平裝出版社（Walter de Gruyter and Deutscher Taschenbuch Verlag, 1994），第一卷，頁四—五，此處摘自大衛・克瑞爾（David Krell）與唐・貝茲（Don Bates）在《善良的歐洲人》（*The Good European*）頁一四譯文。
13. 見尼采《青年時期作品集》，頁六—七。尼采對這個預言夢有兩種略微不同的敘述，頗耐人尋味（見《善良的歐洲人》頁一六—七，註二）。尼采說這件事發生在一八五〇年年末，但是這件事必定是在當年三月中發生。令人困惑的還有小約瑟夫葬在父親墓中的日期。墓碑上刻著「生於一八四八年二月二十七日，卒於一八五〇年一月四日」，但根據教區紀錄，約瑟夫在兩歲生日後幾天過世，所以應該是在三月才對。這就吻合了尼采對夢境的記述。
14. 保羅・朱利烏斯・莫比斯（一八五三—一九〇七），神經學家，於萊比錫執業，著作等身。後世還以他的名字為兩種罕見疾病命名，莫比斯症候群是一種與顱神經癱瘓有關的麻痺，而雷登—莫比斯症候群則是一種發生在骨盆區的肌營養不良症。
15. 見理查・夏恩（Richard Schain）《尼采的梅毒之謎》（*The Legend of Nietzsche's Syphilis*），格林伍德出版社（二〇〇一），頁二—四。
16. 見尼采《青年時期作品集》第一卷，頁七。
17. 見伊莉莎白・佛斯特—尼采（即伊莉莎白・尼采出版所用姓名），《尼采傳》（*The Life of Nietzsche*），安東尼・祿鐸維奇（Anthony M Ludovici）譯，司徒吉斯與沃頓出版社（一九一二），第一卷，頁二七。
18. 見伊莉莎白・佛斯特—尼采，《尼采傳》，第一卷，頁二一—三。
19. 同前注，頁二四。
20. 見尼采《青年時期作品集》第一卷，頁八。此處摘自克瑞爾與貝茲《善良的歐洲人》譯文，頁一九。
21. 見〈我的人生〉（一八四四年至六三年間的簡短自傳），凱斯・安瑟爾・皮爾森（Keith Ansell Pearson）與鄧肯・拉吉（Duncan Large）編，《尼采入門》（*The Nietzsche Reader*），布雷克威爾出版社（二〇〇六），頁一八—二一。
22. 同前注。
23. 見伊莉莎白・佛斯特—尼采，《尼采傳》，第一卷，頁四〇。
24. 《瞧，這個人》〈我為什麼這麼聰明〉第五節。
25. 見〈我的人生〉。

26.《尼采全集（研究批判版）》（*Sämtliche Werke, Kritische Studienausgabe*），第十一卷，頁二五三。尼采在寫作生涯末期的一八八七年《道德系譜學》序言第三段又重新談起這段文字。

Chapter 2 ｜我們德國的雅典

1. 威爾罕・平德之語，均摘自克瑞爾與貝茲《善良的歐洲人》，頁六一。
2. 菲利普・梅蘭克頓・許瓦澤（Philipp Melanchthon Schwarzerd, 1497-1560），協助路德將舊約聖經譯為德文的主要助手，一般多稱其希臘文化名梅蘭克頓（Melanchthon）。
3. 威爾罕・馮・洪堡德（Karl Wilhelm von Humboldt, 1767-1835）
4. 威爾罕・馮・洪堡德，《洪堡德全集：普魯士學院版》（*Gesammelte Schriften: Ausgabe der Prussischen Akademie der Wissenschaften*），第二卷，頁一一七。
5. 自傳斷簡，一八六八年九月。
6. 安妮・路易絲・日耳曼・德・斯戴爾（Anne Louise Germaine de Staël），《日耳曼》（*Germany*），一八一三年，第一卷，《薩克森》（*Saxony*）。
7. 尼采致威爾罕・平德，一八五九年四月。
8. 日記，一八五九年八月十八日。引自克瑞爾與貝茲《善良的歐洲人》，頁二三。
9. 桑德・吉爾曼（Sander L. Gilman）編，《與尼采對談》（*Conversations with Nietzsche*），牛津大學出版社（一九八七），頁一五。
10. 這位老師可能是寇柏斯坦教授（Professor Koberstein）。
11. 尼采，〈致吾友〉（'Letter to my friend…'），一八六一年十月十九日。
12. 弗里德里希・荷爾德林（Friedrich Hölderlin），《海柏利昂》（*Hyperion*），詹姆士・路希特（James Luchte）譯，摘自《孔雀與水牛——尼采詩集》（*The Peacock and The Buffalo, The Poetry of Nietzsche*），連續國際出版集團（二〇一〇），頁三四。
13. 恩培多克利斯（Empedocles），《斷簡》三八及六二。

14. 尼采致雷蒙・格蘭尼爾（Raimund Granier），一八六二年七月二十八日。
15. 克瑞爾與貝茲，《善良的歐洲人》，頁二六。
16. 自傳斷簡，一八六八年九月。
17. 羅馬作家塔西佗（Tacitus, c. AD 55-116）的《日耳曼尼亞》（*Germania*）是關於日耳曼地區的首篇記述。
18. 自傳斷簡，一八六八年九月。
19. 伊莉莎白・佛斯特－尼采，《尼采傳》，第一卷，頁一一七。
20. 自傳斷簡，一八六八年九月。

Chapter 3 ｜成汝所是

1. 伊莉莎白・佛斯特－尼采，《尼采傳》，第一卷，頁一四四。
2. 同前注，頁一四三－四。
3. 吉爾曼編，《與尼采對談》，頁二〇。
4. 錢伯斯（Chambers），《錢伯斯版百科全書》（*Encyclopedia*, 1895），第四卷，頁四三三。
5. 尼采致伊莉莎白，一八六五年六月十一日。
6. 尼采致卡爾・馮・葛斯朵夫（Carl von Gersdorff），瑙姆堡，一八六六年四月七日。
7. 據萊比錫大學同學海恩里希・史徒仁博格（Heinrich Stürenberg）所稱。見吉爾曼編，《與尼采對談》，頁二九。
8. 《皮提亞頌歌》（*Pythian Odes*, 2: 73）。
9. 尼采致爾文・羅德，瑙姆堡，一八六七年十一月三日。
10. 尼采致雅各・布克哈特（Jacob Burckhardt），一八八九年一月六日。
11. 語出卡爾・伯努利（Carl Bernoulli），引自霍凌戴爾，《尼采，其人及其哲學》，頁四八。
12. 吉爾曼編，《與尼采對談》，頁六二。
13. 尼采致卡爾・馮・葛斯朵夫，一八六六年八月。
14. 尼采致爾文・羅德，一八七〇年二月。

15. 理查・華格納致法蘭茲・李斯特，一八五四年一月十五日。引自貝瑞・米靈頓（Barry Millington），《理查・華格納：拜洛伊特的巫師》（*Richard Wagner, The Sorcerer of Bayreuth*），泰晤士與哈德森出版（Thames and Hudson, 2013），頁一四四。
16. 伊曼努埃・康德（Immanuel Kant），《判斷力批判》（*Critique of Judgement*, 1790），詹姆士・克里德・梅瑞迪斯（James Creed Meredith）譯，牛津大學出版社（一九二八），頁二八。
17. 華格納《尼貝龍根指環》中包含了許多超自然要素，靈感很可能就來自瑞吉鬼影，例如通往眾神居所英靈殿的彩虹橋、在英靈殿窗口若隱若現的一對巨靈，還有《萊茵的黃金》中特定的舞台指示：「雲霧驟然散開，雷神多納（Donner）與福神弗羅（Froh）現身。祂們的腳下出現了一道彩虹橋，眩目的光輝籠罩著整座山谷，直達沐浴在夕陽金芒中的城堡。」
18. 茱蒂絲・高提耶（Judith Gautier），《居家的華格納》（*Wagner at Home*），愛菲・敦萊特・馬西（Effie Dunreith Massie）譯，約翰巷出版社（John Lane, 1911），頁九七。
19. 艾倫・沃克（Alan Walker），《漢斯・馮・畢羅：生平與其時代》（*Hans von Bülow, A Life and Times*），牛津大學出版社（二〇一〇），頁九八。
20. 理查・華格納致艾莉莎・威里（Eliza Wille），一八六四年九月九日。
21. 理查・華格納致瑪蒂達・威森當克（Mathilde Wesendonck），一八五八年九月四日；引自沃克《漢斯・馮・畢羅》，頁一一〇。

Chapter 4｜納克索斯島

1. 寇希瑪・華格納，《日記》，一八六九年五月十七日。
2. 語出漢斯・馮・畢羅，引自約阿金・柯勒（Joachim Köhler），《尼采與華格納：壓抑的教訓》（*Nietzsche and Wagner, A Lesson in Subjugation*），耶魯大學出版社（一九九八），頁二八。
3. 萊納・高斯曼（Lionel Gossman），〈布克哈特時代的巴塞爾〉（Basel in the Age of Burckhardt），芝加哥大學出版社（二〇〇〇），頁一五。

4. 雅各・布克哈特（Jacob Burckhardt），《義大利的文藝復興文明》（*The Civilisation of the Renaissance in Italy*），企鵝出版社（一九九〇），彼得・柏克（Peter Burke）序，頁四。
5. 《不合時宜的觀察》，〈華格納在拜洛伊特〉，第三節。
6. 雅各・布克哈特，《義大利的文藝復興文明》，頁五。
7. 孟德斯（Mendès），〈個人回憶〉（Personal Recollections），收錄在葛雷（Grey）編，《理查・華格納與其世界》（*Richard Wagner and His World*），頁二三三—四。
8. 華格納致尼采，一八七〇年二月七日。
9. 〈尼采軼事二則〉（Zwei Nietzsche Anekdoten），一九〇四年三月九日，引自米靈頓，《理查・華格納》，頁 153。
10. 一八五〇年九月二十九日書信，引自米靈頓《理查・華格納》，頁二二一。
11. 原刊於《歐洲評論》（*Revue européenne*），一八六一年四月一日。
12. 約翰娜・理查森（Joanna Richardson），《茱蒂絲・高提耶傳》（*Judith Gautier, a Biography*），四重奏出版社（一九八六），頁三九。
13. 孟德斯，〈個人回憶〉，收錄於葛雷編，《理查・華格納與其世界》，頁二三一—四。
14. 紐威爾・希爾・簡金斯（Newell Sill Jenkins），〈紐威爾・希爾・簡金斯的回憶〉（Reminiscences of Newell Sill Jenkins），一九二四年私人出版，收錄於葛雷編，《理查・華格納與其世界》，頁二三一—四。
15. 柯勒，《尼采與華格納》，頁五五—六。
16. 伊莉莎白・佛斯特—尼采，《尼采傳》，第一卷，頁二三〇—一。
17. 尼采致威爾罕・威雪—畢爾芬格（Wilhelm Vischer-Bilfinger），巴塞爾，約於一八七一年一月。
18. 尼采致法蘭琪絲卡・尼采，署名於鄰近魏森堡（Weissenburg），位在沃斯（Wörth）附近的舒茲（Sulz），一八七〇年八月二十九日。
19. 尼采致葛斯朵夫，巴塞爾，一八七〇年十二月十二日。
20. 尼采致葛斯朵夫，一八七一年六月二十一日。
21. 寇希瑪・華格納，《日記》，一八七〇年十二月二十五日星期日。
22. 威爾罕・威雪—畢爾芬格（一八〇八—一八七四），知名考古學者、教授兼巴塞爾大學校長。
23. 瑪爾維達・馮・梅森布格，《穿襯裙的叛逆份子》（*Rebel in a Crinoline*），喬治・艾倫與盎文出版社（一九三七），頁一九四—五。

24. 伊莉莎白·佛斯特—尼采，《尼采傳》，第一卷，頁二四三—四。

25. 同前注，頁二四六。

26. 盧加諾湖畔的大飯店，現更名為皇宮豪邸（Residenza Grand Palace），並劃分為不同房型住家。

Chapter 5 ｜悲劇的誕生

1. 《悲劇的誕生》，第一節。
2. 同前注，第七節。
3. 同前注，第十五節。
4. 同前注，第十五節。
5. 同前注，第十八節。
6. 同前注，第二十節。
7. 同前注，第二十一節。
8. 寇希瑪·華格納，《日記》，一八七〇年八月十八日。
9. 同前注，一八七一年四月八日。
10. 尼采致羅德，一八七一年。
11. 尼采致葛斯朵夫，一八七一年十一月十八日。
12. 尼采致羅德，一八七一年十二月二十一日。
13. 尼采致法蘭琪絲卡與伊莉莎白，巴塞爾，一八七一年十二月二十七日。
14. 尼采致古斯塔夫·克魯格，巴塞爾，一八七一年十二月三十一日。
15. 〈論我們教育體制的未來〉（On the Future of Our Educational Institutions），第一講，發表於一八七一年一月十六日。
16. 寇希瑪·華格納，《日記》，一八七二年一月十六日。
17. 尼采致羅德，巴塞爾，一八七二年一月二十八日。

18. 寇希瑪・華格納，《日記》，一八七二年五月二十二日。
19. 尼采致葛斯朵夫，一八七二年五月一日。
20. 尼采致里契爾，巴塞爾，一八七二年一月三十日。
21. 尼采致羅德，一八七二年十月二十五日。
22. 寇希瑪・華格納，《日記》，一八七二年五月二十二日。
23. 沃克，《漢斯・馮・畢羅》，頁五。
24. 尼采致馮・畢羅，草稿，約於一八七二年十月二十九日。
25. 威廉・夏柏格（William H. Schaberg），《尼采正典：其人其書》（*The Nietzsche Canon, A Publication History and Bibliography*），芝加哥大學出版社（一九五五），頁二〇三－四。

Chapter 6 ｜毒藥小屋

1. 寇希瑪・華格納，《日記》，一八七三年四月十一日。
2. 赫曼・卡爾・烏瑟納教授（Professor Hermann Carl Usener），神學家兼古典語文學家，後來接替了里契爾在波恩大學的職位。
3. 法蘭茲・奧佛貝克（Franz Overbeck, 1837-1905）。
4. 葛斯朵夫致羅德，一八七三年五月二十四日。
5. 《瞧，這個人》，〈人性的，太人性的〉，第四節。
6. 《不合時宜的觀察》，〈大衛・史特勞斯〉，第八節。
7. 葛斯朵夫致羅德，一八七三年八月九日。
8. 尼采致羅德，一八七三年十月十八日。
9. 約翰・卡爾・弗里德里希・佐勒（Johann Karl Friedrich Zöllner）《論自然》（*Natur der Kometen*, 1870）；赫曼・寇普（Hermann Kopp）《化學史》（*Geschichte der Chemie*, 1834-7），約翰・海恩里希・麥德勒（Johann Heinrich Mädler）《世界奇蹟》（*Der Wunderbau des Weltalls*, 1861），阿夫利坎・斯庇爾（Afrikan Spir），《思想與實在》（*Denken und*

Wirklichkeit, 1873）。
10. 《不合時宜的觀察》，〈論歷史對生活的用處與缺點〉，第十節。
11. 寇希瑪・華格納，《日記》，一八七四年四月九日。
12. 尼采致葛斯朵夫，一八七四年四月一日。
13. 寇希瑪・華格納，《日記》，一八七四年四月四日。
14. 理查・華格納致尼采，一八七四年四月六日。

Chapter 7 ｜概念震盪

1. 尼采致馮・梅森布格，一八七五年八月十一日。
2. 山謬・羅斯（Samuel Roth, 1893-1974），前科累累的淫猥刊物製作人兼作家與出版商。
3. 關於華特・考夫曼的考證可參見〈尼采與七名海妖〉（Nietzsche and the Seven Sirens），刊於《黨員評論》（*Partisan Review*），一九五二年五月暨六月號。
4. 賀洛松（Herlossohn），《女性會話辭典》（*Damen-Conversations-Lexikon*, 1834-8），引自卡羅・迪特（Carol Diethe），《尼采的妹妹與權力意志》（*Nietzsche's Sister and the Will to Power*），伊利諾大學出版社（二〇〇三），頁一七。
5. 哈利・凱斯勒伯爵（Count Harry Kessler），一九一九年二月二十三日日記，收錄於查爾斯・凱斯勒（Charles Kessler）編譯，《光芒中的柏林：哈利・凱斯勒一九一八年至一九三七年日誌》（*Berlin in Lights, The Diaries of Harry Kessler*, 1918-1937），樹叢出版社（一九七一），頁七四。
6. 迪特，《尼采的妹妹與權力意志》，頁二〇。
7. 伊莉莎白致尼采，一八六五年五月二十六日。
8. 《瞧，這個人》，〈為什麼我寫出這麼好的書〉，第五節。
9. 吉爾曼編，《與尼采對談》，頁六九。路德維希・馮・薛富勒（Ludwig von Scheffler）署名於一八七六年夏天紀事。
10. 《不合時宜的觀察》，〈教育家叔本華〉，第四節。
11. 同前注，第一節。

12. 同前注，第一節。
13. 同前注，第四節。
14. 同前注，第七節。
15. 同前注，第八節。
16. 同前注，第四節。
17. 同前注，第四節。
18. 寇希瑪．華格納，《日記》，一八七四年八月八日至十八日。
19. 一八七四年筆記。
20. 一八七四年十月二十一日電報。
21. 尼采致馬蒂德．川沛達赫，一八七六年四月十一日。

Chapter 8 ｜ 最後的門徒與最初的弟子

1. 《不合時宜的觀察》，〈教育家叔本華〉，第四節。
2. 《不合時宜的觀察》，〈華格納在拜洛伊特〉，第七節。
3. 同前注，第八節。
4. 同前注，第十一節。
5. 吉爾曼編，《與尼采對談》，頁五四—六〇。
6. 同前注，頁五六。
7. 尼采致馮．梅森布格，一八七二年十二月二十日。
8. 理查．華格納致尼采，一八七六年七月十三日。
9. 《漫遊者》（*Der Wanderer*），又名〈在途中〉（Es geht ein Wandrer）。
10. 寇希瑪．華格納，《日記》，一八七六年七月二十八日。
11. 《俄羅斯新聞報》（*Russky Viedomosty*）投書，引自米靈頓《理查．華格納》，頁二三一。

12. 瑪爾維達・馮・梅森布格（Malwida von Meysenbug, 1816-1903）。
13. 《一個理想份子的回憶錄》（*Memoiren einer Idealistin*），一八六九年匿名出版。
14. 亞歷山大・赫爾岑（Alexander Herzen, 1812-70），被稱為「俄羅斯社會主義之父」，畢生為解放農奴與農地改革奮鬥。
15. 馮・梅森布格，《穿襯裙的叛逆份子》，頁一九四。
16. 同前注，頁一九六。
17. 尼采致路易絲・歐特，一八七六年八月三十日。
18. 路易絲・歐特致尼采，一八七六年九月二日。
19. 路易斯・歐特致尼采，一八七七年九月一日，引自迪特，《尼采的女人：鞭子後頭的那些女人》（Nietzsche's Women: Beyond the Whip），華特・德・葛魯特出版社（一九九六），頁三九。

Chapter 9 ｜自由與不自由的靈魂

1. 馮・梅森布格致奧嘉・赫爾岑（Olga Herzen），寄自索倫托，一八七六年十月二十八日。
2. 尼采致伊莉莎白，寄自索倫托，一八七六年十月二十八日。
3. 《人性的，太人性的》，第四節，〈藝術家與作家的靈魂〉，第一四五節。
4. 保羅・瑞伊，《亞里斯多德倫理學中的意志觀念》（*Notio in Aristotelis Ethicis Quid Sibi Velit*），波美特出版社（一八七五），引自羅賓・史莫（Robin Small），《尼采與瑞伊：璀亮之交》（*Nietzsche and Rée, A Star Friendship*），克拉蘭頓出版社（二〇〇七），頁xv。
5. 尼采在學時，對達爾文學說的認識大多來自弗里德里希・阿爾伯特・蘭格（Friedrich Albert Lange）的《唯物主義史觀與對其當前重要性之批判》（*Geschichte des Materialismus und Kritik seiner Bedeutung in der Gegenwart*, 1879）。一八八七年或一八八八年左右，尼采買到一本卡爾・威爾罕・馮・奈格里（Karl Wilhelm von Nägeli）的《演化的機械生理理論》（*Mechanisch-physiologische Theorie der Abstammungslehre*, 1884）這本對達爾文主義有較詳盡介紹的著作。見迪特，《尼采主義入門》（*the A to Z of Nietzscheanism*），稻草人出版社（二〇一〇），頁五三—四。
6. 原文刊於《心靈》期刊（*Mind*, 2, 1877），頁二九一—二。對這部分的詳盡介紹，見史莫，《尼采與瑞伊》，頁八八—九〇。

7. 史莫，《尼采與瑞伊》，頁七二、九八。
8. 《道德系譜學》，序言，第八節。
9. 尼采致理查・華格納，一八七六年九月二十七日。
10. 一八七六年筆記，引自史莫，《尼采與瑞伊》，頁五八。
11. 尼采致理查・華格納，寄自巴塞爾，一八七六年九月二十七日。
12. 寇希瑪・華格納，《日記》，一八七六年十月二十七日。
13. 同前注，一八七六年十一月一日。
14. 尼采致伊莉莎白，一八七七年四月二十五日。
15. 尼采致馮・梅森布格，一八七七年五月十三日。
16. 尼采致伊莉莎白，一八七七年六月二日。
17. 伊莉莎白・佛斯特—尼采，《尼采傳》，第二卷，頁一一一—一一三。
18. 理查・華格納致埃瑟醫師，一八七七年十月二十七日，引自馬丁・葛瑞格—德林（Martin Gregor-Dellin）《理查・華格納：其人其作其世紀》（*Richard Wagner, His Life, His Work, His Century*），麥斯威爾・布朗約翰（J. Maxwell Brownjohn）譯，柯林斯出版社（一九八三），頁四五二—三。
19. 埃瑟醫師一八七七年十月六日報告書，引自葛瑞格—德林《理查・華格納》，頁四五三—四。

Chapter 10 ｜ 人性的，太人性的

1. 尼采致恩斯特・許麥茲納，一八七七年二月二日。
2. 《人性的，太人性的》，〈最初與最終的事物〉，第二節。
3. 同前注，第二節。
4. 同前注，第四節。
5. 同前注，第五節。

6. 同前注，第九節。
7. 同前注，第六節。
8. 同前注，第十一節。
9. 同前注，第十九節。
10. 同前注，〈道德感受史〉，第三十七節。
11. 拉．羅什福科（La Rochefoucauld），《對道德格律與命令的反思》（*Sentences et maximes morales*）卷首語，引自《人性的，太人性的》〈道德感受史〉第三十五節。
12. 同前注，〈國家一瞥〉，第四三八節。
13. 同前注，〈國家一瞥〉，第四五二節。
14. 同前注，〈道德感受史〉，第八十七節。
15. 夏柏格，《尼采正典》，頁五九。並見佛斯特－尼采，《尼采傳》，第二卷，頁三三一。
16. 許麥茲納致尼采，引自佛斯特－尼采，《尼采傳》，第二卷，頁三三一。
17. 尼采致馬蒂德．麥爾（Mathilde Meier），一八七八年七月十五日。
18. 原文：*'L'âme de Voltaire fait ses compliments à Friedrich Nietzsche.'*
19. 寇希瑪．華格納致瑪麗．馮．許萊尼茲（Marie von Schleinitz），一八七八年六月。
20. 華格納於一八七八年八、九月間在《拜洛伊特新聞報》的「公眾論壇」發表了三篇文章。
21. 尼采致約翰．海恩里希．柯瑟利茲（即彼得．蓋斯特），一八七九年十月五日。
22. 尼采致馮．梅森布格，一八七七年七月一日。

Chapter 11 ｜漫遊者和他的影子

1. 見《晨曦》（*Daybreak*）二版序言第一節（一八八六）。
2. 電力云云：見彼得．蓋斯特與法蘭茲．奧佛貝克於一八八一年八、九月間信件。
3. 尼采致奧佛貝克，一八八一年七月三十日。

4. 伊達・奧佛貝克回憶道，尼采在一八八〇年到八三年間幾次暫住在奧佛貝克家時，曾引述費爾巴哈的思想；見吉爾曼編，《與尼采對談》，頁一一一—一一五。
5. 《晨曦》，第一卷，第十四節。
6. 尼采致蓋斯特，一八七九年十月五日。
7. 馬太福音 16: 18.
8. 尼采致法蘭茲・奧佛貝克，一八八〇年三月二十七日。
9. 勃克林其實畫的是佛羅倫斯的墓園，該處同樣可經水路抵達，只不過由於畫面中的水影，所以總被人當作是在描繪威尼斯聖米榭島墓園的景緻。
10. 《人性的，太人性的》，第三卷，〈漫遊者和他的影子〉，第二九五節。
11. 尼采致蓋斯特，一八八一年八月十四日。
12. 根據一五〇一年至二〇〇六年瑞士消費者物價指數調查，瑞士熟練建築工的平均薪資為每日二・四五法郎，或每週十二・二五法郎。此處房租顯然算低。
13. 尼采致法蘭茲・奧佛貝克，一八八一年九月十八日。
14. 《歡悅的智慧》，第四卷，第三八一節。
15. 一八八一年筆記。
16. 尼采致伊莉莎白，一八八〇年十二月五日。這間閣樓在巴蒂斯汀八號頂樓（Salita delle Battistine 8），尼格羅別墅（Villetta di Negro）公園對面，尼采十分喜歡公園中的寧靜與綠蔭。
17. 《晨曦》，第四卷，第三八一節。
18. 盧・莎樂美（Lou Salomé, 1861-1937），俄羅斯胡格諾派將軍之女，母親為德國人。
19. 盧・安德列斯—莎樂美（Lou Andreas-Salomé），《回首前塵：回憶錄》（*Looking Back: Memoirs*），布瑞恩・米契爾（Breon Mitchell）譯，模範書屋出版（一九九〇），頁四五。
20. 瑞伊致尼采，一八八二年四月二十日。
21. 《歡悅的智慧》，第四卷，第七十七節。
22. 馮・梅森布格致尼采，一八八二年三月二十七日。

Chapter 12 ｜哲學與愛慾

1. 安德列斯—莎樂美，《回首前塵》，頁四五。
2. 盧．莎樂美（以筆名安德列斯—莎樂美〔Lou Andreas-Salomé〕出版），《尼采》（Nietzsche），齊格飛．曼德爾（Siegfried Mandel）譯，伊利諾大學出版社（二〇〇一），頁九、十。
3. 安德列斯—莎樂美，《回首前塵》，頁四七。
4. 《不合時宜的觀察》，〈論歷史對生活的用處與缺點〉，第二節。
5. 《歡悅的智慧》，第二卷，第七十一節〈論貞潔〉。
6. 安德列斯—莎樂美，《尼采》，頁一一。她所引述的是《人性的，太人性的》中〈警句與格律〉編號三三八的格言。
7. 盧．莎樂美，《在自身作品中的弗里德里希．尼采》（*Friedrich Nietzsche in seinen Werken*, 1894）
8. 安德列斯—莎樂美，《尼采》，頁一三。
9. 茱莉亞．威克斯（Julia Vickers），《盧．馮．莎樂美：啟發了佛洛伊德、尼采與呂爾克的女子》（*Lou von Salomé: A Biography of the Woman Who Inspired Freud, Nietzsche and Rilke*），麥克法蘭出版（二〇〇八），頁四一。
10. 尼采致蓋斯特，一八八二年七月十三日。

Chapter 13 ｜哲學家的學徒

1. 《歡悅的智慧》，第三卷，第一二五節，〈瘋子〉。
2. 同前注，第三卷，第一〇八節，〈新戰爭〉。
3. 尼采致萊恩哈特．馮．塞伊德利茲（Reinhardt von Seydlitz），一八七八年一月四日。
4. 伊莉莎白致法蘭琪絲卡，一八八二年七月二十六日。
5. 這事跡首見於馬丁．葛瑞格—德林《理查．華格納》，頁四五一—七。
6. 伊莉莎白．尼采，《關於諾拉的茶餘閒談》（*Coffee-Party Gossip about Nora*），約於一八八二年出版。全文英譯可見於迪特《尼采的妹妹與權力意志》，頁一六一—九三。故事標題為迪特所下。

7. 威克斯，《盧・馮・莎樂美》，頁四八。
8. 尼采致盧・莎樂美，一八八二年八月四日。
9. 伊莉莎白・尼采對這場爭吵的說法可從她對兄長的回憶與其信件（尤其是一八八二年九月二十四日至十月二日間寄給克拉拉・蓋澤〔Clara Gelzer〕的書信）中得知。莎樂美則一貫無視不愉快的現實，無論在其回憶錄或關於尼采的著作中均絲毫未提及與伊莉莎白爭吵一事。正如關於尼采是否在山上吻她這件事，莎樂美也同樣未置一詞。
10. 安德列斯－莎樂美，《尼采》，頁七七－八。
11. 同前注，頁七一。
12. 同前注，頁七〇。
13. 同前注，頁七一。
14. 《歡悅的智慧》，第四卷，〈神聖一月〉，第二七六節。
15. 尼采致盧・莎樂美，一八八二年八月底。
16. 魯道夫・賓尼昂（Rudolph Binion），《盧小姐：尼采的任性門徒》（*Frau Lou: Nietzsche's Wayward Disciple*），普林斯頓大學出版社（一九六八），頁九一。
17. 原文如下：

Freundin – sprach Kolumbus – traue
Keinem Genuesen mehr!
Immer starrt er in das Blaue
Fernstes zieht ihn allzusehr!
Wen er liebt, den lockt er gerne
Weit hunaus in Raum und Zeit –
Über uns glänzt Stern bei Sterne,
Um uns braust die Ewigkeit.
(Translation by Curtis Cate.)

Chapter 14 ｜吾父華格納已死，我兒查拉圖斯特拉出世

1. 尼采致瑞伊及莎樂美，一八八二年十二月中。
2. 尼采致法蘭茲・奧佛貝克，一八八三年二月十一日。
3. 見尼采後來在一八八六年十月十日寫給蓋斯特的信件中對拉帕洛的描述。
4. 尼采致法蘭茲・奧佛貝克，一八八二年十二月二十五日。
5. 《瞧，這個人》，〈查拉圖斯特拉如是說〉，第五節。
6. 《歡悅的智慧》，〈神聖一月〉，第三四二節。這是《歡悅的智慧》當時的最後一節，後來尼采在後頭又加上了全書的最後一節，並題為〈無畏的我們〉（We Fearless Ones）。
7. 尼采並不是沉迷於查拉圖斯特拉的唯一一人。在先前約五十年裡，就有大約二十本關於《波斯古經》（*Zend-Avesta*）或其作者的德文研究著作問世。見弗里德里希・尼采，《查拉圖斯特拉如是說》，牛津大學出版社（二〇〇八），葛拉罕・帕克斯（Graham Parkes）所寫的導論，頁 xi。
8. 見瑪麗・波依斯（Mary Boyce），《瑣羅亞斯德教：宗教信念與實作》（*Zoroastrians: Their Religious Beliefs and Practices*, 1979）與泰德・洪德里希（Ted Honderich）編，《牛津哲學手冊》（*The Oxford Companion to Philosophy*），牛津大學出版社（二〇〇五）。
9. 《查拉圖斯特拉如是說》，〈查拉圖斯特拉的序言〉，第三節。
10. 《查拉圖斯特拉如是說》，第三卷，〈日出之前〉。
11. 同前注，〈查拉圖斯特拉的序言〉，第四節。
12. 《查拉圖斯特拉如是說》，第一卷，〈論老嫗與少婦〉。
13. 尼采致法蘭茲・奧佛貝克，一八八三年二月二十二日。
14. 尼采致法蘭茲・奧佛貝克，寄自拉帕洛，一八八三年二月十一日寄達。
15. 尼采致葛斯朵芙，一八八三年六月二十八日。信中所指之處即切斯特半島（Chastè peninsula）。
16. 尼采致蓋斯特，一八八三年二月十九日。
17. 尼采致伊莉莎白，一八八三年四月，引自賓尼昂《盧小姐》，頁一〇四。
18. 尼采致法蘭茲・奧佛貝克，一八八三年十月十七日。

19. 尼采致伊莉莎白，一八八三年季夏。

Chapter 15｜置之死地而後生

1. 克勞德．蓋列（Claude Gellée, 1604/5?-82），慣稱克勞德．洛蘭（Claude Lorrain），法國畫家，以繪製聖經、維吉爾與奧維德詩作中的唯美風景聞名，畫作中經常充斥著古典建築、人物與動物，是英國十八世紀風景畫運動的主要靈感來源。
2. 《查拉圖斯特拉如是說》，第二卷，第四節，〈論傳道者〉。
3. 尼采致葛斯朵夫，一八八三年六月二十八日。
4. 《瞧，這個人》，〈查拉圖斯特拉如是說〉，第三節。
5. 尼采致格爾奧格．布蘭戴斯（Georg Brandes），一八八八年四月十日。
6. 《查拉圖斯特拉如是說》，第二卷，〈論毒蜘蛛〉。
7. 尼采致蓋斯特，一八八三年八月底。
8. 尼采致法蘭茲．奧佛貝克，一八八三年八月二十八日寄達。
9. N尼采致法蘭琪絲卡與伊莉莎白，一八八五年三月三十一日。
10. 伊莉莎白致伯納德．佛斯特，一八八四年一月。
11. 見朱利烏斯．潘內特博士對一八八三年十二月二十六日與一八八四年一月三日在尼斯拜訪尼采的記述。
12. 瑞莎．馮．沈霍佛（Resa von Schirnhofer, 1855-1948），生於奧地利克雷姆斯（Krems），著有關於尼采的簡短回憶錄《關於尼采這個人》（*Vom Menschen Nietzsche*，完成於一九三七年，未出版）。
13. 瑞莎．馮．沈霍佛，一八八四年四月三日至十四日，引自吉爾曼編，《與尼采對談》，頁一四六—五八。
14. 壁紙殘跡至今仍保留在那房間裡，那幢房子如今已改為席爾斯—瑪麗亞的「尼采之屋」博物館。

Chapter 16｜他偷襲我！

1. 許麥茲納致尼采，一八八四年十月二日，引自夏柏格，《尼采正典》，頁一一三。

2. 尼采致法蘭茲·奧佛貝克，始自一八八五年十二月，引自夏柏格，《尼采正典》，頁一一八。
3. 尼采致葛斯朵芙，一八八五年二月十二日。
4. 《瞧，這個人》，〈為什麼我如此睿智〉，第二節。
5. 《人性的，太人性的》，第一卷，第六三八節。
6. 尼采致葛斯朵夫，一八八五年二月十二日。
7. 尼采致伊莉莎白，一八八五年五月二十日。
8. 《泰晤士報》，一八八三年二月一日。

Chapter 17 ｜ 獨嘯虛空

1. 尼采致法蘭茲·奧佛貝克，一八八七年三月二十四日。
2. 《瞧，這個人》，〈善惡的彼岸〉，第二節。
3. 《善惡的彼岸》，〈論哲學家的偏見〉，第十四節。
4. 《瞧，這個人》，〈人性的，太人性的〉，第一節。
5. 《善惡的彼岸》，〈論哲學家的偏見〉，第五節。
6. 《善惡的彼岸》，〈論哲學家的偏見〉，第九節。
7. 同前注，第十四節。
8. 同前注，第十四節。
9. 同前注，第九節。
10. 「青蛙的視角」一詞意義自明，但在畫家用語中原本表示「低視角」之意。
11. 《善惡的彼岸》，〈我們的美德〉，第二三二節。
12. 尼采致馮·梅森布格，一八八七年五月十二日。
13. 《善惡的彼岸》，〈宗教性格〉，第五十四節。
14. 同前注，〈論哲學家的偏見〉，第十七節。

15. 同前注，〈論道德的發展史〉，第一九三節。
16. 同前注，〈宗教性格〉，第四十六節。
17. 《道德系譜學》，第二篇，第十六節。
18. 《善惡的彼岸》，〈論哲學家的偏見〉，第十九節。
19. 《道德系譜學》，第一篇，第十一節。
20. 《道德系譜學》，第一篇，第十一節。
21. 同前注，第二篇，第十一節。
22. 《偶像的黃昏》，〈改進人性〉，第二節。
23. 喬瑟夫・維克特・魏德曼（**Joseph Victor Widmann, 1842-1911**），瑞士著名文學評論家。他和尼采一樣都是牧師之子。
24. 見《聯盟日報》一八八六年九月十六、十七日書評。

Chapter 18｜駱馬國

1. 尼采致伊莉莎白，一八八六年二月。
2. 筆記（九），一八八七年秋，編號一〇二。
3. 筆記（九），一八八七年秋，編號九四。
4. 尼采致法蘭琪絲卡，一八八七年十月十八日。
5. 錢伯斯，《錢伯斯版百科全書》（一八九五），第八卷，頁七五〇—一。
6. 同前注，頁七五〇—一。
7. 同前注，頁七五〇—一。
8. 克林白爾的說法引自海恩茲・彼得斯（H. F. Peters）《查拉圖斯特拉的妹妹：尼采兄妹》（*Zarathustra's Sister: The Case of Elisabeth and Friedrich Nietzsche*），王冠出版社（一九七七），頁二一〇。
9. 克林白爾，《揭露伯納德・佛斯特博士巴拉圭新日耳曼殖民地真相》（*Enthüllungen über die Dr Bernhard Förstersche Ansiedlung Neu-Germanien in Paraguay*），巴達姆斯出版（一八八九）。

10. 致法蘭茲・奧佛貝克，一八八八年聖誕節。
11. 同前注。

Chapter 19｜我是炸藥！

1. 《生之讚歌：合唱及管弦樂曲》（*Hymnus an das Leben für gemischten Chor und Orchester*），一八八七年十月二十日出版。關於此曲出版的種種波折艱辛，見夏柏格，《尼采正典》，頁一四〇—九。
2. 瑞莎・馮・沈霍佛從尼采處聽聞此事，但後來伊莉莎白又告訴馮・沈霍佛其實根本就沒有這封信。
3. 尼采致蓋斯特，一八八七年十一月十日。
4. 尼采致馮・塞依德利茲，一八八八年二月十二日。
5. 格爾奧格・布蘭戴斯（Georg Brandes, 1842-1927），丹麥文學評論家與傳記作家。
6. *Qvinnans underordnade ställning*, 1869.
7. 彼得・亞歷克塞維奇・克魯泡特金親王（Prince Pyotr Alexeyevich Kropotkin, 1842-1921）。
8. 尼采致布蘭戴斯，一八八七年十二月二日。
9. 古斯塔夫・阿道夫（Gustav Adolf，又稱古斯塔夫斯・阿道夫斯〔Gustavus Adolfus〕），瑞典國王，日耳曼新教徒領袖，在三十年戰爭期間，於抵抗天主教大軍的呂岑之戰（Battle of Lützen, 1632）中陣亡。一八一三年，拿破崙同樣於此地獲勝。
10. 格爾奧格・布蘭戴斯，《弗里德里希・尼采》（*Friedrich Nietzsche*），威廉・海尼曼出版社（一九〇九），頁八〇—二。
11. 伊莉莎白致尼采，引自尼采一八八八年聖誕節致法蘭茲・奧佛貝克書信。
12. 尼采致伊莉莎白（草稿），一八八八年聖誕節。
13. 《華格納事件》（The Case of Wagner），尼采逝世後第一版。
14. 《華格納事件》，尼采逝世後第二版。
15. 同前注，逝世後一版。
16. 梅塔・馮・沙利斯—馬許林斯（Meta von Salis-Marschlins, 1855-1929），著有《哲學家與紳士》（*Philosoph und Edel-*

mensch, 1897），陳述她與尼采的交誼。

17. 尼采致法蘭茲・奧佛貝克，一八八七年二月二十三日。並見於尼采一八八七年三月七日致蓋斯特書信。
18. 《反基督》，第七節。
19. 卡爾・伯努利（Carl Bernoulli）於一八八八年六月六日至九月二十日間記事，引自吉爾曼編，《與尼采對談》，頁二一三。
20. 《偶像的黃昏》，〈我從古人身上學到什麼〉，第五節。

Chapter 20 ｜杜林的黃昏

1. 關於古代詩歌「時間韻」與野蠻世界「情感韻」的區分，見尼采於一八八八年八月底自席爾斯—瑪麗亞寄給卡爾・福克斯（Carl Fuchs）的信件。
2. 尼采致法蘭茲・奧佛貝克，一八八八年十月十八日。
3. 《梅特蘭水星暨杭特河總廣告商》（*The Maitland Mercury and Hunter River General Advertiser*），新南威爾斯，一八八八年十月三十日。文中稱《波士頓先驅報》為「衛生婚姻」的文章來源。
4. 阿爾弗瑞德・普洛茲（Alfred Ploetz），《吾族之勤奮與對弱者之保護：論種族衛生及其與人類理想之關係，自社會主義切入》（*Die Tüchtigkeit unserer Rasse und der Schutz der Schwachen. Ein Versuch über Rassenhygiene und ihr Verhältnis zu den humanen Idealen, besonders zum Sozialismus*, 1895）。
5. 《反基督》，第五十八節。
6. 見賀伯特・萊赫爾特（Herbert W. Reichert）與卡爾・許萊赫塔（Karl Schlechta）編，《國際尼采書目》（*International Nietzsche Bibliography*），北卡羅來納大學查普丘出版社（一九六〇）。
7. 尼采致馮・梅森布格，一八八八年十月十八日。
8. 尼采於一八八八年十一月三日致法蘭茲・奧佛貝克書信，談的是《瞧，這個人》。
9. 約翰福音 19:5.
10. 《瞧，這個人》，序言。

11. 尼采致斐迪南・亞維納琉斯（Ferdinand Avenarius），發表於《藝術守衛》（*Der Kunstwart*）第二期（一八八八—九），頁六。
12. 《瞧，這個人》，〈為什麼我如此聰明〉，第十節。
13. 同前注，〈為什麼我如此睿智〉，第三節。
14. 同前注，〈為什麼我如此聰明〉，第二節。
15. 《偶像的黃昏》，〈我從古人身上學到什麼〉，第四節。
16. 尼采致史特林堡，一八八八年十二月七日。
17. 尼采致布克哈特，一八八九年一月六日。
18. 尼采致馮・沙利斯—馬許林斯，一八八八年十二月二十九日。
19. 尼采致法蘭茲・奧佛貝克，一八八八年聖誕節。
20. 尼采致法蘭茲・奧佛貝克，一八八八年十月十八日。
21. 尼采致馮・沙利斯—馬許林斯，一八八八年十一月十四日。
22. 尼采致法蘭琪斯卡，一八八八年十二月二十一日。
23. 尼采致伊莉莎白，一八八八年十二月。
24. 尼采致蓋斯特，一八八八年十二月九日。
25. 尼采致蓋斯特，一八八八年十二月十六日。
26. 尼采致福克斯，一八八八年十二月十八日。
27. 尼采致法蘭茲・奧佛貝克，一八八八年聖誕節及一八八八年十二月二十八日。
28. 尼采致馮・沙利斯—馬許林斯，一八八八年十二月二十九日。
29. 尼采致蓋斯特，郵戳為杜林，一八八九年一月四日及一八八八年十二月三十一日。
30. 尼采致史特林堡，未標注日期。
31. 尼采致史特林堡，未標注日期。
32. 尼采致蓋斯特，郵戳為杜林，一八八九年一月四日。
33. 尼采致布蘭戴斯，郵戳為杜林，一八八九年一月四日。
34. 尼采致布克哈特，郵戳為杜林，一八八九年一月四日。

35. 尼采致寇希瑪・華格納，一八八九年一月初。
36. 尼采致布克哈特，署名日期為一八八九年一月六日，但郵戳為杜林，一八八九年一月五日。

Chapter 21 ｜ 山洞裡的牛頭人

1. 夏恩，《尼采的梅毒之謎》，頁四四。
2. 原文如下：

   Verse 2 of '*An der Brücke stand*' ('I Stood on the Bridge'):

   Meine Seele, ein Saienspiel,
   Sang sich unsichtbar berührt,
   Heimlich ein Gondellied dazu,
   Zitternd vor bunter Seligkeit.
   – Hörte jemand ihr zu?
3. 見療養院健康報告中的「母親陳述」，一八八九年一月。
4. 語出卡爾・柏努利，引自波達克（E. F. Podach），《尼采的瘋病》（*The Madness of Nietzsche*），佛伊特（F. A. Voight）譯，普特南出版社（一九三一），頁一七七。
5. 《人性的，太人性的》，〈警句與格律〉，第四〇八節，〈下到冥界〉。
6. 一九二〇年代，巴塞爾療養院的院長史圖茲醫師（Dr Stutz）發現該院以往診斷為漸進式麻痺的許多病例其實罹患的都是思覺失調。
7. 醫學生沙夏・辛科威茲（Sascha Simchowitz）的記述，引自克瑞爾與貝茲，《善良的歐洲人》，頁五〇。
8. 波達克，《尼采的瘋病》，頁一九五。
9. 藍本於獲知尼采死訊後致克卜勒主教（Bishop Keppler），一九〇〇年秋，引自波達克，《尼采的瘋病》，頁二一〇—二一一。
10. 提摩西・瑞貝克（Timothy W. Ryback），《希特勒的私人書庫》（*Hitler's Private Library, The Books that Shaped His*

Life），優質圖書出版（二〇一〇），頁一三四。

Chapter 22 ｜人去樓空

1. 克林白爾，《揭露伯納德・佛斯特博士巴拉圭新日耳曼殖民地真相》。
2. 伊莉莎白致法蘭琪絲卡，寄自新日耳曼尼亞，一八八九年四月九日。
3. 伯納德・佛斯特致麥斯・舒伯特，一八八九年六月二日。
4. 伊莉莎白致法蘭琪絲卡，七月二日。
5. 佛斯特—尼采，《尼采傳》，第二卷，頁四〇〇—一。
6. 伊莉莎白致法蘭琪絲卡，一八八九年七月二日。
7. 伊莉莎白・尼采（以伊莉・佛斯特〔Eli Förster〕之名出版），《伯納德・佛斯特博士在巴拉圭的新日耳曼尼亞殖民地》（*Dr Bernhard Förster's Kolonie Neu-Germania in Paraguay*），先鋒出版（一八九一）。
8. 哈利・開斯勒，一八九一年七月二十三日日誌，引自伊斯頓（Easton）編，《探入深淵》，頁三〇。
9. 引自萊爾德・伊斯頓（Laird M. Easton），《紅伯爵，哈利・開斯勒的生平與時代》（*The Red Count, The Life and Times of Harry Kessler*），加州大學出版社（二〇〇二），頁四一。
10. 一八九一年八月二十日，澤德利茲—紐曼男爵（Baron Zedlitz-Neumann）開槍射殺瑪麗・伊莉莎白・麥森納（Marie Elisabeth Meissner）後，朝自身開槍。澤德利茲—紐曼後來成為一名記者。
11. 挪威發生的類似現象可參見蘇・普莉朵（Sue Prideaux），《愛德華・孟克：吶喊的背後》（*Edvard Munch: Behind the Scream*），耶魯大學出版社（二〇〇五），頁七二—四。
12. 開斯勒，一八九六年六月二十二日日誌，見伊斯頓編，《探入深淵》，頁一六〇。
13. 開斯勒，一八九五年一月二十八日日誌，見前注，頁一二八。
14. 「自由舞台」於一八八九年落成。《現代生活的自由舞台》於一八九〇年創刊，至一八九三年更名為《新德意志評論》（*Neue Deutsche Rundschau*）。
15. 弗里茲・柯格爾（Fritz Kögel, 1860-1904），語文學家、作曲家兼作家。

16. 興建於一八八九年至九〇年，建築師為萊恩哈特（Theodor Reinhard）與榮漢斯（H. Junghans）。
17. 馮・沙利斯—馬許林斯致鄂勒博士（Dr Oehler），一八九八年七月十四日，引自彼得斯，《查拉圖斯特拉的妹妹》，頁一六四。
18. 蓋斯特致法蘭茲・奧佛貝克，一九〇〇年八月四日。
19. 開斯勒，一八九七年八月七日日誌，見伊斯頓編，《探入深淵》，頁一八六。
20. 原文為：'Ich habe meinen Regenschirm vergessen.'
21. 霍凌戴爾，《尼采：其人及其哲學》，頁二五三。
22. 弗里茲・舒馬赫對一八九八年的回憶，見吉爾曼編，《與尼采對談》，頁二四六—七。
23. 卡爾・伯特徹（Karl Böttcher），《監獄、遊民、酗酒與瘋人院之研究》（*Auf Studienpfaden: Gefängnisstudien, Landstreicherstudien, Trinkstudien, Irrenhausstudien*, 1900）與華特・班傑明（Walter Benjamin），〈尼采與其妹〉（'Nietzsche und das Archiv seiner Schwester', 1932），引自保羅・畢夏普（Paul Bishop）編，《尼采入門手冊》（*A Companion to Friedrich Nietzsche*），坎登書屋（二〇一二），頁四〇二。
24. 開斯勒，一八九七年十月二日日誌，見伊斯頓編，《探入深淵》，頁一九〇。
25. 開斯勒，一八九七年十月三日日誌，見伊斯頓編，《探入深淵》，頁一九〇—一。
26. 佛斯特—尼采，《尼采傳》，第二卷，頁四〇七。
27. 匿名人士陳述，引自吉爾曼編，《與尼采對談》，頁二六〇—一。
28. 佛斯特—尼采，《尼采傳》，第二卷，頁四一〇。
29. 藝術史學家柯特・布雷席格（Kurt Breysig, 1866-1940）朗誦了一篇弔文。對這篇悼辭的評論來自建築師福里茲・舒馬赫。一九二三年，布雷席格提名伊莉莎白角逐諾貝爾文學獎。
30. 愛德華・孟克（Edvard Munch），《弗里德里希・尼采》（*Friedrich Nietzsche*, 1906），油畫，畫布，201 x 160 公分，現藏於斯德哥爾摩蒂爾藝術館（Thiel Gallery）。
31. 愛德華・孟克，《伊莉莎白・佛斯特—尼采》（*Elisabeth Förster-Nietzsche*, 1906），油畫，畫布，115 x 80 公分，現藏於斯德哥爾摩蒂爾藝術館（Thiel Gallery）。
32. 伊莉莎白・佛斯特—尼采曾屢獲提名角逐諾貝爾文學獎：一九〇八年由德國哲學家漢斯・魏辛格（Hans Vaihinger）提名；一九一六年由漢斯・魏辛格與瑞典歷史學家哈洛德・夏尼（Harald Hjärne）共同提名；一九一七年由漢斯・魏

辛格提名；一九二三年由語文學家格爾奧格·高資（Georg Goetz）、漢斯·魏辛格與在尼采喪禮上發表冗長悼辭的柯特·布雷席格提名。

33. 最後的筆記（W 13, 646. W 13, 645），引自克瑞爾與貝茲，《善良的歐洲人》，頁二一三。

34. 早在一九一二年，墨索里尼就寫過尼采生平的文章，標題為〈弗里德里希·尼采的一生〉（La vita di Federico Nietzsche），刊於《領先》（*Avanti*）雜誌。

35. 本片的英文片名通常譯為 *The Hundred Days*。

36. 伊莉莎白·佛斯特—尼采，未出版書信，威瑪，一九三三年五月十二日。

37. 《查拉圖斯特拉如是說》，第二十九節，〈論毒蜘蛛〉。

38. 阿爾弗瑞德·羅森堡（Alfred Rosenberg），一九四三年至四五年納粹黨監督全國才智與意識形態教育委員。

39. 伊凡·舍拉特（Yvonne Sherratt），《希特勒的哲學家》（*Hitler's Philosophers*），耶魯大學出版社（二〇一三），頁七〇。

40. 《布萊斯高爾報》（*Breisgauer Zeitung*），一九三三年五月十八日三版。

41. 「在文庫裡……」云云：開斯勒一九三二年八月七日記述，見哈利·開斯勒伯爵，《世界主義者日誌》（The Diaries of a Cosmopolitan, 1918-1937），查爾斯·開斯勒（Charles Kessler）編譯，鳳凰出版社（二〇〇〇），頁四二六—七。

42. 希特勒御用鋼琴家恩斯特·漢福斯坦格（Ernst Hanfstaengel）在回憶錄《你所不知道的希特勒》（*The Unknown Hitler*）中的證詞，吉卜森廣場圖書出版（二〇〇五），頁二三三。

43. 見瑞貝克，《希特勒的私人書庫》，頁六七—八。

44. 同前注，頁一二九。

45. 漢服斯坦格，《你所不知道的希特勒》，頁二二四。

46. 同前注，頁二二四。

47. 語出海德堡大學教育學教授恩斯特·柯里克（Ernst Krieck），引自史蒂芬·阿斯凱姆（Steven E. Aschheim），《尼采的德國遺澤》（*Nietzsche's Legacy in Germany*），加州大學出版社（一九九二），頁二五三。

48. 伊莉莎白致恩斯特·蒂爾（Ernst Thiel），一九三五年十月三十一日。

49. 尼采致伊莉莎白，寄自威尼斯，一八八四年六月中。

50. 《瞧，這個人》〈為什麼我是命運〉，第一節。

參考書目

《尼采全集》的標準德文版為《批判全集》（*Kritische Gesamtausgabe: Werke*），由 Giorgio Colli 和 Mazzino Montinari 編輯，於一九六七年起由 Walter de Gruyter 出版社出版。

尼采的引文均取自《劍橋哲學史文本系列》（*Cambridge Texts in the History of Philosophy Series*），除非另有註明。信件中的引文，除非另有註明，均取自由 Christopher Middleton 編輯的《尼采書信選集》（*Selected Letters of Friedrich Nietzsche*）, Hackett Publishing, Indianapolis, 1969.

Andreas-Salomé, Lou, *Looking Back: Memoirs*, trans. Breon Mitchell, Paragon House, 1990

Andreas-Salomé, Lou, *Nietzsche*, trans. Siegfried Mandel, University of Illinois Press, 2001

Bach, Steven, *Leni, The Life and Work of Leni Riefenstahl*, Abacus, 2007

Binion, Rudolph, *Frau Lou, Nietzsche's Wayward Disciple*, Princeton University Press, 1968

Bishop, Paul (ed.), *A Companion to Friedrich Nietzsche, Life and Works*, Camden House, 2012

Blanning, Tim, *The Triumph of Music: Composers, Musicians and their Audiences, 1700 to the Present*, Allen Lane, 2008

Blue, Daniel, *The Making of Friedrich Nietzsche, The Quest for Identity 1844–1869*, Cambridge University Press, 2016

Brandes, Georg, trans. A. G. Chater, *Friedrich Nietzsche*, William Heinemann, 1909

Brandes, Georg (ed.), *Selected Letters*, trans. W. Glyn Jones, Norvik Press, 1990

Burckhardt, Jacob, *The Civilisation of the Renaissance in Italy*, Penguin, 1990

Cate, Curtis, *Friedrich Nietzsche, A Biography*, Pimlico, 2003

Chamberlain, Lesley, *Nietzsche in Turin, The End of the Future*, Quartet, 1996
Detweiler, Bruce, *Nietzsche and the Politics of Aristocratic Radicalism*, University of Chicago Press, 1990
Diethe, Carol, *The A to Z of Nietzscheanism*, Scarecrow Press, 2010
Diethe, Carol, *Nietzsche's Sister and the Will to Power*, University of Illinois Press, 2003
Diethe, Carol, *Nietzsche's Women, Beyond the Whip*, Walter de Gruyter, 1996
Dru, Alexander, *The Letters of Jacob Burckhardt*, Liberty Fund, Indianapolis, 1955
Easton, Laird M. (ed.), *Journey into the Abyss, The Diaries of Count Harry Kessler, 1880–1918*, Alfred A. Knopf, 2011
Easton, Laird M., *The Red Count. The Life and Times of Harry Kessler*, University of California Press, 2002
Feuchtwanger, Edgar, *Imperial Germany, 1850–1918*, Routledge, 2001
Förster-Nietzsche, Elisabeth, *The Nietzsche–Wagner Correspondence*, trans. Caroline V. Kerr, Duckworth, 1922
Förster-Nietzsche, Elisabeth, *The Life of Nietzsche*, Vol. I, *The Young Nietzsche*, trans. Anthony M. Ludovici, Sturgis and Walton, 1912
Förster-Nietzsche, Elisabeth, *The Life of Nietzsche*, Vol. II, *The Lonely Nietzsche*, trans. Paul V. Cohn, Sturgis and Walton, 1915
Gautier, Judith, *Wagner at Home*, trans. Effie Dunreith Massie, John Lane, 1911
Gilman, Sander L. (ed.), and David J. Parent (trans.), *Conversations with Nietzsche*, A Life in the Words of His Contemporaries, Oxford University Press, 1987
Gossmann, Lionel, *Basel in the Age of Burckhardt, A Study in Unseasonable Ideas*, University of Chicago Press, 2002
Gregor-Dellin, Martin, *Richard Wagner, His Life, His Works, His Century*, trans. J. Maxwell Brownjohn, Collins, 1983
Gregor-Dellin, Martin, and Mack, Dietrich (eds), *Cosima Wagner's Diaries*, trans. Geoffrey Skelton, Vols I and II, Helen and Kurt Wolff Books, Harcourt Brace Jovanovich, Vol. I 1978, Vol. II 1980
Grey, Thomas S. (ed.), *Richard Wagner and His World*, Princeton University Press, 2009
Hanfstaengl, Ernst, *The Unknown Hitler*, Gibson Square, 2005
Hayman, Ronald, *Nietzsche, A Critical Life*, Weidenfeld and Nicolson, 1980
Heidegger, Martin, *German Existentialism*, trans. Dagobert D. Runes, Philosophical Library Inc., 1965
Hilmes, Oliver, *Cosima Wagner, the Lady of Bayreuth*, Yale University Press, 2010

Hollingdale, R. J., *Dithyrambs of Dionysus*, Anvil, 2001
Hollingdale, R. J., *Nietzsche, The Man and His Philosophy*, Cambridge University Press, 1999
Johnson, Dirk R., *Nietzsche's Anti-Darwinism*, Cambridge University Press, 2010
Kaufmann, Walter (ed.), *Friedrich Nietzsche, The Will to Power*, trans. Kaufmann and R. J. Hollingdale, Vintage, 1968
Kessler, Charles (ed. and trans.), *The Diaries of a Cosmopolitan*, Phoenix Press, London, 2000
Köhler, Joachim, *Nietzsche and Wagner, A Lesson in Subjugation*, trans. Ronald Taylor, Yale University Press, 1998
Krell, David Farrell, and Bates, Donald L., *The Good European, Nietzsche's Work Sites in Word and Image*, University of Chicago Press, 1997
Levi, Oscar (ed.), *Selected Letters of Friedrich Nietzsche*, trans. Anthony M. Ludovici, Heinemann, 1921
Love, Frederick R., *Nietzsche's St Peter, Genesis and Cultivation of an Illusion*, Walter de Gruyter, 1981
Luchte, James, *The Peacock and the Buffalo, The Poetry of Nietzsche*, Continuum Publishing, 2010
Macintyre, Ben, *Forgotten Fatherland, The Search for Elisabeth Nietzsche*, Macmillan, 1992
Mann, Thomas, *Doctor Faustus*, trans. H. T. Lowe-Porter, Penguin, 1974
Meysenbug, Malwida von, *Rebel in a Crinoline, Memoirs of Malwida von Meysenbug*, trans. Elsa von Meysenbug Lyons, George Allen & Unwin, 1937
Middleton, Christopher (ed.), *Selected Letters of Friedrich Nietzsche*, Hackett Publishing, Indianapolis, 1969
Millington, Barry, Richard Wagner, *The Sorcerer of Bayreuth*, Thames and Hudson, 2013
Moore, Gregory, *Nietzsche, Biology and Metaphor*, Cambridge University Press, 2002
Moritzen, Julius, *Georg Brandes in Life and Letters*, Colyer, 1922
Nehemas, Alexander, *Nietzsche, Life as Literature*, Harvard, 2002
Peters, H. F., *Zarathustra's Sister: The Case of Elisabeth and Friedrich Nietzsche*, Crown, 1977
Podach, E. F., *The Madness of Nietzsche*, trans. F. A Voight, Putnam, 1931
Roth, Samuel (purportedly by Friedrich Nietzsche), *My Sister and I*, trans. Dr Oscar Levy, AMOK Books, 1990
Ryback, Timothy W., *Hitler's Private Library, The Books that Shaped His Life*, Vintage, 2010
Safranski, Rüdiger, *Nietzsche, A Philosophical Biography*, trans. Shelley Frisch, Norton, 2003

Schaberg, William H., *The Nietzsche Canon, A Publication History and Bibliography*, University of Chicago Press, 1995

Schain, Richard, *The Legend of Nietzsche's Syphilis*, Greenwood Press, 2001

Sherratt, Yvonne, *Hitler's Philosophers*, Yale University Press, 2013

Small, Robin, *Nietzsche and Rée, A Star Friendship*, Clarendon Press, Oxford, 2007

Spencer, Stewart, and Millington, Barry (eds), *Selected Letters of Richard Wagner*, Dent, 1987

Storer, Colin, *A Short History of the Weimar Republic*, I. B. Tauris, 2013

Tanner, Michael, *Nietzsche, A Very Short Introduction*, Oxford University Press, 2000

Vickers, Julia, *Lou von Salomé, A Biography of the Woman Who Inspired Freud*, Nietzsche and Rilke, McFarland, 2008

Walker, Alan, *Hans von Bülow, A Life and Times*, Oxford University Press, 2010

Watson, Peter, *The German Genius, Europe's Third Renaissance*, The Second Scientific Revolution and the Twentieth Century, Simon & Schuster, 2010

Zweig, Stefan, *Nietzsche*, trans. Will Stone, Hesperus Press, 2013

音樂作品參考選目

Albany Records, USA, *Friedrich Nietzsche*, Vol. I, *Compositions of His Youth*, 1857–63, Vol. II, *Compositions of His Mature Years*, 1864–82.

Deutsche Grammophon, *Lou Salomé* (Opera in 2 Acts) by Giuseppe Sinopoli.

Lucia Popp, José Carreras and the Stuttgart Symphony Orchestra.

The Greatest

我是炸藥：尼采傳

2024年9月初版　定價：新臺幣680元

有著作權・翻印必究

Printed in Taiwan.

著者	Sue Prideaux	
譯者	邱振訓	
叢書編輯	陳胤慧	
校對	陳佩伶	
內文排版	李偉涵	
封面設計	李偉涵	

出版者	聯經出版事業股份有限公司	編務總監	陳逸華
地址	新北市汐止區大同路一段369號1樓	總編輯	涂豐恩
叢書編輯電話	(02)86925588轉5317	總經理	陳芝宇
台北聯經書房	台北市新生南路三段94號	社長	羅國俊
電話	(02)23620308	發行人	林載爵
郵政劃撥帳戶第0100559-3號			
郵撥電話	(02)23620308		
印刷者	文聯彩色製版有限公司		
總經銷	聯合發行股份有限公司		
發行所	新北市新店區寶橋路235巷6弄6號2樓		
電話	(02)29178022		

行政院新聞局出版事業登記證局版臺業字第0130號

本書如有缺頁，破損，倒裝請寄回台北聯經書房更換。　ISBN 978-957-08-7408-2 (平裝)

聯經網址：www.linkingbooks.com.tw

電子信箱：linking@udngroup.com

Copyright © Sue Prideaux, 2018
This edition arranged with Felicity Bryan Associates Ltd. through
Andrew Nurnberg Associates International Limited
Complex Chinese edition copyright © Linking Publishing Company, 2024
All rights reserved

國家圖書館出版品預行編目資料

我是炸藥：尼采傳/Sue Prideaux著．邱振訓譯．初版．新北市．
聯經．2024年9月．520面．14.8×21公分（The Greatest）
譯自：I am dynamite!: a life of Nietzsche.
ISBN 978-957-08-7408-2（平裝）

1.CST：尼采（Nitzsche, Friedrich Wilhelm, 1844-1900）　2.傳記

147.66　　113007829